博雅对外汉语精品教材
报刊教材系列

新编 读报纸 学中文
——汉语报刊阅读 准高级·下

Reading Newspapers, Learning Chinese:
A Course in Reading Chinese Newspapers and Periodicals
Quasi-Advanced · New Edition · Volume 2

吴成年◎主编

吴成年 张 洁 马 岚◎编著

图书在版编目(CIP)数据

新编读报纸学中文. 汉语报刊阅读. 准高级. 下 / 吴成年主编. —北京：北京大学出版社，2017.8
（博雅对外汉语精品教材）
ISBN 978-7-301-25639-8

Ⅰ.①新… Ⅱ.①吴… Ⅲ.①汉语—阅读教学—对外汉语教学—教材 Ⅳ.①H195.4

中国版本图书馆CIP数据核字(2015)第066121号

书　　名	新编读报纸学中文——汉语报刊阅读　准高级　下
	XIN BIAN DU BAOZHI XUE ZHONGWEN
著作责任者	吴成年　主编
责任编辑	孙　娴
标准书号	ISBN 978-7-301-25639-8
出版发行	北京大学出版社
地　　址	北京市海淀区成府路205号　100871
网　　址	http://www.pup.cn　　新浪微博：@北京大学出版社
电子信箱	zpup@pup.cn
电　　话	邮购部 62752015　发行部 62750672　编辑部 62753334
印 刷 者	北京大学印刷厂
经 销 者	新华书店
	889毫米×1194毫米　大16开本　22.25印张　542千字
	2017年8月第1版　2018年8月第2次印刷
定　　价	72.00元

未经许可，不得以任何方式复制或抄袭本书之部分或全部内容。
版权所有，侵权必究
举报电话：010-62752024　电子信箱：fd@pup.pku.edu.cn
图书如有印装质量问题，请与出版部联系，电话：010-62756370

前　言

　　本教材分为上、下两册，适合具有较高汉语水平（约掌握了5000个左右的词语、2000个左右的汉字）的外国学习者使用。教材的编写吸收了报刊课程的最新研究成果，借鉴了已有报刊及其他类型教材的经验，以求切合当前报刊阅读教学的需求。其突出特点体现在以下几个方面：

　　一、选材注重学生的兴趣。在编写这套教材之前，编者曾对260名高级水平的留学生作了报刊话题兴趣程度的调查问卷，将学生比较感兴趣的话题优先编入教材中，对于不同年级学生都感兴趣的话题注意循环复现和难度的逐渐增加。

　　二、突出较高年级重要语言点的教学。考虑到要让学生在有限的教学时间内能够充分地练习，编者将每篇课文的重要语言点确定为3～5个。这些语言点的选择原则是，既要体现报刊语言的特点，也要具备相当的实用性和常用性，能帮助学生熟练运用报刊词语句式、准确辨析同义词、正确掌握构词规律等。课文的重要语言点加黑体标出，便于教师和学生查找。重要语言点的解释力求简要、易懂，注重用法介绍，并主要选用报刊文章中的语料举例说明。

　　三、扩大学生词汇量的同时，注重对超纲词比例的控制和增加词语的重现率，以降低学生学习生词的难度。编者将每篇课文的生词控制在40个左右。全书上下两册纲内普通词占总生词量的比例分别为79.08%和77.64%，超纲词分别只占20.92%和22.36%。这样，以往高级报刊教材因超纲词过多而难度过大的不足得以有效避免。每课词语表中的超纲词下面都画有横线，以便与纲内词区别开来。编者也十分重视生词的重现率。全书上下两册每个生词平均重复出现的次数分别为10.6次和10.4次，便于学生学习和掌握生词。所有的生词除了中文解释外，均配有英日韩三种语言的翻译，以方便外国学习者理解掌握。

　　四、注重学生中文报刊阅读能力和报刊语篇能力的训练。教材设有"读报小知识"，旨在帮助学生认识中文报刊的特点，了解如何有效地阅读中文报刊文章。每课的练习一规定学生每周读两篇最新中文报刊文章；每课的"快速阅读"有3篇标明字数和限时，要求当堂阅读的文章，培养学生面对大量阅读任务不断提高阅读速度和主动跨越阅读障碍的能力，这对学生学习课文、参加HSK考试大有好处；每课的练习五、七、八主要训练学生的语篇组织能力和语篇概括能力。教师通过课堂语言点的操练、话题的讨论、每周的报刊发言、练习一的报刊摘要与看法写作、练习九的话题写作准备和讨论等，使学生的听、说、读、写四种能力得到综合的训练和提高。

　　五、重视对课文内容的复习。教材每课的练习二、三、四、六，紧扣课文，帮助学生复习课文、生词和重要语言点。编者还分单元设置4套测试题，可以阶段性地检查学生对所学知识的掌握情况和所达到的阅读水平。

为方便广大教师规范合理地组织教学，教材配有电子版教师教学参考资料。欢迎大家直接在http://www.pup.cn下载专区免费下载，或者扫描封底的二维码在线观看。

另外，需要说明的是：美国留学生贺永泉、刘婉怡，日本留学生市村佳织、沟口景子、一条松园，韩国留学生明玲珠、金载莲分别负责教材生词的英日韩文翻译。对他们的热忱帮助，我们在此深表谢意。

本教材是北京师范大学"十二五"规划教材成果之一。在教材编写过程中，我们得到了北京师范大学汉语文化学院领导、同事和北京大学出版社的大力支持，在此一并致谢。

教材里选用了大量的媒体文章，我们还要特别感谢这些文章作者的支持。个别篇目由于种种原因，我们暂时无法与其作者取得联系。希望这些作者看到本教材后，及时与我们联系。

最后，感谢国内外同仁、朋友对本教材的关注及指正。同时，欢迎使用本教材的老师和学生多提宝贵意见。我的 E-mail 地址是：wucn2008@sina.com。

吴成年

北京师范大学汉语文化学院

目　录

第一课　在中国快乐生活的外国人 ·· 1
　　词语表 /1　　课文 /4　　注释 /5　　练习 /7
　　快速阅读 /14
　　　阅读一　南京外国人眼中的中国年 /14
　　　阅读二　北京的魅力在哪里 /15
　　　阅读三　中国成吸引外国求职者"磁石" /17

第二课　带着差距愉快地生活 ·· 20
　　词语表 /20　　课文 /23　　注释 /24　　练习 /26
　　快速阅读 /29
　　　阅读一　清华"微笑哥"的幸福生活 /29
　　　阅读二　新年愿望"十大热词"　幸福、快乐、身体健康居首 /31
　　　阅读三　国际幸福日　纷纷说幸福 /33

第三课　换一种说法，你会更有力 ·· 36
　　词语表 /36　　课文 /39　　注释 /41　　练习 /42
　　快速阅读 /46
　　　阅读一　中国留学生如何走出人际交往瓶颈 /46
　　　阅读二　人际沟通：学会赞美才更幸福 /47
　　　阅读三　人际交往黄金定律 /49

第四课　今天的孩子为什么"不会玩儿"了 ··································· 52
　　词语表 /52　　课文 /56　　注释 /57　　练习 /59
　　快速阅读 /62
　　　阅读一　"玩儿"这件事儿也要从娃娃抓起 /62
　　　阅读二　和 iPad 一起玩儿，孩子伤不起 /64
　　　阅读三　孩子们的假期 /66

第五课　高考改革变在哪儿 ·· 68
　　词语表 /68　　课文 /71　　注释 /73　　练习 /74

快速阅读 /78

    阅读一　普高生半路转战春季高考　职校考生直喊很受伤 /78

    阅读二　大学生看高考：当高考已成往事 /80

    阅读三　专家称高考制度需要改革 /82

第一～五课测试题 ········· 85

第六课　大学生就业如何攻克难关 ········· 97

  词语表 /97　　课文 /101　　注释 /102　　练习 /104

  快速阅读 /108

    阅读一　大学生就业"倒三角"现状逼高考改革 /108

    阅读二　大学生就业现状"盲目"　七成学子选择毕业直接就业 /110

    阅读三　青岛大学生晒求职故事：选心仪工作就像选男友 /112

第七课　毕婚族：为何毕业证结婚证一起领 ········· 114

  词语表 /114　　课文 /118　　注释 /120　　练习 /122

  快速阅读 /125

    阅读一　"毕分"已OUT，"毕婚"更流行 /125

    阅读二　"90后"的婚姻观：青春无敌 /127

    阅读三　"闪离"，新生代的婚姻为何禁不起磨合 /129

第八课　职业女性为何害怕成功 ········· 132

  词语表 /133　　课文 /137　　注释 /139　　练习 /140

  快速阅读 /144

    阅读一　职场生存的说话技巧 /144

    阅读二　职场存"铁律"，生活需"柔性" /146

    阅读三　职场"狼文化"，用得好是正能量，否则适得其反 /148

第九课　中国民众给中美关系打高分 ········· 151

  词语表 /152　　课文 /155　　注释 /157　　练习 /159

  快速阅读 /162

    阅读一　"夫人外交"添暖中美关系 /162

    阅读二　欧洲迎接中国"新闺蜜"摘掉有色眼镜？/164

    阅读三　中国与欧洲：10年后再出发 /166

第十课　中日两国是搬不开的邻居 ·· 169
　　词语表 /170　　课文 /173　　注释 /175　　练习 /176
　　快速阅读 /180
　　　阅读一　中日民间人士：顶风冒雨搭建中日友好心灵之桥 /180
　　　阅读二　日韩民众对中国人的评价：形象正在慢慢转变 /182
　　　阅读三　意在东盟　多省争航"海上丝绸之路" /184

第六～十课测试题 ·· 186

第十一课　全球变暖让世界担忧 ······································ 198
　　词语表 /199　　课文 /203　　注释 /205　　练习 /206
　　快速阅读 /210
　　　阅读一　全球变暖加剧　未来部分地球或不适合居住 /210
　　　阅读二　从"全球变暖"到"全球变冷"：谁在忽悠地球 /212
　　　阅读三　外媒：联合国就全球变暖发"最严重警告" /214

第十二课　心理疾病折磨全球十亿人 ·································· 217
　　词语表 /218　　课文 /222　　注释 /223　　练习 /225
　　快速阅读 /228
　　　阅读一　很多心理问题源于完美主义　过度敏感的人很缺乏安全感 /228
　　　阅读二　"富二代"难教养　压力大易患心理病 /230
　　　阅读三　出国留学：避免学生出现心理问题 /232

第十三课　博客世界呼唤新秩序 ······································ 235
　　词语表 /236　　课文 /241　　注释 /242　　练习 /244
　　快速阅读 /248
　　　阅读一　无网购　不生活 /248
　　　阅读二　"七天后悔权"让团购更便捷 /250
　　　阅读三　微信"朋友圈"，为啥不带长辈玩 /252

第十四课　世界经济走近"新平庸"与"新势头"分岔口 ················ 254
　　词语表 /254　　课文 /257　　注释 /259　　练习 /260
　　快速阅读 /264
　　　阅读一　当今世界经济走势分析 /264
　　　阅读二　世界经济与四强分立 /266

　　　　阅读三　全球经济人口的困境 /267

第十五课　中国制造如何突围 ·· 270
　　　　词语表 /270　　课文 /274　　注释 /276　　练习 /278
　　　　快速阅读 /281
　　　　　阅读一　中国制造脱颖而出　物超所值成国际新宠 /281
　　　　　阅读二　中国创新的崛起：谁说我们只会"中国制造" /283
　　　　　阅读三　反思文化创造力　实现从"中国制造"到"中国创造" /285

第十一～十五课测试题 ··· 287
第一～十五课总测试题 ··· 299
词语总表 ··· 312
参考答案 ··· 330

第一课　在中国快乐生活的外国人

听录音 扫这里

背景知识

随着中国社会的不断开放发展，越来越多的外国人选择来中国旅游、学习、生活等，甚至有不少外国人选择在中国就业。中国劳动和社会保障部2007年5月发布的《2006年度劳动和社会保障事业发展统计公报》表明：到2006年底，持外国人就业证在中国工作的外国人达18万人，比2003年底增长了近1倍。"洋打工"主要集中在大城市，上海最多，在沪就业的外国人达54608人；北京第二，持就业证的外国人有30484人。22万来自世界各地的"洋打工"在中国长期定居，已成为中国劳动力市场一道独特的风景线。

词语表

1　聚集　　　　　　　　　jùjí　　　　　　　（动）　　to gather, to assemble, to collect
集合，集会　　　　　　　　　　　　　　　　　　　　　　集める、集まる
　　　　　　　　　　　　　　　　　　　　　　　　　　　모으다，모이다

2　惊喜　　　　　　　　　jīngxǐ　　　　　　（形）　　pleasantly surprised
又惊又喜　　　　　　　　　　　　　　　　　　　　　　　驚喜する、驚き喜ぶ
　　　　　　　　　　　　　　　　　　　　　　　　　　　놀랍고도 기쁘다

3　顾虑　　　　　　　　　gùlǜ　　　　　　　（名）　　misgiving, apprehension, worry
因有某种担心而不敢去说去做　　　　　　　　　　　　　　心配、気兼ね
　　　　　　　　　　　　　　　　　　　　　　　　　　　고려，우려，근심，걱정，심려

4　导游　　　　　　　　　dǎoyóu　　　　　　（名）　　tour guide
带领游览的人　　　　　　　　　　　　　　　　　　　　　ガイド
　　　　　　　　　　　　　　　　　　　　　　　　　　　관광 안내원

5　古典　　　　　　　　　gǔdiǎn　　　　　　（形）　　classical
古代流传下来的在一定时期认为正宗或典范的　　　　　　　古典的である
　　　　　　　　　　　　　　　　　　　　　　　　　　　고전 적이다

6	自豪 自己感到光荣，值得骄傲	zìháo	（形）	be proud of, pride 誇らしい、誇りに思う 긍지를 느끼다，자랑으로 여기다
7	纪念品 表示纪念的物品	jìniànpǐn	（名）	souvenir, keepsake, memento 記念品 기념품
8	邀 邀请，招	yāo	（动）	to invite, to ask, to request 招待する 초청(초대)하다
9	字幕 在屏幕上出现的外语译文或其他解说文字	zìmù	（名）	captions, subtitles 字幕 자막
10	可笑 令人发笑	kěxiào	（形）	ridiculous, absurd, funny, laughable おかしい、ばかばかしい 우습다，우스꽝스럽다，가소롭다
11	分离 人或事物分开	fēnlí	（动）	to separate, to sever 分離する、切り離す 분리하다
12	讨价还价 商量价格	tǎo jià huán jià		to bargain, to haggle 値段の駆け引きをする 흥정하다
13	含糊 马虎	hánhu	（形）	ambiguous, obscure, vague, careless 曖昧である、はっきりしない 모호하다，명확하지 않다
14	意料 事先对情况、结果等的估计、推测	yìliào	（名）	expectation 予測 예상，예측，짐작
15	舞蹈 一般有音乐伴奏的、以有节奏的动作为主要表现手段的艺术形式	wǔdǎo	（名）	dance 舞踊、ダンス 춤，무용
16	赞赏 赞美赏识	zànshǎng	（动）	to appreciate, to admire, to think highly of 賞賛する 상찬(칭찬)하다，높이 평가하다
17	公益 主动为服务社会所做的工作，不要回报	gōngyì	（名）	public welfare 公益 공익

18	生病 得病	shēng bìng		to fall ill, to be ill, to sick 病気になる 병이 나다, 발병하다
19	忘却 不记得，忘记	wàngquè	（动）	to forget 忘れる 망각하다, 잊어버리다
20	关怀 （上对下）关心他人	guānhuái	（动）	to show loving care for, to be concerned about 心遣いする、配慮する 관심을 보이다, 배려하다
21	谦虚 虚心，不自满	qiānxū	（形）	modest, humble, unassuming 謙虚である 겸허하다
22	擅长 具有某种特长，善于	shàncháng	（动）	to be good at, to be expert in, to be skilled in 優れる、得意である 뛰어나다, 장기가 있다, 정통하다
23	佛教	fójiào	（名）	Buddhism 仏教 불교
24	折腾 反复做（某事）	zhēteng	（动）	to do sth. over and over again 繰り返す 반복하다, 되풀이하다
25	演艺 影视、戏剧、歌舞等表演艺术	yǎnyì	（名）	performing arts 芝居、劇 연예
26	要领 要点，主要内容；动作的基本要求	yàolǐng	（名）	main points, essentials 要点、主な内容、コツ、要領 요점, 요령
27	<u>脚踏实地</u> 比喻做事踏实认真	jiǎo tà shí dì		down-to-earth, solid and earnest 堅実である、着実である 일 하는 것이 착실하다
28	好多 许多、很多	hǎoduō	（数）	a good many, a good deal, a lot of たくさん 대단히 많은
29	气功 一种健身方法。通过调节呼吸达到锻炼身体、防治疾病的目的	qìgōng	（名）	Qigong, a system of breathing exercises 気功 기공

课文

在中国快乐生活的外国人

甘丽娅　胡春梓　赵晓宇

如今越来越多的外国人聚集[1]于北京，他们在这里工作、学习、旅游……享受着中国式的快乐生活。

玩出惊喜[2]　玩上了瘾

韩国人金贞恩来中国生活已近8年，她最大的爱好就是旅游，虽然已经去过很多地方，但只有长城最让她上瘾。

金贞恩几乎每个月都要登一次长城。"心情不好，我会在长城上毫无顾虑[3]地大声喊，心中的烦闷立刻消除。同学来，我就是导游[4]，给他们讲中国的古典[5]文化。看着朋友们崇拜的眼神，心里别提多**自豪**[6]了。"

前几天，金贞恩又去登了一次长城，"那里卖纪念品[7]的人都认识我了"。

来到北京，外国人最大的障碍恐怕就是语言不通、文化和饮食不同，但美籍教师泰德却在中国朋友中得到了快乐。

周末，泰德常常邀[8]隔壁的中国朋友到家里来看电影，选一些带中文字幕[9]的外国电影，泰德听声音，朋友们则看字幕，遇到可笑[10]的情节，大家会哈哈大笑起来，虽然听、看分离[11]，泰德也乐在其中。

"我感觉逛街讨价还价[12]最有意思了。"泰德看到朋友很会讨价还价，他也学了一手。"有时候实际价格只是卖家给的一半，讨价还价时立场要坚定，毫不**含糊**[13]。"

和他们不同的是，来自意大利的李哲，来中国游玩，竟然找到了爱情。"这可真是出乎我的意料[14]。"李哲开心地说。

我工作　我快乐

相对于一些游山玩水的人来说，在北京做抛饼的迈克是"抛"中带乐。

迈克出生在印度新德里，自18岁开始学习抛饼，如今已做了10多年。3年前，他来到北京，专门做印度特色抛饼。每天守在火炉旁，要做50多张抛饼，普通人想想都胳膊酸疼，但是迈克一脸满足地告诉我们："看着客人吃着我做的抛饼，脸上露出满意的样子，我心里特别满足。"有两个在北京舞蹈学院学舞蹈[15]的十几岁女生是迈克的老客户，每周都要来吃他的抛饼。对于他的手艺，小女生赞赏[16]不已。

泰德刚到中国不久，经朋友介绍加入了一个叫"妙妙乐园"的公益[17]组织，帮助生病[18]的、被忘却[19]以及失去双亲的中国儿童，把快乐带给他们。"看到孩子们的英语水平一天天在进步，我心里甭提多高兴了。我希望有越来越多的人加入这个组织，这些孩子需要希望，需要关怀[20]！"今年暑假，泰德就要回国了，然而，对于"妙妙乐园"活动的热情却丝毫未减。

功夫演员　乐在其中

在一家咖啡厅，我们见到了恒力。他说着极其流利的汉语，甚至让人感觉不到他是个外国人，可他还是谦虚(21)地抱怨自己中文很差。看来中国人谦虚的传统，他倒是继承了不少。

目前，恒力在中国是一名演员，**擅长**(22)拍武打片，曾拍过《少年黄飞鸿》《王中王》等90多部影片。恒力10岁开始学习佛教(23)。18岁时，父亲便送他去了纽约的一家少林寺学习中国武术。"恒力"这个名字是他的一个少林师父给取的，他也算是第35代恒字辈的少林弟子。父亲希望武术能对儿子以后的人生有所帮助。"爸爸没想到我完全迷进去了，还折腾(24)到了中国。"恒力笑着说。

1998年11月，恒力来到北京体育大学学习武术表演。毕业之后，进入了中国的演艺(25)圈。"中国的武术藏着很多东西，它不仅能强身健体，还能教给你生活中的许多道理。"恒力很认真地说。恒力认为武术能让人学会集中注意力，给自己定下目标。"学武术不能着急，动作要领(26)要一步一步才能学会，要脚踏实地(27)，做人也是。"

恒力还常常用中国传统文化帮朋友解决生活中的烦恼。"好多(28)朋友有钱了，生活富裕了，却难以拥有平稳的心态。"他说，"道教、佛教和气功(29)都能让人客观看待这个世界。"

（全文字数：约1370）

（节选自《人民日报·海外版》，略有改动）

注　释

1 看着朋友们崇拜的眼神，心里别提多**自豪**了。

[解释] "自豪"与"骄傲"：都有表示感到光荣的意思。
　　　自豪：单义词，褒义。只有形容词用法。可构成名词短语"自豪感"。
　　　骄傲：多义词，中性。除形容词用法外，还有名词用法，表示"值得自豪的人或事物"。

[例词] 以此自豪 / 自豪的笑容 / 显得非常自豪
　　　骄傲自满 / 感到骄傲 / 中国的骄傲

[例句] ① 自尊是人们认识到自己的权利和人生价值，从而产生出来的一种自豪感和自爱心。
　　　② 由于能力得到社会的公认，她们普遍有一种人生的自豪感。
　　　③ 谦虚使人进步，骄傲使人落后。
　　　④ 如果在顺境中骄傲自满，学习随便，即使有最好的环境与教育也不起作用。

② 有时候实际价格只是卖家给的一半,讨价还价时立场要坚定,毫不含糊。

[解释] "含糊"与"模糊":形容词。不清楚、不清晰。都可重叠为 AABB 式。
　　　 含糊:着重指不明确,常用于语言表达或态度。
　　　 模糊:着重指不分明、不清楚,常用来形容具体东西的外形,也可形容抽象的事物,如感觉、印象、记忆、神态或思想认识方面的情况。

[例词] 不能含糊 / 绝不含糊 / 真不含糊
　　　 是非模糊 / 界限模糊 / 模糊了眼睛

[例句] ① 当给予调查人员工作指示时,负责人必须毫不含糊地对需要调查的事项,明确而详细地加以规定。
　　　 ② 对成绩不夸大,对缺点不含糊。
　　　 ③ 在日常的语言中,有许多词都带有模糊性质。
　　　 ④ 时间隔得太久,这些印象都非常模糊了。

③ 目前,恒力在中国是一名演员,擅长拍武打片,曾拍过《少年黄飞鸿》《王中王》等 90 多部影片。

[解释] "擅长"与"善于":动词。在某方面有特长。
　　　 擅长:指有某一技能或专长。宾语可用名词或名词性短语。
　　　 善于:除"善于辞令"等习惯用法外,宾语通常不能是名词或名词性词组。

[例词] 擅长书法 / 写小说他擅长
　　　 善于团结群众 / 善于总结问题

[例句] ① 梅兰芳出生于京剧世家,8 岁学戏,11 岁登台,擅长青衣,兼演刀马旦。
　　　 ② 女性叙述事情常带有浓厚的感情色彩,擅长文学、艺术、语言等学科。
　　　 ③ 这两家成功的汉堡连锁店都是以善于选择有利地点闻名。
　　　 ④ 他善于学习、吸收、消化,善于结合实际创新,善于把志气化为实实在在的行动。

练 习

一 请在课外阅读最新中文报刊文章,将其中你喜欢的一篇剪贴在你的笔记本上,然后写出摘要与看法。下面列举一位同学的作业来说明如何写报刊摘要与看法:

原文:

【准高级中期水平的学生,开始宜选篇幅在1500字左右的文章。随着汉语水平的提高,再逐渐选择篇幅更长的文章。选文要注明出处(如报纸、刊物、网站等)与日期。】

"小学生不留书面作业"引争议　"减负"真正考验的是老师
《新京报》2013年08月31日

29日是教育部为《小学生减负十条规定》向全社会公开征求意见的截止期。这是教育部三令五申学生"减负"后,专门拟对小学生减负出台新规。而在民间的热议中,"小学不留书面式家庭作业"成为争议最大的一条。有人甚至担心,一旦施行,将影响到中国基础教育的整体竞争力。

学生和家长:"抢跑"必须取缔,但作业要"科学减少"

在采访家长甚至小学生时,记者听到的想法中,"'减负'好,但千万别走极端","孩子没作业后,多出来的时间怎么填"是家长颇为关心的问题。

"中国教育确实需要科学地减负。"40岁的家长程彪说,现在有些小学高年级就开始超前学中学课程,这种"抢跑"行为必须取缔。但他认为,书面作业是否需要完全取消,值得商榷。

"作业不用取消,减少就行。长时间不写作业,会把学过的知识忘记的。"一位小学四年级学生脱口而出的看法令他母亲和记者都颇为惊讶。

"减负十条"征求意见稿发布后,一位身处美国的网友"山桃木"23日在新浪微博上发表长文,谈了美国基础教育中不强调背诵,导致孩子学习数学"乘法,基本靠猜;除法,只能随缘"等现状,以此表达对中国小学改革的担忧。这篇长微博已被转发1.7万次,受到广泛关注。

"这很能代表我们家长的担忧。像写字、乘法口诀是必须靠重复强化记忆的,'一刀切'完全没有书面作业,看似负担轻了,但很可能就让孩子在该打基础的时候没打好,回头再补课更累。"杭州市民韩音说。

"没书面作业不代表就是素质教育。"一位母亲对记者说,这会把学校应该承担的一些责任转嫁到家长身上。在"双职工"的现状下,绝大部分家长没有充足的时间和专业的能力来指导孩子,只能花钱送孩子去培训班,让社会来管,长此以往,只会付出更多的经济成本和时间成本。

"减负"真正考验的是老师

在上海、浙江等先行探索"严控小学生作业量"地区的教育界人士看来,"减负风暴"中,"压力山大"的其实是老师——"减负"不意味着不教,而是老师不仅要给学生传授知识,还要让学生能快乐地接受知识。

在近年来"铁腕减负"的浙江,教育部门要求小学生书面作业时间不超过一小时,低年级不布置作业,老师要精心设计作业,做到精选、先做、全批并及时反馈。一些小学还在网上"晒"出"书面家庭作业量",以便接受家长的监督。

"过去,是学生下题海。减负后,许多学校变成了老师'下海',把学生'解放'上岸。"杭州一位小学"名校"校长对记者说,无论如何"减负",家长以及整个社会对孩子的质量标准没有降低。

"学生'减负'的出路在于提升教师的素质与执教能力。从前一旦少布置作业,老师就对教学质量不放心,这其实是对自己的执教能力与水平以及学生的学习能力不放心。"浙江省教育厅基教处处长方天禄说,学生会感到课业负担过重,很多时候与作业的机械性、重复性、难度过大密切相关。

在推出中小学生学业质量综合评价"绿色指标"体系的上海市,学生和家长普遍反映,没有了机械操练,没有对错之分的"长作业",作业的自主性、多样性和趣味性不断提高。比如英语课后,老师会布置这样的作业:"爱写作的你,不妨用英语写一篇小文章介绍你的好朋友;爱绘画的你,不妨根据课文里的描写,画一画你的朋友;爱讲故事的你,不妨把课程改编为英语小故事,讲给父母听。"

上海市长宁区教育局局长姚期介绍说,向繁重的作业"开刀"后,2013年全区24所小学近2万名学生中,96%的学生表示"乐意完成作业",45%的学生反映回家作业量"变少了",超过八成的三到五年级学生,每天的作业量不超过一小时。

中高考制度改革要有实质性进展

在热议小学生"减负十条"的同时,更多的人将眼光放在了中考、高考"指挥棒"的改革上。

教育学者熊丙奇认为,出台"减负十条"的初衷是好的,但如果中高考制度改革没有实质性进展,考试升学还是用单一的分数标准选拔评价学生。在每分必究的升学录取制度指挥下,学校、老师、家长、学生都被应试化,在这种情况下,减负令要求小学不要考试、不要百分制打分、不要排名,只是"听上去很美"。

浙江省教育厅相关负责人认为,为小学生出台"减负十条",并不意味着对初中生、高中生课业负担放任不管。从各地的探索看,控制中考试卷难度系数、将一部分高中招生指标定向分配给辖内初中、高校自主招生等措施都是"治本"之举。"在全面的人才评价体系还没有建立起来之前,'减负'都将是一个长期行为,即使取得效果,也会比较脆弱,但为了孩子的健康成长,吁请全社会一起努力。"

生词：

1.	减负	jiǎnfù	减轻负担。
2.	取缔	qǔdì	管理者用强制手段取消（不法行为、组织等）。
3.	超前	chāoqián	超越目前正常条件的。
4.	商榷	shāngquè	商量、讨论。
5.	转嫁	zhuǎnjià	把自己应承受的负担、损失、罪名等加到别人身上。
6.	长此以往	cháng cǐ yǐ wǎng	长久地这样下去（多指不好的情况）。
7.	提升	tíshēng	提高（职位、等级等）。
8.	初衷	chūzhōng	原来的心愿。
9.	治本	zhìběn	从根本上解决问题。

摘要：【用尽可能简洁的语言概括出原文的主要内容，字数一般在100-500字左右。】

中国教育部为《小学生减负十条规定》征求意见后，"小学生不留书面家庭作业"成为争议最大的一条。

学生和家长："抢跑"必须取缔，但作业要"科学减少"

家长和小学生说，书面作业是否必须完全取消，需要商榷。长时间不写作业，会把学过的知识忘记的。

美国的网民谈了美国基础教育中不强调背诵，导致学生的学习能力大大降低的现状。

一位市民说，没有作业，很可能就让孩子在该打基础的时候没打好，回头补课更累。

一位母亲说，这会把学校应该承担的责任转嫁到家长身上。在"双职工"的现状下，父母花钱送孩子去培训班，让社会来管，长此以往，只会付出更多的经济成本和时间成本。

"减负"真正考验的是老师

提升教师的素质与执教能力是解决"减负"的出路。以前老师布置作业学生感到课业负担过重。这与作业的机械性、重复性、难度过大密切相关。现在老师要把作业的自主性、多样性和趣味性不断提高才对。

中高考制度要有实质性进展

出台"减负十条"初衷是好的，但在全面的人才评价体系还没有建立起来之前，减负都将是一个长期行为。所以中高考制度要有实质性进展。

看法:【针对文章的内容谈自己的看法,角度不限,可以将文章的内容与自己的情况或自己国家的情况进行对比来谈。字数一般在250字以上。】

> 最近"小学不留书面形式作业"是争议很大的热点问题,不仅在中国,在韩国也备受关注。对此,我的个人意见如下,请各位老师过目。
>
> 韩国小学分为三个阶段,我分别展开论述。
>
> 小学低年级(1~2年级):我认为减负作业好,甚至没有作业也不妨。如果有跟不上课程的学生,老师不得不布置作业,也不要直接跟学生说,最好先和家长沟通,详细地告诉家长学生的学习情况,然后再合理地布置作业。
>
> 小学中年级(3~4年级):小学老师经常说"在学习方面,孩子的这一阶段非常重要"。从原则上看,老师要给学生合理地布置作业,以便让学生打好基础。但实际情况不允许。大部分的学生放学以后,又要到各种培训班去,而且他们从那儿还会带回来很多作业。我们换个立场想,这能吃得消吗?我觉得这个阶段也是没有书面作业好。但是对于经济困难,不能送孩子去培训班的家庭,老师可以和家长、学生商量,布置作业。
>
> 小学高年级(5~6年级):到了高年级,学生在学习方面已经分成三种类型。一是学习好的,二是学习一般的,三是学习差的。先说学习好的学生。他们大多数已经感受到了学习的成就感。周围的人不给他们压力,他们也会主动地去学习,我认为对他们来说有没有书面作业都无所谓。其他学生之所以学习成绩不佳,是因为他们的学习热情还没有被激发起来。在这样的情况下,家长、老师再去强迫他们,他们会很容易失去内在的学习动机。对于这些学生,老师布置作业时,千万要避开机械性、重复性、难度过大的作业,想方设法布置带一些自主性、多样性和趣味性的作业,作业量也不要太大。
>
> 总体来讲,我认为"小学生减负"是一条很正确的道路。

问题:【对于本周安排在课堂上作报刊发言的同学,需要准备2个容易引起别的同学讨论的问题;对于本周没有安排在课堂上作报刊发言的同学,可以不写出问题。】

1. 你对小学生不留作业或少留作业的看法如何?
2. 你对小学生"超前学习"怎么看?

二 给下列动词搭配适当的词语

赞赏_____　　　　忘却_____

关怀_____　　　　擅长_____

三 选词填空

| 惊喜 顾虑 赞赏 忘却 关怀 讨价还价 脚踏实地 |

1. 议价买卖就是买方和卖方一对一地面谈，通过_____达成交易。
2. 我要给妈妈一个意外的_____，因为这一天是她老人家的生日。
3. 学生受到教师的_____就会更加尊重教师，努力学习教师传授的知识。
4. 他们从实际出发，_____向大目标奋进。
5. 为了消除顾客的_____，我们在商场门前贴出了告示："微利商场，长期营业"。
6. 可以说，爱花护花，使我_____了许多烦恼。
7. 东盟五国领导人一致对中国的对外政策表示_____和支持。

| 自豪 骄傲 |

8. _____和自卑从两个极端背离实事求是的精神，都是前进道路上的障碍。
9. 每当国旗升起时，心里总是很激动，充满了_____感。

| 含糊 模糊 |

10. 她经常光顾书店，什么书畅销，她就往家买，从不_____。
11. 那张照片太_____了，我看不清楚。

| 擅长 善于 |

12. 内陆省份要_____抓住机遇，发挥优势，深化改革，扩大开放，加快经济发展。
13. 景颇人_____集体舞，有时上千人齐舞，伴以雄浑的木鼓声，节奏鲜明，气势豪壮。

四 根据课文内容判断正误

1. 金贞恩只会在心情不好时才爬长城。（　　　）
2. 泰德的中文很好，能看得懂电影的中文字幕。（　　　）
3. 李哲来中国玩是为了寻找爱情。（　　　）
4. 迈克做的抛饼带有印度特色。（　　　）

五 请按正确的语序将下列各个句子组成完整的一段话

1. A. 自18岁开始学习抛饼

   B. 如今已做了10多年

   C. 迈克出生在印度新德里

   正确的语序是：（　　　）（　　　）（　　　）

2. A. 自从在北京品过一次绿茶

   B. 法国人皮埃尔虽是喝着咖啡长大的

   C. 便对茶叶情有独钟了

   正确的语序是：（　　　）（　　　）（　　　）

六 根据课文内容选择最合适的答案

1. 韩国人金贞恩最喜欢_____。

   A. 看电影　　B. 爬长城　　C. 逛街　　D. 武术

2. 泰德_____讨价还价。

   A. 不会　　B. 讨厌　　C. 不了解　　D. 喜欢

3. 迈克做的抛饼生意_____。

   A. 不错　　B. 一般　　C. 不太好　　D. 很差

4. 恒力_____少林功夫。

   A. 学过　　B. 只会　　C. 不会　　D. 不了解

七 完形填空

| 竟然 | 和 | 可 | 来自 |

1. ___1___ 他们不同的是，___2___ 意大利的李哲，来中国游玩，___3___ 找到了爱情。"这 ___3___ 真是出乎我的意料。"李哲开心地说。

| 甚至 | 因为 | 越来越 | 就此 | 却 | 又或者 |

2. 这些年来，___1___ 多的外国人来到中国旅行，___2___ 其中的有些人，会 ___3___ 一次旅行喜欢上中国，___4___ 留了下来。在这些外国人眼中，中国或许是神秘而厚重的东方古国，___5___ 是一个经济迅速发展的现代化国家，在我们看来已经见惯的自然景致和文化遗迹，对他们 ___6___ 有着巨大的吸引力。

八 请用自己的话或原文中的关键句子概括下面一段话的主要内容

迈克出生在印度新德里，自18岁开始学习抛饼，如今已做了10多年。3年前，他来到北京，专门做印度特色抛饼。每天守在火炉旁，要做50多张抛饼，普通人想想都胳膊酸疼，但是迈克一脸满足地告诉我们："看着客人吃着我做的抛饼，脸上露出满意的样子，我心里特别满足。"有两个在北京舞蹈学院学舞蹈的十几岁女生是迈克的老客户，每周都要来吃他的抛饼。对于他的手艺，小女生赞赏不已。

九 请尽量用以下词语进行话题讨论

| 惊喜 | 顾虑 | 自豪 | 意料 | 赞赏 |
| 谦虚 | 擅长 | 脚踏实地 | 好多 | 关怀 |

你最喜欢去什么地方旅游？为什么？

> 快速阅读

阅读一（字数：约1510；阅读与答题的参考时间：9分钟）

南京外国人眼中的中国年

对于中国人来说，春节可能是家人的团聚，是路上的拥堵，是舌尖的美味，是岁末年初的总结与愿望。但对于外国人来说，春节是什么？在春节前的最后时间里，《现代快报》记者采访了几位在南京的外国人。他们是最近距离的旁观者，就像一面镜子：镜子对着的，是春节这一中国人最重要的节日；镜子照出的，是一个正在变化中的中国。

韩国人过年，祭祀程序严格

「韩国人金辉彬　年龄：19岁　来中国时间：两年多

对春节的感受：不同。对韩国人来说，春节也是一年中最为隆重的节日，有很多传统，比如年三十之前必须回家跟家人团聚，大年初一必须祭祀祖先，过年长辈要给孩子们压岁钱。」

今年，是来自韩国大田的19岁小伙金辉彬在南京过的第三个春节。他现在正在南京大学读国际政治专业。

因为所在的高中和南京大学有合作，所以早在2010年金辉彬上高一时，就来过南京，待了一个多月，学习语言。那年的年底，是他第一次在中国过春节。"大年初一，早上五点多就听到噼里啪啦的响声。第一次听到吓了一跳，以为战争爆发了！"他哈哈笑着说，后来才得知，是人家在放鞭炮。"在韩国这点很不同，如果放鞭炮，旁边的人大概会报警吧。"

不过，和中国一样的是，在韩国过年，主妇们也要上街采购，在家准备很多吃的。"在韩国，我们一定要吃年糕和团糕。团糕是五颜六色的，有土豆团糕、芝麻团糕、豆沙团糕等等很多种。"

此外，过年期间，一定要找一天祭祀。韩国人祭祀的程序很严格。祭祀时，在写着祖先名字的灵位上供上各种食物后，子孙们倒上酒然后行礼，向祖先表达子孙们的感激之情，并祈求祖先保佑平安和健康。

不过，不像中国，韩国的春节没有特别的装饰，越来越多的韩国人在这一天也不再穿传统韩服，而是保持平时的休闲服饰。

适应了那一年的春节，2012年年初金辉彬再来南京时，就不再惊讶了，"听着鞭炮也能照样睡"。

超爱中国春节

「美国人安迪　年龄：33岁　来中国时间：10年

对春节的感受：超爱。春节就是"圣诞节+感恩节+美国独立日"！」

安迪今年33岁，出生于美国德克萨斯州。2003年，因为工作，他孤身一人，来到南京。

2004年年初,他度过了在中国的第一个春节。虽然已经过去十多年,但那段时光安迪依然记忆犹新。

"非常寂寞,非常孤单,你根本无法想象。"安迪说。当时他毕竟刚到中国,中文还不会说几句,就面临春节这个中国"最大的节日"。"我那时刚去单位一个礼拜左右的时间,突然有一天,大家就都说:'好了,回家过年了!'然后就都跑掉了。"

失去了唯一可以依靠的同事,安迪简直是"寸步难行"。"很多商店、超市都开始陆续关门,什么东西也买不到。我一个人在一个陌生的城市,住在陌生的公寓,语言又无法沟通,像一个聋哑人一样。"

不过,当春节真正到来时,还是把安迪实实在在"震撼"到了。"我以为类似美国的感恩节,但没想到时间那么长,连续两个礼拜都看不到人。"

安迪说,整个春节期间,他几乎都宅在家里看电视,哪儿也没去。"我连散步都不敢走太远,怕迷路。"

当然,寂寞只是暂时的,热情又"自来熟"的安迪很快就交到了很多朋友,也遇到了他的爱人。

有了家庭后,春节在安迪看来,又有了新的意义。

"当然好玩,我一般和美国人是这么描述中国的春节:春节就是圣诞节加感恩节加美国独立日,三个节加起来的感觉!"安迪在电话那头兴奋地说,"很热闹、很温暖、很疯狂!"

安迪说,结婚后,每年都是和妻子以及岳父岳母一起过春节,"要买鞭炮,要说'新年快乐、万事如意!'"

毕竟做了南京的女婿,现在,安迪对春节的"流程"早已熟记于心。"初一初二在家里和各种亲戚聚一聚,初三初四就去其他亲戚家串门,都习惯了。"

为了更好地"入乡随俗",安迪还学会了喝白酒。"酒量还可以,但没有东北人那么厉害!"

(节选自《现代快报》,略有改动)

回答问题:
1. 本文列举了几个外国人在中国过春节的例子?他们分别怎样形容中国的春节?
2. 韩国的春节跟中国有什么不同?说出三点。
3. 结婚以后,安迪的春节都是怎么过的?
4. 你有在中国过春节的经历吗?什么感受?

阅读二(字数:约1790;阅读与答题的参考时间:9分钟)

北京的魅力在哪里

北京的魅力在哪里?走在北京的街头,老外们给出的答案里,"文化"和"历史"是最常出现的词汇。不少来北京旅游的外国友人表示,之所以来北京,就是因为北京深厚的文化底蕴;而对于已经在北京工作、生活多年的那些外国人而言,北京的魅力不止这些。

"从语言到历史、文化，我都特别喜欢北京"

美国"80后"汤姆在北京生活近五年，中文流利，短信、微信甚至名片都用中文。

三里屯、后海，像大部分在北京生活的外国人一样，汤姆对这些地方很熟悉。他还是一支乐队的主唱。"芝加哥们儿"这样的乐队名字很有中西合璧的色彩，乐队成员也是中西合璧，两名美国人、两名中国人。"不过唱的歌儿都是英文的，我们自己写的，我喜欢原创，上个月录了我们的专辑。"

"从语言到历史、文化，我都特别喜欢北京。"汤姆说。"虽然北京的古迹、博物馆跟我的专业没关系，但去看的时候也很有感觉。"他喜欢北京的历史，尤其喜欢北京的胡同，"比如很久以前这个胡同有什么、有什么样的名人住在那里。也是因为喜欢胡同，所以我才跑到南锣鼓巷去住，跟朋友租住在四合院里的三层小楼，可以看到周围像中国古代建筑一样的房顶。"

汤姆也有非常忙的时候，有出差，有加班，"上班的时候我就努力工作，但是每天六点半左右下了班，我可以找朋友玩。在北京，我的朋友圈很广，做什么的人都有，有外国人也有中国人，有搞艺术的、有做生意的、有学生。不光是我自己，我发现在北京生活的人都是这样。朋友圈的多元化，这也是北京吸引我的地方"。

暑期上百位世界知名学者授课

北京的历史和文化氛围吸引着汤姆和越来越多的外国人，他们享受在北京丰富多彩的生活。与此同时，来自世界各国的学者也丰富着北京学生们的知识世界。

"来到北京，有件事让我很震惊——地铁里的人真多！除了孟买以外，我在印度其他地方都还没见过这么挤的。这里跟孟买地铁'有一拼'，你会被人群推着上去，挤着下来。"上午十点，来自印度的文森特·塞和兴奋地挥舞着双手，以一口幽默感十足的印式英语开始了他的讲座。

"之所以选择来北京，是因为北京是中国的首都。"文森特·塞和告诉记者，"我对文化和宗教一直很感兴趣，在这里我能更好地理解中国文化，尤其是感受到文化的多样性，也能有机会在中国人民大学这样的顶尖高校里进行宗教方面的学术研讨，观察学生们如何进行跨文化交流。"

"我们哲学院一年至少要请五十位国外学者过来。"本次讲座主持人、中国人民大学哲学院副院长魏德东补充道，"从学校层面来说，每年七月份的暑期学校，也叫国际小学期，还会有七八十位甚至上百位世界顶尖名校的知名学者集中到人大授课，学生不出国门，就能接触到国际一流的师资和课程"。

德国记者直呼"不可思议"

成年人的世界里，外国人来北京感受京味儿文化，交流学术；在孩子的世界里，北京的孩子们已经用自己的方式把京声京韵带出了国门。

作为北京国际儿童合唱团的低声部成员，小睿琦早在9岁那年就随团飞赴奥地利维也纳参加国际青少年艺术节，并与合唱团的小伙伴们共同登上了无数人梦想中的"金色大厅"，面对肤色各异的老外进行表演。

高声部的部长徐辰，是个13岁的小姑娘，她扎着马尾，面庞白净，声音纤细柔和。2010年，小徐辰第一次出国，便是随团到德国的黑森州交流巡演。"我们在黑森州一所中学的礼堂唱了十五六首歌，有德文歌、中文歌。德国学生手举得高高地为我们鼓掌，还吹起了口哨，气氛非常热烈。"

赵菲桐记忆中的美好时刻则是德国的一个雨天，小伙伴们站在亭子下躲雨，大家自发地唱起歌来，附近的一些居民纷纷打开窗子听。待雨小了一些，有德国的小朋友拿着棒棒糖送过来，还有个老奶奶，拿着一个小桶，里面都是吃的。"他们指着我们，竖起大拇指，虽然语言不通，也知道在说我们唱得好。我们也拿出脸谱、中国结这些有中国特色的小礼物送给他们，特温暖。"

"交流绝不仅仅停留在音乐层面，"合唱团指挥陈群回忆道，"在德国，孩子们走进学校课堂，做自我介绍时，德国老师让他们把中国汉字的名字直接写在黑板上。下面的德国学生觉得中国字方方的，很有趣，好奇地模仿着写，这就是一种文化传递。"

令合唱团音乐总监洪定协颇为感慨的是，在听过孩子们的演唱后，有德国记者采访他，对方直呼："不可思议，我从未听过这么好的童声！以前在我的印象里，中国就是'马戏和杂技'。"这让洪定协意识到，"走出去"除了音乐上的交流，更让世界认识到了新时期中国孩子青春灵动的精神风貌。

（节选自《北京晚报》，略有改动）

回答问题：
1. 汤姆觉得北京的什么最吸引他？
2. 文章第二部分主要介绍的是北京高校的_____。
   A. 生活　　　B. 教育　　　C. 哲学　　　D. 历史
3. 北京国际儿童合唱团的孩子们通过哪些方式跟国外进行交流？
4. 你最喜欢北京哪里？你觉得北京有什么魅力？

阅读三（字数：约1720；阅读与答题的参考时间：8分钟）

中国成吸引外国求职者"磁石"

中国经济的持续高速发展，吸引着越来越多的外国人来这里就业。据英国广播公司（BBC）2月12日报道，长期以来，中国一直都是吸引西方国家求职者的"磁石"，现在更是如此，不少外国人纷纷把中国作为他们海外就业的目的地。

发展空间和生活成本是主要考量

BBC报道说，对大多数外国人来说，一旦他们来到中国，似乎都会喜欢上这个充满生机的国度。汇丰银行一项调查发现，基于薪酬待遇和在国外抚养孩子等方面的反馈，中国被列为总体表现最佳的工作目的地，领先于德国和新加坡。

家住伦敦市中心克拉福德街的艾丽丝老人告诉本报记者，她儿子、儿媳和孙女都在中国，一年才回来一次。儿子很喜欢中国，工作得很开心，对中国充满了感情，虽然工资与英国比并不高，但在中国生活成本很低，可以攒下不少钱。此外，他们与中国同事也相处得很融洽。

想在中国增长才干、积累经验进而谋求更大的上升和发展空间，是不少在华工作外国人的主要考量。一位来自美国加利福尼亚州的年轻女大学生成功地在北京获得了一份工作，她说："与西方相比，中国企业提供的入门薪酬比较低，但低工资可以换取在中国积累工作经验的机会，然后在未来的职业生涯中获得令人满意的高薪职位。"

物价水平低是外国求职者看好中国的另一个主要原因。来自俄罗斯叶卡捷琳堡的莉莉娅已经在北京工作了四年多。她先在莫斯科大学学习中国历史和语言，后来到北京大学留学。由于北京气候比俄罗斯温暖，中国人对外国人的态度也非常友好，2009年毕业后，莉莉娅决定留在北京找工作。莉莉娅选择在中国工作的一个重要原因就是自己在中国比在俄罗斯更有竞争力。"当然和个人能力也有关系，但是总体上还是因为中国提供了很好的就业环境。"另外，由于俄罗斯物价水平较高，在同样收入的情况下，在北京工作能保证更高的生活质量。

五年前毕业于埃及艾因夏姆斯大学中文系的穆斯塔法曾在中国浙江工作。谈起自己在义乌小商品市场工作的一年多时间，穆斯塔法的言语里流露出怀念与不舍。他对本报记者说，中国给他留下两个很深刻的印象：一是有比较健全的制度规范；二是中国人普遍友好热情。在与中国人的交往过程中，他发现中国人都很愿意帮助外国人。他还给自己取了中文名"王小刚"，方便结交更多的中国朋友。他说，中国经济在未来将继续保持健康快速的发展，有机会他还想再次到中国发展。

经济飞速发展营造良好就业环境

叶希尔·纳古里是埃及国民银行上海分行行长，他已在中国工作了整整十四年。他表示，中国经济近年来的迅速发展是吸引他在此生活、工作的首要原因。作为一个阿拉伯人，在中国生活需要面临适应的问题。尽管如此，在上海的生活令他非常满意。上海发展很快，而且充满机遇。

英国有媒体报道说，由于在中国应聘就职的外国人太多，以致中国的雇主们目前正在采取更加谨慎的招聘策略。"就需要第二语言的岗位而言，中国雇主如今更倾向录用有海外经历的中国人，"翰德咨询公司顾问苏亚介绍说，"因为雇外国人费用很高，更重要的是他们与中国人之间还存在着语言和文化方面的障碍。"

BBC也在报道中认为："对大多数希望在华立足的外国人而言，他们仍难以在纯粹的中国企业里谋到职位，更多就业机会是由在华外企提供的。"报道说，大约85%的"老外"为跨国公司工作，且以营销为主，其次是银行、金融服务和工程领域。

与此同时，据业内人士透露，现在中国雇主们更多聘用来自亚洲而非西方的外国经理人，因为亚洲人同样具备必要的专业技能和较高的工作资质，但支付给他们的薪酬却要低得多；相比而言，来自西方国家的经理人其薪酬通常要高出50%。同时，语言优势已经不再重要，中国雇主喜欢在生产技术、生产工艺等方面具备特殊技能和独特学识的专业人才，如油气领域的工程师和专家，会在中国找到更多更好的就业机会。

三星集团中国总部副总裁姜俊暎在京工作多年，他很珍惜在中国工作、生活的每一天。他说："北京的治安好，给我印象最深，即使很晚回家也没有太多担心。"望京是在京韩国人生活比较集中的一个区域,姜俊暎对那里的社区环境很满意。他说,不少商家都使用韩文招牌,超市里常能看到产自韩国的商品。"更重要的是,中国朋友对我们韩国人特别热情,购物、问路都能得到热心帮助。我时刻能感受到北京作为国际大都市的包容性。"

(节选自《人民日报》,略有改动)

判断正误:

1. 从就业机会上来说,中国排在第一位。　　　　　　　　　　　　　　　(　　)
2. 艾丽丝老人的儿子在中国工作是因为想赚更多的钱。　　　　　　　　　(　　)
3. 来自美国加利福尼亚州的年轻女大学生觉得,相对于薪酬来说,更重要的是工作经验。
　　　　　　　　　　　　　　　　　　　　　　　　　　　　　　　　　(　　)
4. 莉莉娅选择留在中国工作主要是因为中国的物价水平低。　　　　　　　(　　)
5. 叶希尔·纳古里在上海的工作和生活都很顺利,没有任何问题。　　　　(　　)
6. 现在中国雇主更愿意招聘有海外经历的中国员工,主要是因为可以不用给那么高的工资。
　　　　　　　　　　　　　　　　　　　　　　　　　　　　　　　　　(　　)
7. 来中国的外国人只能在跨国公司工作。　　　　　　　　　　　　　　　(　　)
8. 三星集团中国总部副总裁姜俊暎很适应北京的生活。　　　　　　　　　(　　)

第二课　带着差距愉快地生活

听录音 扫这里

背景知识　在激烈竞争的当今社会，人们难免会遇到挫折、失败和诸多不如意的事情，如何顺利地度过人生的困难时期，拥有健全的人格异常重要。健全人格的核心是对自己有客观的认识，在顺境中不骄傲，不高估自己；在逆境中不自卑，不低估自己；学会带着不满足、对自己还不够满意愉快地生活。

词语表

1. 能否　　　néngfǒu
   能不能
   Is it possible...?, can or cannot
   …できますか？
   .. 할 수 있을까？

2. 周密　　　zhōumì　　（形）
   周到细密
   meticulous, thorough, attentive to every detail
   綿密な
   주도면밀하다，세심하다，세밀하다，빈틈없다

3. 家长　　　jiāzhǎng　　（名）
   指父母或其他监护人
   parent or guardian of a child
   家長、保護者
   가장

4. 着重　　　zhuózhòng　　（动）
   把重点放在某方面；强调
   to stress, to emphasize, to underline, to put emphasis on a certain aspect
   重点を置く、強調する
   강조하다，힘을 주다，역점을 두다

5. 乐于　　　lèyú　　（动）
   对于做某事感到快乐
   to be happy to do sth.; to take delight in doing sth.
   楽しんで…する、喜んで…する
   즐겨 하다，기꺼이 하다

6	抗拒 抵抗并拒绝	kàngjù	（动）	to resist, to defy 拒否する、逆らう 저항하다, 거역하다, 거부하다
7	颠覆 推翻	diānfù	（动）	to overturn, to overthrow, to subvert 覆す 전복하다
8	完美 完备美好；没有缺陷	wánměi	（形）	perfect, flawless, consummate 完全無欠である、完璧である 매우 훌륭하다, 완전하여 결함이 없다
9	信念 自己认为可以确信的看法	xìnniàn	（名）	conviction, faith, belief 信念 신념
10	防御 防守抵御	fángyù	（动）	to defend, to guard, to defense 守る、防御する 방어하다
11	归结 总括而求得结论	guījié	（动）	to sum up, to put in a nutshell まとめる 귀결하다
12	停留 暂时留在某处，不继续前进	tíngliú	（动）	to stay for a time, to stop, to remain 留まる、停留する (잠시) 머물다, 멈추다
13	刻板 比喻处事不灵活，不能随机应变	kèbǎn	（形）	mechanical, stiff, inflexible 型通りである 판에 박힌 듯하다, 융통성이 없다
14	万能 无所不能	wànnéng	（形）	omnipotent, almighty, all-powerful 万能である 만능이다, 온갖 일에 능하다
15	深化 向更深的程度发展	shēnhuà	（动）	to deepen, to intensify 深化する、深化させる 심화하다, 심화시키다
16	启示 通过启发提示而领悟的道理；启发开导，使有所领会	qǐshì	（名、动）	inspiration, revelation; to enlighten, to inspire, to suggest 啓示する、啓示 계시(하다), 시사(하다), 계발(하다)
17	导师 高等学校或研究机构中指导他人学习、进修、写作论文的教师或科研人员	dǎoshī	（名）	tutor, advisor, mentor 指導者 지도 교수, 지도자

18	当场 在事情、事件发生的现场	dāngchǎng	（副）	at the scene, on the spot, extempore, then and there その場、現場で 당장, 즉석(에서), 현장
19	秘诀 不公开的能解决问题的窍门、办法	mìjué	（名）	secret of success, knack, trick 秘訣 비결
20	根基 基础	gēnjī	（名）	foundation, basis; family property accumulated over a long time, assets 基礎 기초, 근원
21	坚持不懈 坚持到底，一点不松懈	jiānchí-búxiè		persistent, unremitting, persevering 倦まずたゆまずやり続ける 해이되지 않고 견지하다
22	兼顾 同时照顾	jiāngù	（动）	deal simultaneously with two or more things 同時に配慮する 고루 돌보다
23	强求 硬要求	qiǎngqiú	（动）	to impose, to force, to insist on 強要する 강요하다, 무리하게 요구하다
24	无妨 没有妨碍，没有关系	wúfáng	（动）	there's no harm (in doing sth.), may/might as well さしつかえない 무방하다, 괜찮다
25	期望 对人或事物的未来有所等待和希望	qīwàng	（动）	hope, expect 期待する (앞날에 대해) 기대하다
26	歌星 演唱歌曲的明星	gēxīng	（名）	singing star 人気歌手 유명 가수

> 课 文

带着差距愉快地生活
——青少年如何培养健全人格

本报记者　郭韶明

"现代中学生健全人格的特点是什么？我们应该如何努力？""如何培养健全人格的人才，能否⁽¹⁾提供一些细致周密⁽²⁾的措施？"……

4月25日下午，在"心理专家讲座"天津座谈会上，一场名为"培养健全人格，提高适应能力"的专题讲座吸引了天津耀华中学230余名师生及家长⁽³⁾。这次讲座由"心理专家讲座"主讲人、北京大学心理学系王登峰教授主讲。

针对师生提出的问题，王登峰着重⁽⁴⁾强调了一个观点，那就是健全人格的核心是对自己有客观的认识，学会带着不满足、对自己还不够满意愉快地生活。

对自己的看法不仅符合实际，而且乐于⁽⁵⁾接受

"一个人的成熟，表现为他对自我的看法不仅符合实际，而且乐于接受。"王登峰说。符合实际就是"实际是什么样子，对自己的看法就是什么样子，二者是一致的"；乐于接受则是"我很高兴地告诉你我还有很多的缺点和不足"。这是在青少年阶段很多人内心最痛苦的一件事，因为一方面他们不断地发现自己还有很多做不好的事情，另一方面内心又有一种很强的观念想要抗拒⁽⁶⁾，认为自己不应该是这个样子。

在这种矛盾的心理冲击下，王登峰分析说，用三种不同的态度面对，后果是不一样的。

第一种态度是"接受，彻底改变对自己的看法"。他举例，比如有一个人认为自己绝顶聪明，什么事都可以做好。突然有一次发现自己考试不理想，这个时候第一反应就是接受结果，彻底颠覆⁽⁷⁾从前的自信，从此以后什么都不是了。"为什么有些人遇到一点点挫折会去结束生命，就是因为这一点挫折在他看来使他不完美⁽⁸⁾了，他改变了过去的信念⁽⁹⁾，以至没有办法活下去。"

第二种态度是"否定，即防御⁽¹⁰⁾反应"。比如有的学生把考试没有考好归结⁽¹¹⁾为昨晚没睡好、老师出题难等，这种看法表明了一种态度——我的确没有考好，但是和我自己没有关系。"如果长期如此，这个人对自我的认识就永远停留⁽¹²⁾在很刻板⁽¹³⁾的水平上，能力会受到局限。"

第三种也是最积极的态度是"当发现自己的不足时首先接受，但是调整对自己的看法，而不是彻底改变"。调整和彻底改变的差别在于，调整是指一个人对自己的看法，由原来认为是万能⁽¹⁴⁾的，现在知道自己并非万能。"这种调整能够把新出现的问题处理掉，使个人的看法随着经验的增加而进一步的深化⁽¹⁵⁾。"

当接受了差距之后，关键在于如何看待

"我知道我笨，但是我不在乎。"这是王登峰带的一个研究生说的话。有一次王登峰工

作很忙,这个学生还总是对一个问题反复追问。王登峰有点心急:"你怎么这么笨呢!"

学生的回答给了王登峰很多启示[16]:在一个名牌大学里,被自己的导师[17]当场[18]骂了笨,居然还表示不在乎,而且看得出来他不在乎的背后包含着一种自信。后来,王登峰把学生的这句话当做"接受差距"的秘诀[19],告诉了很多人。

当发现自己与别人的差距时,该如何看待。王登峰认为,应该把差距划分为两大类。

第一类差距是必须要改变的。比如,一个学生发现自己的学习成绩和别人相比有很大的距离,而学习是人生发展的根基[20],是必须要改变的。但是,也要允许自己有一个改变的过程,并且需要真正的自信。"每个人遇到困难的时候,都需要有这样的心态,相信自己能够达到目标,相信坚持不懈[21]一定会克服困难。"

第二类差距的根源是事情太多无法兼顾[22]。比如,别人的喝水杯子比我的贵,别人知道明星的详细信息但是我不知道……对待这类差距,王登峰说,其实不必强求[23],能够改变或许更佳,改变不了也无妨[24]。

他强调,当看到自己和周围同学相比有差距时,当自身的状况和期望[25]的状况之间存在差距时,首先要区分这两类,然后有一个明确的态度:当差距必须改变的时候,要相信自己;当差距其实无关紧要的时候,不妨高高兴兴地告诉大家,我的杯子也有自己的特色,很多歌星[26]的名字我都不知道。

"现实生活中谁都不够完美,关键在于要学会的是,即便有不足也会愉快地生活。"

(全文字数:约1550)

(节选自《中国青年报》,略有改动)

注 释

1 如何培养健全人格的人才,能否提供一些细致**周密**的措施?

[解释] "周密"与"严密":都可用作形容词。都可表示紧密、细致、周到。
周密:着重指周到、完备、不疏忽。多用于思维或制定实施计划等方面,常与"考虑""分析""设计""计划"等词搭配。不能重叠。
严密:着重指严实、紧密、不疏漏。还用作动词,可带宾语。多用于防范、结构、组织、体系等方面,常与"防守""封锁""注视"等词搭配。

[例词] 周密考虑/周密分析/周密计划/周密准备/周密安排/周密布置
防范严密/结构严密/组织严密/体系严密/严密规章制度

[例句] ① 他们总是目标明确,计划周密,行动有力,自然可以不断成功。
② 我听了他的周密考虑,同意他的决定。

③ 宗教有明确的崇拜对象，有一整套教规、制度和仪式，有较严密的组织，又有专门的神职人员。
④ 我们要严厉查禁毒害社会的各类丑恶现象，收缴非法枪支弹药和管制刀具，严密防范抢劫、盗窃犯罪。

② 为什么有些人遇到一点点挫折会去结束生命，就是因为这一点挫折在他看来使他不**完美**，他改变了过去的信念，以至没有办法活下去。

[解释] "完美"与"完善"：形容词。都有表示齐全的意思。
　　完美：着重于不但完备，没有缺点，而且十分美好。语义比"完善"重。只作形容词，不能带宾语。不仅适用于事物，也可适用于人。
　　完善：着重于齐全而良好。还可用作动词，可带宾语。一般适用于具体事物。

[例词] 十分完美 / 完美无缺
　　　不断完善 / 完善管理制度

[例句] ① 事业发展与公司环境的完美结合才是最有吸引力的，而薪金的多少是次要的。
② 同时塑造内在美和外在美就比较完美了。
③ 你的论文还需要进一步完善。
④ 这个公司的管理制度就是在解决矛盾中逐渐发展完善起来的。

③ 学生的回答给了王登峰很多**启示**。

[解释] "启示"与"启发"：动词。都指开导、指点。
　　启示：指直接说出事理，使人了解，提高认识。有时也可用作名词。
　　启发：指不直接说出问题的结论，而是说明事例，引导人去联想、思考并领悟。

[例词] 启示读者 / 重要的启示
　　　启发学生 / 善于启发

[例句] ① 这个梦启示门捷列夫应该排列化学元素，最终他制作完成了元素周期表。
② 生物发光的强度虽然不大，但却给人们研究新光源以重要启示。
③ 有的导演强制演员按规定表演，有的导演则偏重于启发演员临场发挥。
④ 教师和家长应注重以游戏活动的方式启发儿童的学习兴趣，为幼儿进入小学做好心理上的准备。

练 习

一 请在课外阅读最新中文报刊文章，将其中你喜欢的一篇剪贴在你的笔记本上，然后写出摘要与看法

二 给下列动词搭配适当的词语

乐于_____   抗拒_____

颠覆_____   防御_____

深化_____   兼顾_____

三 选词填空

> 关怀　　能否　　抗拒　　坚持不懈　　乐于　　兼顾

1. 应该说解决问题的方案好坏，是_____解决问题的最基础的前提条件。

2. 城市居民_____接受新鲜事物。

3. 规律具有必然性，具有不可_____的趋势和倾向。

4. 一个天生体质弱的人，通过长期_____的体育锻炼，可以改变自身的体质状况。

5. 政府要加强艾滋病防治工作，_____艾滋病感染者。

6. 国家要制定政策并提供必要的保障措施，_____国家利益和个人利益、长远利益和短期利益、整体利益和局部利益。

> 周密　　严密

7. 昆虫，它们群体的成员，少则千百个，多的可达上百万，成员间分工_____，各司其职。

8. 如果是真的话，我希望这个计划是经过_____考虑的。

完美　　　完善

9. 任何一种产品，质量再好，也难保证_____无缺。
10. 中国成为世贸组织成员国将极大地促进中国市场经济的_____，向着具有透明度的方向发展。

启示　　　启发

11. 教师在运用直观教学的同时，必须注意提出_____性的问题，让学生思考，引导学生抽象出事物的本质特征来。
12. 伊斯兰教以《古兰经》为根本经典，认为它来自安拉的"_____"。

四 根据课文内容判断正误

1. 王登峰是心理学方面的专家。（　　　）
2. 对自己的看法能否符合实际并不重要，关键在于要接受自己。（　　　）
3. 青少年在承认自己的缺点时不会感到痛苦。（　　　）
4. 王登峰谈到了人们面对问题时存在的三种态度。（　　　）

五 请按正确的语序将下列各个句子组成完整的一段话

1. A. 调整是指一个人对自己的看法
   B. 现在知道自己并非万能
   C. 调整和彻底改变的差别在于
   D. 由原来认为是万能的

   正确的语序是：（　　）（　　）（　　）（　　）

2. A. 可以满足人们对于休闲和全面发展的需要
   B. 大力推动休闲产业的发展
   C. 同时又起到刺激消费扩大内需的作用

   正确的语序是：（　　）（　　）（　　）

六 根据课文内容选择最合适的答案

1. 王登峰对第一种态度感到_____。
   A. 满意　　　　B. 很满意　　　　C. 不太满意　　　　D. 不满意

2. 王登峰_____自己学生说的话。
   A. 反对　　　　B. 赞赏　　　　C. 批评　　　　D. 不满意

3. 王登峰最支持的是第_____种态度。
   A. 一　　　　B. 二　　　　C. 三　　　　D. 四

4. 第二类差距_____。
   A. 应该改变　　B. 无法改变　　C. 不太重要　　D. 很重要

七 完形填空

而且　　则　　不仅　　就是

1. "一个人的成熟，表现为他对自我的看法__1__符合实际，__2__乐于接受。"王登峰说。符合实际__3__"实际是什么样子，对自己的看法就是什么样子，二者是一致的"；乐于接受__4__是"我很高兴地告诉你我还有很多的缺点和不足"。

依然　　因此　　即便　　也不可能　　应当

2. 在《教育是一种大智慧》一书中，林格认为，教育必须立足于培养具备健康人格的现代人。有了大智慧，__1__孩子是班上最差的，他__2__可以有辉煌的将来；没有大智慧，即便孩子成绩再优秀，将来__3__有大出息。__4__，所有的父母和教师都__5__重新来学习儿童教育这门专业的功课。

八 请用自己的话或原文中的关键句子概括下面一段话的主要内容

当发现自己与别人的差距时，该如何看待。王登峰认为，应该把差距划分为两大类。

第一类差距是必须要改变的。比如，一个学生发现自己的学习成绩和别人相比有很大的距离，而学习是人生发展的根基，是必须要改变的。但是，也要允许自己有一个改变的过程，并且需要真正的自信。"每个人遇到困难的时候，都需要有这样的心态，相信自己能够达到目标，相信坚持不懈一定会克服困难。"

第二类差距的根源是事情太多无法兼顾。比如，别人的喝水杯子比我的贵，别人知道明星的详细信息但是我不知道……对待这类差距，王登峰说，其实不必强求，能够改变或许更佳，改变不了也无妨。

他强调，当看到自己和周围同学相比有差距时，当自身的状况和期望的状况之间存在差距时，首先要区分这两类，然后有一个明确的态度：当差距必须改变的时候，要相信自己；当差距其实无关紧要的时候，不妨高高兴兴地告诉大家，我的杯子也有自己的特色，很多歌星的名字我都不知道。

"现实生活中谁都不够完美，关键在于要学会的是，即便有不足也会愉快地生活。"

九 请尽量用以下词语进行话题讨论

能否	乐于	抗拒	停留	关怀	兼顾	无妨
周密	完美	脚踏实地	启示	坚持不懈		

你和周围人在学习、工作或生活上存在差距时怎么做？为什么？

快速阅读

阅读一（字数：约1850；阅读与答题的参考时间：9分钟）

清华"微笑哥"的幸福生活

"您幸福吗？""今天不幸福，刚跟女朋友分手。"在回答记者"幸福"话题的提问后，这个自称"不幸福"但仍咧嘴笑的清华"微笑哥"红了——他就是王涛。

两年后，当本报记者再次问起这个问题时，迎来的仍是那双眯成一条线的眼睛和8颗洁白的牙齿，"幸福啊！我今年毕业，论文基本没问题了，也找到了理想的工作，明年就打算结婚了！""微笑哥"笑着向记者讲述了他5年的研究生生活。

幸福，总在风雨后

作为清华大学机械工程系直博生，王涛的学习生活并不是一帆风顺的。

读研第3年，当其他同学早已定好题目并顺利展开研究时，他还在纠结是否跟导师提出更换课题。"导师本来申请了一个新课题要交给我做，但我觉得几乎不可能完成。几次尝试之后，我实在做不出结果，只好跟导师申请换课题。"王涛说，读博士和读硕士不一样，选题很重要。

王涛重新定好课题时，已是研三下学期了，身边不少同学已在国内外期刊上发表了论文，他却还在冥思苦想中"挣扎"。查资料、自己搭建实验台、买材料、画图纸、跑工厂、找加工……这些成了王涛的家常便饭，"也曾急得跟老师哭过，但面对大家时又是一脸笑容"。经过一年多的挑灯夜战，王涛先后解决了多个技术难题，在理论模型与实验技术上取得了多项创新。

"做博士论文，就如同登野山。登野山最可怕的不是在攀登过程中遇到什么困难，而是在山脚下望着众山不知去攀登哪一座。"王涛告诉记者，做博士论文的方法有两种：一种是逻辑思维好，在前人提出成熟的问题后，自己将答案挖出深度；另一种是创新思维好，善于发现问题，并提出初步解决方法。

王涛终于在一段时间之后找到了方向。"说伟大一点儿，就是牛顿提出了第二定律，我的工作是巧妙地应用它回答了一个机械密封领域的技术问题。"他说完又咧嘴笑了起来。对于王涛来说，痛苦是一时的，幸福是永久的，只要学会忍耐痛苦，就能等到属于自己的幸福。

学在清华，提升幸福感

"对于清华的学生来说，智商不是问题，重要的是情商。"经常出现名校的研究生因为承受不了压力而得抑郁症或做出过激行为。"只有珍惜现在，才能提升幸福感。"王涛说。

王涛在高中、本科时学习名列前茅，用时下最流行的词来说就是"学霸"。但他保研时出现了问题，自己想要跟的导师招满了，分到的又是一个新团队，没有师兄师姐留下的经验"宝藏"，只能靠自己"白手起家"。

从高高在上的"学霸"到"一清二白"的"无名氏"，在一次次失败之后，王涛重新找到了方向，在落后别人时仍奋力追赶，直到找到创新性模型。他收获的不仅仅是成功，还有幸福感。"参考我现在开创的研究两相机械密封的新方法，学弟学妹们就可以少走很多弯路。他们将来会比我更幸福。"王涛笑着说。

说起博士生延期毕业问题，王涛也有自己的看法。很多博士生匆匆毕业，就为了找工作。"博士生找工作不像割韭菜，每年一到某个时候就必须做。我认为博士生找工作是个精挑细选的长期过程。"王涛认为，博士生和硕士生、本科生的区别就是具有他们所不具备的专业特长。

作为博士生，不能盲目跟风着急毕业，而应该找到自己的"创新点"，并找到合适岗位发挥自己的特长，才能体现自己的最大价值。"延期毕业，也是一件幸福的事。"很多博士生毕业时实验做得还不够充分，论文还未达到高点，延期可以让他们继续利用学校这个平台为自己打造更好的名片。

幸福秘籍，就是保持微笑

"我网上银行的验证信息就是'微笑每一天'。"说完，王涛又笑了。他说，现在人们普遍浮躁，当浮躁越来越多时，幸福感就会下降。

急功近利，让很多人在做事时都喜欢超车。上小学时就想考个好大学，上了大学又提前准备考研，研究生毕业前就着急找工作，进入工作岗位又着急晋升……事实上，每个人都有自己的生活轨迹，珍惜当下的脚步，踏实走好每一步，才能感到充实和幸福。

"就像我将实验成果申报给了世界摩擦学国际会议，也写成文章投给多家国际著名杂志，我想得到的不是名利，而是业内'大牛'的反馈。"王涛说，世界摩擦学国际会议要求每人讲15分钟。然而，他"忘情"地讲了20分钟后也没人提问，当时有一种"拔剑四顾心茫然"的感觉。事后，导师安慰他说可能是因为时间紧，听众来不及提问。王涛咧嘴笑了起来。他期待着自己的实验成果得到认可，哪怕是提出挑剔的意见，都是非常宝贵的，说明自己的成果引起了专家的关注。

回到一开始的问题，王涛说他现在终于遇到了"合适的人"。他曾有过失恋经历，但并不影响对幸福的追求。生活就是这样，好事都要多磨，永远不要让悲伤冲淡了幸福的味道。很多时候，笑一笑，一切"雾霾"都会过去，幸福的"蓝天"仍在前方。

（节选自中国教育新闻网，略有改动）

回答问题：
1. 王涛的研究生生活顺利吗？他遇到了哪些困难？
2. 王涛如何看待博士生延期毕业的问题？
3. 王涛觉得怎样做才能提升幸福感？

阅读二（字数：约1800；阅读与答题的参考时间：9分钟）

新年愿望"十大热词" 幸福、快乐、身体健康居首

新的一年已经向我们揭开了崭新的一页，网友们在微博上表达了各种各样的新年愿望。新华社"中国网事"联手数托邦创意分析工作室，通过对5 307 869条提及"新年愿望"的原创微博进行数据分析，提取了网友新年愿望中出现次数最多的"十大热词"。

NO.1 幸福

"你幸福吗？"曾一度成为人们讨论的热门话题，但这个祝福包含了你我心中所有的愿望。"幸福"累计出现了5 089 546次，荣登网友新年愿望第一位。在感叹2013年过去的同时，网友@张贝勒："祝愿新的一年大家都得到更多的幸福！愿大家的事业、生活犹如台上的色彩一样红红火火！美满幸福！"@延参法师则认为：生活的方式决定了你人生的幸福值，经得起命运的涮，也习惯于故事的苦，更要学会刷新幸福的刷。

除了表达对"幸福"的美好愿望，还有许多网友纷纷发布出游、聚餐的照片来"晒幸福"。新的一年，大家一定要幸福。

NO.2 快乐

迎接新年必然要说一句"新年快乐"，而在"中国网事"抓取的微博中，"快乐"共出

现了 5 069 141 次。网友@花舞月影 66 的跨年愿望是"明年工资翻一番，家人身体健康，身边的人健康幸福快乐"。而@ honey＿小乖则为自己的孩子送去了父母的心愿："宝贝，我们祝福你，希望你健康快乐成长，没有烦恼。"

NO.3　身体健康

"新年快乐"往往伴随着"身体健康"。拥有一个健康的身体，才能"说走就走"，才能实现家国梦想。网友@科比之家微博新年的愿望很简单，就是希望科比身体健康，远离伤病！在@蔡有德的四个愿望中，其中两个就是祝福父母身体健康、长命百岁，以及小外甥健康成长、亲朋好友身体健康。

NO.4　更

"更"字的入选反映了网友们对旧年逝去、新年奋发的愿望，"更"字背后往往跟着"幸福""健康""快乐"等词语，生活要越来越好，收入越来越高，人生才会不断充满希望。@酷我音乐调频："祝福小伙伴们新年更给力！从改掉一个坏习惯开始，或许能带来更好的自己。"@吉林电视台守望都市认为"要想新年更有新气象，还得做行动派"。@思想聚焦的祝福则祝福自己："2014 年，做更好的自己，不为昨天后悔，不去害怕将来！新年快乐！"

NO.5　顺利

如果说"幸福"是祝福语的领头羊，"顺利"则是当仁不让的集大成者。网友@甘小萌很小很萌很直接："没有什么元旦新年的感觉，只希望今年能顺利一点，有目标就去努力。"@逗丁宝儿则告诉自己："过完 13 迎来 14，愿新年健康顺利开心。"其实，民间还有"转运"的说法，意思就是去年不顺，今年必然一切顺利。"中国网事"也祝大家爱情顺利、事业顺利、一顺百顺。

NO.6　梦想

去年是梦想勃发的一年，"中国梦"贯穿全年。威尔逊曾经说过："我们因梦想而伟大，所有的成功者都是大梦想家。"放眼望去，只有你我一个个小的梦想都能实现，"中国梦"才能成真。"新年梦飞"是一个美好的词，梦想的内容，大抵能包括 TOP10 榜单中其他几个词语，如家庭幸福、身体健康、工作顺利。当然，@江苏大学很冷静地提醒大家："希望和期许都要付诸行动才能实现。"

NO.7　开始

一元复始，万象更新。去年的大门已经关上，新年的努力却正当时。所有的希望、梦想，都着眼于当下。"元旦"的"元"就是开始的意思，凡数之始称为"元"，而"旦"即太阳从地平线上冉冉升起，象征一日的开始。@平安洛阳大喊："你好，新的一年，我们都有新的开始。"

NO.8 新

新年第一天,全国多地迎来最暖元旦,着实是开了一个好头。当我们向去年告别的同时,闪亮登场的新年一切都是崭新的。除旧方能迎新,新年的到来意味着告别过去。@延参法师适时发布幸福通知,告诉大家元旦一定要刷刷自己的微博,"新年新气象,刷新新生活"。

太阳每天都是新的,人生也应如此。面对新的一年,新的工作,新的生活,也要有一个新的心情,开始加油吧。

NO.9 家

家意味着爱、幸福、亲情,网友@卡萨帝南京认真地提醒我们:"当你习惯陪客户谈笑风生,家人渐渐习惯没有你的时间!当你习惯匆匆挂断家中的电话,家人渐渐习惯在心里细数全部的思念。"许多网友也郑重地承诺,新的一年要放下工作,多陪陪家人,尽情享受家的温暖。

NO.10 工作

对于普通人来说,实现自己的梦想要工作,养活老婆孩子要工作,出去购物旅游的钱要靠工作,无论去年如何不堪,新的一年都得放下包袱,好好工作。至于工作状态,可以再接再厉,打开一个新的局面,但无论如何也别忘记前面许下的愿望:幸福、健康、家以及梦想。网友@秋秋love小虫虫的新年工作愿望就很简单:"不那么忙碌,做一些力所能及的事情,只为自己负责。"

(节选自《山东商报》,略有改动)

回答问题:
1. 文章中提到了多少个新年愿望?分别是什么?
2. 你怎样理解"晒幸福"?
3. 在这些愿望当中,你觉得哪些是最重要的?你有什么愿望?

阅读三(字数:约1510;阅读与答题的参考时间:7分钟)

国际幸福日 纷纷说幸福

刚刚过去的3月20日是国际幸福日。幸福到底是什么?怎样生活才算幸福?在郑州市民眼中,幸福具体而微:幸福是家人健康,幸福是柴米油盐,幸福是收入再高些;幸福是交通顺畅,能准点上班;幸福是房价降低,能住进自己的房子……本报记者走近不同的市民群体,倾听他们心中的幸福旋律。

领证撞上"幸福日"

与每年西方情人节和中国情人节不同,3月20日,记者在中原区婚姻登记处看到,办事大厅如往常一样平静,没有出现"排长龙"的景象。

"今天是国际幸福日！还真不知道。"从上海回来办理结婚证的张喆，露出一脸的惊喜，"这样撞上的'幸福'，让我们感觉更幸福。"张喆告诉记者，为了纪念这个特别的惊喜，他拜托记者为他们拍下一张合影，照片中二人用手势拼成一个大大的"心"。张喆说，他和女友是研究生同学，在郑州读研毕业后，又一起到上海工作，虽然在一起的日子很平淡，但很幸福。

记者一连询问了几对新人，新人们纷纷表示不知道这个日子，但对于这样的"巧合"，他们都收获了惊喜，希望以后的日子越来越幸福。中原区婚姻登记处工作人员坦言，自己是第一次听说这个日子，祝愿每一对从这里走出去的新人都婚姻幸福美满。

做想做的事就很幸福

"当然幸福了，因为我达到了自己的目标，做自己想做的事情，就很幸福。"当被问及是否幸福时，郭志强坚定地说。小郭是郑州一名普通的巡防队员，工作之余他热衷公益事业：走上街头募捐资助贫困学子、为山区孩子们筹集爱心图书、积极参与志愿服务……

小郭说，能够自由自在地做这些事情是幸福的。而且对于现状，他表示不能单单以物质来衡量自己的生活。"和很多人相比，我的目标可能不一样，我觉得精神方面更重要一些。"他告诉记者，郑州是一个富有爱心的城市，生活在这样的城市就很幸福。

幸福就是为居民服务

幸福是一种财富，幸福是一种感觉，幸福是一种收获。对于管城区航海东路街道金色港湾社区委员蔡慧英来说，幸福是一种付出后的喜悦，是许多居民朋友认可后的一种快乐。蔡慧英向记者详细叙述了工作中的感觉：

> 记得我工作后第一次入户走访，在中鼎翡翠3号楼一位居民家中，一位老太太对我很热情，拉着我的手和我唠家常。此时我真切感受到，独自在家的老人是多么需要关爱和陪伴，也感觉到社区工作的重要性。
>
> 第二次再到老人家中走访，老人夸赞我面善，一见面就有一种亲切感。当时我很惭愧，想想我没有做什么，凭什么得到老人赞誉？后来知道了，就是我把老人家当成自家亲人，一个关怀、一声问候、一个笑脸，就能得到老人由衷的赞誉。
>
> 还有一次在蓝钻小区走访，碰上一位姓江女士肚子疼，在家呻吟不止。她说家人都在外地，自己独自在郑州居住，患病了也没有人来关怀照料。我忙搀扶她下楼，叫了辆出租车，陪着她一同赶往医院，跑上跑下帮她办理入院手续。仅仅这一件事，我现在和她成为了最要好的朋友。
>
> 像这样的事我遇到了很多，如邻居不和了，夫妻吵架了，婆媳不好处了，居民养鸡扰民了等，他们都愿意对我说，我也愿意为他们去解决问题。我的付出得到了居民的认可。现在走在小区，每天都有人和我热情地打招呼，见面问长问短，邀我到家中做客。我感觉，我为居民服务并得到认可，是最大的幸福。

幸福就是结婚生子

温暖春日，淡淡轻音乐，李菲悠然坐在陈寨一家服装店，这是她最惬意的时光。

与很多青年人一样，80后的李菲对潮流很有心得，半年前在文化路陈寨村开了一家服装店。"这里居住的人很多，店里生意还算不错，我挺满足的。"她说，自己心目中的幸福仅仅是结婚生子，"有事业，有家庭，有自己的小孩，尽管简单，但对我来说就足够了。"李菲告诉记者，目前店里的生意不错，她准备先干个一两年，然后就准备开连锁店，扩大经营规模，为将来的幸福打基础。

（节选自《郑州日报》，略有改动）

判断正误：
1. 张喆和女友在"国际幸福日"这一天登记结婚了。（　　）
2. 小郭觉得物质财富比精神财富更重要。（　　）
3. 小郭觉得幸福就是能够自由地做自己想做的事。（　　）
4. 小郭觉得幸福就是能够自由地选择自己的工作。（　　）
5. 社区委员蔡慧英在给别人带去幸福的同时，自己也收获了幸福。（　　）
6. 蔡慧英常常关心和照顾独自生活的老太太，所以得到了老人的由衷赞美。（　　）
7. 蔡慧英常常帮助居民解决生活上的问题，得到了居民们的认可。（　　）
8. 李菲觉得幸福就是生意上的成功。（　　）

第三课 换一种说法，你会更有力

听录音 扫这里

背景知识

神经语言程序学(NeuroLinguistic Programming)，简称NLP。神经语言程序的概念由理查德·班德勒和约翰·格林德在20世纪70年代早期提出。班德勒和格林德对一些出色的交流者进行了研究，试图分析这些人的独特能力。研究结果表明，交流能力与信息的过滤、传递和接收方式有关，对信息的处理是交流的主要手段。神经—语言程序，顾名思义，"神经"与神经系统、心理与大脑之间的联系有关，"语言"与我们使用的字、词、句有关，"程序"与模式、规则、条件有关。NLP描述了人是如何被信息处理过程中的模式所控制的，以及在我们的头脑或身体对语言或信息作出反应的过程中是如何存在着模式。神经——包括语言程序本身不是一种能力，而是交流的框架，包括一系列的原则和能力模式。熟悉且掌握神经—语言程序，有助于我们洞悉自身及他人的心智模式，有利于你与他人之间的沟通。认知心理学、认知疗法以及管理学界颇为推崇的圣吉(Peter Senge)提出的改善心理模式，均对人的认知结构给予了足够的关注，不过，NLP对人的心智模式的认识、探讨对于自我心理修炼，或者对他人进行心理训练，都具有重要的意义。我们每个人都有自己的行为模式，我们的输入（体验）、存储和输出（行为）都有模式。NLP的核心内容就是如何研究和利用这些过程，促进沟通，复制卓越和追求卓越。

词语表

1 名人   míngrén   （名）   famous personage, eminent person
有名的人，著名的人   名人、有名人
명인，명사，유명한 사람

2 特质   tèzhì   （名）   special quality
特有的内在素质   特質
특질

3	独特 独一无二的，单独具有的，与众不同的	dútè	（形）	unique, distinctive 独特である 독특하다, 특수하다
4	讲述 把事情和道理讲出来	jiǎngshù	（动）	to tell about, to narrate, to relate まとまった内容の話を述べる 진술하다, 서술하다, 이야기하다
5	奇妙 奇特，精彩	qímiào	（形）	wonderful, marvelous, amazing 奇妙である 기묘하다, 신기하다
6	词汇 一种语言中所有词的总和，也指某一范围内所使用的词的总和	cíhuì	（名）	vocabulary 語彙、ボキャブラリー 어휘
7	含有 包含，具有	hányǒu	（动）	to contain, to have 含む 함유하다, 포함하고 있다
8	暗示 不明说，而用含蓄的话或动作使人领会	ànshì	（动）	to drop a hint, to hint, to suggest 暗示する 암시하다
9	替代 用甲换乙，起乙的作用	tìdài	（动）	to substitute for, to replace 取り換える、 대신하다, 대체하다
10	终止 完结，停止	zhōngzhǐ	（动）	to stop, to end, to cease 終わる、停止する 정지하다, 끝나다
11	源头 水发源处。比喻事物的本源	yuántóu	（名）	fountainhead, source 水源、本源 수원(水源), 발원지, 근원, 원천
12	快餐 能随时供应的饭菜	kuàicān	（名）	fast food, quick meal, snack ファーストフード 즉석 식품, 패스트푸드
13	曲子 歌曲或乐曲	qǔzi	（名）	tune, song, melody 歌、楽曲 가곡, 노래, 가락
14	忍受 勉强承受	rěnshòu	（动）	to bear, to tolerate, to endure, 我慢する 견디어내다, 참다, 이겨내다
15	店主 商店的主人	diànzhǔ	（名）	shop owner, storekeeper お店のオーナー (상점의) 주인

16	功效 发生的作用和产生的效果	gōngxiào	（名）	efficacy, effect 効能 효능，효과
17	潜能 潜在的能量或能力	qiánnéng	（名）	potential 潜在能力 잠재력，가능성
18	聚焦 使光线等集中于一点，比喻视线、注意力等集中于某处	jùjiāo	（动）	to focus (light or electric beam), to focalize 集まる 초점을 모으다
19	无从 指做某件事没有办法或找不到头绪	wúcóng	（副）	to have no way (of doing sth.), not be in a position (to do sth.) …すべがない .. 할 길이 없다，어쩔 도리가 없다
20	谈到 说到	tándào	（动）	to speak of, to speak about, to refer to 話す 이야기하다，언급하다，말하다
21	直至 一直达到	zhízhì	（动）	till, until, up to …まで待つ .. 에 이르다
22	无知 不懂情理，缺乏知识	wúzhī	（形）	ignorant, stupid 無知である 무지하다，아는 것이 없다
23	境地 所遭遇到的情况	jìngdì	（名）	circumstances, condition; state, realm 境地 경지，상황，지경，처지
24	意向 打算，想法	yìxiàng	（名）	intention, purpose, inclination 意図、意向 의향，의도，목적
25	高超 技术非常好的	gāochāo	（形）	superb, excellent ずば抜けた 우수하다，출중하다
26	生机 生命的活力	shēngjī	（名）	life, vitality 活力、生気 생기，활기，생명력
27	人际 人与人之间	rénjì	（形）	interpersonal, between people 人と人の間 사람과 사람 사이

| 28 | 激发
促使其产生 | jīfā | （动） | to arouse, to stimulate, to evoke, to excite
発奮させる、奮い立たせる
불러일으키다, 분발시키다 |
| 29 | 扩张
扩大范围、势力等 | kuòzhāng | （动） | to expand, to extend, to enlarge
拡張する、範囲・勢力などを拡大する
확장하다, 확대하다 |

课 文

换一种说法，你会更有力

徐凤兰

　　谁都能体会到，"我爱你"是句听起来让人感动的话。如果说成"我爱你，但是……"感觉会完全两样，这便是语言的力量。西方把这种引起人们对语言的不同感受的现象，研发成了一门学问：NLP——神经语言程式学，也是"有力语言"的科学，即研究词语的感觉和引起行动过程的学问。它起步于20世纪20年代，通过对许多研究发现，众多古今名人(1)之所以能对人类历史产生影响，都跟一种特质(2)有关：他们的语言很有力量。

　　日前，加拿大注册高级神经语言程式学培训师格林·亚力山大（Glenn Alexander）受邀在北京大学举办了一场独特(3)的讲座。他的讲述(4)和举例，显示了神经语言程式学的有趣和奇妙(5)。

用好有力量的词汇(6)

　　格林建议那些习惯说"我试着做到最好（I will try my best）"的人，改说"我将尽力做得更好（I will do my best）"。一字之差，表明了态度，也含有(7)态度对自我暗示(8)的作用。同样，试着把"如果我学过这个，我就可以考出好成绩"，改说成"一旦我学过这个，我就会考出好成绩"也会有更多更强的自我激励效果。因而，格林建议人们适当用"当（或一旦）"来替代(9)"如果"，它将使人的主观能动性发挥更大的作用。

　　再如，问起过去的事，有人习惯回答"我不记得了"这种话被头脑"编程"为：需要得到信息，却因当事人的习惯反应语言而被终止(10)，进而导致对"想起来"不抱任何希望。如果改说"我记得……（接着讲述所记得的相应情况）"，情形就会不一样。语言模式就是这样在引发我们的大脑编程和行为方式。身体有吸收编程的能力。

　　大脑和身体的编程来自两个源头(11)：外部和内部。外部编程，一是来自其他人对你说了什么；二是来自你阅读、观察和听到了什么。格林讲了一段自己的经历：在大连时，他进了一家快餐(12)厅。从一进门起，他就听到了一支曲子(13)来回放，直听到耳朵难受。他难以忍受(14)，于是迅速地吃了走人。这也达到了店主(15)的期望：客人很少在此停留。快餐店，不光食物来得快，客人也要流动得快。这就是音乐语言的功效(16)。

内部编程也来自两个方面：一是你的内心对话；二是可以由你写的文章构成。也就是说，你怎么跟自己对话，以及你写出的是怎样的文字。这些都使你的身心产生相应的变化。

定位于结果

如何让脑体编程使我们感到更有力量呢？格林说，定位于结果。

生活中，当人们遇到困难时，往往会把注意力集中到"找问题"上。这会抑制人们潜能[17]的发挥。更有效的做法是把注意力定位在所需要的结果上，聚焦[18]如何解决问题。定位于结果，有以下三点要做：

首先，要了解我们拥有什么资源。如果不知道自己拥有什么，就根本无从[19]谈到[20]解决问题的可能。

其次，要不断地练习新的语言模式，直至[21]完全掌握。

第三，提问。可能有人认为，提问表明了自己处于一种无知[22]状态（这种无知的状态是暂时的），但如果你有了问题而不问，那么你就等于把自己置于永远无知的尴尬境地[23]。

重新用语言组合故事

了解、学习NLP，练习新的语言模式，我们就能重新用语言组合故事，得到新的感觉和功效。

例如，在表达个人意见时，用"我想……"就有邀请对方也来思考的意向[24]。英语里的"I think...（我想）"的语言功效，适用于任何语言。

语言编程取决于人的价值观，价值观取决于信念。信念在人的语言编程中有着根本性的作用。例如，在某些人看来你有着高超[25]的能力，而你却并不这么认为。或许，这是你聚集了周围对你的负面信息，不断地以此跟自己对话的结果。这时，就需要将新的语言输入大脑，新的语言将会为你重组故事。

改变信念被NLP称为"重组"。这跟企业通过"重组"获得生机[26]，跟家庭通过"重组"获得幸福是一个道理。这么看来，NLP还真是很奇妙的。

事实上，在发展中国家，NLP已经被广泛应用于人际[27]沟通，以及个人的潜能开发等方面。由于NLP具有独特的假设前提，因此，NLP在应用上，过程快而效果持续，能有效激发[28]潜能、扩张[29]成就。

（全文字数：约1530）

（节选自《中国青年报》，略有改动）

注释

1. 他难以**忍受**，于是迅速地吃了走人。

   [解释] "忍受"与"忍耐"：动词。都含有忍住、不表现、不发作的意思。
   忍受：着重于把痛苦、困难、不幸遭遇或不良待遇等勉强承受下来。
   忍耐：着重于把痛苦的感觉或某种情绪抑制住不使表现出来。

   [例词] 能忍受 / 善于忍受 / 忍受痛苦 / 忍受不幸的遭遇 / 忍受命运的打击
   能忍耐 / 善于忍耐 / 忍耐的习惯 / 忍耐的性格

   [例句] ① 那么大的痛苦她都忍受过来了。
   ② 这么不讲理，我实在忍受不下去了。
   ③ 她用了十二分的忍耐，才把眼泪压制着没有流出来。
   ④ 你忍耐忍耐吧，别老发脾气。

2. 快餐店，不光食物来得快，客人也要流动得快。这就是音乐语言的**功效**。

   [解释] "功效"与"功能"：名词。都有效能的意思。
   功效：着重指达到的效率。
   功能：着重指事物或方法所发挥的有利作用。

   [例词] 功效显著 / 提高功效
   功能良好 / 功能齐全

   [例句] ① 悠扬清新的乐曲，对情绪性高血压患者有降低血压的功效。
   ② 他注意对古代处方的创新，使中药发挥更大的功效。
   ③ 音乐功能已有很大的发展，在人类社会生活的各个方面发生作用。
   ④ 有效的管理者善于把组织功能与激励功能很好地结合起来。

3. 在某些人看来你有着**高超**的能力，而你却并不这么认为。

   [解释] "高超"与"高明"：形容词。超出一般水平。有时可互换。
   高超：着重指超出一般水平。使用范围比"高明"小。
   高明：着重指见解、技能高人一等。还可用作名词，指高明的人。

   [例词] 医术高超 / 技艺高超 / 演技高超
   手艺高明 / 见解高明 / 另请高明

[例词] ① 《西游记》中的孙悟空就是一个这样的典型，他有顽强的斗争精神、绝顶的聪慧，还具有高超的武艺，直接体现了作者的理想。
② 技巧高超的艺术家，能用简练的笔墨，精当地把艺术作品应有的意蕴和韵味表现出来。
③ 一个高明作家的作品让人们回味无穷。
④ 我的主意一点也不高明，可是作用却不小。

练 习

一 请在课外阅读最新中文报刊文章，将其中你喜欢的一篇剪贴在你的笔记本上，然后写出摘要与看法

二 给下列动词搭配适当的词语

讲述_____   含有_____

替代_____   终止_____

忍受_____   谈到_____

激发_____   扩张_____

三 选词填空

> 讲述　　终止　　暗示　　含有　　替代　　扩张　　激发

1. 他花了几分钟详细_____了自己的观点。

2. 植物生长到一定时期就开始开花，花谢以后结出果实，果实里面_____种子。

3. 有针对性地进行自我_____能够增强人的意志力和情绪的稳定性。

4. 现在，科学家们正在研究提高煤燃烧的效率，减轻对环境的污染，同时研究煤的气化、液化等技术，使它能经济地_____石油。

5. 中世纪基督教会对科学的束缚，使希腊的文明衰落了，但这并不等于说_____了科学的发展。

6. 事业和工作最能_____一个人的创造力和对生活的热情，同时它又能深化一个人的性格。

7. 一些有优势的大中型企业迫切需要_____，希望能通过增加投入发挥更大的规模效益，提高自身的市场竞争力。

忍受　　忍耐

8. 即使在极端困难之时，我们也必须保持_____。

9. 我不能_____噪音。

功效　　功能

10. 很小的一个细胞具有那么多的_____，其组织的复杂也就可想而知了。

11. 朗姆酒热饮具有御寒的_____，因此，国外很流行这么一种饮法。

高超　　高明

12. 浙江某些专门制作点心的厨师烹饪技术_____，从原料的选用到加工、烹饪各个工序均有严格要求。

13. 你要是懂了，那你岂不是比专家还_____？

四 根据课文内容判断正误

1. NLP 是一门由中国人发明的一门学问。（　　　）

2. 研究发现，很多名人的语言很有力量。（　　　）

3. 格林在北京大学的讲座很有意思。（　　　）

4. 当我们遇到困难时，应该把注意力集中在"找问题"上。（　　　）

五 请按正确的语序将下列各个句子组成完整的一段话

1. A. 练习新的语言模式

   B. 了解、学习 NLP

   C. 得到新的感觉和功效

   D. 我们就能重新用语言组合故事

   正确的语序是：（　　）（　　）（　　）（　　）

2. A. 就根本无从谈到解决问题的可能

   B. 如果不知道自己拥有什么

   C. 首先要了解我们拥有什么资源

   正确的语序是：（　　）（　　）（　　）

六 根据课文内容选择最合适的答案

1. NLP 产生于 20 世纪_____。

   A. 20 年代　　　B. 30 年代　　　C. 40 年代　　　D. 50 年代

2. 格林在建议人们改变习惯说法时，举了_____个语言表达的例子。

   A. 一个　　　B. 两个　　　C. 三个　　　D. 四个

3. 格林讲了快餐店的经历，想说明_____。

   A. 快餐店生意很好　　　　B. 快餐店的服务很周到

   C. 快餐店的音乐很动人　　D. 音乐语言的作用

4. 本文作者对格林的观点采取_____的态度。

   A. 批评　　　B. 赞同　　　C. 怀疑　　　D. 反对

七 完形填空

| 进而　　却　　再如　　因 |

1. ___1___，问起过去的事，有人习惯回答"我不记得了"这种话被头脑"编程"为：需要得到信息，___2___ ___3___ 当事人的习惯反应语言而被终止，___4___ 导致对"想起来"不抱任何希望。

| 或许 | 这时 | 例如 | 以此 | 将 | 而 |

2. 语言编程取决于人的价值观，价值观取决于信念。信念在人的语言编程中有着根本性的作用。___1___，在某些人看来你有着高超的能力，___2___你却并不这么认为。___3___，这是你聚集了周围对你的负面信息，不断地___4___跟自己对话的结果。___5___，就需要将新的语言输入大脑，新的语言___6___会为你重组故事。

八 请用自己的话或原文中的关键句子概括下面一段话的主要内容

如何让脑体编程使我们感到更有力量呢？格林说，定位于结果。

生活中，当人们遇到困难时，往往会把注意力集中到"找问题"上。这会抑制人们潜能的发挥。更有效的做法是把注意力定位在所需要的结果上，聚焦如何解决问题。定位于结果，有以下三点要做：

首先，要了解我们拥有什么资源。如果不知道自己拥有什么，就根本无从谈到解决问题的可能。

其次，要不断地练习新的语言模式，直至完全掌握。

第三，提问。可能有人认为，提问表明了自己处于一种无知状态（这种无知的状态是暂时的），但如果你有了问题而不问，那么你就等于把自己置于永远无知的尴尬境地。

九 请尽量用以下词语进行话题讨论

| 讲述 | 含有 | 替代 | 终止 | 忍受 |
| 谈到 | 激发 | 扩张 | 潜能 | 功效 |

在处理人际关系时，你认为语言表达能力很重要吗？为什么？

快速阅读

阅读一（字数：约1740；阅读与答题的参考时间：9分钟）

中国留学生如何走出人际交往瓶颈

初到海外，面对新环境，如何融入其中是他们要解决的一个大问题。这些从小就生活在国内的孩子，到了一个陌生的环境，出于安全感与交际低成本等因素的考虑，会在第一时间内寻找"同类"。因此，交往主要还是锁定在中国人之间。

现象：更愿与中国人打交道

"初到异国，中国留学生的扎堆现象较常见。"在新加坡詹姆斯库克大学留学的饶南清说。许多初到国外的中国留学生都存在这个问题。

许多留学生刚到国外，由于共同的生活习惯和交流方便等原因，更愿意待在中国人的圈子中。饶南清说："我刚到新加坡时，英语水平不高，对新加坡也不是非常了解，只能靠中国学生带着熟悉这个新的环境。所以，慢慢地，我的生活就比较固定在中国人的圈子里。"

与饶南清观点相同，在美国田纳西大学留学的朱超也认为中国人与中国人交往的现象十分常见。"中国人之间的交往还有个特点：就是一个院或系的中国学生往往形成一个小圈子，对其他系的中国学生了解也不多，组织活动基本上局限在这个小圈子。另外往往是同一学年入学的学生相互认识的多，而不同年级之间的学生相互了解较少。"朱超说。

朱超本人也存在这样的问题。他认为，造成这种现象有3方面原因。一是从小学到大学，对学生关于人际关系及交流技巧的培养较少，导致许多学生不太善于交际。二是现在许多留学生都是"80后""90后"独生子女，在家中习惯了以自我为中心。这种心态，导致许多学生在与同龄人交流时，不知道如何摆正自己的位置，可能会在无意间伤害对方。三是语言障碍问题。国内的英语教学主要集中在传统的词汇、语法和阅读的训练上，而忽视了日常口语表达。这就导致留学生在与外国人交流时，存在口语的交流障碍。

影响：跨文化交流"受限"

"中式"交际圈是一把双刃剑。它虽然能够使刚到异国的中国留学生迅速摆脱一个人的孤单状态，拥有朋友，但也使他们的交流范围受到了很大限制，这对中国留学生的跨文化适应有着不小的影响。

朱超认为，由于文化背景的差异，中国人和外国人在表达方式上必定存在着很多差异。他认为这种差异体现在两方面：语言上和文化上。

"我和美国人交流时，他们往往看到我的优点并对我加以鼓励。他们乐于给出正面的回馈，以保持融洽的谈话氛围。而我在美国学车时，教我的是中国老师，他往往会说我这里不对那里不对，到最后我紧张得身体都僵硬了，反而不知道如何开车。所以他教我两次之后，因为心理上不能接受这种训练，我开始自学，并且在很短的时间内达到了令我满意的效果。"朱超称。

外国人相对中国人来说，表达方式更直接。一般来讲，中国人之间的交流很注意用语用词，但外国人一般会畅所欲言，怎么想就怎么说。由此可见，不管是交流内容，还是交流方法，多与外国人交流都对中国留学生有利。而单一的"中式"交流会制约中国留学生在国外的全面发展，在他们学习当地文化，融入当地生活时造成一些障碍。

方法："拓展""融入"

与当地人积极交往，能够缩短学生的心理适应期，有助于他们更好地适应留学生活。那么，如何拓展自己的交往圈子，多结识国外朋友，对中国留学生来说便成为一个考验。

"我们应该在保护好自己的前提下，积极参加社交活动，勇敢地与人交流。面对需要处理的问题或一些好的机会，应该学会大胆地表现自己。"饶南清说。他认为，国外年轻人更开放，只要中国学生愿意，很快就能融入他们的圈子。

不同的是，朱超认为中国留学生融入西方青年的交际圈很困难。一方面是因为一些偏见。另一方面是文化的原因，由于文化差异问题，中国留学生的爱好和兴趣与其他国家的学生差别很大，这是阻碍交流的一大因素。

虽然融入当地生活并不容易。但不可否认的是，当留学生的人际交往网络拓展开来，就会有更多的机会与外国人交流，这对留学生来说是一件好事。"首先，从实用角度讲，英语口语可以得到改进，国外朋友可以帮你校正发音。另外，从文化角度讲，你可以更深入地了解他们的文化习俗，回国工作后，在与这些国家的人进行商业和文化往来时，也方便得多。"朱超说。

如何拓展交往的圈子，是摆在留学生面前的一个很重要的问题。朱超建议，留学生可通过学校的国际交流中心举办的各种活动，认识一些来自其他国家的学生。也可以充分利用课堂时间，与课题组或者系里其他国家的留学生进行交流，从而使自己的人际交往变得多元化。

（节选自网易教育，略有改动）

回答问题：
1. 文中提到中国留学生初到海外会出现什么样的现象和问题？
2. 朱超认为造成这种现象的原因是什么？
3. 文中提到的"中式"交际圈有什么优点和缺点？
4. 朱超认为中国人和外国人在表达方式上有什么差异？
5. 为了帮助中国留学生更好地适应留学生活，文章给出了哪些方法？

阅读二（字数：约1740；阅读与答题的参考时间：9分钟）

人际沟通：学会赞美才更幸福

赞美对于我们每个人来说都很重要，它就像阳光，没有它，我们就无法开花和生长。然而，在我们的生活、工作当中，很多人只是给他人提供批评的冷风，而不是给予赞美的阳光，有时就算给了，也是给得有些勉强。

赞美能使人感到快乐

一句赞美的话能给人带来很大的愉快。我的朋友贝克曼对此深有体会。

贝克曼喜欢到世界各地旅行，每到一处，他都努力学习一点儿当地的语言。他并不是一个语言学家，然而他懂得用不同的语言说那些赞美的话。他会对一位抱着孩子的母亲说"你真美丽"，他会对一位为了筹集孩子的学费而卖力工作的推销员说"你是一位了不起的父亲"，他会对一个疲倦的餐馆服务员说"你的服务很到位"。这个小小的赞美使他赢得了遍布世界各地朋友。

所以，只要你有心去赞美他人，一句话就能使他人感到快乐，同时也让自己感到幸福。

赞美创造了更大的人生价值

为了证明赞美的价值，美国心理学家沃尔特·米歇尔对一所学校的一个班级进行了一个实验。米歇尔将整个班的学生分为三组，在五天的时间里，一组学生因为他们之前的表现而不断地给予表扬，另一组被批评，第三组则被忽视。

结果，那些被表扬的学生的分数明显提高了，那些被批评的学生的分数也提高了，而被忽视的那组学生的分数几乎没有变化。通过这个实验，米歇尔还发现了一个有趣的现象：那些被批评的比较聪明的学生与被赞扬的学生得到老师的帮助一样多，但心理承受能力弱的学生对批评的反应表现得很糟糕。

教师也同意赞美的价值。"当一名学生上交了在某方面超过了他平常水平的作业时，他会非常渴望老师在作业本上写下一句赞美的评语，就算这个评语很短，也会让他很高兴并受到鼓励。"纽约市某中学的自然科学老师班尼·波特这样说道。

因此，我们需要批评、同时更需要赞美。赞美能使一个人创造出更大的人生价值。

赞美能给人带去活力

许多公司的高层管理人员，他们的工作作风通常很严格，往往被下属形容为凶狠粗暴、冷漠无情或者脱离群众。这些高管最需要改变的就是学会赞美员工。我相信，在他们学会了说或者写一些鼓舞人心的话语之后，他们一定能拉近与员工之间的距离，使公司的面貌焕然一新，事业蒸蒸日上。

汽车制造业巨子、福特公司的前主席唐纳德·彼得斯，就有着每天写便笺鼓励员工的习惯。"我只是在随手拿来的一张纸上草草写上几句肯定或赞美的话，然后将它传递出去。"他说，"其实，很多管理人员没有意识到，一天的工作中最重要的时间，就是鼓舞那些为你工作的人所花费的10分钟。"

那么，该怎样说那些振奋精神、温暖人心的话语呢？我认为，一要真诚，二要中肯。因为只有傻子才会喜欢听虚假的赞美，而中肯的话语则会让员工觉得你一直在关注他。你的赞美并不是那种千篇一律的、应付了事的、随便说说的。当然，你的赞美也必须是自发的，自发的赞美之词是洋溢着热情的，能给人带去活力。接受赞美的人的心灵能够长久地感受到这种热情与活力。

赞美是一种特别的奖励

一位画家因为一幅画作而得到赞美，一位作家因为一部小说而得到赞美，一位厨师因为一餐佳肴而得到赞美。但是，当你的衣服被洗熨得很好时，你有没有对洗衣店的老板说你是多么满意？当你每天都准时在报箱收到新报纸时，你有没有夸赞邮递员？这些赞美对他们来说是一种特别的奖励。

赞美对那些做着一成不变的事情的人们很重要，这些人可能是加油站服务人员、餐馆服务员，或是家庭主妇。你曾经做客一个家庭，对女主人说过"多么干净的房间"吗？几乎没有人这样说过。这就是家务活为什么被认为是沉闷乏味的工作的原因。赞美常常被给予那些相对比较容易的活儿，比如插花，却与又脏又累的工作无关，比如擦地板。莎士比亚说："我们的赞美是他们的报酬。"赞美是一位家庭主妇得到的唯一报酬。所有的家庭主妇都应该得到这种报酬。你不会小气到连这点儿报酬都不给她们吧？

其实，回报是相互的。当你称赞他们的工作时，他们会更加愉快地工作，你也会得到更好的服务，你也会很开心。赞美他人并不花费你什么，除了片刻的思想和片刻的行动——当面说一句话，打一个电话，或者写一封简短的信。这是一个很小的投资，却有可能产生很大的回报。"我会因一个赞美高兴两个月。"马克·吐温就这样说过。让我们随时携带这种小优点。这样，我们不仅将快乐带进他人的生活中，而且，我们的生活也因此增加更多的幸福。

（节选自新浪网，略有改动）

回答问题：
1. 根据文章，为什么说"学会赞美才更幸福"？
2. 是什么让贝克曼赢得了遍布世界各地的朋友？
3. 美国心理学家沃尔特·米歇尔所做的实验说明了什么？
4. 什么样的赞美振奋精神，温暖人心？
5. 你常常赞美别人或者被别人赞美吗？有什么样的感受？

阅读三（字数：约1800；阅读与答题的参考时间：9分钟）

人际交往黄金定律

在中国这个"人情社会"的文化背景下，人际关系显得特别重要。心理学家通过实验证实的7个心理定律能帮你解除人际关系的困扰，成为生活幸福、事业成功的保证。归根结底，只有与人为善，社会才对你敞开。

首因效应　45秒产生第一印象

美国社会心理学家洛钦斯在1957年做了这样一个实验：他编写了两段故事，描写了同一个人的生活片断。故事一把这个人写成一个热情、外向的人，故事二则把他写成一个冷淡、内向的人。随后，他请两组参与者分别阅读这两个故事，并评价这个人的性格。结果参与者的评价截然不同。他从而提出了"首因效应"这一定律。

心理学研究发现，初次会面，45秒钟就能产生第一印象，主要包括容貌、衣着、姿势和面部表情等。第一印象会在之后的交往中占据主要地位。"首因效应"提示我们，初次见面应给人留下好印象，有了良好的开始也就成功了一半。

诚信定律　不要轻易给承诺

秦末大将军季布一向说话算数，信誉很高，很多人都与他结下了深厚的友情。后来，他被汉高祖刘邦悬赏捉拿，他旧日的朋友不被重金所惑，冒着灭九族的危险来保护他，使他免遭厄运。

"人无信不立"，诚信是人际交往的基础，是做人的根本。一个人不讲信用，说话不算数，容易让人反感，长此以往交不到朋友；一个企业没有信誉也很难在市场上立足。

已经做出承诺，就要尽心尽力去做。自己力不能及的事情，从一开始就不要应承。正如华盛顿所说："一定要信守诺言，一定不要去做力所不及的承诺。"

面子定律　凡事为人留情面

"人要脸，树要皮"，中国人尤其好面子，做什么事都会考虑自己的面子。面子的本质是尊严，用美国心理学家马斯洛的需要层次理论来讲，就是受人尊重、得到认可的需求。谁都希望自己在别人面前有尊严。

与人交往，即使你再优秀，也别忘了给他人留点尊严。给别人留面子就是给自己留退路，在家庭关系中尤为重要。很多家庭的破裂都源于妻子在外人面前太不给丈夫留面子，伤害了对方的自尊心。家庭不是一比高下的战场，而是互相尊重的港湾。

赞美定律　学会夸人心更近

常常赞美别人能博得人心。人人都渴望得到由衷的赞美，这会使人感到愉悦和鼓舞，并对赞美者产生亲近感，彼此的心理距离因赞美而缩短、靠近。

虚假的赞美容易让人反感，甚至留下拍马屁的坏印象。真诚的赞美要注意两点。1. 赞美事实而不是人。要把赞美的焦点放在对方所做的事情上，比如说"你的书写得真好"要比说"你真棒"更容易让人接受。2. 赞美要具体。针对某件事赞美会更有力量。比如"你的领带跟西服很配"要比"你今天穿得很好看"更能说到对方的心里去。每一次真诚地赞美别人，不但对方快乐，同时也会让自己获得满足。

谎言定律　心怀善意给希望

美国著名作家欧·亨利在小说《最后一片叶子》里讲述了患肺炎的穷学生琼西的经历：她看着窗外的常春藤叶不断被风吹落，感叹说，最后一片叶子代表她，它的飘落代表自己的死亡。一个画家听说了琼西的事，在一个下着暴雨的夜里，画出一片"永不凋落"的常春藤叶。琼西看到历经暴雨仍未凋落的"叶子"，绽放出笑容，重燃对生命的希望。

一个善意的谎言有时或许就能这样改变他人的命运。适当的时候，说一些这样的谎言，往往可以让我们的人际关系更为和谐。比如，同事穿上刚买的新衣服兴冲冲地给你看的时候，可能你并不觉得有多好看，但几句善意的夸奖，却可能让对方拥有一天的好心情，朋友关系也会更加和睦。

互惠定律　帮人就是帮自己

西方有这样一个寓言：天神带一个将死的人参观天堂和地狱。正值午餐时刻，地狱和天堂吃饭用的勺子都很长，地狱里的人无论如何都很难将食物送到嘴里，天堂里的人互相喂给对面的人，吃得津津有味。天堂和地狱的区别只在于是否互帮互助。

赠人玫瑰，手有余香。互相帮助、理解就是心理学上的互惠定律。美国文学家爱默生说过："人生最美丽的补偿之一，就是人们真诚地帮助别人之后，同时也帮助了自己。"人际交往就像一种回声，你对我友善，我对你也友善。

英国哲学家培根也说："你希望别人如何对待你，就先如何去对待别人。"

忍让定律　宽容不当滥好人

"忍一时风平浪静，退一步海阔天空。"和谐的人际关系需要忍让。世界上没有完全相同的两个人，与我们相处的人，年龄有大有小，经历不同，性格各异，为人处世的风格也不一样，因此总会存在分歧和矛盾。

遇事多忍让，才能和睦相处。忍让并不是不讲原则，也不是提倡当"滥好人"，而是在不触犯原则的情况下，以忍让为主，以宽广的心胸去面对别人，与人为善。

（节选自《郑州日报》，略有改动）

判断正误：
1. 给别人留下一个良好的第一印象很重要，这往往会决定你能否成功。（　　）
2. 人不能不讲诚信，但是也不要随便对别人做出承诺。（　　）
3. "人要脸，树要皮"这句话强调了脸面对于中国人的重要性。（　　）
4. 任何的赞美都能够使人感到愉悦和鼓舞。（　　）
5. 善意的谎言或许能给处在绝望中的人带来希望。（　　）
6. 善意的谎言有时能让人际关系更加和谐。（　　）
7. 西方的这个寓言说明了只有互相帮助，才能获得自己想要的东西。（　　）
8. 我们不提倡不讲原则的忍让。（　　）

第四课　今天的孩子为什么"不会玩儿"了

听录音 扫这里

背景知识　　目前中国大部分青少年不爱参加运动。他们不爱玩儿、不会玩儿，更谈不上创造性地玩儿，超重、肥胖、近视等现象屡见不鲜。闲暇时和节假日，他们热衷于看韩剧捧韩星，沉溺于上网络打电玩，偏爱于阅读动漫书、口袋书，出现了性格内向、不善交际、和周围同学相处不和谐等不良倾向。传统游戏如滚铁环、跳皮筋、玩陀螺、丢沙包、跳房子、下对角棋、舞狮子、赛龙舟等集体活动，运动量大，富有情趣，游戏规则又可潜意识地教育学生如何与伙伴相处。因此，有必要让传统游戏回归青少年生活，从而弥补家庭教育和学校教育的不足，矫正学生人际交往的误区，养成良好的健康行为和生活方式，促进学生身心和谐发展。

词语表

1. 共青团　　gòngqīngtuán　（名）　abbr. for "Communist Youth League"
   "共产主义青年团"的简称
   共産主義青年団の略称
   '공산주의 청년단'의 준말

2. 博览会　　bólǎnhuì　（名）　(international) fair, large-scale exhibition of products
   大型的产品展览会
   博覽会
   박람회

3. 趣味　　qùwèi　（名）　interest, taste, delight, liking
   使人感到愉快，能引起兴趣的特性
   趣味
   흥취, 흥미, 재미

4. 深远　　shēnyuǎn　（形）　profound and lasting, far reaching
   指时间的久长或空间的深广
   影響・意味が大きい
   (영향, 의의 등이) 깊고 크다, 심각하고 거대하다

5	天堂	tiāntáng	（名）	paradise, heaven
	指美好的生活环境			天国、楽園
				천당, 극락, 낙원, 아름답고 행복한 생활환경

6	放学	fàng xué		to finish classes (for the day); (of a school) to have a holiday or vacation
	学校里结束一天的课程后，离校			下校する
				학교가 파하다

7	超级	chāojí	（形）	super, beyond the ordinary
	超等，比一般较高等级更高			とび抜けた
				초(超), 뛰어난

8	围棋	wéiqí	（名）	Go (the board game), Weiqi
	棋类的一种。用黑白棋子，棋盘上有19条交叉线将棋盘分成361个方格，目的是占领较大的地区，并吃掉对方的棋子			囲碁
				바둑

9	绘画	huìhuà	（动）	to draw, paint; to painting, drawing
	画画儿			絵を描く
				그림을 그리다

10	壮	zhuàng	（形）	strong, robust
	强壮			たくましい
				튼튼하다, 건장하다

11	小家伙	xiǎojiāhuo	（名）	fellow, guy
	指人，对小孩的亲切称呼			あいつ、やつ
				녀석, 자식, 놈

12	四处	sìchù	（名）	all around, in all directions, everywhere
	四方，各处			いたるところ、あたり一面
				사방, 도처, 여러 곳

13	填写	tiánxiě	（动）	to fill in, to write
	在印好的表格、单据等的空白处，按照项目、格式写上应写的文字或数字			書き込む
				(일정한 양식에) 써넣다, 기입하다

14	抽奖	chōu jiǎng		to draw a lottery or raffle
	通过抽签来决定获奖者			くじを引く
				추첨하다

15	不时	bùshí	（副）	frequently, often, at any time
	时时，经常不断地			しょっちゅう、よく
				때때로, 이따금, 종종, 늘

16	肩膀	jiānbǎng	（名）	shoulder
	胳膊与身体相连的部分			肩
				어깨

17	玩乐	wánlè	（名）	amusement, entertaining diversion
	自我娱乐或消遣（尤指以轻松活跃或任性放肆的方式）			気晴らし、暇つぶし
				유흥，유희，오락

18	含量	hánliàng	（名）	content
	特定物质中所包含的某种成分的量			含有量
				함량

19	体质	tǐzhì	（名）	physique, constitution
	人体健康状况和对外界的适应能力			体質
				체질

20	孤僻	gūpì	（形）	unsociable and eccentric
	性情孤独怪异，难与常人相处			偏屈である
				괴팍하다

21	自私	zìsī	（形）	selfish, self-centered
	只为自己打算，只图个人的利益			利己的である
				이기적이다

22	一头	yìtóu	（副）	directly, straightly
	径直地，没有偏向地			いきなり、あたまから
				곧장

23	再者	zàizhě	（连）	moreover, besides, furthermore
	除了前面提列过的以外			それに
				더군다나，게다가

24	栋	dòng	（量）	(measure) used for building, houses
	房屋一座叫一栋			棟
				동，채（집채를 세는 말）

25	应试教育	yìngshì jiàoyù		exam-oriented education
	指以考试、升学为目的的教育。它以升学率的高低来检验学校的教育质量、教师的工作成绩以及学生的学业水平。			受験教育
				입시에 편향된 교육

26	升学	shēng xué		to advance to a higher grade
	进入比原来高一级的学校或年级学习			進学する
				진학하다

27	维生素	wéishēngsù	（名）	vitamin
	人和动物营养、生长所必需的微量有机化合物			ビタミン
				비타민

28	压制 强力限制	yāzhì	（动）	to suppress, to stifle, to inhibit 抑圧する 억압하다，억제하다
29	独自 只有自己一个人	dúzì	（副）	alone, by oneself 独りで 단독으로，혼자서，홀로
30	近视 视力缺陷的一种，看近处的东西清楚，看远处物体模糊	jìnshì	（名）	myopia 近視 근시
31	凡是 总括所指范围内的一切	fánshì	（副）	every, any, all すべて 모두，다
32	功课 学生按照规定学习的课业	gōngkè	（名）	schoolwork, homework 授業、宿題 학과목，수업，학습，공부
33	咨询 征求意见，询问情况	zīxún	（动）	to seek counsel or advice from 諮問する、相談する 자문하다，상의하다，의논하다
34	理事	lǐshì	（名）	council member, director, of an organization 理事 이사
35	境界 事物所达到的程度或呈现出的情况	jìngjiè	（名）	state, realm, extent reached 境界 경지
36	踏实 （工作或学习的态度）切实；不浮躁	tāshi	（形）	(of attitude towards work or study) down-to-earth, steadfast, practical, realistic; with peace of mind 着実である 착실하다，성실하다
37	开心 心情愉快舒畅	kāixīn	（形）	feeling happy, rejoice 愉快である 유쾌하다，즐겁다
38	譬如 举个例子，打个比方	pìrú	（动）	for example, for instance, such as 例える、例をあげる 예를 들다
39	之类 这样的人（们）或物	zhīlèi	（后缀）	such like, this kind of …のような ..와 같은，이러한

课文

今天的孩子为什么"不会玩儿"了

彭冰

5月31日至6月4日,由共青团⁽¹⁾长春市委主办的第一届中国长春玩具博览会⁽²⁾,在长春市国际会展中心举行。除各色玩具外,会场还设置了多处娱乐区,并安排了趣味⁽³⁾游戏等活动。

"爱玩儿是孩子的天性,玩具是快乐成长的伙伴。愉快地玩儿,对孩子健康成长有着**深远**⁽⁴⁾的影响。"博览会执委会副主任王兴宇说:"我们希望把玩博会办成孩子们'玩儿的天堂⁽⁵⁾'。"

然而,记者采访时,却遇到了大把大把"不会玩儿"的孩子。

孩子困惑:不知道玩儿什么

12岁女孩张胜楠,大眼睛忽闪忽闪的,说话像个小大人:"放学⁽⁶⁾后有时间玩儿吗?能玩儿什么?我挺爱看电视,电脑也超级⁽⁷⁾爱玩儿,但家长不让,玩儿不了什么。"

"平时学习忙,我还上了围棋⁽⁸⁾、绘画⁽⁹⁾、英语3个课外班,每天玩儿的时间最多一个小时。我喜欢躺在床上,看看书,摆摆玩具,或者打电脑游戏。户外活动很少。"9岁的邹佳航长得很壮⁽¹⁰⁾,遇上记者时,小家伙⁽¹¹⁾正四处⁽¹²⁾找笔填写⁽¹³⁾电脑游戏的抽奖⁽¹⁴⁾单。几款电脑游戏,显然成为玩博会上最吸引孩子的亮点之一,记者不时⁽¹⁵⁾碰到前来借笔填写抽奖单的小朋友。

家长无可奈何:没人陪孩子玩儿

赵月宁的妈妈拍拍儿子肩膀⁽¹⁶⁾,对记者说:"家长也是被逼得无可奈何,媒体能不能呼吁一下,别让大家都报课外班了?"

陪外孙来逛玩博会的张琪,已经退休,她**担忧**地说:"我教书那个年代,孩子们玩儿得可疯了,跳皮筋、跳房子、过家家,晚上一直玩儿到天黑才回家。这些传统游戏,不仅能让孩子们在大自然中快乐地锻炼身体,还能让他们在玩乐⁽¹⁷⁾中学会理解、沟通与合作。如今玩具多了,科技含量⁽¹⁸⁾也高了,孩子们玩儿的东西和玩儿的方式越来越智能化、私人化,传统游戏很多被淘汰了,孩子们户外集体活动越来越少,体质⁽¹⁹⁾越来越差,同时因为很少接触外面的小朋友,性格越来越孤僻⁽²⁰⁾,缺乏团队精神,时常体现出自私⁽²¹⁾的一面。"

张琪的外孙上小学3年级。胖胖的小家伙在会场没转多一会儿,就一头⁽²²⁾扎到了电子游戏类产品前。他说:"我就喜欢自己在家玩儿,可妈妈说我太胖,还说我不爱说话,应该和伙伴们多玩儿、多交际,可同学都挺忙的,跟谁玩儿呀?"

"以前的家长担心孩子玩儿得太疯,现在的家长担心孩子不会玩儿。"刘倚晨的妈妈大有感慨:"如今就一个孩子,不放心她一个人在外边玩儿,家长又忙,没时间陪。再者⁽²³⁾,咱小时候,楼下有很多孩子一起玩儿,现在我们一栋⁽²⁴⁾楼100多户,本来没几个孩子,又都上课外班,楼下根本看不见孩子,跟谁玩儿?"

专家呼吁：让儿童首先"成为儿童"

"孩子不会玩儿，是一个社会现象。应试教育[25]、升学[26]就业压力、家长的过度担心，种种因素共同导致了这一现实问题。"长春市中小学健康教育研究会副会长王荔君表示，玩儿，对于孩子的成长，就像维生素[27]一样不能缺少，如果孩子玩儿的天性受到压制[28]、玩儿的权利被剥夺，孩子的健康成长势必受到影响。

"现在孩子玩儿的主流，是独自[29]在家看电视、玩电脑游戏，玩具也以智力型为主，往往动手动脑不运动。长此以往，会引起很多生理和心理问题，如近视[30]、忧郁、神经紧张等。"专家谈道。

"以我的观察，凡是[31]会玩儿的学生，成绩一般都不差，那些努力学习、不怎么玩儿的学生，可能会做到功课[32]门门优秀，但朋友很少，进入社会后反不如会玩儿的同学能适应。"吉林省学校心理咨询[33]专业委员会副主任、家庭教育研究会理事[34]沈健教授认为，玩儿什么固然重要，但关键还在于培养孩子们达到一种玩儿的境界[35]，即学会轻松乐观地面对一切。

"一个真正健康的孩子，应该学得踏实[36]、玩儿得开心[37]。"共青团长春市委书记周贺表示，共青团在这方面还有很大的工作空间，如在社区引导成立一些譬如[38]游戏俱乐部之类[39]的组织等。"让儿童首先'成为儿童'，让儿童按'儿童的方式'愉快地生活、健康地成长，是全社会的责任。"周贺说。

（全文字数：约1510）

（节选自《中国青年报》，略有改动）

注释

1 愉快地玩，对孩子健康成长有着**深远**的影响。

[解释] "深远"与"长远"：形容词。深长、久远的意思。
　　　　深远：指影响、意义等的长远，强调"深"的一面。
　　　　长远：指时间的久远。

[例词] 深远的影响 / 深远的历史意义 / 意义深远
　　　 长远规划 / 长远目标 / 长远利益

[例句] ① 对后世化学的发展影响最大、最深远的是希腊的一批自然哲学家。
　　　 ② 弗洛伊德在研究个性的动力时，超越了心理现象表面价值，深入到行为的背后，探讨富有深远意义的动机根源。
　　　 ③ 从长远来说，社会矛盾的加深会直接或间接地对经济发展产生负面影响。

④ 具有远见的领导人和政治家都应从中日两国的长远利益出发，积极寻求克服困难的办法。

2. 陪外孙来逛玩博会的张琪，已经退休，她担忧地说……

[解释]"担忧"与"担心"：动词。都可活用为名词。都有不放心的意思，一般常用于可能出现不如意的情况。
担心：只指放心不下，语义较轻，常带宾语。
担忧：不仅指放心不下，还有忧虑、发愁的意思，语义较重。一般不带宾语。

[例词] 担心下雨 / 为他的安全担心 / 让我担心的事情 / 感到担心 / 过分担心
为孩子担忧 / 怎能不令人担忧 / 替古人担忧 / 实在叫人担忧

[例句] ① 大家都很担心他的安全。
② 我们所担心的只是你太自信了。
③ 自然环境从整体上看，还在恶化，前景令人担忧，出路在于控制人口，积累资金，摆脱恶性循环。
④ 令人担忧的是，目前汽车行业重复建设、铺摊子的现象依然存在。

3. 让儿童首先"成为儿童"，让儿童按"儿童的方式"愉快地生活、健康地成长，是全社会的责任。

[解释]"责任"与"义务"：都可作名词，都可以指应该做的事。
责任：着重指分内应做的事情，还有应承担的过失的意思。只能作名词。通常用在本职工作中，也可以是形势要求完成的或上级布置的工作。
义务：着重指法律规定应做的或在道义上应做的事情。一般用在带有历史的稳定性和社会的普遍性事务中。还兼作非谓形容词，指不要报酬的。

[例词] 责任心 / 责任感 / 责任制 / 责任事故 / 责任重大 / 责任明确 / 承担责任 / 神圣的责任 / 追究责任
义务性 / 义务献血 / 义务劳动 / 义务演出 / 基本义务 / 应尽的义务 / 有义务 / 义务向导 / 义务辅导

[例句] ① 生产要注意安全，不能出现责任事故。
② 完成这项任务是我的责任。
③ 权利和义务是矛盾的统一。
④ 人人都有为别人服务的义务，也有接受别人服务的权利。

练 习

一 请在课外阅读最新中文报刊文章，将其中你喜欢的一篇剪贴在你的笔记本上，然后写出摘要与看法

二 给下列动词搭配适当的词语

填写_____ 压制_____

咨询_____ 缺乏_____

三 选词填空

> 趣味　　超级　　填写　　压制　　咨询　　孤僻　　譬如

1. 报考研究生的考生可_____相同专业、相近研究方向的两个招生单位，报名后进行体检。

2. 在个性上容易偏执和_____，不利于良好性格的形成。

3. 用词丰富多变也是提高言语_____的有效方式。

4. 一些商场内还新增美容_____室以便更好地为消费者服务。

5. 利用鲸类体形优良的流体力学特性，可以大大提高_____油轮和潜艇航速。

6. 词还可以借来借去，_____汉语的词借到日语中去，日语有成千成百的汉语词，英语中也有成千成百的法语词、西班牙语词。

7. 他_____了不同意见。

> 深远　　长远

8. 企业既需要考虑当前的生产需要，又要考虑_____发展的需要。

9. 罗马人注重实际的性格以及他们的法制观念、权利和义务思想，对基督教伦理的发展，教会体制的形成，都有_____的影响。

担忧　　　担心

10. 别_____，仅仅是个小问题。

11. 尤其是当想到赞助还没落实，大家又那么辛苦的时候，一阵阵的_____袭上心来，我慢慢地感觉到事情也许不像我所想象的那么简单。

责任　　　义务

12. 他认为帮助别人是他的_____。

13. 公民的权利和_____是密不可分的。

四 根据课文内容判断正误

1. 玩博会是由孩子们发起主办的。（　　）

2. 很多孩子没有时间玩儿。（　　）

3. 退休教师张琪认为现在的孩子玩儿的方式比以前的孩子更好。（　　）

4. 玩儿对孩子的健康成长非常重要。（　　）

五 请按正确的语序将下列各个句子组成完整的一段话

1. A. 会场还设置了多处娱乐区

   B. 除各色玩具外

   C. 并安排了趣味游戏等活动

   正确的语序是：（　）（　）（　）

2. A. 家长又忙

   B. 没时间陪

   C. 如今就一个孩子

   D. 不放心她一个人在外边玩儿

   正确的语序是：（　）（　）（　）（　）

六 根据课文内容选择最合适的答案

1. 12岁女孩张胜楠认为_____。
   A. 没有好的玩具玩儿　　B. 没有时间玩儿
   C. 玩儿不重要　　　　　D. 玩儿电脑没意思

2. 9岁的邹佳航_____。
   A. 每天玩儿的时间很多　B. 课外班只学了围棋
   C. 很少参加户外活动　　D. 不爱玩儿电脑游戏

3. 传统游戏不包括_____。
   A. 跳皮筋　　　　　　　B. 跳房子
   C. 过家家　　　　　　　D. 电脑游戏

4. 专家认为，造成孩子不会玩儿的因素主要有_____个方面。
   A. 两　　　B. 三　　　C. 四　　　D. 五

七 完形填空

| 可能　　不如　　凡是　　但　　都 |

1. 以我的观察，__1__会玩儿的学生，成绩一般__2__不差，那些努力学习、不怎么玩儿的学生，__3__会做到功课门门优秀，__4__朋友很少，进入社会后反__5__会玩儿的同学能适应。

| 但　　即　　在于　　固然 |

2. 吉林省学校心理咨询专业委员会副主任、家庭教育研究会理事沈健教授认为，玩儿什么__1__重要，__2__关键还__3__培养孩子们达到一种玩儿的境界，__4__学会轻松乐观地面对一切。

八 请用自己的话或原文中的关键句子概括下面一段话的主要内容

陪外孙来逛玩博会的张琪，已经退休，她担忧地说："我教书那个年代，孩子们玩得可疯了，跳皮筋、跳房子、过家家，晚上一直玩儿到天黑才回家。这些传统游戏，不仅能让孩子们在大自然中快乐地锻炼身体，还能让他们在玩乐中学会理解、沟通与合作。如今玩具多了，科技含量也高了，孩子们玩儿的东西和玩儿的方式越来越智能化、私人化，传统游戏很多被淘汰了，孩子们户外集体活动越来越少，体质越来越差，同时因为很少接触外面的小朋友，性格越来越孤僻，缺乏团队精神，时常体现出自私的一面。"

张琪的外孙上小学3年级。胖胖的小家伙在会场没转多一会儿，就一头扎到了电子游戏类产品前。他说："我就喜欢自己在家玩儿，可妈妈说我太胖，还说我不爱说话，应该和伙伴们多玩儿、多交际，可同学都挺忙的，跟谁玩儿呀？"

"以前的家长担心孩子玩儿得太疯，现在的家长担心孩子不会玩儿。"刘倚晨的妈妈大有感慨："如今就一个孩子，不放心她一个人在外边玩儿，家长又忙，没时间陪。再者，咱小时候，楼下有很多孩子一起玩儿，现在我们一栋楼100多户，本来没几个孩子，又都上课外班，楼下根本看不见孩子，跟谁玩儿？"

九 请尽量用以下词语进行话题讨论

趣味	超级	深远	压制	自私	孤僻
譬如	境界	扩张	开心	踏实	

目前孩子们在玩儿的方面存在哪些问题？如何解决这些问题？

快速阅读

阅读一（字数：约1270；阅读与答题的参考时间：6分钟）

"玩儿"这件事儿也要从娃娃抓起

"不会玩儿"使越来越多的孩子很难找到健康的娱乐和减压方式，害怕独处、不爱运动、沉迷网络等情况的发生也就不足为奇，专家认为，这些都是因为从小没有培养起"会玩儿"的好习惯造成的，时间长了会让孩子丢掉了简单的快乐，"玩儿"这件事也要从娃娃抓起。

家长烦恼：不会玩儿的孩子越来越多

女儿晓琳的体重让周女士特别担心，才上二年级，已经是班上的"重量级"学生。"她的生活挺规律，但是就是不大健康，锻炼的机会很少，也不喜欢户外活动。"周女士说。每到周末，晓琳就更让周女士无奈。在周女士"颁布"了"限看令"的第一个周末，她就发现女儿不对劲儿，"她不知道该玩儿什么，小区里也不认得其他孩子，让她到楼下玩会儿她也不乐意，家里有课外书她也看不下去，看起来很无聊，不知道怎么玩儿，除了发呆就是吃零食，真让人着急。"

家长单女士上个周末带上一年级的儿子参加同事的婚礼，席间遇到了尴尬事。单女士发现每个桌上的孩子都安安静静地坐着，手里都拿着平板电脑或者手机，"人手一机"自顾自地玩儿。儿子感到挺无聊，单女士就主动帮助孩子"外交"，可孩子们都不大"领情"。无奈之下，儿子只能拿妈妈的手机玩儿，直到回家路上儿子还在抱怨为什么没带 iPad 来。

专家支招：参观、运动、种花都很好

河西区第四幼儿园唐晓岩主任认为，家长应当从吸引孩子的兴趣方面入手，教孩子如何玩儿，比如带孩子参观博物馆、海洋馆，对一样事物产生的兴趣能让孩子投入很久。家长有时间的话带领孩子多出去运动，有假期的时候带孩子多亲近自然，还可以考虑在家里多养些花草，教孩子使用工具，带着孩子一起种植，让孩子每天去照顾，这样不但能培养孩子的审美情趣，也能锻炼他们的动手能力和观察能力。

成长离不开玩儿伴

天津市幼儿教育教学研究室王利明教研员表示，孩子不应当长时间独处，这样会使孩子本身的安全感得不到满足，"陪伴"对于孩子来说很重要。一方面家长应该多陪孩子，有时间的时候要多陪孩子玩儿，另外，成长的"玩儿伴"必不可少，对于普遍的独生子女家庭，家长应当努力地多为孩子提供这样的条件，邻居的孩子、亲朋的孩子、孩子的同学都可以成为孩子的玩儿伴，孩子之间的玩儿也充满着快乐、冲突、竞争、分享等丰富的情感，是培养孩子"社会性"的最好方法。

安排计划家长先守规则

王利明说，不少家长跟孩子约定了运动的计划和限制玩儿电脑的时间，但是效果不理想。首先从约定时，家长就应当有相应的自我约束，有时候一味地说孩子习惯不好时，其实家长也恰恰做得不够，实行公平的对待才能让孩子更有动力。其次，家长也不能率先破坏规则，因为敌不过孩子"撒娇"或者"自己想多放松一下"，而放弃事先约定，会让孩子觉得"规则"不重要。

多阅读

王利明建议，对于小学生和幼儿来说，读书始终是健全能力、培养兴趣的最佳途径之一，家长可以有意识地培养孩子的阅读习惯，每天为孩子读一点儿，跟孩子一起读一点儿，跟孩子聊一点儿读书的心得体会，不但可以激发孩子阅读的兴趣，更能发现孩子的兴趣，如果孩子在课余时间有阅读课外书的习惯，那么他们是很少感到无聊的。

（节选自《武汉晚报》，略有改动）

回答问题：
1. 现在的小孩子出现了什么问题？
2. 对这一问题，专家提出了怎样的意见？
3. 你觉得孩子在很小的时候就用 iPad 或者手机这样好不好？为什么？

阅读二（字数：约 1640；阅读与答题的参考时间：8 分钟）

和 iPad 一起玩儿，孩子伤不起

"你切西瓜最高多少分""植物大战僵尸你打到哪一关了""飞车游戏怎样在下雪的高速公路上漂移呢"……这些让大人听得云里雾里的话都是 iPad 中的，是现在不少幼儿园小朋友及小学生们课余时间聊的"共同话题"。

认字、拼图、弹钢琴、下棋……这些原本需要通过实体器材才能学会的技能，给孩子一台 iPad，他就可以自娱自乐，家长们省心不少。

就在孩子和家长正快乐地享受高科技带来的福利时，这些高科技产品对他们的伤害也接踵而至：孩子的视力急剧下降、越来越沉迷于掌上游戏、不愿出门与他人玩儿，而亲子之间的交流也少了……

孩子的看法：不玩儿 iPad 已经 out 了

小松（化名）是福田区某小学二年级的学生，去年 8 月生日的时候，小松的爸妈给他买了一台 iPad2 当作生日礼物，而自从拥有了这个生日礼物之后，小松的生活就发生了改变。"除了在学校的时间外，放学后的时间都是在玩儿 iPad。"小松的妈妈王女士说，"一回到家放下书包就找 iPad，吃饭了也不愿意放下，一边吃饭也一边玩儿，有时候坐在家里可以玩四五个小时都不休息，就是一个典型的 iPad 控小孩。"而小松喜欢玩儿的游戏从静态的到刺激性的，益智性的无所不包，"一个玩儿累了就再去下载，什么都玩儿。"小松说。

不仅小松是个十足的 iPad 控，他的同学也一个个乐在 iPad 游戏中。"我的同学家里基本上都有 iPad 或者 iPhone，很多同学都喜欢玩儿上面的游戏，现在不玩儿 iPad 已经 out 了。"

父母的观点：iPad 是孩子的早教工具

记者采访中发现，在一些 70 后、80 后的父母中，有的家长就把可以下载益智游戏、启蒙教育软件和儿童有声读物的 iPad 当作孩子早教或者教育的一个工具。

"我的儿子现在 15 个月了，每当我拿起 iPad，他便兴冲冲地跑过来，也把小手放在屏幕上不停地点。"80 后妈妈罗女士介绍。看到孩子如此感兴趣，于是她就下载了一些动画片和益智类的游戏给他看。罗女士说，她现在就把 iPad 当作宝宝的早教机，"因为有触摸屏，宝宝可以直接、直观地针对物体操作。还有互动模式，附带有声音、动画等元素，孩子很乐意参与，也喜欢这些。不管是学习还是游戏都会比较快上手。"

近三四成孩子视力下降因 iPad 玩儿了很受伤

在不少孩子和家长正享受高科技带来的好处的时候,这些高科技产品对他们的伤害也接踵而至。其中,伤害最大的是孩子的视力。记者从深圳市眼科医院了解到,随着 iPad 日渐进入家庭,来眼科医院斜视与小儿眼科就诊的儿童也越来越多,其中有三四成的儿童是由于玩儿 iPad 等高科技电子产品导致视力下降而来的,"一个下午 50 个门诊患者中,有 30% 的患者是因为玩儿 iPad 引起的。"深圳市眼科医院小儿眼科博士刘春明告诉记者,而在这些玩儿 iPad 的患者中以 4-14 岁的儿童最多。

孩子变成了"宅男""宅女"

受伤的不只是孩子的视力,和 iPad 一起玩儿,他们的心理健康也受到了影响。一项斯坦福大学的最新研究成果表示,沉迷于 YouTube、Facebook、电视和短信中的孩子更易产生社交问题。

小松的妈妈王女士告诉记者,以前没有 iPad 的时候,小松经常会跟同学一起去旁边的公园骑自行车,或者周末到图书馆去看书等,会有很多的户外活动。而现在只要同学聚集在一起,唯一做的就是拿着 iPad 一起玩儿游戏。"这家的家长不让玩儿就去另一位同学的家里玩儿,一玩儿就是几个小时,有时候周末整体都宅在家里玩儿游戏,与外界的交往和户外活动明显减少了,很担心他们会成为'宅男'。"王女士担忧说。

网瘾儿童年龄越来越小

深圳市康宁医院儿童心理科医生张英介绍,现在深圳网瘾儿童的年龄越来越小,有的三四岁的小孩每天都沉迷于 iPad 网络游戏,"前段时间有个妈妈带着她读小学的儿子来看病,就是因为每天沉迷于 iPad 游戏,每到周末就熬夜打,有一次接连打了两天两夜,结果孩子每天上学没有精神,晚上想睡也睡不着,孩子的学习成绩明显下降"。

张英说,由于 iPad 中丰富的应用软件中不乏趣味性强的游戏,这些游戏对于成年人来说是一种娱乐消遣,但是对于孩子来说,由于其自我控制力和约束力不够强大,很容易沉迷其中,而家长们往往很难通过一般的教育方式来予以阻止。如今,孩子们对网络以及游戏的成瘾性问题也越来越严重,这也成了社会和医学难以解决的一个难题。

(节选自新浪亲子,略有改动)

回答问题:
1. 像 iPad 这样的高科技产品有什么优缺点?
2. 小松有了 iPad 之后,生活发生了怎样的变化?
3. 文章提到,如果孩子们过度使用 iPad 这样的电子产品,会出现哪些问题?
4. "宅男/宅女"是什么意思?

阅读三（字数：约1650；阅读与答题的参考时间：8分钟）

孩子们的假期

中国：比上学更忙

大年初八早晨六点多，五年级的月月被妈妈拉出被窝，准备送到某位老师家"温故知新"。本来月月计划用节前的时间做完寒假作业，看看书、上上网，轻轻松松过个假期。没想到，母亲看完她的计划后，几乎全盘推翻。在母亲新制定的日程表中，除了学习外，其他活动都限定了时间段，包括上网看动漫、弹电子琴等，当然也安排了一周两次刷碗、三次扫地、一次收拾屋子等简单家务。同时还给月月报了个课外学习班，时间就安排在年后到开学前的半个多月内。这让月月的假期过得比上学还要忙碌。

和月月相比，初一年级的辰宇假期更不轻松。随着从小学到初中的转变，辰宇觉得压力越来越大，这压力有来自功课上的，也有来自家庭的。为了能够让自己有一个"更好"的学习环境，家里花了不少辛苦。辰宇妈妈还特意辞了工作，专心做起了"陪读"。这个寒假，母子俩的假期从"长假"变成了"小长假"，连去姥姥家和奶奶家的时间也集中压缩在了过年前后的几天，其余时间，他不是在家里学，就是外出补习学。"我妈除了大年初一，每天都可能念叨10遍以上学习、分数、名次、考学……"

虽然自己也觉得累，但是对于父母的安排，辰宇表示理解。"毕竟父母也是为我好，'少壮不努力，老大徒伤悲'。调节好时间，该学习的时候学习，该看书的时候看书，回农村老家和堂兄弟爬爬山、串串门，就当是在本地的远足旅游，好心态最重要。"

中国：考验家长

月月的父亲张先生告诉记者，其假期如果利用起来，是查漏补缺、奋起直追的好机会，如果浪费了，很可能就会落在那些刻苦上进的孩子们后面，尤其升入关键的高年级后，更不能掉以轻心。而自己的女儿平时学习虽说还过得去，但要真是掉了队，家长的心里肯定不舒服。"孩子学习上可不能省。"这是大多数家长的想法。

记者在采访中发现，不少家长怕孩子在家上网、看电视、玩儿游戏，对孩子的寒假安排采取了"垄断"政策，除学习辅导班外，声乐、美术、舞蹈、书法等兴趣班也十分受宠——似乎报班让家长心里最踏实。

中国：如何阳光成长

李娟是东风小学四年级语文老师，有着十余年的从教经验。她告诉记者，由于春节处于寒假中，家长们应注意孩子在假期里的劳逸结合，注意正确生活态度和良好习惯的培养，正确引导。为孩子报班时也不妨多听听孩子的意见，有目的、有计划，让孩子在寒假中的学习生活充实、有效率。

李娟表示，按照国家倡导，对于学生来说，40天的假期完成寒假作业不成问题。为了能够使孩子们度过一个安全、休闲、快乐而有意义的假期，各个学校也在不同程度倡导一些有特色的假日活动。

美国：假期放松就好

对于美国的中小学生来说，放假是最轻松的时候。在美国家长看来，青少年可以少学些知识，但必须学会如何与人交往、如何分辨是非。他们一般没有假期作业，而注重阅读和活动。孩子们可以去自己组织起的棒球、垒球、橄榄球等各类俱乐部内参加活动，可以参加社区图书馆组织的亲子读书活动，也可以参加种类繁多，诸如网球、游泳、野外求生、小记者等夏令营活动。

英国：打工积累社会经验

在英国，只有一些课业特别困难、赶不上学校进度的学生，才会上补习班。学生也可以按照自己的意愿，选择一些工艺类课程学习。因为大多数家长认为孩子去学校不是为了考大学，也不是为了更好的分数，而是为了轻松和快乐。英国学生通常会用假期的时间打工或者实习。这些假期工作既可以为学生带来一定收入，减轻家里的经济负担，更重要的是可以提高学生独立生活的能力，增加经验。中小学生的假期工作以一些简单的家务劳动和服务业工作为主，包括帮助父母擦汽车、为邻居剪草坪、在社区内送报纸等等。

德国：去农庄亲近自然

德国学生每年享受的假期时间很长，而假期内的主要活动是旅游，这几乎成了全社会的爱好。大学生利用假期到世界各地旅游，主要以学习语言为目的。大多德国中小学生会选择参加一日游性质的外出旅行活动，地点一般选择在自然公园、牧场、农庄或风景区。组织这类活动时，学校也会动员老师参加，除了班级负责老师及有关学科的专业老师外，还要增加几名辅导员并配有专门的医生，以保障安全。

（节选自张家口新闻网，略有改动）

判断正误：
1. 月月的妈妈很不满意月月自己制定的寒假计划。（　　）
2. 辰宇的压力很大，他觉得很累，他不能理解父母的做法。（　　）
3. 家长们对学习辅导班和艺术类兴趣班都表现出很大的热情。（　　）
4. 大多数家长都觉得在学习方面，给孩子花多少钱都愿意。（　　）
5. 东风小学四年级语文老师李娟说，寒假40天，时间太短，学生根本做不完功课。（　　）
6. 美国的中小学生放假很轻松，他们一般没有很多功课。（　　）
7. 在英国，所有的家长都认为孩子在学校应该轻松快乐。（　　）
8. 每年的假期，德国的大学生们都会选择去公园或者牧场旅行。（　　）

第五课 高考改革变在哪儿

听录音 扫这里

背景知识

　　日前，国务院颁发《关于深化考试招生制度改革的实施意见》，经长达三年之久的研讨制定，高考改革终于启动。《实施意见》的一个显著特点，是将教育公平放在突出的位置。主要措施中半数的条款涉及教育公平，如提高中西部地区和人口大省高考录取率、确保农村学生可以上重点大学、减少和规范考试加分、扩大使用全国统一命题省份、自主招生放在统一高考之后、逐步取消高考录取批次、改革监管机制确保考试公平等等。另一个特点，是确立了试点先行、渐近、理性的改革策略，先在上海、浙江两地开展试点，然后在2017年全面推进，从而稳定了大局。

词语表

1. 附属　　　　　　　　　fùshǔ　　　　（形）　　to affiliate with (organization)
   指某一单位所附设或管辖的　　　　　　　　　　付属する
   　　　　　　　　　　　　　　　　　　　　　　부속되다

2. 条目　　　　　　　　　tiáomù　　　　（名）　　clauses and sub-clauses
   规章、条约等的项目　　　　　　　　　　　　　条目
   　　　　　　　　　　　　　　　　　　　　　　(규칙·조약 등의) 조목, 조항

3. 字眼　　　　　　　　　zìyǎn　　　　　（名）　　wording
   泛指语句中的字或词　　　　　　　　　　　　　語句、言葉遣い
   　　　　　　　　　　　　　　　　　　　　　　(문장 내의) 글자, 어휘, 말

4. 科目　　　　　　　　　kēmù　　　　　（名）　　subject
   教学中按事物性质划分的一定知识和技能范围的单位　科目
   　　　　　　　　　　　　　　　　　　　　　　과목

5. 均衡　　　　　　　　　jūnhéng　　　　（形）　　balanced
   平衡　　　　　　　　　　　　　　　　　　　　均等である
   　　　　　　　　　　　　　　　　　　　　　　균형적이다

| 6 | 变革 | biàngé | （动） | to change (social system) |

改变事物的本质（多指社会制度而言）　　变革する
（주로 사회제도를）변혁하다.

| 7 | 多元 | duōyuán | （形） | multi-variant |

多种多样　　多元的である
다원적이다, 다양하다

| 8 | 积淀 | jīdiàn | （名） | sedimentary deposits |

（多指文化、知识、经验等）积累沉淀下来的事物　　沈む, 淀む
누적, 축적

| 9 | 独具 | dújù | （动） | to possess (unique quality) |

特别具有，别的人或事物不具备　　独自に備える
독자적으로 갖추다.

| 10 | 多向 | duōxiàng | （形） | multi-aspect |

多个方向、多个角度、多个方面　　多方面的である、多方向的である
다방향적이다, 다방면적이다

| 11 | 挖掘 | wājué | （动） | to excavate |

开发，探求　　発掘する、探究する
파(내)다, 캐다, 찾아내다.

| 12 | 倒逼 | dàobī | （动） | to facilitate (by force) |

迫使、推动、逆向促进　　追われて～する
(억 지로) 촉진시키다.

| 13 | 落地 | luòdì | （动） | to fall to the ground |

政策、制度等开始实施　　地上に落下する、地面につく
땅바닥에 떨어지다.

| 14 | 辅导 | fǔdǎo | （动） | to tutor and educate |

帮助指导和教育　　指導する、補修する
도우며 지도하다.

| 15 | 课余 | kèyú | （名） | after school (time) |

上课以外的时间　　課外、授業外
과외

| 16 | 区分 | qūfēn | （动） | to differentiate |

分开不同的事物　　区別
구분하다.

| 17 | 坦言 | tǎnyán | （动） | to say frankly |

直率坦白地说　　率直に言う
솔직하게 말하다.

| 18 | 考查 | kǎochá | （动） | to examine (behavior, activity) |

测试检验，用一定的标准来检查衡量或评定（行为、活动）　　考査する
검사하다.

19	任教	rènjiào	（动）	to work as (teaching and administrative staff)
	担任教学工作，教书			教員を務める
				교편을 잡다，교직을 맡다．

20	得益于	déyìyú		to profit from
	从某事中获得好处			とある物事からいいことを得る
				～덕 분이다．

21	级别	jíbié	（名）	rank
	等级的区别；等级的高低次序			ランキング
				등급，단계，계급

22	互补	hùbǔ	（动）	to complement (each other)
	互相补充			お互いに補う
				서로 보충하고 보완하다．

23	主旨	zhǔzhǐ	（名）	purport
	主要的意义、用意和目的			本論、主旨
				요지，요점

24	命题	mìngtí	（动）	to assign topic
	出题目			問題を出す
				출제하다．

25	方位	fāngwèi	（名）	orientation
	方向位置			方位
				방위

26	端	duān	（名）	origin or terminal
	东西的一头；事情的开头			端、先
				발단，시작

27	因材施教	yīn cái shī jiào		to teach students in accordance of their aptitude
	根据学生的特点，选择适合他的方法和内容进行有针对性的教育			対象に応じて異なる教育を託す
				피교육자의 수준에 따라 그에 맞는 교육을 하다．

28	历时	lìshí	（动）	to take (certain amount of time)
	经过的时间			（日時が）経過する
				(일정) 시간이 경과되다．

29	任选	rènxuǎn	（动）	to pick randomly
	任意选择			自由に選ぶ
				임의로 (무작위로) 선택하다．

30	怠慢	dàimàn	（动）	to slight
	懈怠、轻视			怠ける、軽視する
				냉대하다，푸대접하다．

31	委员会	wěiyuánhuì	（名）	committee
	一种组织机构的名称			委员会
				위원회

课文

高考改革变在哪儿

校长：让学生个性得到发展

天津大学附属⑴中学校长肖伟对实施意见中的每项条目⑵、每个字眼⑶都进行了认真的研究。他认为，这次在很多方面做出了探索性的改革，例如取消文理分科，推进外语科目⑷两次考试等，从考试科目、高校招生录取机制上都做出了重大调整，同时，还做出了很多制度尝试，对于教育资源不均衡⑸、高考录取存在区域不公平等问题都在制度上给予了纠正和解决，符合人们的期待。

作为北京师范大学天津附属中学的校长，杨伟云对这一即将到来的变革⑹，及时做出了反应。首先，改变由原来单一的以高考成绩为唯一的评价标准转变为综合素质评价、学业水平考试、高考等多元⑺综合评价。另外，新的高考制度改革给每所学校提供了更多的自主培养学生的动力和空间，学校可依据自身多年的历史积淀⑻总结出独具⑼个性的教育模式和教育特色，依据改革要求确立教育目标，为学生升学的多向⑽选择提供条件。还要深入挖掘⑾社会资源，如博物馆、文化馆等专业和社会团体，都可为学校提供丰富的学习资源和学习软硬件条件，同时努力建设家庭、学校、社会之间的教育网络，提升教育质量。

教师：高考改革倒逼⑿教学改革

目前，高考改革方案已经落地⒀，英语将正式退出新高考。对此，南开中学高级英语教师段胜利认为，这样的改革模式，对中学英语教学将带来一定的冲击，还会出现一些问题。如一年多考，有学生会在升入高三前参加考试，同一年级的学生考试时间不同，如何安排教学？如果学校或社会培训机构组织考前辅导⒁和训练，那么学生的课余⒂负担是不是又重了？再有，可一年多考，是否会增加经济负担和投入考试的精力？高考多考，评分标准没变，而试卷的难度、区分⒃度等都有不确定的因素，如何保证试卷难度稳定，是摆在出题人面前的一道难题。

站在中学英语教师的角度，段胜利坦言⒄："我认为，真正的改革应当是对考试内容和考试要求的改革，高中阶段所应当掌握的听说读写译综合能力的考查⒅，要真正体现英语作为语言交际工具，在真实环境中如何熟练运用，如何准确地了解和掌握英语文化等方面。当然，高考英语改革更是个机遇，会倒逼英语教学改革。要做到'教''考'结合，这对学校，特别对广大英语教师，是一个挑战。"

学生及读者：高考改革有喜有忧

读者王守训是一位退休的中学校长，一直关心教育，关心下一代的成长。他说："高考改革有喜，也有忧。喜的是，高中不再文理分班，学生要学语数外、理化生、政史地等科目，不偏科，全面提高素质，为大学学习新的专业打下良好基础。过去的实践证明，文理不分科的学习效果是非常好的。我上高中时的一个同学，他高三的13门功课全都很优秀，考入清华大学，毕业后留校任教[19]，从事科学研究，成果显著。这都得益于[20]在中学时打下的基础。我最担心的就是高中毕业生除参加高考外，还要在高中阶段参加国家规定的所有学习科目的考试，其成绩将作为学生毕业和升学的重要依据。也就是说一个高中学生毕业前至少需要参加10次（9个科目和同一科目的两次考试）省级别[21]的统一考试。可以想象，孩子们的心理压力会多大，课业负担会多重！"

南开大学学生徐竟然两年前参加过高考，看到新的招生考试改革的实施意见出台，她认为，教育改革不应该只针对高考，它是从基础教育到高等教育，再到工作、就业以及再教育的立体改革。"高考的意义在于，使所有人充分意识到自己的特长与方向，在教育过程中选择最适合自己，最适应社会发展的道路，各行业充分融合互补[22]，人人能自由选择职业，踏实从事工作。毕竟每个行业都充满机会、充满前途。"

大学：考试招生制度边改革边完善

深化考试招生制度改革实施意见的公布，给大学招生工作带来了新的机遇。对此，天津师范大学新闻传播学院副院长、教授孙瑞祥认为，新的考试招生制度其主旨[23]在于促进公平、科学选才和强化素质教育。方案首先提出要改进招生计划分配方式，提高中西部地区人口大省的高考录取率，增加农村学生上重点高校的人数。选才的科学性主要体现在完善高中学业水平考试，科学设计命题[24]内容，着重考查学生分析和解决问题的能力。形成分类考试、综合评价、多元录取的考试招生模式。这一改革所产生的影响将是多方位[25]和持续化的，前端[26]影响在于促进转变中学基础教育培养模式，后端影响在于高等教育如何更好地因材施教[27]。

天津市教科院高教所所长张华有些担心："这次实施意见的提出，是历时[28]三年的调研出台的，由原来的3+X（文综或理综），变成现在的3+3（物、化、史、地、生、政任选[29]三门），只要有选拔性考试，学生就不能怠慢[30]，很难真正减轻学生负担。"

作为高校招生委员会[31]成员，孙瑞祥还特别补充说："我认为，当下要强化两项工作，一是进一步加强考生诚信教育和诚信档案管理；二是进一步提高考试招生法制化水平。"

（全文字数：约1910）

（节选自《今晚报》，有改动）

注释

① 他认为,这次在很多方面做出了探索性的**改革**,例如取消文理分科,推进外语科目两次考试等,从考试科目、高校招生录取机制上都做出了重大调整。

[解释] "改革"与"改造":动词。把事物中不合理的或旧的改变成合理的或新的、适合客观需要的。

改革:一般指性质上的部分变革,即废除陈旧的不合理的部分,保留发展合理的部分。对象较窄,多为制度、方法等抽象事物。

改造:常指性质上的根本改变或大部分改变。对象较广,可以是具体的事物,如机器、房屋;也可以是思想、观念等抽象事物。

[例词] 教育改革 / 制度改革 / 方法改革 / 文字改革 / 土地改革
改造世界 / 改造机器 / 改造房屋 / 改造山河 / 改造思想 / 改造立场 / 改造世界观 / 改造旧观念

[例句] ① 中国新时期最鲜明的特点是改革开放。
② 体制改革引起了巨大变化,国有企业要有自己的经营决策。
③ 生产劳动和教育的早期结合是改造现代社会的最强有力的手段之一。
④ 我们工厂改造起旧设备来了。

② 对于教育资源不**均衡**、高考录取存在区域不公平等问题都在制度上给予了纠正和解决,符合人们的期待。

[解释] "均衡"与"平衡":对立的各方面在数量或质量上相等或相抵。

"均衡":形容词。除"平衡"的意思外,还有"均匀"的意思,即分配或分布在各部分的数量相等。

"平衡":形容词。除"均衡"的意思外,还有"两个或两个以上的力作用于一个物体上,各个力互相抵消,使物体成相对的静止状态"的意思。同时,可用作动词,表示使某种东西达到平衡。

[例词] 均衡发展 / 营养均衡 / 利益均衡
保持平衡 / 失去平衡 / 收支平衡 / 平衡生活与工作

[例句] ① 许多人认为现代社会的财富分配不均衡。
② 均衡的饮食有利于身体健康。
③ 她很努力地想在工作和生活之间找到一个平衡点。
④ 在那么窄的山路上,身体很难保持平衡。

③ 我认为，真正的改革应当是对考试内容和考试要求的改革，高中阶段所应当掌握的听说读写译综合能力的考查，要真正体现英语作为语言交际工具，在真实环境中如何熟练运用，如何准确地了解和掌握英语文化等方面。

[解释] "考查"与"考察"：动词。
　　　　"考查"：用一定的标准来查看评定，带有考核、检查的意思，常用于上级对下级，老师对学生等。
　　　　"考察"：实地观察了解，细致深刻地观察。

[例词] 考查学习效果 / 考查工作成绩 / 考查理解能力 / 严格的考查
　　　　实地考察 / 考察队 / 去国外考察 / 考察当地的生活水平

[例句] ① 高考不应该成为考查学生学习能力的唯一标准。
　　　　② 这道题主要考查学生的阅读能力。
　　　　③ 为了考察这种语言的实际使用情况，他去了很多个不同的国家。
　　　　④ 听说那几个人是从总公司来的，他们要考察咱们部门的销售情况。

练 习

一 请在课外阅读最新中文报刊文章，将其中你喜欢的一篇剪贴在你的笔记本上，然后写出摘要与看法

二 给下列动词搭配适当的词语

独具_____　　挖掘_____

考查_____　　历时_____

怠慢_____　　辅导_____

三 选词填空

　　　　附属　　区分　　任教　　积淀　　主旨

1. 这所学校_____于北京大学。
2. 他毕业以后留在大学里面_____。

3. 他的视力有些问题，无法_____红色和绿色，医生说这是天生的。
4. 这篇文章的_____，是要告诉人们不管在生活中遇到什么困难，都要保持乐观。
5. 他旅游的时候喜欢去一些古老的城市，去感受历史_____下来的那种独特的文化。

改革　　改造

6. 人正是依赖于经验和知识的增长，才壮大了_____自然的能力。
7. 应通过_____，建立新的教育体制，为科技、经济、社会的协调发展提供各种类型的合格人才。

均衡　　平衡

8. 专家认为，现在国内存在着医疗资源发展不_____的问题。
9. 他看到老同学现在已经当上经理了，而自己还是个普通的职员，心里感到很不_____。

考查　　考察

10. 他明天就要跟着_____队去四川了。
11. 考试只是为了_____某一段时间之内的学习效果，并不能作为判断学生学习能力的标准。

四 根据课文内容判断正误

1. 天津大学附属中学校长肖伟认为高考改革符合人们的期待。（　　　）
2. 改革后的高考的评价标准不止一个。（　　　）
3. 英语已正式退出新高考。（　　　）
4. 王守训认为改革后的高考可能会加重学生的负担。（　　　）

五 请按正确的语序将下列各个句子组成完整的一段话

1. A. 对中学英语教学将带来一定的冲击
   B. 还会出现一些问题
   C. 南开中学高级英语教师段胜利认为
   D. 这样的改革模式

   正确的语序是：（　　）（　　）（　　）（　　）

2. A. 它是从基础教育到高等教育
   B. 她认为，教育改革不应该只针对高考
   C. 看到新的招生考试改革的实施意见出台
   D. 南开大学学生徐竟然两年前参加过高考
   E. 再到工作、就业以及再教育的立体改革

   正确的语序是：（　　）（　　）（　　）（　　）（　　）

六 根据课文内容选择最合适的答案

1. 改革后的高考评价标准不包括以下哪一项？
   A. 高中毕业考试　　　　　　　　　B. 综合素质评价
   C. 学业水平考试　　　　　　　　　D. 高考

2. 段胜利认为英语退出高考好可能会带来哪些问题？
   A. 如何安排教学？　　　　　　　　B. 学生的课余负担是不是又重了？
   C. 是否会增加投入考试的精力？　　D. 以上都是

3. 段胜利认为，英语改革给学校和教师带来的挑战是什么？
   A. 如何让学生掌握英语的听说读写译综合能力　B. 如何把教学和考试结合起来
   C. 如何让学生了解和掌握英语文化　　D. 以上都是

4. 关于考试招生制度的改革，以下哪一项是错误的？
   A. 改进招生计划分配方式
   B. 提高中西部地区人口大省的高考录取率
   C. 增加农村学生上重点高校的人数
   D. 给大学招生工作带来了新的挑战

七 完形填空

| 按照 | 更 | 肯定 | 但 | 如果 |

1. "孩子很想试试，___1___我真怕春季高考考不好，夏季高考___2___砸了。"韩女士拿着学校发的宣传单，内心充满纠结。韩女士告诉记者，孩子在青岛的一所普通高中读高三，平日里的成绩在三四百分左右，___3___这个成绩参加夏季高考，本科___4___没希望，专科几乎也没可能上一所不错的学校，春季高考的出现，让孩子看到了希望，"老师说，___5___春季高考发挥得好，都有可能考一个本科。"

| 可能 | 也 | 但 | 对 |

2. 没有任何东西是完美无缺的，高考___1___不例外。___2___有许多同学不认同高考这种"一锤定音"式的选拔方式，认为高考制度存在太多的弊端，___3___它作为当前中国实行的一项重要的考试制度有它的合理性。许多同学也给出了自己___4___高考制度的深层次见解。

八 请用自己的话或原文中的关键句子概括下面一段话的主要内容

南开大学学生徐竟然两年前参加过高考，看到新的招生考试改革的实施意见出台，她认为，教育改革不应该只针对高考，它是从基础教育到高等教育，再到工作、就业以及再教育的立体改革。"高考的意义在于，使所有人充分意识到自己的特长与方向，在教育过程中选择最适合自己，最适应社会发展的道路，各行业充分融合互补，人人能自由选择职业，踏实从事工作。毕竟每个行业都充满机会、充满前途。"

九 请尽量用以下词语进行话题讨论

| 均衡 | 变革 | 挖掘 | 课余 | 考查 |
| 互补 | 主旨 | 多元 | 因材施教 | 得益于 |

1. 在你们国家，学生进入大学前需要参加什么考试？
2. 你对中国的高考有什么看法和建议？

快速阅读

阅读一（字数：约2100；阅读与答题的参考时间：10分钟）

普高生半路转战春季高考　职校考生直喊很受伤

"孩子老师给班里成绩比较低的学生们发了宣传单，建议他们参加春季高考。"儿子明年就要高考的韩女士，最近两天为要不要让孩子"半路出家"拼春季高考而万分纠结。记者近日采访获悉，当省内民办高校的春季高考预科班被省里的三道禁令叫停后，部分普通高中开始和社会上的培训机构联手，送低分考生转战春季高考战场。教育界有关人士担心，继艺术生半路出家大潮后，若不能得到有效控制，将会再迎来春季高考的半路出家大潮，而半路出家考生对于春季高考的冲击，要远比民办高校的所谓预科生更厉害。

半路改春考　家长直打鼓

"孩子很想试试，但我真怕春季高考考不好，夏季高考更砸了。"韩女士拿着学校发的宣传单，内心充满纠结。韩女士告诉记者，孩子在青岛的一所普通高中读高三，平日里的成绩在三四百分左右，按照这个成绩参加夏季高考，本科肯定没希望，专科几乎也没可能上一所不错的学校，春季高考的出现，让孩子看到了希望，"老师说，如果春季高考发挥得好，都有可能考一个本科"。

韩女士手里的宣传单，是济南一家培训机构的2014年至2015年度春季高考专业辅导招生简章。简章说现在传统高考越来越难，而技能型高考也就是春季高考面临着巨大机遇，谁能把握这个千载难逢的历史机遇，谁将成为高考改革的最大受益者，这家培训机构开设信息技术、财会金融以及旅游服务等春季高考专业类别。

"这个培训班在青岛也有培训点，如果孩子去了，夏季高考复习基本就放弃了。"韩女士说，虽然孩子的成绩不是很理想，但是经过半年的复习，或许会有些提高，但是如果去参加了，万一春季高考也没考好，那就两头都丢了。

记者采访获悉，今年，省内不少普通高中高三学生选择了参加春季高考培训。烟台、威海、潍坊、德州等地都有高中和学院进行春季高考培训合作。烟台的一所专门培训高三学生参加春季高考的学院，早在今年7月份就已开课。记者近日以家长身份联系学校招生老师，希望能送孩子进春季高考班时，招生老师很干脆地表示学校招生早已经结束，如果非要送孩子去，建议和招办主任联系一下，看孩子适不适合去。根据这所学院的宣传，2014年春季高考，这所学院的春季高考本科录取率高达96%，部分学生被青岛大学、青岛科技大学这样的本科院校录取。

春季高考捷径或变独木桥

从2012年山东省面向中职学生的对口高职考试变身为春季高考后，春季高考的吸引力逐年增加。

不过，春季高考的本科招生人数虽然一直在增加，但和传统的夏季高考相比，录取率仍然偏低。以山东省2014年高考为例，夏季高考报名552 313人，春季高考报名91 393人，去掉重复报名的7 703人，2013年高考报名总人数为636 003人。到8月份高考正式录取结束时，本科录取252 414人，录取率为39.69%；专科录取287 713人，录取率为84.93%。

"因为春季高考这条捷径并不宽，报考的学生稍微一多，就会把捷径挤成独木桥。"岛城一位职业学校的校长表示，如果半路出家的普高生集中在几个专业上，那肯定会拉高这几个专业的录取门槛，一批普高生落榜的同时，普通职业学校的考生，可能会更受伤。

从2014年春季高考来看，因为民办高校部分专业的预科生扎堆，已经造成一些专业录取线的高涨。春季高考满分750分，18个专业类别38个专业类目录取门槛差别极大，从本科志愿填报资格线来看，低的如中餐加工、西餐烹饪，只有200分，高的如农作物生产、机械维修技术等，则高达500分。第一次录取分数线，各专业间差别也极大，高的如机械维修技术、化学分析检验专业，全省本科录取线556分；农作物生产专业541分；饭店服务与管理专业540分；国际商务523分；会计手工操作517分，而这样的分数还只是门槛，不同高校的录取线在此基础上还有所提高，有的高校部分专业录取线甚至到了600分。

市教育局　应增加专业课难度，体现中职生优势

"青岛也有普通高中提出要把部分学生送到职业学校去突击复习春季高考，但我们没答应。"谈到普通高中生半路出家备战春季高考时，市教育局有关负责人表示，若大量普高生临时报考春季高考，对目前的中等职业教育会造成冲击，会让更多学生倾向于报考普通高中，即使普通高中上不下去了，再半路转春季高考。

"省里前段时间有个提法，说目前春季高考的专业课部分有难度，有意降低难度，但我们认为应该增加专业课的难度，也准备跟省里提建议。"市教育局有关负责人表示，和普通高中生相比，专业课是中职毕业生的优势，春季高考的设置，应该更要体现出中职生的优势，不给突击报考留太多余地。

而一位招办工作人员则从半路出家备战春季高考的考生身上，看到了当年普通文理生半路出家学艺术的影子，"前些年，不少高中说服成绩低的学生半路学艺术，只为了追求升学率，其实很多半路出家的艺考生，大学毕业后就业情况并不理想"。2014年，山东省共有10万多名考生报考艺术类专业，其中文学编导类占到20 267人，占了五分之一，而对于艺术性要求并不算高的文学编导类专业，成为很多半路出家普通文理科考生的首选。

"这两年编导类专业也越来越难考，家长选择时要慎重，有些原来的艺术类培训机构，开始把业务向春季高考培训方面转。"这位招办工作人员认为，无论是高中学校还是家长，都在不遗余力地寻找高考捷径，这就需要高考政策的制定更加科学、合理。

（节选自《半岛都市报》，略有改动）

回答问题：
1. 春季高考和夏季高考是同一类型的考试吗？为什么？
2. 广大家长和考生如何看待春季高考？
3. 为什么说春季高考有可能从一条"捷径"变成"独木桥"？
4. 市教育局对于春季高考的态度是什么？为什么要这样做？

阅读二（字数：约2660；阅读与答题的参考时间：13分钟）

大学生看高考：当高考已成往事

相信高考是许多同学从出生以来经历过的最重要的事情，12年学习生涯弹指一挥间，我们踏上高考战场为梦想战斗。我们都是高考的幸运儿，在高考的战场上博得了胜利。高考已成为我们永恒的记忆，在生命的笔记本上留下了深刻的印迹。黑色六月即将到来，又是一年高考时，从高考中走出来的我们是如何看待高考的呢？下面就跟随笔者一起探寻大学生的高考记忆。

苦并快乐着

"如果时间有颜色的话，高考那段时光肯定是黑色的，暗无天际的黑色，看不到任何光明，总给人一种透不过气来的压抑感。"这是一名大学生回忆自己高考经历时说的一句话。

谈到对高考的感受，管理学院10级吕同学这样说："高考前的那段时光是最难熬的，每天两点一线式的生活，在题海里奋斗挣扎。"许多同学为了高考几乎放弃了一切课外生活，甚至连睡眠时间都挤出来用来学习，将百分之百的精力投入到高考中。每天无休止地听课、背诵、做题，生活单调乏味，"真的太苦了，有时候真的感觉自己就快撑不住了"，吕同学补充道。高考是12年学习的最终检验，"一锤定音"式的模式让很多同学不敢松懈，怕是一松懈，12年的努力学习就化作泡影。

但再苦的生活里都会有难忘的甜，"虽然很苦，但感觉很充实，每天心里装着梦想，有前进的动力，那种感觉很好"，讲到这时，吕同学脸上有了微笑。每天忙碌的学习让许多同学有了一种充实感，还有就是为理想奋斗的幸福感。"从来不会感到无所适从，心里明白自己的目标就是考上一所好大学，每天想着自己离梦想又近了一步，感到无比的快乐。"法学院09级的王同学这样对笔者说。

站在高考这座分水岭上

高考是一座分水岭，许多同学在高考中成功突围进入了大学殿堂，开始了新的学习生涯。那当站在这座分水岭上看大学生活与那段高考岁月有什么不同呢？

"忆往昔峥嵘岁月稠啊"，说起自己高考前后生活的变化，电气学院08级林同学叹道："刚到大学时，感到很兴奋，什么都是新鲜的，但当新鲜劲儿过去后就有一种空虚感了。"许多同学觉得经过了痛苦的高考，在大学里就应该好好享受一下自由的生活，但过度的放松就会带来一种无所适从的感觉。"现在也是，总觉得生活中少了什么，每天不知道要干些什么。记得高考前的那会儿，每天忙得要死，实在是痛苦，就盼着高考快点结束。但现在想起来还是高考那段时间幸福，起码很充实。"高考前，每位同学都有明确的目标定位，所以也会有不竭的动力去奋斗，生活中的每个部分都是满满当当的。但进入大学后，一下子就闲下来了，也不知道自己将来要干什么，没有了以前那种明确的理想和目标，生活没有了方向，仿佛一下子堕落了。"我终于明白了那句话：大学是堕落者的天堂。"林同学苦笑着说。

但并不是所有人都这样想，人文学院10级梁同学就不这么认为。作为一名复课生的他对高考有着更加深刻的感受，"为高考奋斗的那段经历弥足珍贵，通过高考我成长了许多"。高考对他有很深的影响，"高考让我学会了奋斗，让我懂得了怎样去面对现实，怎样去实现理想"。现在，梁同学已经决定转到会计专业，为了能够转专业成功，他现在每天除了很努力地学习本专业之外，还花很大精力去学习会计学的专业知识。当周围许多同学都迷失在大学里时，他却仍然走在自己的理想之路上。"是高考的影响让我可以每天这样奋斗下去，我要感谢高考。"

深层次的高考透视

没有任何东西是完美无缺的，高考也不例外。可能有许多同学不认同高考这种"一锤定音"式的选拔方式，认为高考制度存在太多的弊端，但它作为当前中国实行的一项重要的考试制度自有它的合理性。许多同学也给出了自己对高考制度的深层次见解。

机械学院10级刘同学认为高考只是一个高中学习成果的检验，它只能代表一个人在高中阶段所取得的学习成果和学习能力的高低，并不能完全体现一个人的综合素质。作为一项考试制度来说，高考的确起到了选拔人的作用，但是否是真正的选拔人才？"中国的高考制度就是培养出一大堆为了高考而读书的机器。回头想想，高考是对考生精神和肉体上的双重打击。"土木学院的万同学这样说。或许万同学的观点有些偏激，但仔细想想也颇有道理。高考的题目离现实生活太远，实用性差，这种现状的出现与中国教育制度的不合理性有很大的关系。另外，高考是一次性的选拔考试，并不把学生平常的学习情况考虑进去，正如生工学院10级黄同学说的，"一次考试，一张卷子，一个人的一生就被决定了，对于那些非常有实力却因为意外原因没考好的人来说是不公平的"。虽然高考并不能决定一个人的命运，但也会对一个人的一段时期产生巨大的影响，最起码能决定一个人能否被大学录取或被什么档次的大学录取。

相对于上面批评的观点，人文学院10级梁同学则认为不然："高考能给人们展示自我的机会，也是一条通向成功的捷径。"的确有许多同学通过高考展现出了超强的学习能力，从而进入一所很好的大学学习，最终在自己的职业生涯中取得了成功。这也说明了高考在选拔人才方面有一定的作用。

但仔细想想，是高考制度造就了他最后的成功吗？假设没有高考，他也许会有更多的发展机会而不是只在高考这座独木桥上徘徊前行，他也许会在其他更多方面展现出非凡的潜力而不是被牢牢嵌在应试教育的框架里，他也许会变得更加优秀。

我为高考制度开副药

"以高考为目的的应试教育很狭隘，限制了人的发展，造成思想僵化、闭塞，没有创新能力，像我现在除了学习之外再没有什么别的特长了。"人文学院古同学这样评价高考制度。他认为高考制度在实际运作中产生的弊端要比利处大得多，要想改变这一现状，"必须首先改变高考制度在目前中国教育中那种至高无上的地位，也要改变高考在学生和家长心中的地位"。一定要摒弃那种高考决定人的命运的价值观，把高考从一场具有决定意义的考试变成一场检验性考试，不要完全否定它的价值，只是在此基础上加入对学生平常学习情况的考核，相信这样综合起来考量学生会更有说服力。

物信学院的黄同学在讲到自己关于高考的看法时说:"对我而言如果没有参加高考我也许就结束了我的学习生活了,因为现在提供上大学的途径太少了,希望国家能尽快解决好教育问题,提供给学生们更多接受高等教育的机会。"就目前情况来看,黄同学的说法很合理,中国绝大部分的大学生都是通过高考进入大学,而通过自主招生、自学考试等其他方式进入大学的学生比例小得可怜。国家应该在高考之外开辟新的人才选拔方式,拓宽人才选拔渠道,这样对国家加强人才储备也有积极的推动作用。

高考制度的改革,任重而道远,相信高考制度会越来越完善,越来越合理。回首高考,细数那些点点滴滴的珍贵记忆,愿同学们拿出高考的拼劲儿在大学里创造属于自己的新辉煌。

(节选自凤凰网,略有改动)

回答问题:
1. 高考备战时期的"苦"和"甜"分别是指什么?
2. 经历高考的大学生们如何看待大学生活和高考岁月?
3. 高考制度对考生有着怎样的正面影响和负面影响?
4. 作者对于高考制度的看法是怎样的?

阅读三(字数:约1720;阅读与答题的参考时间:8分钟)

专家称高考制度需要改革

与改革开放同行的高考进入第37个年头。高考的全称是"全国高等院校招生录取考试"。这套制度实际上由三个体系组成:一是统一时间的考试体系——其实没有实现完全统一,分省命题后各省市的高考题目就不尽相同;二是各省市考试院或高招办独家管理的报考和投档体系;三是具备招生资格高校的录取体系。

今天人们关注的往往是第一个体系:考什么、怎么考的问题,比如外语要不要考,权重多少。但高考制度改革的核心和根本,实际上是后两个体系,是政府部门如何转变职能和大学如何录取的问题。

我将现行高考制度的弊端归结为两个字:僵化。作为国家考试,高考必须要统一,而统一必然带来僵化,因此僵化是内生性的——这种内生性的僵化虽然由于分省命题得到了一定程度的缓解,但却导致了另外一些问题。

僵化的主要体现是录取模式,有四个方面。一是从运行机制上看,带有强烈的计划经济特征。从"分省计划"的编制到报批再到录取,一切必须按事先制定的"计划"进行——"招生计划"可能是当代中国唯一还名为"计划"的东西——中间很难根据实际情况调整。二是大学招生录取的依据只是一次考试成绩,而一次考试成绩显然具有比较大的偶然性。三是大学只能根据事先确定的分省计划名额,从高到低划定录取分数线,分数线上的学生,不适合也不能拒绝,分数线下的学生,再优秀也无法录取;这是现行高考制度僵化性体现得最严重的一点,我称之为"分数刚性"。四是大学录取时必须将考生对应到具体的专业,专业被人为地根据当下的评价划分为三六九等,分别对应不同的分数,不同专业之间不得进行调整,特别是不得从低分专业向高分专业调整，完全忽视了学生的兴趣和社会发展的需求，背离了本科教育追求非专业化的主流趋势。

实际上，这就是典型的苏联计划经济体制下的大学录取制度与中国古代科举制"分路取士"制度的古怪联姻，既违背了教育规律，也不符合现代市场经济的要求，更不能适应当代高等教育飞速发展的变化。当全球正在研制奔向太空的新型飞行器时，我们却还在努力让自己的马队跑得更整齐一些。

大学的首要任务是培养人才。现代社会，大学招生可分为几个层次：招收达到一定知识水平的学生，将其培养成合格公民；在上一层次的基础上，招收适合自身人才培养特点的学生，将其培养成高素质的优秀公民；第三层次是在第二层次的基础上，招收具备发展潜能的学生，引导他们进入感兴趣的领域，逐步成长为推动社会进步的优秀人才；第四层次是在第三层次的基础上，招收具有创新精神的优秀学生，使他们成长为能够解决人类未知世界的难题，影响世界甚至改变世界的灵魂人物。这种着眼于人本身的成长进步的理念，完全有别于计划经济体制下把人训练成为符合国家工业化建设进程所需要的螺丝钉的理念。

不难看出，上述四个层次的目标各有不同，因此，不同的大学应当有不同的录取标准。如果仅仅只是录取制度自身的僵化倒也罢了，问题的关键在于，高考招生录取是"指挥棒"，直接影响着向前延伸的基础教育和向后延伸的高等教育。

高考考什么，学生背什么——而不是学什么，不考的内容则被忽略甚至放弃。比如说，体育很难标准化考试。因此，许多中学将体育课压缩，甚至取缔体育课，导致当代中国青少年的身体素质可能是历史上最差的；再比如，道德素质根本无法通过考试进行观测。因此，道德教育令人奇怪地被等同于思想品德课。学生可以将课本上的道德条目背得滚瓜烂熟，在现实生活中却完全没有道德标准。

由于在长期的重复训练过程中丧失了至为宝贵的思考能力和动力，很多学生进入大学之后难以适应大学的节奏，并出现一系列严重的问题。

大学的重要意义并非在于教会学生掌握多少前人已知的知识，而是在于使学生获得发现未知世界的能力。做不到这点，大学就不能称之为大学，而只能是职业技能培训学校——当然，它也有自身存在的价值。

如果说统一的国家考试无法克服其内生性的僵化，那么，通过战略性的制度重组，将考试的僵化限定在一定范围内，增加大学招生录取体系的弹性，进而缓解甚至消除整个高考考试招生录取制度的僵化，也许是一个稳健务实的改革路线图。至于由此带来的对公平的影响，需要相关配套制度——例如公示制度和加强监督，等等——予以完善。这恰恰就是始于2003年的自主选拔录取改革试点工作的出发点和走过的道路。

(节选自《中国新闻周刊》，略有改动)

判断正误：
1. 高考制度改革的关键是考什么和怎么考的问题。（   ）
2. 高考的考试时间全国统一。（   ）
3. 高考制度的"僵化"与它内在的统一性有关。（   ）
4. 当今本科教育发展的主流趋势是专业化。（   ）

5. 高考录取专业被人为地划分为高分专业和低分专业。　　　　　　（　　）
6. 大学招生的最高层次是努力把具有创新能力的学生培养成影响甚至改变世界的人。
　　　　　　　　　　　　　　　　　　　　　　　　　　　　　（　　）
7. 大学的全部意义在于教给学生知识。　　　　　　　　　　　　（　　）
8. 我们可以通过战略性的制度重组来解决高考制度的僵化问题。　（　　）

第一～五课测试题

答题参考时间：100 分钟　　　　　　　　　　　　　分数：_____

一 给下列动词搭配适当的词语：（5分）

赞赏 _____　　　　擅长 _____

抗拒 _____　　　　防御 _____

终止 _____　　　　忍受 _____

压制 _____　　　　缺乏 _____

缴纳 _____　　　　申报 _____

二 选词填空：（10分）

讨价还价　　脚踏实地　　此后　　坚持不懈　　譬如　　各式各样

1. 他很快地就与他心爱的姑娘碧姬结婚，_____，他们在加拿大生活了一段时间。

2. 他们十分赞赏那些精于_____，为取得经济利益而施展手法的人。

3. 目前世界上除了用纸印刷的书以外，还有其他_____的书。

4. 既要尽力而为，加快发展，又要_____，量力而行，积极而稳妥地发展自己。

5. 提起孩子，总会让人想起些什么，_____花朵、生命、笑脸，还有春天。

6. 中国政府继续_____地采取有力措施帮助贫困人口脱贫。

含糊　　模糊

7. 那位小姑娘可不_____，边拿货边算账，不出一点差错。

忍受　　忍耐

8. 如果环境污染超过植物能够_____的限度，就会对植物造成危害。

改革　　改造

9. 中国加入WTO会加速中国的经济_____并深化法律法规意识。

责任　　义务

10. 赡养父母、抚养子女也是国家法律明文规定公民必须履行的一项_____。

三　请按正确的语序将下列各个句子组成完整的一段话：（7分）

1. A. 自18岁开始学习抛饼

    B. 迈克出生在印度新德里

    C. 如今已做了10多年

    正确的语序是：（　　）（　　）（　　）

2. A. 就根本无从谈到解决问题的可能

    B. 如果不知道自己拥有什么

    C. 首先要了解我们拥有什么资源

    正确的语序是：（　　）（　　）（　　）

3. A. 调整是指一个人对自己的看法

    B. 现在知道自己并非万能

    C. 调整和彻底改变的差别在于

    D. 由原来认为是万能的

    正确的语序是：（　　）（　　）（　　）（　　）

4. A. 自1977年在邓小平的直接推动下一举恢复高考

   B. 高考发生了巨大的变迁

   C. 在这起伏变化的30年中

   D. 至今已过去了30年

正确的语序是：（   ）（   ）（   ）（   ）

四 完形填空：（12分）

（一）

| 依然 | 因此 | 即便 | 也不可能 | 应当 |

在《教育是一种大智慧》一书中，林格认为，教育必须立足于培养具备健康人格的现代人。有了大智慧，___1___孩子是班上最差的，他___2___可以有辉煌的将来；没有大智慧，即便孩子成绩再优秀，将来___3___有大出息。___4___，所有的父母和教师都___5___重新来学习儿童教育这门专业的功课。

（二）

| 甚至 | 因为 | 越来越 | 就此 | 看来 | 却 | 又或者 |

这些年来，___1___多的外国人来到中国旅行，___2___其中的有些人，会___3___一次旅行喜欢上了中国，___4___留了下来。在这些外国人眼中，中国或许是神秘而厚重的东方古国，___5___是一个经济迅速发展的现代化国家，在我们___6___已经见惯的自然景致和文化遗迹，对他们___7___有着巨大的吸引力。

五 用自己的话或原文中的关键句子概括下列各段的主要内容，字数不要超过30个：（9分）

1. 如何让脑体编程使我们感到更有力量呢？格林说，定位于结果。

   生活中，当人们遇到困难时，往往会把注意力集中到"找问题"上。这会抑制人们潜能的发挥。更有效的做法是把注意力定位在所需要的结果上，聚焦如何解决问题。

定位于结果，有以下三点要做：

首先，要了解我们拥有什么资源。如果不知道自己拥有什么，就根本无从谈到解决问题的可能。

其次，要不断地练习新的语言模式，直至完全掌握。

第三，提问。可能有人认为，提问表明了自己处于一种无知（这种无知的状态是暂时的）状态，但如果你有了问题而不问，那么你就等于把自己置于永远无知的尴尬境地。

2. 陪外孙来逛玩博会的张琪，已经退休，她担忧地说："我教书那个年代，孩子们玩儿得可疯了，跳皮筋、跳房子、过家家，晚上一直玩儿到天黑才回家。这些传统游戏，不仅能让孩子们在大自然中快乐地锻炼身体，还能让他们在玩乐中学会理解、沟通与合作。如今玩具多了，科技含量也高了，孩子们玩儿的东西和玩儿的方式越来越智能化、私人化，传统游戏很多被淘汰了，孩子们户外集体活动越来越少，体质越来越差，同时因为很少接触外面的小朋友，性格越来越孤僻，缺乏团队精神，时常体现出自私的一面。"

张琪的外孙上小学3年级。胖胖的小家伙在会场没转多一会儿，就一头扎到了电子游戏类产品前。他说："我就喜欢自己在家玩儿，可妈妈说我太胖，还说我不爱说话，应该和伙伴们多玩儿、多交际，可同学都挺忙的，跟谁玩儿呀？"

"以前的家长担心孩子玩儿得太疯，现在的家长担心孩子不会玩儿。"刘倚晨的妈妈大有感慨："如今就一个孩子，不放心她一个人在外边玩儿，家长又忙，没时间陪。再者，咱小时候，楼下有很多孩子一起玩儿，现在我们一栋楼100多户，本来没几个孩子，又都上课外班，楼下根本看不见孩子，跟谁玩儿？"

3. 与保送生具有类似性质的改革是高等学校自主招生制度的探索。2003年，教育部在22所著名高校扩大自主选拔录取改革试点。要求各高校经过自主考试与面试初选，入选考生参加全国统考，成绩达到与学校同批次录取控制分数线以上的可以由学校决定录取。招生比例为学校年度本科招生计划的5%。

除了对优秀学生进行的招生探索外，自主招生还在大专层次的高职院校进行了改革试验。这一改革对高考总成绩不高、第一志愿不能被录取、有可能被调配录取到不中意的专业的学生，具有积极的引导作用。2006年，北京和上海在多所高等职业院校实行了学校自主命题的笔试＋面试，从而自主确定录取结果，这是真正意义上的自主选拔录取。2007年，高职招生改革的范围继续扩大。

六 话题写作：请尽量用所提供的词语围绕下面的话题写一段250—300字的短文（10分）

| 惊喜 | 顾虑 | 自豪 | 意料 | 谈到 | 能否 |
| 谦虚 | 无妨 | 讲述 | 好多 | 关怀 | 趣味 |

你最喜欢去什么地方旅游？为什么？

[100字 grid for composition, with 100字 markers at two positions]

七 阅读（47分）

阅读一（17分）

父母怎样教育孩子会更轻松

孩子通常都管不住自己，能管好自己的人也不是孩子。每次小朋友玩耍完毕，家中就铺满了一整地的玩具，台面乱七八糟，椅子不知移到何方，结果只好辛苦父母为其收拾。那么，有什么方法可以教育孩子学习自我管理呢？我在这里介绍一种方法——五常法。

五常法是日本人推崇的一种品质管理技术，当中包括：常组织（Structurise）、常整理（Systematise）、常清洁（Sanitise）、常规范（Standardise）及常自律（Self-discipline）五项。当运用到孩子身上时，则可从小培养他们良好的生活习惯及自理能力，再发展到行为自律。小朋友从实际的生活中，了解到自己的事自己做，再加上父母的鼓励，可以令小朋友更有信心独立自理。

常组织

　　扔掉不需要的物品（例如一年没有用过的物品），并将保存的物品分层管理，要点在于集中存放及尽量降低存量。

　　好处：训练小朋友的观察能力，常常检查家居物品是否卫生及完整，并限制物品数量，够用即可。

　　实行方法：五常法强调"一就是最好"，建议小朋友只有一个放置玩具的架、一个鞋架及一格饰物格等。让小朋友自己筛选哪些玩具是需要的，哪些是不需要的。父母要和孩子们商量拥有物品的数量，让小朋友从小学会取舍，将不需要的物品转送别人。

常整理

　　首先决定物品的"名"及"家"，以致能在短时间内取得或放好物品，提高效率。

　　好处：做个富有责任感的小朋友，晓得将物品分类，令物品有"名"及"家"，用完放回原处。

　　实行方法："五常法"让小朋友学习分类的概念，每件物品都有个家，并贴上卷标，让小朋友自行将物品放回原处。譬如书本放在架子的最上层并贴上卷标，而玩具放在胶盒内，鞋子则放在鞋架上，让小朋友在30秒内找到对象。

常清洁

　　小朋友要保持个人清洁，也有责任保持环境的清洁，使其树立"我不会使东西变脏"，而且"我会马上清理东西"的观念。

　　好处：每天清洁身体及衣服，保持健康卫生的生活习惯。

　　实行方法：为了让小朋友知道自己面部、手部是否清洁，衣服、鞋袜是否整齐，父母可特别将镜子挂在适合小朋友的高度上，帮助他进行自我检查。此外，父母还可鼓励小朋友分担家务，吃完东西收拾餐具及桌椅，以及定时收拾书桌。

常规范

　　经过父母与孩子沟通后，利用透明度、视觉管理等，为孩子提供规范化的环境，减少错误并且提高办事效率。

　　好处：建立小朋友的自信心，乐意与人沟通，能自订或与父母合作制定生活标准，遇到事情知道如何解决、怎样寻求帮助。

　　实行方法：父母可利用透明胶盒贮存物品，增强物品处理的透明度。父母亦可让小朋友在房门外,挂上图画及文字,告知父母"我在做什么",增强彼此沟通,同时让小朋友感到被尊重。在家中放置小盆栽,让小朋友学习照顾,更可营造一个和谐环境。为了减少孩子出错,父母可在家中危险的地方挂上"不准触碰"等标志,让孩子识别,免生危险。

常自律

要持续地、自律地执行上述"四常",使孩子养成遵守规章制度的习惯。当父母了解到小朋友的长处与短处,再按情况做出适当的奖赏,让小朋友从他律(以成人的赞赏作为标准)发展成为自律。

好处:做个自尊感强的孩子,懂得自我管理生活。

实行方法:当孩子做了负责任的事,就会得到一个印,取得若干数量后,可以让孩子实现一个梦想。父母亦可与孩子一起调校闹钟,让孩子学习自己起床。小朋友可每天观看工作清单,学习"今天的事今天做"。

在实施"五常法"的过程中,父母必须首先了解五常法,并以身作则。父母必须在教导上有共识。如果小朋友做错了事,父母必须要有共同的处事原则。其实小朋友不知道自己正在运用"五常法",但当他们发现自己弄干净桌面或把椅子移好后,会获得成人赞赏时,他们自然地会继续做,小朋友就不知不觉地学习了,而且可以不断增强信心。当然,若小朋友做错就需要惩罚。父母必须按小朋友的能力去制定标准,而非按成人的要求,过高过低都不宜。

(节选自 39 健康网社区,有改动)

(一)判断正误:(14 分)

1. 小孩一般不太会管理自己。(   )
2. "五常法"一开始就是运用于幼儿教育的。(   )
3. 小朋友自己知道扔掉不需要的东西。(   )
4. 小朋友要学会分类和放好东西。(   )
5. 父母可以让小朋友干些家务活。(   )
6. 家中放置小盆栽是为了让室内空气更好。(   )
7. 实施"五常法"主要由孩子独立完成。(   )

(二)回答问题:(3 分)

在实施"五常法"时,父母应怎么做?

阅读二（17分）

57%的孩子在家"偶尔"挨打　专家：六种情况不可打

在天津市家庭教育研究会的一项调查中，有26.4%的父母认同"孩子有错时，打他也是为了孩子好"的说法，46.4%表示"不太同意但也有同意的成分"，只有27.2%明确表示"很不同意"。全国"中小学生人身伤害基本情况调查"结果表明：有3.6%的孩子在家里"经常"挨打，"偶尔"挨打的高达57.3%。

孩子，我为什么打你

排除家庭暴力的成分，更多家长认为自己打孩子是出于一种爱之愈深，痛之愈切的态度而偶尔为之的，打孩子的时候觉得理所当然，打过孩子之后又觉得愧疚不已，又爱又恨让人矛盾。

以下情况，千万不可打孩子

一、孩子犯错误是因为父母事先没有告诉孩子不能这样做，或者父母没有把话讲清楚。

二、孩子所犯的错误，父母自己也在犯。爸爸妈妈自己都不知道该怎么做，没有很好地以身作则时，不要急着去打孩子。等自己改正了这方面的错误，清楚地知道遇到这种事情该怎么做时，再去惩罚也不迟。

三、父母在暴怒之下不能打孩子。因为这时打孩子往往只是发泄自己的愤怒，惩罚时往往会失去分寸，会忽视孩子犯错误的原因，也很难给孩子讲清楚为什么要打他，很容易失手打伤孩子。应等自己怒气平息了，头脑清醒了，再实施惩罚。

四、孩子生理与心理具有特殊情况。如：行为亢奋、有神经障碍的孩子，十分敏感的孩子，曾受过情感伤害的孩子。

五、孩子不到3岁。

根据心理学家埃里克森提出的人格发展阶段理论，3岁的孩子处于游戏期阶段，孩子的自主感十分强烈，同时孩子的良心、道德感也有了发展，自我统一性开始出现。而3岁前的孩子，这一切都没有出现，或者只是刚刚发展。即使是有的孩子过于顽皮，体罚他的时间也只能提前到1岁半，对于1岁半以内的婴儿是绝对不能进行体罚的。因为在这一年龄段，孩子的活动主要是满足生理上的需要，主要是一系列因为吃、喝、拉、撒、睡带来的条件反射，是无意识的。在这一阶段体罚孩子，会导致孩子身心不健康。

六、6岁以后的孩子应尽量避免体罚，12岁以后的孩子不能打。

6岁以后，多数孩子已经进入学校了，独立自主意识有了较好的发展，自尊心越来越强，开始努力地做事情，渴望着凭借自己的能力、勤奋，不断带来各种成就。他们强烈感到自己是一个独立的、独特的个体。这时体罚容易伤害孩子的自尊心，使他丧失成长所必需的成功体验，影响人格的健康发展，养成消极、自卑的人格；他会感到体罚是对自己人格的严重践踏，产生强烈的抵触心理，一些孩子甚至还会产生某种报复与逆反心理；而且，随着知识的增长,他们会清楚知道父母的这种做法违反了《未成年人保护法》,是一种错误行为,因而会对父母产生不良印象,并进而对父母产生抵触情绪。

打孩子的危害

许多打孩子的父母抱有这样的认识:孩子是父母的,打自己的孩子是家庭内部的事,"外人"没有权力干涉;打人犯法,但是打自己的孩子是两回事;打孩子是为了孩子好……之所以有些父母会这样想,最根本的原因是在他们眼里,孩子不是一个独立的人,而是大人的附属物,所谓"为了孩子好",并没有考虑孩子的感受。动辄打孩子除了可能造成孩子身体上的伤害外,还有其他危害:

伤害孩子的自尊心。孩子虽然幼小,但随着年龄的增长,一个重要的心理特征是自尊心越来越强,打孩子是对自尊心的严重损伤。有的孩子越打越"皮",从逆反、对抗发展到破罐破摔、自暴自弃。

迫使孩子说谎。有的孩子慑于父母的压力,表面服输,内心不服,来个"好汉不吃眼前亏",学会了见风使舵、看人脸色行事的不良性格。

报复父母。一位母亲一怒之下打了孩子一巴掌,想不到孩子竟抓起一只短凳朝她扔来,险些砸在她的头上。孩子还狠狠地说:"走着瞧吧,过几年再算账!"

容易使孩子形成暴躁的性格。家长对孩子动辄打骂,总会潜移默化地影响到孩子,经常挨打不仅容易使孩子产生暴躁的性格,也易致使孩子产生攻击倾向。当孩子与他人相处不尽如人意的时候,当遇到某些不良刺激的时候,很容易产生攻击行为。有的孩子离家出走、浪迹社会、最终走上犯罪道路与父母的打骂不无关系。

父母丧失在孩子心目中的威信。有个5岁的孩子挨了父亲的打之后,指着父亲说:"你有什么本事?就会欺负小孩!"父亲说:"我打孩子反而让他瞧不起我,当时真有点无地自容的感觉。"

应对:当孩子无理吵闹时

面对孩子的无理吵闹,尤其是3岁之前的孩子,父母往往是最头疼的,既要管住孩子,又不能体罚他们。怎么办?

冷处理。当孩子无理吵闹时,不去搭理他,更不要给孩子以积极刺激,避免孩子在自己吵闹和大人满足要求之间建立条件反射。

自然后果法。对于喜欢乱碰东西的孩子,在不造成肉体伤害的情况下,可以让他碰一碰煮热的食物,让他直接体会到其中的危害。

用生气的表情告诉孩子他的行为不对。你可以把自己的愤怒写到脸上去,这一阶段的孩子,已经学会看大人的脸色行事。看到大人的愤怒表情,很多孩子会停止自己的错误行为。

讲明道理。给孩子讲明一些简单的道理,说清楚这样做会给他带来的直接伤害。

(节选自大洋网《广州日报》,有改动)

(一) 判断正误：（14分）

1. 调查中，大多数父母坚决反对打孩子。（　）
2. 调查发现，有超过一半的孩子在家中被打过。（　）
3. 很多家长打过孩子后并不后悔。（　）
4. 父母在非常生气时不能打孩子。（　）
5. 对于3岁半以内的孩子是绝对不能进行体罚的。（　）
6. 孩子上幼儿园后要尽量避免体罚。（　）
7. 当孩子无理吵闹时，大人不应尽快满足孩子的要求。（　）

(二) 回答问题：（3分）

打孩子有哪些危害？请简要概括一下。

阅读三（13分）

大学生求职必知五大突破点

相关信息表明，我国高校毕业人数将再创历史新高，而就业率，只能保持70%的水平。在如此严峻的就业环境下，初出茅庐的应届大学毕业生想要轻而易举实现就业并不容易。近日，笔者针对应届大学毕业生求职问题采访了部分人力资源工作者，总结出五点，只要应届毕业大学生能突破，实现就业不会有太大问题。

突破点一：细节决定成败

随着社会的纵深发展，企业对人才的考察已非停留在专业、技能、经验的需求，同时还考虑人才的性格、创新能力，注重细微功夫。可有些求职者不能真正领会"勿以恶小而为之，勿以善小而不为"的古训，导致求职败北。奥泰斯电子有限公司的王元元在接受采访时说："员工接听电话时，如果讲话不小心，就有可能丢掉客户。"而类似的现象，在企业发展中屡见不鲜。为减少企业管理的失败成本，选择人才时注意细节考察，当然顺理成章了。

突破点二：突出自己的优势

应届生与社会人士相比，自有其不足之处，但未必所有环节都居人之下。如果在求职过程中能将自己的性格特征、专业优势、鲜明亮点表现出来，或许能让用人单位耳目一新，"万花丛中一点红"，被录用的可能性就会增大。卓越典范企管顾问公司陈志嵘在谈到自己的招聘经验时说："相当多的应届生因不擅总结自己的优点、不能发现自己的长处而导致求职失败。"相关资料统计表明，应届生因为不能突出自己的优势特长而失败的比率超过77%，不能不说是个沉痛的教训。

突破点三：乐意从基层干起

许多从事人力资源管理工作的HR表示，他们的企业并不是不需要招聘应届大学毕业生，而是希望通过输入新鲜血液的方式改变后备人才不足的困境。可因招聘到的绝大多数应届大学毕业生不愿到基层接受必需的锻炼，使得企业在百般无奈之下忍痛割爱，找些学历、专业、悟性并不如应届大学毕业生的初高中生做学徒或培训干部。我国高校教材编写专家邹金宏表示："万丈高楼平地起。如果应届大学毕业生不愿到基层接受锻炼，会有哪家企业敢冒风险，将项目交给一个几乎没有驾驭风险能力的新手呢？"如果应届生要想成为企业的顶梁柱，在社会这所大学中，还需到基层去吃苦。

突破点四：拥有感恩的心

企业使用应届生是需付出一定代价的。可有些应届大学毕业生进入企业后，往往因为一些琐事闹别扭，甚至与企业分道扬镳，签订的劳动合约有如一张白纸。为人得讲诚信，可现在有些大学生，似乎视诚信如粪土。没有上班之前信誓旦旦，而上班之后往往心猿意马。没有一门心思用在工作上，倒更多关注哪里更适合自己的发展，时刻准备跳槽。一港资企业的老板陆先生说："不要埋怨我们不聘用应届生，而是对他们的心态持怀疑态度。如果拥有一颗感恩的心，真正同企业生死与共。在日趋激烈的社会环境中，难道我们有人才而不要吗？"

突破点五：自信创造奇迹

自信是创造奇迹的灵丹妙药。可一些应届生在求职时，往往因为自己缺乏实际操作经验就无法在所应聘的工作岗位前表现十足的信心，导致企业不得不拒之门外。但有一点想告诉涉世不深的求职朋友，企业一旦确定招聘没有社会经验的应届生，就已在其培训计划与资源配置方面做了相应的安排。

"万事俱备，只欠雄心。用你的信心去征服即可！"HR经理何静波如是说。

（奥一网 2008/02/27 08:53:59，有改动）

（一）判断正误：（12分）
1. 目前中国的大学毕业生找到满意的工作并不容易。（　　）
2. 本文不赞同企业在选择人才时注意细节考察的做法。（　　）
3. 毕业生因不擅长突出自己的优势而导致求职失败的很多。（　　）
4. 很多大学毕业生乐意从基层做起。（　　）
5. 一些大学毕业生不讲诚信，导致一些企业不愿聘用应届生。（　　）

（二）回答问题：（3分）
在求职中应届生为什么需要自信？

第六课 大学生就业如何攻克难关

听录音 扫这里

背景知识

当前的中国社会，一方面，大量大学毕业生就业难，另一方面，部分企业招工难，这种尴尬的局面近几年一再上演。与以前相比，当前我国高等教育的矛盾已经从"入口"转移到"出口"，从入学难转移到就业难。如何破解大学生就业难题？不少人认为，大学毕业生就业一年比一年难与当前高等教育模式以及高校扩招等都有关系，而想最终解决就业难，除了整个社会一起努力增加就业机会外，还得靠高校自身提高人才的培养质量。要解决人才市场的结构性不平衡，关键是在入口时就把好关，以市场为导向培养人才。政府要进行宏观调控，定时发布产业需求信息；高校应与相关部门和企业联合"办学"，学校在专业课程设置、招生规模大小等方面与企业进行协商。学校还应帮助大学生缩短社会适应期，提高就业能力，加强就业指导。

词语表

1. 攻克　　　　　　　　　　gōngkè　　　　　　（动）　　to capture, to take, to seize
   攻下，进攻　　　　　　　　　　　　　　　　　　　　　攻略する、突破する
   　　　　　　　　　　　　　　　　　　　　　　　　　　점령하다, 정복하다, 함락시키다

2. 难关　　　　　　　　　　nánguān　　　　　　（名）　　difficulty, crisis, knotty problem, barrier
   比喻不容易克服的困难或不易度过的时期　　　　　　　　難関
   　　　　　　　　　　　　　　　　　　　　　　　　　　난관, 곤란

3. 走俏　　　　　　　　　　zǒuqiào　　　　　　（形）　　salable, in great demand, highly marketable
   畅销；受欢迎　　　　　　　　　　　　　　　　　　　　よく売れる
   　　　　　　　　　　　　　　　　　　　　　　　　　　잘 팔리다, 인기가 좋다

4. 临近　　　　　　　　　　línjìn　　　　　　　（动）　　near, close to, close on, approaching
   在空间上、时间上，紧接或靠近　　　　　　　　　　　　近づく
   　　　　　　　　　　　　　　　　　　　　　　　　　　(시간, 거리상) 접근하다, 근접하다

5	大于	dàyú	（动）	to be more than, to be bigger than
	比……大			… より大きい
				.. 보다 크다
6	往年	wǎngnián	（名）	before, former years; in former years, in previous years
	以往的年头；从前			以前
				왕년，옛날
7	专长	zhuāncháng	（名）	specialty, special skill or knowledge
	独到的学识、技艺；专业本领；特殊才能			専門知識、特技
				특수 기능，전문 기술，특기
8	一技之长	yī jì zhī cháng		professional skill or speciality, proficiency in a particular line (or field)
	在某一特定方面（如某种手工业）有专门的技能、特长			得意分野を持っていること
				장기，뛰어난 재주
9	过后	guòhòu	（名）	afterwards, later, at a later time
	往后；后来			その後
				이후，그 후，그 뒤
10	技工	jìgōng	（名）	skilled worker, mechanic, technician
	指有专长的技术工人			技術者
				기능공，기술자
11	将近	jiāngjìn	（副）	close to, nearly, almost
	将要接近某数量、情况或时间等			…に近い
				거의 .. 에 가깝다
12	近期	jìnqī	（名）	in the near future
	最近一段时期			近日、最近
				최근
13	供不应求	gōng bú yìng qiú		demand exceeds supply, supply falls short of demand, in short supply
	要者太多，供给不足以适应需求			需要が供給に追いつかない
				공급이 수요를 따르지 못하다
14	饱和	bǎohé	（动）	to saturate, to fill to capacity
	比喻事物达到最大限度			飽和する
				포화되다
15	财会	cáikuài	（名）	finance and accounting
	财务和会计			財務会計
				재무회계

16	技校	jìxiào	（名）	technical school
	技术学校或技工学校的简称			技術学校、または技術工学校の略称
				'기술학교'의 준말
17	呈	chéng	（动）	to assume (a form), to take (certain form or shape), to display or appear (in certain color or state)
	显现			呈する、現す
				나타내다, 드러내다
18	冶金	yějīn	（名）	Metallurgy
	冶炼金属			冶金
				야금
19	班组长	bānzǔzhǎng	（名）	(in factories, etc.) team on group leader, gaffer
	班组是企业中根据工作需要组成的较小的基层单位，班组长是该基层单位的负责人			グループのリーダー
				조장
20	不得已	bùdéyǐ	（形）	have no alternative but to, act against one's will, have to, be forced to
	无可奈何；不能不如此			やむをえない
				부득이하다, 마지못하다, 할 수 없이
21	逐年	zhúnián	（副）	year by year, year after year
	一年年；一年接一年			年毎に
				해마다, 매년
22	大多	dàduō	（副）	most, the greater part, many
	大多数，大部分			大部分、ほとんど
				대부분, 거의 다
23	复合	fùhé	（动）	composite, compound, complex
	合在一起；结合起来			複合する
				복합하다
24	忧虑	yōulǜ	（动）	to be worried, to be anxious, to be concerned
	忧愁思虑			心配する
				우려하다, 걱정하다
25	扩招	kuòzhāo	（动）	to expand the enrollment
	扩大招收			募集規模を拡大する
				모집을 확대하다

26	硬件	yìngjiàn	（名）	hardware; mechanical equipment
	通常是指计算机系统中有形的装置和设备，比喻客观物质条件			ハードウェア
				하드웨어
27	灵敏	língmǐn	（形）	sensitive, keen, agile, acute
	灵活，反应速度快			敏感である
				반응이 빠르다, 예민하다, 민감하다
28	填补	tiánbǔ	（动）	to fill (a vacancy, gap, etc.), to step into the breach
	补足空缺或缺欠			足りないところを埋める
				메우다, 보충하다
29	裂缝	lièfèng	（名）	crack, rip, rift, crevice, fissure
	细长的开口，细缝			割れ目
				(갈라진) 금, 균열, 틈
30	严峻	yánjùn	（形）	stern, severe, rigorous, serious, grave
	严厉，严格或形势严重			厳しい
				가혹하다
31	创业	chuàngyè	（动）	to start an undertaking, to do pioneering work
	创办事业			創業する
				창업하다, 사업을 시작하다
32	常见	chángjiàn	（形）	commonly seen, common
	经常出现的			どこにでもある、よくある
				자주 보다, 흔히 있다
33	过于	guòyú	（副）	too much, excessively, unduly
	过分，格外地，过分地			あまりにも
				지나치게, 너무
34	忽略	hūlüè	（动）	to ignore, to neglect, to overlook
	疏忽，不在意；没注意到			見落とす
				소홀히 하다, 등한히 하다
35	担保	dānbǎo	（动）	to be responsible for, to assure, to guarantee, to vouch for
	表示负责，保证做到或保证不出问题			担保にする
				보증하다, 담보하다
36	履行	lǚxíng	（动）	to perform, to fulfill, to implement, to carry out
	实践（自己答应做的或应该做的事）			履行する
				이행하다, 실행하다, 실천하다

课 文

大学生就业如何攻克⁽¹⁾难关⁽²⁾

张晓晶

技能型人才走俏⁽³⁾ 普通人才愁嫁

临近⁽⁴⁾毕业,今年的高校应届毕业生就业压力更是大于⁽⁵⁾往年⁽⁶⁾。来自就业市场的种种信息表明,技能型人才很受企业欢迎,而部分没有专长⁽⁷⁾的大学生迟迟找不到工作。

在近日举行的济南市专业技能人才招聘会上,拥有一技之长⁽⁸⁾的技能型人才受到众多企业的欢迎。春节过后⁽⁹⁾,一些社会信誉较高的技工⁽¹⁰⁾学校普遍迎来了招工旺季。

企业最缺的是什么类型的人才?最近,山东人才网对企业展开了一项调查,将近⁽¹¹⁾一半的受调查企业认为,目前企业最缺也最难招的就是专业技术人才。从山东人才网近期⁽¹²⁾的招聘情况看,几乎所有行业的专业技术人才都供不应求⁽¹³⁾。

企业在人才需求上已由理论型转向技术型、技能型,人才市场上甚至一度出现了高工资难求专业技术人才的现象,技术性职业岗位仍处于不饱和⁽¹⁴⁾状态。

与技能型人才走俏相比,一些没有专长的普通本科毕业生就业难问题尤其突出。山东一所省属院校财会⁽¹⁵⁾专业的应届毕业生刘彭对记者说:"这两年财会专业的毕业生太多,很难找到满意的工作。"

大学生要想攻克难关还需提高能力

近几年,技校⁽¹⁶⁾生走俏与大学生就业难形成了鲜明对比,部分大学生在多次求职失败之后,选择了到技校再学习,而且这种情况呈⁽¹⁷⁾逐渐增多之势。

曾到山东冶金⁽¹⁸⁾技术学院再学习的李达声,如今已是山东一家大型钢铁集团的班组长⁽¹⁹⁾。他对记者说:"我是不得已⁽²⁰⁾才进技校的,但没想到就业出路好得多。"

山东冶金技术学院招生就业办公室主任罗振强说,2002年以来,到技校再学习的大学生多起来了,而且呈逐年⁽²¹⁾增多的趋势。这些学生大多⁽²²⁾是高职毕业生,因为大学阶段学习理论知识多,动手实践能力差,找工作都遇到了困难,而培养动手能力正是高级技工学校的专长。这些学生来了以后都是从零开始,由于理论基础好,成绩都不错,就业形势也很好。

不少用人单位反映,高校培养的学生不是社会迫切需求的复合⁽²³⁾型、实用型人才。高校教学内容和专业设置不符合社会的实际需求,是造成这种现象的一个原因。

说起当前的就业难,山东一位高校副校长有些忧虑⁽²⁴⁾地对记者说:"高校扩招⁽²⁵⁾后,学校的硬件⁽²⁶⁾建设以及教师的培训很难满足扩招需要,缺少优秀的教师,高等教育质量怎么提高?"

据高教界人士介绍,有的高校市场灵敏⁽²⁷⁾性不够,专业划分过细,专业无特色,教育无特点,学生无专长,专业不能适应市场变化,结构性矛盾突出,导致学生一毕业就失业。"造成大学生就业难的原因很多,但是如果不能尽快填补⁽²⁸⁾教育与市场之间的裂缝⁽²⁹⁾,提高高等教育质量,大学生乃至研究生就业的**严峻**⁽³⁰⁾形势也许一时难以缓解。"这位副校长说。

大学生创业(31)：路在何方

随着近几年大学毕业生人数的剧增，"大学生创业"又成为一个常见(32)词汇。据了解，在国外，大学生创业已经成为一种风气，而在我国，还没有形成一个大学生自主创业的良好氛围。

厦门大学学生创业指导老师木志荣介绍说，我国大学生创业能力不足与高等教育体制有关，不少学生创新意识不足，普遍缺乏创新精神和冒险精神。加上过于(33)注重学习的过程和形式，而**忽略**(34)了学习的目的，因而走出校园自主创业的不多。

近年来，很多地方政府为大学生创业提供了不少帮助，但大学生创业仍面临一些现实困难。去年9月，济南市多部门联合推出担保(35)措施，毕业大学生只要持失业证，并从事家政服务、打字复印等19项微利行业，就可以为他们提供信用担保，大学毕业生就可以申请到最多3万元的贷款。这一措施推出以来，领取这项贷款的大学毕业生却很少。

山东一所高校毕业的李栋曾经咨询过创业贷款，最后也选择了放弃申请。他说，申请贷款必须持失业证，还要履行(36)相关的各种手续，才能给予担保。"申请手续太麻烦，而且3万元贷款太少。希望国家推出一些更加切实有效、操作性更强的政策来激励大学生进行自主创业，同时通过创业前指导等措施帮助大学生顺利创业。"

（全文字数：约1550）

（节选自《中国青年报》，略有改动）

注 释

1 **临近**毕业，今年的高校应届毕业生就业压力更是大于往年。

[解释]"临近"与"邻近"：都可以用作动词，都有接近的意思。
　　　临近：一般指地区接近，有时还表示时间接近。没有名词用法。
　　　邻近：一般指位置接近。还有名词用法，表示"附近"的意思。

[例词] 临近海边 / 临近考试 / 春天临近 / 临近半夜
　　　跟中国邻近 / 邻近的人家 / 邻近的小店

[例句] ① 临近半夜她才回到学校。
　　　② 强风临近时，气压迅速下降，一般每小时下降3毫巴左右。
　　　③ 作为一个独立的法律部门，经济法和相邻近的法律部门是有联系又有区别的。
　　　④ 在中国一些沿海省份，乡镇企业能够获得高度发展，同它们邻近工商业发达的城市关系很大。

② 造成大学生就业难的原因很多，但是如果不能尽快填补教育与市场之间的裂缝，提高高等教育质量，大学生乃至研究生就业的**严峻**形势也许一时难以缓解。

[解释]"严峻"与"严格"：形容词。对人很严。

严峻：着重指人的外貌神情严肃而厉害的程度。常和"态度""脸色""表情""目光"等名词，以及"考验""责问"等动词搭配。还有严重的意思，常与"形势"搭配。

严格：着重指在执行、遵守制度或掌握标准时非常认真，一点不马虎。可用于自己，也可用于别人。常和"要求""执行""遵守""控制"等动词搭配。还兼属动词，表示"使严格"。

[例词] 严峻态度 / 严峻脸色 / 严峻考验 / 严峻责问 / 严峻目光 / 严峻表情
严格要求 / 严格执行 / 严格掌握 / 严格一些 / 严格遵守 / 严格训练 / 严格检查 / 严格纪律

[例句] ① 形势紧急，他的脸色很严峻。
② 中国野生动物保护形势严峻。
③ 他在工作上严格要求自己。
④ 针对暴露出来的问题，要认真建立、健全和严格执行各项管理制度，落实防范措施。

③ 加上过于注重学习的过程和形式，而**忽略**了学习的目的，因而走出校园自主创业的不多。

[解释]"忽略"与"疏忽"：动词。都指没注意到。

忽略：一般指没注意到，而且多指全面思考中的疏漏。
疏忽：侧重在因粗心大意、不细致而没有注意到。

[例词] 不能忽略 / 忽略不计 / 可别忽略
很疏忽 / 太疏忽了 / 偶一疏忽 / 不能疏忽

[例句] ① 我们不能只追求数量，而忽略质量。
② 在认知过程中，个人尽管可以获得多种信息，但最终决定他形成印象的却是最初信息，其余信息则被忽略。
③ 这件事十分重要，一点也疏忽不得。
④ 幼儿由于生理发展的限制以及经验不足，还不善于控制自己的注意。倘若再加上教育上的疏忽失当，幼儿很容易出现注意力分散现象。

练 习

一 请在课外阅读最新中文报刊文章,将其中你喜欢的一篇剪贴在你的笔记本上,然后写出摘要与看法

二 给下列动词搭配适当的词语

攻克_____   临近_____

忧虑_____   扩招_____

填补_____   忽略_____

担保_____   履行_____

三 选词填空

| 攻克　填补　担保　履行　不得已　一技之长　供不应求 |

1. 法律规定的公民义务不得拒不_____,否则,要受到法律的追究。

2. 这所学校的职业课程强调技能性,使学生毕业后有_____,教学科目包括木工、机械维修、印刷等等。

3. 他为了集中精力_____先天性痴呆症的课题,辞去了所有的社会职务。

4. 一些新的工业部门,如航天工业、汽车制造工业、电子工业、核能工业、石油化学工业等等,都从无到有、从小到大发展起来,_____了我国工业的许多空缺。

5. 物美价廉的商品通常_____,而质次价高的商品则通常供过于求。

6. 我_____他能完成这个任务。

7. 人们对进入亲密区通常是控制得很严的,除非_____,是不进入亲密区的。

| 临近　　邻近 |

8. 这里周围有饭店、餐厅、菜市场,又_____火车站,每天都热闹非凡。

9. 毕竟是春天_____了,天气没那么冷了。

严峻　　严格

10. 时代的飞速前进，生活的巨大变化，使戏曲艺术面临着_____的考验。
11. 要_____要求自己，不能这么放松下去。

忽略　　疏忽

12. 写字要求是严格的，汉字的结构是复杂的，稍有_____就会出错。
13. 观察必须注意细节，_____了细节的观察，之后往往会印象模糊。

四 **根据课文内容判断正误**

1. 今年的就业压力很大，各种专业的大学毕业生都很难找到工作。（　　）
2. 高校扩招后影响了高等教育质量的提高。（　　）
3. 越来越多的大学生选择到技校再学习。（　　）
4. 目前在中国已经形成了大学生自主创业的良好氛围。（　　）

五 **请按正确的语序将下列各个句子组成完整的一段话**

1. A. 而部分没有专长的大学生迟迟找不到工作
   B. 技能型人才很受企业欢迎
   C. 来自就业市场的种种信息表明

   正确的语序是：（　　）（　　）（　　）

2. A. 高校培养的学生不是社会迫切需求的复合型、实用型人才
   B. 不少用人单位反映
   C. 是造成这种现象的一个原因
   D. 高校教学内容和专业设置不符合社会的实际需求

   正确的语序是：（　　）（　　）（　　）（　　）

六 根据课文内容选择最合适的答案

1. 目前中国企业最缺的是_____的人才。
   A. 专业技术型　　　　　　　　B. 知识型
   C. 高学历　　　　　　　　　　D. 工作经验丰富

2. 近几年，技校生_____。
   A. 很难就业　　　　　　　　　B. 很受欢迎
   C. 培养质量不高　　　　　　　D. 工作能力不强

3. 不少用人单位反映，高校培养的学生_____。
   A. 质量很高　　　　　　　　　B. 能力很强
   C. 不符合社会的迫切需求　　　D. 责任心不够

4. 目前申请创业贷款的大学生_____。
   A. 很多　　　B. 很少　　　C. 没有　　　D. 过多

七 完形填空

而且　　而　　因为　　也

1. 山东冶金技术学院招生就业办公室主任罗振强说，2002年以来，到技校再学习的大学生多起来了，___1___呈逐年增多的趋势。这些学生大多是高职毕业生，___2___大学阶段学习理论知识多，动手实践能力差，找工作都遇到了困难，___3___培养动手能力正是高级技工学校的专长。这些学生来了以后都是从零开始，由于理论基础好，成绩都不错，就业形势___4___很好。

但是　　乃至　　原因　　如果

2. "造成大学生就业难的___1___很多，___2_____3___不能尽快填补教育与市场之间的裂缝，提高高等教育质量，大学生___4___研究生就业的严峻形势也许一时难以缓解。"这位副校长说。

八 请用自己的话或原文中的关键句子概括下面一段话的主要内容

随着近几年大学毕业生人数的剧增，"大学生创业"又成为一个常见词汇。据了解，在国外，大学生创业已经成为一种风气，而在我国，还没有形成一个大学生自主创业的良好氛围。

厦门大学学生创业指导老师木志荣介绍说，我国大学生创业能力不足与高等教育体制有关，不少学生创新意识不足，普遍缺乏创新精神和冒险精神。加上过于注重学习的过程和形式，而忽略了学习的目的，因而走出校园自主创业的不多。

近年来，很多地方政府为大学生创业提供了不少帮助，但大学生创业仍面临一些现实困难。去年9月，济南市多部门联合推出担保措施，毕业大学生只要持失业证，并从事家政服务、打字复印等19项微利行业，就可以为他们提供信用担保，大学毕业生就可以申请到最多3万元的贷款。这一措施推出以来，领取这项贷款的大学毕业生却很少。

山东一所高校毕业的李栋曾经咨询过创业贷款，最后也选择了放弃申请。他说，申请贷款必须持失业证，还要履行相关的各种手续，才能给予担保。"申请手续太麻烦，而且3万元贷款太少。希望国家推出一些更加切实有效、操作性更强的政策来激励大学生进行自主创业，同时通过创业前指导等措施帮助大学生顺利创业。"

九 请尽量用以下词语进行话题讨论

| 攻克 | 临近 | 才干 | 进取 | 不得已 | 一技之长 |
| 供不应求 | 专长 | 灵敏 | 创业 | 忧虑 | |

你认为大学生怎样做才能更好地就业？

快速阅读

阅读一（字数：约 1770；阅读与答题的参考时间：9 分钟）

大学生就业"倒三角"现状逼高考改革

22 日，教育部副部长鲁昕在中国发展高层论坛上表示，我国即将出台方案，实现两类人才、两种模式高考。第一种高考模式是技术技能人才的高考，考试内容为技能加文化知识；第二种高考模式就是现在的高考，学术型人才的高考。技术技能人才的高考和学术型人才的高考要分开。"在高中阶段，16 岁就可以选择你未来发展的模式。当然不管你选择的是什么模式，你都可以实现你的人生目标。"鲁昕说。

另有数字显示，近几年来，我国每年从中高等学校进入劳动力市场的毕业生总量约在 1700 万人左右，高校毕业生就业难和技术技能人才供给不足的矛盾已经越来越突出。

高考改革一丝一毫的动静都牵动着无数学生和家长的神经。"学术型"和"技能型"，两种高考模式你要怎么选？连日来，记者就此轮高考改革方案的走向和影响进行了走访。

就业"倒三角"现状"倒逼"高考改革

记者梳理最近几年媒体公开报道的吉林省高招录取率，2010 年接近 80%，2011 年超过 80%，2012 年超过 85%，2013 年超过 90%。这意味着，每 100 名应届高中生参加高考就有超过 90 人成为大学生。既然录取率很高，为什么考生和家长还觉得挤上高考"独木桥"难？原因在于，全国一本院校（重点大学）平均录取率只有 10% 左右——大多数学生在高中苦读三年，就是为了挤进这 10%。

另一方面，如果以就业"出口"衡量，近年来大学毕业生就业的"倒三角"现状显然已经成为"倒逼"高考改革的重要原因。以吉林省为例，2013 届高校毕业生初次就业率研究生为 75.07%，本科生为 83.34%，高职高专生为 84.38%，呈现出明显的"倒三角"态势。全国范围内的大学生就业形势也与此类似，即研究生的初次就业率低于本科生，本科生又低于高职高专毕业生。很多当年高考热门、录取分数较高的专业，学生毕业时很难找到合适的工作。

上完大学 有人打算去中专"回炉"

又到一年高考季，又是一年大学毕业生奔忙找工作的时候。对于此轮教育部副部长鲁昕表态的"学术型""技能型"高考改革，大学生怎么看？

90 后大学生王浩（化名），就读于吉林省内一所师范类院校，大四在读。他表示，自己打算接受父母的建议，大学毕业后到中专再学两年建筑。"我爸是搞建筑工程的，他让我上中专学点本事，再跟着他干。"

"这样的话，当年直接念中专不是更划算？"记者问。

"不是为了要大学文凭嘛。"王浩坦言，论学习，自己肯定不是念大学的料，"但大学里像我这样的学生很多，至少我们学校是。我研究过，像我们这样的考上大学后基本分成三种人：一种是荒废大学混日子的，一种是努力学习、积极参加社团活动的，更多的是像我一样介于两者之间的平庸之辈——上学是为了父母，毕业后还得靠着父母"。

王浩给记者算了一笔账，他读大学的学费3800元/年、生活费1800元/月、寝室费1200元/年，去掉国家给师范生的补助69元/人/月，再加上一些计划外的开销，"大学四年读下来大概十多万元"。

"你觉得这样念大学值吗？"记者问。

"没什么值不值的，大家都这样。"王浩回答。

上大学值不值

上大学值不值，这是近年来高考生和家长讨论较多的话题。

市民刘先生说："从家长的角度说，我当然希望孩子读个好大学，以后找份好工作。但是当念好大学也不一定找到工作的时候，我觉得非让孩子走'学术'也不对，有一门技术更靠谱些。"

吉林大学文学院新闻学专业2012届本科生于靖认为，读大学值不值，关键在于你想成为一个怎样的人。"作为一名大学生，如果你渴望在大学学到你想学习的东西，并且学会了，那么你的大学就是值的。如果你渴望通过大学找份好工作，但最后毕业时失业了，那或许就不值。"于靖觉得，人的一生中应该有这么几年安静的与书为友、与知识为伍的时光。

网友"金燕mjy"说："不知道其他人怎么想，反正我没后悔过读大学，大学的作用不是在短时间内就能体现出来的。读大学也许没能给你带来好工作，但是对于个人修养的提升、思维方式的转变都是影响很大的。"

两种高考 将特殊技能人才解放出来

记者多年前采访东北师大前校长史宁中时，他曾表示：用同一张试卷考所有的学生是高考最大的不公。而今教育部拟推出的两种模式高考似乎志在解决这一"不公"。

参与此轮考试招生制度设计的21世纪教育研究院院长杨东平在接受有关媒体采访时表示，将技能型人才选拔和学术型人才选拔分开，进行两种模式的考试，是高考改革总体方案的一部分。这一做法的目的是将占考生数量近一半的中等职业学院学生"解放"出来，不再成为高考的"陪练"。

（节选自光明网，略有改动）

回答问题：

1. 就业"倒三角"现状是指什么？有什么具体的表现？
2. 90后大学生王浩毕业以后打算做什么？为什么他要这样做？
3. 关于"上大学值不值"，文章列举了哪些看法？
4. 实行两种高考模式的目的是什么？

阅读二（字数：约1870；阅读与答题的参考时间：9分钟）

大学生就业现状"盲目" 七成学子选择毕业直接就业

2013年，全国高校毕业生达到了699万，比2012年增加了19万，加上历年累计未就业的20多万高校毕业生，需要就业的毕业生总量达到720万之众，被称为"史上最难就业季"。而刚刚到来的2014年，应届毕业生更将突破700万，被称为"更难就业季"。

2013年，学子们求职情况究竟如何？哪些岗位就业形势更好？

求职网站的调查显示，销售、房地产、行政和金融四个领域最缺人才，而大学生就业最大问题是"盲目"。

调查：七成多学子选择毕业直接就业

求职网站2013年《校园招聘红宝书》的调查数据显示，在2013年的应届毕业生中，77%选择直接就业，15%选择继续深造，5%选择自主创业，而剩下的3%选择考公务员。

求职顾问告诉记者，从岗位的招聘情况来看，最缺应届生的4个岗位大类是：销售、房地产、行政/后勤，以及金融/证券/期货/投资，其中销售类别的职位占了相当大的比例，但销售类职位在应届生这里却遭遇了滑铁卢，这其中的主要缘由不外乎以下两点：

一、所谓的"专业不对口"。专业对口依然是在校生选择实习单位时最关注的方面。毕竟，专业还是大多数学生在求职时的最直接参照标准，甚至可以说是唯一参照标准。销售、行政/后勤包括基础性的客服岗位就业门槛低，在不少大学生眼里非但专业不对口，而且"干这些打杂的工作有点没面子"。

二、薪资待遇缺乏竞争力。以上排名前三的岗位就业门槛都较低，专业对口要求也相对较低，随之而来的是薪资待遇也偏低。根据求职网站人力资源调研中心发布的《2013应届生调研报告》显示，应届生在求职时最关注的就是企业是否具备有竞争力的薪酬福利水平。应届生并没有因为自己初出茅庐就降低了对"钱景"的追求，所以上述几大类岗位恐怕难以满足大学生们的胃口。

"这从侧面反映出大学生就业难的一部分原因：供应量大的岗位并不是大学生想去的，反之，那些'僧多粥少'的岗位，比如国企、事业单位的任何岗位，都有千军万马往里钻。"求职顾问表示。

出路：深造之前做好职业规划

在论坛上，经常有大学生网友提出类似"毕业后是否应该考研"的问题。

据《2013应届生调研报告》数据显示，选择毕业后继续深造的应届生比例达到了15%，这类应届生希望通过进一步提高自身的专业素质或学历水平，帮助自己在未来获得更好的发展机会。

不过，根据麦可思公布的一项针对2013届未签约大学毕业生的调查显示，超过六成未签约毕业生感到求职压力大，其中硕士求职压力最大。

某知名大学的研究生也表示：就业压力越来越大，学历优势根本无法体现。

对此，职场专家给出如下建议：

1. 在继续深造之前，一定要为自己做好职业规划。深造不只是为求得一份更好的工作，还是帮你达成职业目标的助推器，只以"找工作"为目的的深造就是浪费青春。

2. 不要等到毕业才想到"找工作"，研究生在校学习的内容和本科生完全不同，因此，要充分利用每个项目给你带来的人脉和经验，要知道，这些都可以成为你今后求职的铺路石。

3. 并非人人都适合创业。在遭遇就业寒冬后，每年都有一些大学生选择自主创业的道路。然而，不是人人都适合创业，在现实生活中，创业的成功案例也只占极小的部分。目前中国的创业环境并不健全，需要一大笔开支以及长远的目光和周密的规划，大学毕业生想要成功创业，除了激情、行动力等，还需要一定的基础条件。

现状：大学生择业依旧"盲目"

统计数据显示，2013年国考录用比约为53：1，一个热门岗位数千人同时报考的壮观景象有增无减。

另一组有趣的数据则是，在152万通过国考报名审核的考生中，最终有99万人实际参考，总共53万人弃考。

"规模如此庞大的弃考大军，折射出青年人择业的随意性和职业规划的盲从度。"一位大学教授感叹，"现在的孩子根本不知道自己未来的路在哪里。"

事实上，求职网站的另一个调查结果更是让人心惊，择业的"盲目"性不仅让大学生在就业时迷茫，即便在就业后也是"一头雾水"。应届生就业第一年的离职率在2013年出现急速攀升，与2013年全行业16.3%的平均离职率相比，2013年应届生22.7%的离职率明显高出太多。

专家：择业要有长久规划

求职网站邀请的职业规划机构"向阳生涯"表示，不管去国企、民企还是外企，不管是创业、深造还是考公务员，大学生都应对自己的职业生涯有一个长远的规划。好的职业规划是延长职业寿命和发展周期的"良药"。

应届生在择业前首先要给自己一个恰当的认知和定位，搞清自己适合干什么、能干什么，从而确定选择方向。其次，必须明确自己的职业价值观，即确定自己在职业中最看重的是什么，搞清楚阶段性目的和价值取向之后，才会有一个相对明确的求职方向和目标。只有弄清楚了自己的择业标准，才能避免择业时的"盲目"。

（节选自《法制晚报》，略有改动）

回答问题：

1. 为什么很多的应届生不愿意做销售类的工作？
2. 为什么有的应届生毕业之后选择继续深造？对此专家有什么意见？
3. 针对大学生择业的盲目性，专家给出了什么意见？

阅读三（字数：约1830；阅读与答题的参考时间：9分钟）

青岛大学生晒求职故事：选心仪工作就像选男友

为了在山东青岛市区找到心仪的工作，23岁的即墨姑娘周春艳连续到人才市场应聘，大学学习音乐专业的她虽然还有音乐梦，但在现实的压力下，已经不奢望今后的工作与专业有关。继记者2月11日报道跟访小周首次在人才市场应聘的经历后，最近两天，记者再次随小周一起走上求职路，目睹她第一次经历"面试关"。

现场：为省钱准备两种简历

昨天上午10点半，记者在海尔路人才市场的门口等到周春艳，她比计划的时间迟了1个小时。"我7点半坐上的车，本来只需要两个小时就到了，但是今天因为下雨，路上有些堵车，所以来晚了。"周春艳一脸歉意，最让她担心的是来晚了还有没有招聘单位。她赶紧走进市场，看到多数招聘单位还在现场，这才稍微松了口气。

这次来应聘，周春艳换了一身行头，一件黑白相间的外套，牛仔裤加上一双黑色高跟靴子，一身职场白领装束，给人干练的感觉。第二次来人才市场，她显得从容了很多。这次周春艳不像上次每个摊位都上前询问，在二楼一处招聘摊位，她看中了青岛海底世界招聘的解说员岗位。和招聘工作人员简单交流后，她填写了表格，并从包里拿出了一份简历留下来。

记者注意到，周春艳的包里放了两种简历，一种是黑白的，另一种是彩色的。"我这次带了8份简历，彩色简历的打印成本太高，每份要10元，黑白的只需2元。所以为了降低成本，彩色的只打印了4份。"周春艳说，遇上心仪的单位，她会拿出彩色简历。

收心仪岗位面试通知

在三楼一家公关策划公司的招聘摊位前，周春艳发现了一个自己很心仪的"策划"岗位。在与招聘工作人员交谈中，记者第一次看到周春艳很放松的笑容，表现得比较自如，这也让她得到了第一次面试机会。"下午1点半到海尔路面试。"拿到面试通知单后，周春艳有些激动。

吃过中午饭，周春艳坐了4站公交车来到海尔路。下了车，站在几栋高层写字楼中间，周春艳一时愣住了。面试时她只问了地址和门牌号，但没有问明白具体在几号楼。因为担心给对方留下"马大哈"的印象，她不敢打电话再询问。纠结了几分钟，最终还是给对方打了个电话。知道了具体楼座后，又在附近转了两圈才找到，并且费尽周折才找到电梯口。

到了面试单位门口，周春艳开始来回踱步，又在犹豫着不敢敲门进去。"有点紧张，让我平息一下。"过了近10分钟，周春艳才深吸了几口气敲开门。

首次面试"太紧张了"

记者也被允许跟随周春艳进入面试现场旁观。整场面试，除了最初的自我介绍，周春艳只说了5句话，并且基本是"对、我觉得我能行、没问题"等。她的手指在桌子下面不停摆弄着，看起来很紧张。面试将近结束，对方问周春艳还有什么需要询问时，她也一时不知问什么好，就结束了这次面试。"太紧张了！太紧张了！没想到第一次面试这么狼狈。"走出大门，周春艳自言自语，稍微平静一下心情，她才向记者谈起了刚才面试的感觉。

"之前在家无数次演练过，感觉自己做过主持人，应该不会紧张，但是真的到了实战，没想到发挥这么糟糕。"周春艳告诉记者，起初与对方面对面的时候，眼睛一直不知道该往什么地方放，又不太敢直视对方，后来想起网上搜到的"攻略"，谈话时要直视对方的脸，能表现出自己的自信，但她发现看的时间久了，自己反而不自信，眼睛也有些花了。还有，在与对方交流的过程中，原本有很多想说的话，但是看着对方一直在说，她发现自己不知该在什么时候插上话。

"虽然发挥得不太好，但这家公司给我的印象也一般，给的工资少了。"周春艳试图给自己寻找一些平衡，这家公司只给每月1800元工资，比她3000元左右的期望少很多。

心态：选工作就像选男友

"上次来这里没有经验，表现得自己都不满意，回家后我好好总结了一下，做了一个求职'攻略书'，还把简历修改了。"周春艳说。翻开周春艳的求职"攻略书"，一个巴掌大的小本里，密密麻麻地记了10多页。第一页用比较大的字体写了6个字：耐心、静心、恒心。她告诉记者，写耐心是希望自己能够耐心地听取别人的意见，静心是希望自己一直保持一个好的心态，恒心是希望能够坚持下去找到一个好工作。第2页之后，记满了各种名词解释，如什么是人事专员、人事助理、秘书与助理的区别等等。"我还在网上搜集了一些用人单位可能会问的问题，比如最大的优点是什么、缺点是什么、应届毕业生的优势……这些问题我都背过了。"

记者注意到这样一个问题：选择这份工作的动机？周春艳在本子上回答："对我来说，选工作就像选男朋友，如果第一眼看着不来电，往下发展就很困难，如果对这份工作一见钟情，我就有信心做好。"

（节选自《青岛早报》，略有改动）

判断正误：

1. 因为周春艳在大学学习音乐专业，所以她会很容易找到一份跟音乐有关的工作。（ ）
2. 彩色简历比黑白简历的成本高。（ ）
3. 周春艳拿到了一家公关策划公司的面试通知单。（ ）
4. 周春燕很顺利地找到了面试地点。（ ）
5. 周春艳之前做过主持人，所以面试的时候她表现得很自信。（ ）
6. 周春燕觉得这家公司的待遇不是很好。（ ）
7. 周春燕为找工作做了很多准备。（ ）
8. 周春燕选择工作会看重第一印象。（ ）

第七课 毕婚族：为何毕业证结婚证一起领

听录音 扫这里

背景知识

近年来有不少大学生选择了一毕业就结婚，被称为是新兴的"毕婚族"。"毕婚族"中许多女生把结婚当"出路"，缓解将面临的就业压力。这种有目的的婚姻也得到了很多家长的认可，他们甚至做主安排子女的婚姻。但调查发现，"毕婚族"的婚姻大多不够稳定，"中途死亡"的概率很高。目前"毕婚族"存在的主要问题有四个方面：

1. 经济不独立——"毕婚族"大多没有经济基础，父母或婚姻的另一方成为他们的经济依靠。

2. 生活能力差——校园生活与家居生活差别较大，"毕婚族"短期内难以适应家庭生活，家务劳动会成为婚姻不和谐的诱因。

3. 难以协调各种关系——涉世之初，大学生很难协调好社会人际关系。而"毕婚族"还要协调家庭关系，无疑又是一个难题。

4. 难以实现角色的转变——"毕婚族"面临的角色转变有两个："学生"向"工作者"的转变；"孩子"向"为人妻、为人夫"的转变。心理适应期短，他们难以很快承担责任。

一些专家建议，大学生对待婚姻应该慎重，要去了解一下真实婚姻的状况，应学会在自我独立、心理独立的基础上更好地照顾自己。

词语表

1. 格外　　　　　　　gèwài　　　　（副）　　especially, particularly, all the more
超出常规常态之外　　　　　　　　　　　　　とりわけ、ことのほか
　　　　　　　　　　　　　　　　　　　　　각별히，특별히，유달리

2. 新兴　　　　　　　xīnxīng　　　　（形）　　new and developing, rising, up and coming
新近建立的；处在生长或发展时期的　　　　　新興的である
　　　　　　　　　　　　　　　　　　　　　신흥적이다，새로 일어나다

3	急于 想要马上实现	jíyú	(动)	to be anxious (do sth.), to be eager, to be impatient 急いで…する 급히 서둘러 ..를 하려하다, ..에 급급하다
4	纯洁 纯粹洁白；没有污点	chúnjié	(形)	pure, clean and honest 純潔である、ピュア 순결하다, 티 없이 깨끗하다
5	永久 历时长久；永远	yǒngjiǔ	(形)	permanent, perpetual, everlasting, forever 永久的である、永遠的である 영구하다, 영원하다
6	外界 某个物体以外的空间或某个范围以外的社会	wàijiè	(名)	outside, space outside an object, outside community, the outside world 外界 외계, 외부
7	考验 考查验证	kǎoyàn	(动)	to put sb. to the test, to test, to try 試練を与える 시험하다, 시련을 주다, 검증하다
8	赌 用财物作注比输赢，泛指比胜负，争输赢	dǔ	(动)	to bet, to gamble 賭ける 도박하다, 내기하다
9	岁月 年月，日子；时间	suìyuè	(名)	years, time 歳月 세월
10	衣裳 衣服的通称	yīshang	(名)	clothing, clothes, vesture 衣装、衣服 옷, 의복
11	坚固 牢固，不易毁坏	jiāngù	(形)	firm, solid, sturdy, strong 丈夫である 견고하다, 튼튼하다
12	吃苦 遭受痛苦，苦难。经受艰苦	chī kǔ		to bear hardships, to suffer 苦しみに耐える 고통을 당하다, 고생하다
13	美满 感到幸福、愉快；美好圆满	měimǎn	(形)	happy, perfectly satisfactory, harmonious 幸せである、満足である 아름답고 원만하다

14	幼稚 年纪小，头脑简单	yòuzhì	（形）	childish, puerile, naive 幼稚である 나이가 어리다, 유치하다, 미숙하다
15	绑 用绳、带等缠绕或捆扎	bǎng	（动）	to tie, to bind or fasten together 縛る (끈, 줄 따위로) 감다, 묶다
16	一心 全心全意地；专心	yìxīn	（副）	wholeheartedly, heart and soul, of one mind ひたすらに 한마음, 한뜻, 전심
17	尽早 尽可能地提前	jǐnzǎo	（副）	as early as possible 出来る限り早く 되도록 일찍, 조속히
18	伸手 伸出手	shēn shǒu		to stretch or hold out one's hand, to ask for help; to put one's hand to, to apply oneself to 手を伸ばす 손을 내밀다
19	当家 本义为主持家务。比喻在一定范围内起主要作用	dāng jiā		to manage household affairs, to run a house; to have the final say, to take the leading part 一家を取りしきる、経営する 집안일을 맡아 처리하다, 주요한 작용을 일으키다
20	皱 起皱纹	zhòu	（动）	to wrinkle 顰める 주름 / 찡그리다, 찌푸리다, 구기다
21	眉头 两眉及附近的地方	méitou	（名）	brows, space between the eyebrows まゆげ 미간
22	偏偏 用在动词前面，表示动作、行为或事情的发生，跟愿望、预料或常理相反，含有"凑巧""恰恰"的意思	piānpiān	（副）	(sth. happens) contrary to expectations, unfortunately, just あいにく 마침, 공교롭게, 뜻밖에
23	整洁 整齐清洁	zhěngjié	（形）	clean and tidy, neat, trim きれいに整っている 단정하고 깨끗하다, 말끔하다

24	成天 整天	chéngtiān	（副）	all day long, all the time 一日中 종일 , 온종일
25	吵架 剧烈地争吵	chǎo jià		to quarrel vehemently, to argue vehemently けんかする 다투다 , 말다툼하다
26	和睦 相处融洽友好	hémù	（形）	harmonious; concord, amity 睦まじい 화목하다
27	纠纷 争执不下的事情	jiūfēn	（名）	dispute, issue, knot 紛争する、争う 분규하다 , 옥신각신하다
28	心爱 非常喜欢的，非常珍惜的	xīn'ài	（形）	beloved, treasured, dear to one's heart 心から気に入る 진심으로 사랑하다 , 애지중지하다
29	坟墓 安葬死者的坟头与墓穴	fénmù	（名）	grave, tomb, sepulcher お墓 무덤
30	老婆 丈夫称妻子	lǎopo	（名）	wife 女房、奥さん 마누라 , 처
31	整天 全天	zhěngtiān	（副）	the whole day, all day long 一日中 전일 , 하루 종일
32	徘徊 在一个地方来回地走	páihuái	（动）	to walk up and down, to pace back and forth 徘徊する 배회하다 , 왔다 갔다 하다
33	中途 半路；进程中间	zhōngtú	（名）	halfway, midway 途中、中途 중도 , 도중
34	当代 目前这个时代	dāngdài	（名）	present age, contemporary time or era, of the day 今の時代、当代 당대 , 이 시대

35	和谐 和睦协调	héxié	（形）	harmonious, having the parts agreeably related 調和がよく取れた 잘 어울리다, 조화롭다, 정답다, 화목하다
36	奏 演奏，表演乐器	zòu	（动）	to play, to perform, to produce 演奏する 연주하다
37	租 租用，花钱使用	zū	（动）	to rent, to hire, to charter 借りる 임차하다, 세내다, 빌리다
38	功利 名气和利益。多含贬义	gōnglì	（名）	rank, fame and riches, official position and material gain 功利 공적과 이익
39	分歧 （思想、意见、记载等）不一致，有差别	fēnqí	（名）	difference (of opinion, comments, etc.), discrepancy, disagreement 分岐 (의견 따위의) 불일치, 상이

课文 毕婚族：为何毕业证结婚证一起领

李姜颖

去年7月，阳光**格外**(1)好，上海市浦东区民政局里排队登记结婚的人也比平常要多，杨洁和金海在队伍里格外引人注目，他们显得格外年轻，一个星期前他们刚刚拿到上海财经大学的毕业证……

近年来有不少大学生选择了一毕业就结婚，形成了新兴(2)的"毕婚族"。"毕婚族"究竟为何急于(3)结婚？

结婚未尝不是一种坚持

校园里纯洁(4)美好的感情，往往都是因为缺了坚持而失去，成为永久(5)的遗憾。但是，当爱情面对外界(6)的种种压力，是放弃还是坚持，确实是对校园爱情的一次重大考验(7)。有人说，它像是一场赌博，你赌(8)上了你的青春和前途，却无法得知最终能否赢得幸福。

"你是女孩子，你愿意用大把的青春岁月(9)为别人做嫁衣裳(10)吗？"一个网友说出了很多"毕婚族"女孩子的担忧。

"我觉得既然决定要珍惜这段感情，为什么不能先结婚，再一起奋斗呢？这样的婚姻不是更可靠，更**坚固**(11)吗？"结婚已经5年的王曼感慨地说。

干得好不如嫁得好

"毕婚族"中许多女生把结婚当"出路",这种有目的的婚姻也得到了很多家长的认可,他们甚至做主安排子女的婚姻,为孩子设计一条看似不用吃苦(12)且**美满**(13)幸福的道路。

"曾以为有了爱情就够了。当她对我说,她不愿再回到那个小城市生活,毕业后会嫁给一个北京人时,我才明白自己付出的感情是多么幼稚(14)可笑。"毕业后女友要嫁他人的李刚痛苦地说。

家庭过度的爱让孩子毫无顾虑

新疆大学的黎慕元和女朋友大二时就在一起了。等快毕业时,家里人让他们毕业就结婚。"我本来不想这么早就结婚,为什么这么早就让婚姻绑(15)住自己?但家里觉得难得找到这么门当户对的,一心(16)就想让我们尽早(17)结婚,我没办法就答应了。"小黎很无所谓地说着结婚的事。

在采访中发现,现在很多大学生都在矛盾中成长着,一方面希望远离父母的约束,过自由的生活;一方面又无法离开父母的保护,独自面对挫折、承担责任。

婚后的"问题生活"

经济烦恼

"结婚后我们最愁的是钱不够花,没办法就只好伸手(18)向家里要。现在才真正理解不当家(19)不知柴米贵啊。"中国公安大学毕业刚结婚不久的陈建设皱(20)着眉头(21)说。

如同陈建设一样为经济问题烦恼的年轻人还有很多。

生活能力

美娜从小就是家里的公主,家务活儿基本就没让她插过手。可这样的公主偏偏(22)早早嫁给了一个同样什么活儿都不干的"王子"张宾。他们的家里除了每星期小时工来的那一两天是整洁(23)的以外,似乎就再没有干净过。原本感情很好的两个人,成天(24)为了谁该干家务活儿而吵架(25)。

据不少"毕婚族"反映,婚后的生活能力问题,往往会直接影响整个家庭的和睦(26),成为家庭纠纷(27)的根源。

婚姻稳定性

"本以为和心爱(28)的人共同生活是世界上最幸福的事情,但婚后才知道'婚姻是爱情的坟墓(29)',这句话并没有错。"沈雪缩在沙发里,一脸失望。"现在的他宁愿和朋友一起喝酒吃饭,也不愿意陪我。如果能让我重新选择一次,我宁愿一辈子都做他的女朋友,也不当他的老婆(30)。"

调查中还发现,过早走入婚姻的大学生们一般都难以一下接受从"未婚"到"已婚"的转变。不愿整天(31)只在单位和家之间徘徊(32),使他们在婚后更喜欢参加社交和聚会。这种无法适应的角色转变让"毕婚族"的婚姻"中途⁽³³⁾死亡"的可能性大大增加。

鞋好不好，只有脚知道

中国青年政治学院的李庚副研究员指出，不管社会怎么发达，人的情感还应该是最纯洁的。希望当代⁽³⁴⁾大学生以认真负责的态度对待婚姻，不仅如此，还要去经营自己的婚姻。

中国青年政治学院院长陆士桢教授也谈了同样的观点："两个人之间更多的是去理解对方，彼此尊重对方，世界上美满的婚姻都是以这个为基础的。个性谁都会有，和谐⁽³⁵⁾就是不同的音一起奏⁽³⁶⁾，生活其实也一样，既要体现出个性，又不要伤害别人。"

中国青年政治学院的周少贤老师分析了三种"毕婚族"的心态：

一部分"毕婚族"是因为感觉彼此之间的感情已经到了可以结婚的程度，而且其他现实条件也比较成熟，这是一种比较理想的状态；

有些青年人是出于对婚姻的渴望和好奇，有些学生节假日会在外面租⁽³⁷⁾一个房子，短期感受一下家庭生活，就说明了对这种生活的向往；

还有少部分学生存在比较功利⁽³⁸⁾的心态，尤以女生更普遍，毕业后，把婚姻作为一种依靠，依靠对方减少压力。

周少贤分析说，一个成熟的婚姻需要双方有处理婚姻的能力，双方要有比较稳定的感情基础，能够用合适的沟通模式来处理差距和分歧⁽³⁹⁾。

（全文字数：约1740）

（节选自《中国青年报》2007年5月20日，略有改动）

注 释

1 去年 7 月，阳光**格外**好，上海市浦东区民政局里排队登记结婚的人也比平常要多……

[解释] "格外"与"分外"：副词。不同寻常或额外、本分之外。

格外：表示超过寻常。还有"额外、另外"的意思。

分外：超过平常；特别。表程度的副词，意思与"特别"相近。还可作属性形容词，表示本分以外，多指非自己分内的事情。

[例词] 格外亲近 / 格外奖赏
分外激动 / 分外悲伤 / 分外工作

[例句] ① 星期天，城中公园里的游人格外多。
② 初春的早晨使人格外清爽。
③ 每逢周日下午，店堂里分外热闹。
④ 不要把帮助别人看成是分外的事情。

② "我觉得既然决定要珍惜这段感情,为什么不能先结婚,再一起奋斗呢?这样的婚姻不是更可靠,更**坚固**吗?"结婚已经5年的王曼感慨地说。

[解释] 坚固、坚实:形容词。都有结实、不易破坏的意思。
　　坚固:结合紧密、牢固、结实,不易破坏。使用对象常指土木工程、木石用品等,主要用于具体事物。
　　坚实:牢固结实;健壮。在使用范围上,可用来形容抽象事物,也可形容人的身体、步伐等。

[例词] 结构坚固 / 坚固的阵地 / 坚固耐用
　　坚实的基础 / 坚实的体魄 / 脚步更坚实

[例句] ① 钢比铁更坚固。
　　② 花岗岩的质地坚硬,抗压力大,是一种坚固、美观的建筑材料。
　　③ 这两年的版画课,为他以后的创作生涯打下了坚实的基础。
　　④ 退伍回乡后,他从出门打工、开车跑运输到种植杨梅,每一步都走得很坚实。

③ "毕婚族"中许多女生把结婚当"出路",这种有目的的婚姻也得到了很多家长的认可,他们甚至做主安排子女的婚姻,为孩子设计一条看似不用吃苦且**美满**幸福的道路。

[解释] "美满"与"圆满":形容词。都含有满意的意思。
　　美满:着重指人们的生活美好、圆满。
　　圆满:着重于没有欠缺、漏洞,让人满意。多指会议、会谈进行顺利,或问题的答复、陈述的理由等令人满意。运用范围比"美满"广。

[例词] 生活美满 / 婚姻美满 / 美满幸福
　　会议圆满结束 / 圆满的答案 / 圆满的结果 / 圆满的答复 / 协商圆满成功 / 改革方案很圆满

[例句] ① 在具备了一定的专业知识、工作能力、生活经验和物质条件后再结婚生孩子,不仅工作能得心应手,也为建立美满和谐家庭、抚养教育子女奠定了基础。
　　② 大自然待人不薄,它不但给人以美景,而且也给人以良好的田地矿山,住在这儿的人应该有美满的生活。
　　③ 我国向太平洋海域发射运载火箭获得圆满成功,标志着我国运载火箭的技术达到了一个新的水平。
　　④ 他们勤奋敬业,夜以继日,精心设计、精心创作、精心施工,圆满完成了任务。

练习

一 请在课外阅读最新中文报刊文章，将其中你喜欢的一篇剪贴在你的笔记本上，然后写出摘要与看法

二 给下列动词搭配适当的词语

考验_____   赌_____

绑_____   皱_____

租_____   登记_____

三 选词填空

> 急于　　考验　　幼稚　　偏偏　　和谐　　功利　　分歧

1. 他并不是那样_____浅薄的人。

2. 马斯洛认为人在维持肉体生命的需要满足之后，还会进一步产生归属需要和_____需要，以达到某种精神上的满足和安慰。

3. 在他获得详情之前，他没有_____作出决定。

4. 按弗洛伊德的看法，健康的人格状态是一种本我、自我、超我三者_____统一的结果。

5. 有些新产品鉴定后，还需要经过一定范围和一定时间的使用_____，广泛听取用户意见，进一步发现缺陷，进行改进。

6. 汽车早不坏晚不坏，怎么_____这时候坏了？

7. 我们知道，两个人在一起生活，当然要比一个人生活复杂一些，如果又是两个性格不同、爱好不同的人在一起生活，在日常生活中就难免会有一些_____和争论。

格外　　　分外

8. 这两位从未见过面的老朋友，在这次邀请赛中相遇，一见如故，_____亲切。

9. 他情不自禁地笑出声来，今天他心里_____高兴，因为他有了一个还没有见过面的儿子。

坚固　　　坚实

10. 在钢筋混凝土建筑物中，钢筋和混凝土的热膨胀也要相同，不然，建筑物就不可能_____。

11. 野外实习是培养独立工作能力的必由之路，需要从一开始就养成良好的习惯，为以后实际工作打下_____的基础。

美满　　　圆满

12. 相信你能_____地完成任务。

13. 爸爸和妈妈是大学里同班同学恋爱结婚的，婚后又一同留校教学，生活十分_____。

四 根据课文内容判断正误

1. "毕婚族"在大学毕业生中并不多见。（　　　）
2. 很多"毕婚族"的女孩子对未来的婚姻充满忧虑。（　　　）
3. 很多家长支持自己的女儿把结婚当作"出路"。（　　　）
4. 陈建设婚后并不担心家庭的经济开支。（　　　）

五 请按正确的语序将下列各个句子组成完整的一段话

1. A. 一部分"毕婚族"是因为感觉彼此之间的感情已经到了可以结婚的程度
   B. 这是一种比较理想的状态
   C. 而且其他现实条件也比较成熟

正确的语序是：（　　）（　　）（　　）

2. A. 她不愿再回到那个小城市生活

   B. 我才明白自己付出的感情是多么幼稚可笑

   C. 毕业后会嫁给一个北京人时

   D. 当她对我说

正确的语序是：（　　）（　　）（　　）（　　）

六 根据课文内容选择最合适的答案

1. 王曼对自己的选择_____。

   A. 感到后悔　　B. 不感到后悔　　C. 很不满意　　D. 很无奈

2. 李刚对女友的选择感到很_____。

   A. 高兴　　B. 生气　　C. 痛苦　　D. 无所谓

3. 黎慕元_____毕业时就和女友结婚。

   A. 不太想　　B. 很想　　C. 反对　　D. 愿意

4. 沈雪对自己的婚后生活_____。

   A. 很满意　　B. 不太满意　　C. 感到幸福　　D. 很不满

七 完形填空

> 但是　　还是　　因为　　能否

1. 校园里纯洁美好的感情，往往都是___1___缺了坚持而失去，成为永久的遗憾。___2___，当爱情面对外界的种种压力，是放弃___3___坚持，确实是对校园爱情的一次重大考验。有人说，它像是一场赌博，你赌上了你的青春和前途，却无法得知最终___4___赢得幸福。

> 都　　如果　　也　　宁愿

2. 现在的他___1___和朋友一起喝酒吃饭，也不愿意陪我。___2___能让我重新选择一次，我宁愿一辈子___3___做他的女朋友，___4___不当他的老婆。

八 请用自己的话或原文中的关键句子概括下面一段话的主要内容

1. 美娜从小就是家里的公主，家务活儿基本就没让她插过手。可这样的公主偏偏早早嫁给了一个同样什么活儿都不干的"王子"张宾。他们的家里除了每星期小时工来的那一两天是整洁的以外，似乎就再没有干净过。原本感情很好的两个人，成天为了谁该干家务活儿而吵架。

   据不少"毕婚族"反映，婚后的生活能力问题，往往会直接影响整个家庭的和睦，成为家庭纠纷的根源。

2. 中国青年政治学院的李庚副研究员指出，不管社会怎么发达，人的情感还应该是最纯洁的。希望当代大学生以认真负责的态度对待婚姻，不仅如此，还要去经营自己的婚姻。中国青年政治学院院长陆士桢教授也谈了同样的观点："两个人之间更多的是去理解对方，彼此尊重对方，世界上美满的婚姻都是以这个为基础的。个性谁都会有，和谐就是不同的音一起奏，生活其实也一样，既要体现出个性，又不要伤害别人。"

九 请尽量用以下词语进行话题讨论

| 格外 | 纯洁 | 考验 | 美满 | 当家 | 偏偏 |
| 和睦 | 纠纷 | 分歧 | 急于 | 功利 | 外界 |

你赞同"毕婚族"的做法吗？为什么？

快速阅读

阅读一（字数：约1720；阅读与答题的参考时间：8分钟）

"毕分"已OUT，"毕婚"更流行

"毕业季，分手季。"这句话在大学流传已久，仿佛成了一种定律。然而，最近新生的词语"毕婚族"却对此定律发起了挑战。在这个生存艰难、压力丛生的年代，更多的女孩子希望在毕业之后可以尽快进入婚姻的殿堂，有一个稳定的生活归宿。

趁着三八妇女节刚过，记者就这个话题走访了清远大学城的女大学生。采访发现，超过六成的清远女大学生愿意当"毕婚族"，但对于"毕婚"带来的"裸婚"支持率却只有不到两成。

超六成女大学生愿"毕婚"

根据记者走访调查，清远大学城的女大学生们超过六成愿意毕业即结婚，即当"毕婚族"。今年大四的小刘同学是"毕婚族"的支持者之一。"我跟男朋友已经见过双方家长了，大家都觉得十分合适。现在，我们已经在计划结婚的事情，准备一毕业，就结婚。"说起结婚，她略显害羞，却幸福洋溢。在说到经济基础的问题时，她表示愿意和男朋友一起奋斗，共同创造美好的未来。

"毕婚族"的支持者不仅存在于高年级，也存在于低年级。正在读大二的小李正是其中之一。小李说："如果我真的喜欢对方，那么毕业就结婚也没有什么问题。关键是大家是否合适。如果双方都认定彼此，那么'毕婚'又如何呢？"虽然目前并没有男朋友，但是小李对婚姻生活充满了憧憬。

然而，小李的同学小林却并不认同这种想法。"刚刚毕业，大家都是刚刚步入社会，没有房子，没有车子，甚至可能工作都不稳定。这样的情况下，结婚根本不现实。"小林告诉记者。

同意"裸婚"的比例低于两成

在调查"毕婚"问题的同时，记者也调查了她们对"裸婚"的看法。在裸婚问题上，低于两成的女大学生表示同意"为爱裸婚"，大约两成表示"看情况"，将近六成表示"坚决不同意裸婚"。

为什么不愿意"裸婚"呢？正在清远职业技术学院就读大三的刘同学表示，"裸婚"表明对方不重视自己。"结婚是一辈子只有一次的事情，也是女生一辈子里面最重要的事情之一，绝对不能马虎！"刘同学坚定地说，"如果结婚都这么简陋，第一表明对方不重视自己，第二表明对方的家庭条件太差。这样一来，不管是从感情上，还是从经济上，对方都不达标。"

在不支持"裸婚"的大比例压迫下，还是有不到两成的女同学仍然坚持此类看法："为了爱情，'裸婚'算什么""'裸婚'什么都不用烦，省事""反正都要结婚了，不用在意这些形式上的东西"……

"潜力股"不敌"高富帅"

在记者的调查中，八成左右的女同学认为性格、发展潜力和价值认同是重要的择偶标准。然而，在面对"潜力股"和"高富帅"二择一的选择时，六成的女同学选择了"高富帅"，而仅仅四成的女同学选择"潜力股"。看来，对目前女大学生而言，"高富帅"仍是最爱。

"'潜力股'固然好，但是风险大啊！谁知道他们的潜力到底能不能发挥出来？"曾同学这样说。曾同学是经济学专业的学生。平时学习成绩拔尖的她，对于恋爱和婚姻也有自己独到的看法。俗话说，风险越大，收获越大，但是她认为，"这句话在对人的投资上却不一定合适。'高富帅'的起点本来就比'潜力股'高得多。用股票来比喻，'高富帅'就算是股价下跌，起码也是保本的，但是'潜力股'就不一样了。"

而另外的四成女同学则认为"未来是共同创造的"。以林同学为代表，她们的观点可以总结为："重要的是他爱不爱我，宠不宠我，性格好不好，有没有上进心。一个人只要努力，生活肯定不会差。我们没有必要追求'高富帅'，我们可以塑造'高富帅'！"

专家观点　"毕婚族"应放缓步入婚姻的脚步

针对清远超六成以上女大学生愿意当"毕婚族"的情况，记者前往维爱婚姻家庭社会工作服务中心，向专业婚姻师冯玉华进行咨询。针对超过六成的比例，冯玉华认为这与现在独生子女居多的社会状况有关。"独生子女的成长环境中缺乏对爱的分享。他们普遍渴望独立和关爱。'毕婚'其实是反映了他们独立心理的需求和一种缺乏爱的反映。"冯玉华告诉记者。

针对"毕婚"，冯玉华表示并不提倡。"大学生们在学校期间，没有经济来源，心理也还不成熟，他们的人生观和家庭观都还不完善，这时候的恋爱关系是比较不稳定的。同时，校园的恋爱没有经过现实的磨练，基础比较脆弱。他们容易在男女朋友和夫妻的角色转换中感到不适应，从而产生矛盾，甚至导致婚姻破裂。因此，过早结婚是不提倡的。"

（节选自《南方日报》，略有改动）

回答问题：
1. "毕婚族"指的是哪类人？
2. "毕婚"的支持者和反对者分别有着怎样的看法？
3. 为什么大多数的女大学生不会同意"裸婚"？
4. 多数的女生愿意选择"潜力股"还是"高富帅"？为什么？
5. 针对多数女大学生"毕婚"的想法，专家给出了什么建议？

阅读二（字数：约1820；阅读与答题的参考时间：9分钟）

"90后"的婚姻观：青春无敌

昨日凌晨4点多，在长春市南关区民政局婚姻登记处前排队的身影中有一个非常年轻的小伙，他叫李开元，2月11日他刚过完22周岁生日，也就是刚过法定结婚年龄3天，小伙子就迫不及待地要登记结婚了。因为来得比较早，昨日李开元和女友苏慧莹也成为了南关区民政局婚姻登记处第一对领到结婚证的新人。

动漫展一见钟情　主动索要电话号码

李开元今年22岁，家在长春市。苏慧莹今年21岁，老家在公主岭市，目前是吉林财经大学一名大四的学生。这对青春靓丽的年轻人相识于一场动漫展。

2012年6月4日中午，李开元和朋友来到长春国际会展中心观看一个动漫展，逛展会的时候李开元被一个美丽的身影所吸引，她就是苏慧莹。

"你知道那种触电的感觉吗？那就是我第一眼看到她的感觉，感觉这辈子就是她了，所以我就主动跑过去向她索要了联系方式。"李开元笑着回忆说。

亲手做爱心便当　狂追三个月终获芳心

顺利拿到女孩的手机号之后，李开元便展开了为期三个月的疯狂攻势。"为了表达我的诚意和真心，几乎每天我都要到她的学校去给她送好吃的，都是我亲手烹饪制作的'爱心便当'。"李开元得意地说。

看到男友得意的样子，苏慧莹也轻声笑了起来。"他确实是个很用心的人，记得有一次他发高烧，可是得知我想吃鲈鱼，硬是不顾高烧给我送鱼过来。所以三个月后我就被他的乐观、自信还有这份真心所感动了。"苏慧莹说。

初识地点摆上"心形"蜡烛　男孩真心求婚　女友感动落泪

2月13日17时，在长春国际会展中心大饭店的一楼大厅里，一群人正在紧张地将一根根红色蜡烛摆成一个"心形"，李开元便在中间。"在一起这么久了，我们都知道彼此是对方最在乎的人，今天我就想在我们当初相识的地方向她求婚，而这些就是求婚时要给她的惊喜。"李开元笑着对记者说。

18时，苏慧莹来到了饭店一楼大厅，突然大厅里的灯光暗了下来，苏慧莹眼前出现了一个由蜡烛摆成的"心"，烛光中李开元在一群朋友的簇拥下向她走了过来。

"那时候我真的很惊讶，没想到他会在这个地方制造惊喜，我当时真的有点蒙了。"苏慧莹说。

李开元深吸了一口气，右手持花慢慢地站在苏慧莹面前，单膝跪地举起了花束。"小慧，在一起这么久了，你一直都在包容我、理解我，和我一起分享快乐，和我一起承受挫折。从我第一次见到你的时候我就知道，你就是我这辈子最爱的人，你就是我的唯一。今天，这么多朋友在这里见证，我想对你说'我爱你'，请你嫁给我，请你做我的妻子，我们结婚吧！"

李开元说完后从怀中拿出了自己买来的戒指递到了苏慧莹面前。此时女孩早已流下了幸福的眼泪，她看着自己深爱的人猛地点点头，两人幸福地相拥在一起。

凌晨来排队　先准备好照片　幸运地第一个领到结婚证

求婚成功后的李开元一边接受着朋友们的祝贺，一边对着苏慧莹耳语了几句。也不知道他到底说了什么，苏慧莹先是红了一下脸，接着又点点头。

"我再告诉大家一个消息，因为明天正好是情人节加元宵节，我和小慧商量好了，我们明早就去登记领证结婚。"李开元激动地说。

2月14日4时左右，李开元便来到了长春市南关区民政局婚姻登记处排队。"排队这种事自然得由我们男人来做，我先让她在家睡一会儿，等快到7点的时候再叫她。"李开元说。

8时，排在第二位的李开元和苏慧莹来到了婚姻登记处办理手续，由于他们提前将结婚证上的照片准备好了，所以在办理手续时特别顺利。最终他们也幸运地成为了这个登记处第一对领到结婚证的新人。

男孩母亲从国外发来"贺电" 两人今夏将去加拿大留学

从恋人到夫妻，这对"90后"的小夫妻体现出了一种青春无敌的婚姻爱情观。记者还了解到，李开元在2月11日刚过完22周岁的生日，也就是说他领证时也刚过法定的结婚年龄。"其实现在很多人都对我们'90后'有误解，认为我们的爱情观就是享乐主义，非主流不向往安稳。不过我们在谈恋爱的时候一直都是奔着结婚去努力的。今年夏天我们将会一起去加拿大留学，一起努力经营我们的美好未来。"李开元说。

14日中午，记者联系到了李开元远在加拿大的母亲，得知儿子领证结婚的消息后她很开心，同时也委托本报送上自己的祝福。

"亲爱的儿子李开元、亲爱的儿媳苏慧莹，妈妈祝福你们：在今天这个温馨浪漫、情人牵手的美好日子，你们领取结婚证书，手捧到一生一世的爱！这就注定了你们今后的人生和事业、婚姻和爱情都会像晚上圆圆满满的明月！慧莹，我期待你和开元早日来到加拿大和我团聚，在你们完成学业获得学位后，我们一起回到祖国，我将为你们举办一个盛大的婚礼。"

（节选自《东亚经贸新闻》，略有改动）

回答问题：
1. 李开元和苏慧莹是怎么认识的？
2. 文中哪些地方体现出了"90后"青春无敌的婚姻观？
3. 李开元的母亲对儿子的婚姻是什么态度？
4. 这篇文章给你最深的印象是什么？

阅读三（字数：约1850；阅读与答题的参考时间：9分钟）

"闪离"，新生代的婚姻为何禁不起磨合

"闪婚闪离"，顾名思义是指快结快离的闪电式婚姻。近年来，离婚越来越年轻化，毕业不久就仓促结婚，结婚才几个月，又匆匆离婚；再婚后才几个月，就到法院起诉离婚……这种被称为"闪离"的婚姻已然成为一种现象。

离婚年轻化趋势明显

记者从丛台区民政局婚姻登记处了解到，2013年结婚2961对，离婚890对，值得关注的是，离婚年轻化的趋势越来越明显，去年"80后"离婚率比前年同期有明显的增长。

丛台区民政局婚姻登记处的韩主任说，性格不和、夫妻之间不信任、生活习惯及夫妻双方的父母掺和等因素，导致了部分"80后"夫妻走上离婚的道路。

"90后"加入闪婚大军

"感觉来了,别给自己留下遗憾。"准备办婚宴的刘小姐笑着说,自己也是闪婚一族,年前在父母的反对下依然和小张领了结婚证。

去年刚刚毕业的刘小姐,换过几份工作后在一家酒店当起收银员。不久后在后厨帮忙的小张总是有意无意地照顾她,俩人恋爱了。小刘回忆说:"父母觉得我还年轻,刚找到工作,谈恋爱可以,但是想结婚的话还是再等等,慎重一些比较好。"

小刘并不赞同父母的想法,她觉得在双方感觉最好的时候,提出任何事都是合理和正常的,包括结婚。冒险也好,冲动也罢,为了自己的幸福,还是登记了。

"家务低能"成婚姻软肋

"家务低能"是"80后"婚姻生活中的软肋,加之缺乏责任感和宽容,容易成为轻言离婚的导火索。

小张就是因为夫妻常为家务吵架而提出离婚的。两个人婚前感情很好,婚后生活也不缺乏浪漫。可结婚后,两个人要独立面对生活琐事和工作。不久后家里添了宝宝,两个人就为了做饭、干家务活儿经常吵架,女方觉得丈夫玩心太重,没有责任感;而男方觉得妻子没有以前贤惠了,每天都唠唠叨叨,生了孩子之后事儿越来越多。

小张看着一岁多的孩子苦笑着说:"如果两个人在一起不开心,觉得不再合适的话,完全没有必要勉强在一起,与其互相折磨,说不定离了对大家都好。"

"责任缺失"仍是问题所在

"80后"小李抱着一个多月的孩子来到婚姻登记处要求离婚,原因是丈夫在她怀孕生孩子期间出轨,小李觉得丈夫对婚姻太不忠诚,对家庭也没有责任感。

"刚结婚没多久,我就发现怀孕了,毕竟还年轻也犹豫过要不要这个孩子,可我爱他,为他生个属于我们的孩子也是件幸福的事。漫长孕期没少让我受苦,他却在我最难受的时候出轨了。我不能原谅他,现在趁孩子还小,受的伤害还不大时把婚离了。"小李难过地说,"过去,离婚对于夫妻双方来说,是一件不光彩的事,夫妻双方一旦结了婚,就会努力去维系这个家庭的稳定与和谐。而现在则不同了,人们不再注重别人的看法和眼光,会更在意自己在婚姻里的感受。"

"闪婚"再"闪离"最伤孩子

韩主任告诉记者,现在"80后"的离婚人群主要是在88年和89年这个阶段,一些小夫妻以"闪电速度"结婚又离婚,有的还是抱着孩子过来的;遇到这样的情况,我们的工作人员都是了解情况后,试着先劝说,因为很多时候他们是冲动的,并不是真的要离婚,说不准俩人因为一句话赌气,谁也不肯先低头让步,闹到要离婚。

现在,离婚的大都是独生子女,是父母围着转的家中焦点,结婚后难免继续把自己放在重要地位,更加看重自我感受和婚姻质量,如果自己在婚姻中感觉不舒服就会轻易放弃。同时因为年龄小阅历浅,不懂得采取合适方法来解决,处理问题简单直接。韩主任劝告年轻人,婚姻毕竟不是儿戏，需要慎重对待。两个人一旦缔结婚姻就要承担互相照顾的责任和义务，要增加一份对家庭和社会的思考。

婚姻中"难得糊涂"

这是一个快速发展的时代，这是一个竞争激烈的时代。在大多数人眼里，婚姻已经不再庄重和神圣，离婚成了一次简单的"分手"。

婚姻需要双方经营，除了在意自己的感受外，也要尝试在意对方的感受，更多地为对方考虑，相互尊重和包容。婚姻是两个家庭的事情，结婚前需要双方家庭沟通，结婚后也要考虑双方家庭价值观念的不同，给对方留有空间。

"有些婚要离，但有些婚没必要离。"婚姻咨询专家告诉记者。在她看来，很多年轻人其实是败给了磨合期。她说，结婚一两年这段时间，是婚姻的磨合期，无论是生活还是情感，都和谈恋爱时不同。"很多人对婚姻抱有幻想，期望婚后依旧如热恋般甜蜜，这是做不到的。"

婚姻不是静态的，出现问题也是正常的，关键是处理的方法。现在的年轻人都是把自我的感受放在第一位，不愿意以宽容的心态或者站在对方的立场上面对问题，不愿意互相了解和磨合，总是一有问题，就想用离婚来解决。其实很多问题都不是大问题，在处理问题时，不要把小事扩大，而应该小事化了，婚姻有时就需要"难得糊涂"。

（节选自《邯郸日报·数字报》，略有改动）

判断正误：

1. "闪婚闪离"指的是在短时间内结婚又很快离婚的情况。　　　　　　（　　）
2. 近年来，"80"后的离婚率越来越高。　　　　　　　　　　　　　（　　）
3. 刘小姐的婚姻得到了父母的支持。　　　　　　　　　　　　　　　（　　）
4. 很多"80"后夫妻不会做家务，所以常常吵架导致离婚。　　　　　（　　）
5. 小李跟丈夫离婚是因为孩子。　　　　　　　　　　　　　　　　　（　　）
6. 责任感在婚姻关系中是很重要的一个方面。　　　　　　　　　　　（　　）
7. 婚姻需要经营，夫妻双方应该常常换位思考。　　　　　　　　　　（　　）
8. 年轻人在婚姻中应该更加重视自我的感觉。　　　　　　　　　　　（　　）

第八课　职业女性为何害怕成功

听录音 扫这里

背景知识

职业女性为何害怕成功？生活中有不少成功的女性在被问到成功经验时，都会不自觉地感叹：不容易。事实上，在现实中女性要取得成功，比男人困难许多。这种现象早在上世纪就被发现，1968年美国心理学家M.霍纳成功揭示了女性害怕成功的心理现象。害怕成功是指个人对其行为获得成功的结果感到恐惧。霍纳在她的研究中发现，65%的女性显示出对成功的恐惧，而只有9%的男性显示出对成功的恐惧。在对中国女大学生的研究中也发现，女大学生中普遍存在着这样的心理趋向。尽管女性追求成功的动机与男性没有两样，但由于逃避成功的动机高，导致其成就动机远低于男性。

是什么引起如此巨大的性别差异呢？因为不少女性害怕成功会使自己处于众矢之的，引起人际关系过分敏感或疏离；或者认为成就可能造成家庭不幸福、夫妻关系不协调；女学生担心在未来的学习中能否继续保持领先地位；职业女性则怀疑能否取得事业成功。对成年女性来说，对家庭和事业的恐惧是最主要的部分。她们既渴望取得成功，又害怕成功。于是，有一些女性选择彻底否认自己的成就动机，甘愿扮演一名传统的女性角色；有一些则处在想放弃又不甘心放弃的自我冲突中；还有一些选择做一个成功女性，却又摆脱不了对成功的恐惧，变得敏感而易被激惹，成为男性眼中的"冷美人"。

要减少对成功不必要的担心与恐惧，最好的办法就是正确认识这一心理现象，要增加自信心，经常自我鼓励，暗示自己"我能行"。由于社会以及环境的影响，女性在遇到困难时总倾向于将原因归结在自己身上，认为自己没有做好。比如遇到家庭问题时，很多女性容易把原因归结为自身，而男性则倾向于归结在外部因素上面。女性要改变这种习惯，多暗示自己：这并不是只发生在女性身上，男的也有份儿。

词语表

1. **果断** guǒduàn （形） resolute, decisive, firm
   有决断，不犹豫
   断固である
   과감하다

2. **绝缘** juéyuán （名） to insulate, to be cut off or isolated from
   跟外界或某一事物隔绝，不发生接触
   絶縁
   절연

3. **回避** huíbì （动） to avoid, to evade, to dodge
   设法躲避
   回避する
   회피하다，피하다

4. **才干** cáigàn （名） ability, competence, capability
   才能；办事的能力
   才能
   재능，수완，재간，일하는 능력

5. **天然** tiānrán （形） natural
   自然赋予的；生来就有的；自然生成的；自然形成的
   天然である、先天的である
   자연적이다，천성적이다

6. **中年** zhōngnián （名） middle age, mid-life
   人生的一个时期，一般指40—65岁，也有指35—55岁
   中年
   중년

7. **男性** nánxìng （名） male sex, man
   男性
   남성

8. **无意** wúyì （动） to have no intention (of doing sth.), not intend to, not be inclined to inadvertently, unwittingly, accidentally
   没有做某件事的愿望；不是故意的
   …するつもりはない
   .. 할 생각이 없다, 원하지 않다

9. **诽谤** fěibàng （动） to slander, to defame, to do sb. down, to libel
   说人坏话，破坏他人名誉
   中傷する
   비방하다

10. **外表** wàibiǎo （名） outward appearance, surface
    外部形象
    外観、外見、見た目
    겉모양，외모，외관

11. **代价** dàijià （名） price, cost (of doing sth.), at the expense of sth.
    为得到某种东西或实现某个目标而付出的钱物、精力等
    代価、代償
    대가

12	霸道	bàdào	（形）	domineering, overbearing
	做事专横，不讲道理			横暴である
				횡포하다，포악하다
13	慈爱	cí'ài	（形）	kindness, loving-kindness
	（年长者对年幼者）温柔仁慈而充满怜爱之情			慈愛である
				자애롭다
14	公然	gōngrán	（副）	openly, undisguisedly, overtly, brazenly
	明目张胆，毫无顾忌			公然と、おおっぴらげに
				공공연히
15	后方	hòufāng	（名）	rear, area far from the battlefront; behind, back
	战时，前线和敌占区以外的全部国土；后面、后头			後方
				후방，뒤
16	担子	dànzi	（名）	burden to bear, responsibility to shoulder
	比喻肩负的责任			重荷、重大な責任
				짐，부담，책임
17	模范	mófàn	（名）	model, fine example, exemplary person or thing, paradigm
	被认为是值得仿效的人或物；同类中最完美的事物			模範
				모범
18	晋升	jìnshēng	（动）	to promote to higher office
	职位上升；晋职			昇進する
				승진하다，승진시키다
19	特意	tèyì	（副）	for a special purpose, specially
	表示专为某件事；特地			わざわざ
				특별히，일부러
20	先锋	xiānfēng	（名）	vanguard, pioneer
	战时率领先头部队迎敌的将领；泛指起先导作用者			先鋒、前衛
				선봉（부대），솔선자
21	苦恼	kǔnǎo	（形）	distressed, worried, vexed
	痛苦烦恼			苦悩である
				괴롭다
22	极力	jílì	（副）	doing one's utmost, sparing no effort
	用尽一切力量；想尽一切办法			出来る限り
				있는 힘을 다하여，극력

23	劝说 用言语打动	quànshuō	（动）	to persuade, to advise, to talk to sb. into, to prevail on sb. 説得する 타이르다, 충고하다, 권고하다, 권유하다
24	辞职 辞去所担任的职务	cí zhí		to resign, to give up one's job or office (by formal notification) 辞める、辞職する 사직하다
25	薪水 工资	xīnshuǐ	（名）	salary, pay, wages, emolument 給料 급료, 봉급
26	台阶 供人上下行走的构筑物，因一阶一阶的，故称为台阶。比喻挽回面子，避免尴尬的方法或机会	táijiē	（名）	staircase, flight of steps, sidestep; chance to extricate oneself from an awkward position or predicament 階段、逃げ道 층계, 여지, 물러날 길, 퇴로
27	不宜 不适合，不适宜	bùyí	（动）	to be not suitable, to be inadvisable, to be inappropriate …に適しない .. 하는 것은 좋지 않다, .. 하기에 적당치 않다
28	报社 编辑、出版报纸的机构	bàoshè	（名）	press, newspaper office 新聞社 신문사
29	全力以赴 把全部力量都用上	quánlìyǐfù		to go all out, to spare no effort, to put one's best leg forward, to pull out all stops 全力で対処する 전력을 다하여 일에 임하다, 전력투구하다
30	敏感 感觉敏锐；对外界事物反应很快	mǐngǎn	（形）	sensitive, susceptible 敏感である 민감하다, 감수성이 예민하다
31	郑重 严肃认真	zhèngzhòng	（形）	serious, solemn, earnest 厳粛である、慎重である 정중하다, 신중하다

32	疲倦	píjuàn	（形）	tired and sleepy, fatigue, weary
	劳累困倦			疲れる、だるい
				지치다, 나른해지다
33	妥当	tuǒdang	（形）	appropriate, suitable, proper
	稳妥适当			妥当である
				알맞다, 온당하다, 적당하다, 타당하다
34	抵抗	dǐkàng	（动）	to resist, to stand up to
	用力量制止对方的进攻			抵抗する
				저항하다, 대항하다
35	极端	jíduān	（名）	extreme, excessiveness
	事物发展所达顶点			極端
				극단
36	迫使	pòshǐ	（动）	to force, to compel
	用某种强迫的力量或行动促使			無理矢理…させる
				강제하다, 강요하다
37	要好	yàohǎo	（形）	be on good terms, be close friends
	指感情融洽；也指对人表示好感，愿意亲近			仲が良い、親しい
				사이가 좋다, 친밀하다, 가깝게 지내다
38	去世	qùshì	（动）	to die, to pass away
	成年人死去			亡くなる、死ぬ
				(성인이) 세상을 떠나다, 사망하다
39	忙碌	mánglù	（形）	be busy, bustle about, engrossed in work
	忙着做各种事情			忙しい
				바쁘다, 분망하다
40	次数	cìshù	（名）	frequency, number of times or occurrences
	同一个动作或事件重复出现的回数			回数
				횟수
41	外出	wàichū	（动）	to go out (esp. go out of town on business), egress
	到外面去			外出する、出張する
				외출하다
42	崇敬	chóngjìng	（动）	to esteem, to respect, to revere
	推崇敬仰			崇める、尊敬する
				숭배하고 존경하다

43	坑 凹下去的地方	kēng	（名）	hole, pit 穴 구멍, 구덩이, 움푹하게 패인 곳
44	不停 不断	bù tíng		to be incessant, to keep on 止まらない 끊임없이
45	进取 努力上进，力图有所作为	jìnqǔ	（动）	to keep forging ahead, to be enterprising 上を目指して努力する 진취하다, 향상하려 노력하다
46	处处 在各个地方，在各个方面	chùchù	（副）	everywhere, in all respects, all aspects いたるところに 도처에, 어디든지, 각 방면에

课文　　职业女性为何害怕成功

郭韶明

林怡在一家公司工作。最近，她又一次得到提升，同事们开始用"女强人"来形容她。林怡发现自己确实比以前更果断[1]厉害，她开始犹豫："该不该继续这样厉害下去？"

与成就绝缘[2]源于人们的偏见

据说不少职业女性有类似的担忧，于是她们回避[3]那些具有挑战性的工作，认为这样就可以和"成就"绝缘。其实，这种心态的形成更多地源于人们的偏见。

首先，人们常常认为女性事业上的成功是因为"性别优势"。男人得到提升，可以是因为他的才干[4]，而女人小有成就，那就是"女人在工作中具有天然[5]优势"。在一家广告公司工作的方焕然就有这样的烦恼：由于上司是个中年[6]男性[7]，对她又有意无意[8]表示过好感，所以她的每一次提升都被诽谤[9]为"与领导关系特殊"。尽管她能力也很突出，但同事的眼光似乎都盯在她漂亮的外表[10]上。

其次，人们往往认为女人一旦在事业上取得很大成功，必然以牺牲家庭为代价[11]；"女强人"就是缺乏女性特点的中性人，她们霸道[12]，不会做家务；男人们不相信一位女经理也可以是一位慈爱[13]的妈妈……

甚至有男人公然[14]说："智慧的妻子不应在事业上超过丈夫。"男人们似乎都不肯承认，如同妻子可以在后方[15]支援丈夫一样，他们也可以放下担子[16]支援妻子的事业。

于是，就诞生了虽毕业于名牌大学，却退在男人背后的"家庭模范[17]"；出现了为了避免被人诽谤，而把晋升[18]机会让给男同事的"伟大女性"；更造就了为特意[19]保持女人味儿，而宁愿事业一般的"牺牲先锋[20]"……为避免成为人们眼中的"第三性"，不少女人宁愿远离成功。

更加乐意充当家庭角色

29岁的刘静目前最大的苦恼[21]就是,尽快在"家庭"和"工作"二者之间做个选择。丈夫作为一家大公司的高层,极力[22]劝说[23]她辞职[24],他自己薪水[25]足以支撑家庭一切开支。刘静后来接受了丈夫的建议。

另一位女士王旭也刚刚拒绝了一家时尚杂志社的高薪聘请。35岁的她去年才做母亲,她说:"从个人发展来看,在时尚杂志做好一些,也更能上一个新的台阶[26]。但是,生活中的变化短期内不宜[27]过多。"王旭说自己身体一直不太好,目前她在一家机关报社[28]做编辑,能够好好休息,同时照顾一下家里。而一旦去了杂志社,那种节奏与压力可能必须全力以赴[29]才能胜任。但从现在就开始透支身体,持续的压力会使身体状况越来越差。"这是我最担心的。孩子4岁以前处于敏感[30]期,需要从妈妈这儿获得力量。"她**郑重**[31]地说。她补充道,这次跳槽对她而言确实是个很好的机遇,但是如果担心以后没有这样的机会而强求去抓住它,搞得很疲倦[32],她觉得未必妥当[33]。"孩子和健康是重要的生活事件,为他们而失去一些机会,是无法避免,也是无法抵抗[34]的。"

纯粹的家庭和纯粹的事业都是极端[35]

现代社会中,事业型女人正变得越来越多。事业的成就感以及随之而来的压力迫使[36]她们要选择事业,就难以承担好自己的家庭角色。很多人困惑:两者究竟该如何选择?

专家陆小娅建议:"女性生活应该是多元的,纯粹的事业和纯粹的家庭都是极端。"她举例,大学里一个要好[37]的朋友,做了一辈子全职太太。女儿大学毕业后不久她就生病去世[38]了。其实她的一辈子有很多自己的东西没有得到满足。"孩子小的时候,可以让自己很忙碌[39]充实,但想要重新回来工作时会很难。"陆小娅强调。

对500名城市已婚并有孩子的女性进行的研究发现,工作一年以上的女性比没有工作的女性身体更健康,其生病的总次数[40]也更少。

研究还表明,母亲外出[41]工作对女儿具有积极的影响。通常女儿会更崇敬[42]在外工作的母亲。

事业成功未必是"恶"之根源

专家陆小娅就是一个对工作和生活安排十分合理的人。她说自己总是习惯"挖坑[43]",找了一大堆事情,搞得自己每天忙个不停[44],但她有自己的原则——工作不带到家里来。

很多成功女性还说起这样的烦恼:在她们事业强大的压力下,丈夫的自我价值感越来越低,开始借各种名义攻击妻子在事业上的进取[45]。全球职业规划师认证培训师杨开发现,那些表面上因为事业太强而婚姻出现问题的女性,很可能是沟通中出现了问题,使对方觉得你不可爱、不温柔。其实男性很希望有"被需要""被依靠"的感觉,而不是女性处处[46]都独立。

(全文字数:约1650)

(节选自《中国青年报》,略有改动)

注 释

① 林怡发现自己确实比以前更果断厉害,她开始犹豫:"该不该继续这样厉害下去?"

[解释] "果断"与"武断":形容词。对某些问题做出迅速决断。
　　　果断:褒义,指有决断,不犹豫。
　　　武断:贬义,指只凭主观判断。有时指随意以权势判断曲直。

[例词] 办事果断 / 裁决果断
　　　说话太武断

[例句] ① 他灵机一动,果断地做出了一个冒险的决定。
　　　② 她办事果断,能对较复杂的问题当机立断。
　　　③ 他下判断时,常常缺乏有说服力的根据,因而不能不让人感到有些武断。
　　　④ 我们尽可以将那些不怎么讲道理、武断的言论划到学术讨论的范畴之外去。

② 于是,就诞生了虽毕业于名牌大学,却退在男人背后的"家庭模范"……

[解释] "模范"与"榜样":都有值得学习的意思。
　　　模范:褒义词,不能用于坏的方面。作名词时,只能指值得学习的人。还可以用作形容词,表示可以作为榜样的。
　　　榜样:中性词,多用于好的方面,也可用于坏的方面。名词,可以指作为仿效的人,也可以指值得学习的事例。可受"好""光辉"等形容词修饰,一般不能直接修饰名词。

[例词] 英雄模范 / 选模范 / 模范丈夫 / 模范事迹 / 模范行动
　　　树立榜样 / 做出榜样 / 榜样的力量

[例句] ① 他过去曾被评为劳动模范。
　　　② 他首先从干部的模范作用抓起,从自己做起。
　　　③ 这种认真负责、一丝不苟、精益求精的工作精神,永远是我们学习的榜样。
　　　④ 父母是子女的第一任老师,家庭是孩子成长的摇篮,父母的劳动态度、兴趣、爱好、习惯以及个性特征等,一举一动、一言一行都是孩子们模仿的榜样。

③ "这是我最担心的。孩子4岁以前处于敏感期,需要从妈妈这儿获得力量。"她郑重地说。

[解释] "郑重"与"慎重":形容词。都表示严肃认真。
　　　郑重:词义指人从言语、行为上表现出来的正经严肃的态度。使用范围较宽,

搭配词语可以是表庄重行为的"宣告""宣布"等，也可以是表示具体动作的"说""交""放"等。

慎重：其意义除了指人的外部态度外，还指思想上的谨慎、小心。使用范围较窄，搭配词语一般是表示较为庄重行为的"处理""研究"等。

[例词] 郑重宣布 / 郑重声明 / 郑重地放在 / 郑重地递给 / 郑重的神色
慎重处理 / 慎重研究 / 不太慎重 / 办事慎重 / 十分慎重 / 慎重的态度 / 变得慎重起来

[例句] ① 画展结束后，展品彩墨连环画长卷《藏茶传》为巴黎东方博物馆郑重收藏。
② 以条约为名称出现的，一般是比较郑重的，往往涉及政治性问题或经济问题。
③ 我们对这个问题一定要慎重考虑，不要草率行事。
④ 积极而慎重地运用外资，可以加快我国技术改造的步伐，提高我国国民经济的技术水平和管理水平。

练习

一 请在课外阅读最新中文报刊文章，将其中你喜欢的一篇剪贴在你的笔记本上，然后写出摘要与看法

二 给下列动词搭配适当的词语

回避＿＿＿＿＿＿＿＿＿＿　　诽谤＿＿＿＿＿＿＿＿＿＿

劝说＿＿＿＿＿＿＿＿＿＿　　抵抗＿＿＿＿＿＿＿＿＿＿

迫使＿＿＿＿＿＿＿＿＿＿　　崇敬＿＿＿＿＿＿＿＿＿＿

三 选词填空

| 回避　无意　公然　敏感　妥当　疲倦　全力以赴 |

1. ＿＿＿＿＿＿的科学家十分注意大自然透露出的信息，一有线索便跟踪追捕，不放过任何一个微小的自然现象。

2. 记者在采访中，有时会出现紧张、急躁、厌烦、_____等情绪，与当时谈话气氛不符，这就需要记者对自己的情绪进行调节。

3. 对于紧张源，既不能事先完全消除，又不能全部_____掉，那么最好是面对它们，使它们得到妥善处理。

4. 把上级负责人个人的意见就当作上级的决定、指示，这是不_____的。

5. 三岁以前儿童的知觉主要是_____的，没有目的的，因此谈不上什么观察。

6. 他做什么都是全神贯注，_____，使生命的活力发挥到极点。

7. 有的持枪凶犯，横行不法，拦路抢劫，_____威胁行人的生命，将行人携带的钱物洗劫一空。

| 果断 | 武断 |

8. 有的领导者工作起来大胆泼辣，但又主观_____、行事粗暴、专断独行。

9. 他的专业知识扎实，知识面广，处理问题也比较_____。

| 模范 | 榜样 |

10. 要提高护理工作的社会地位，护理工作者必须依靠自身的努力，以自己的_____行为，为护士这一神圣的形象增添光彩。

11. 他为我们树立了学习的好_____。

| 郑重 | 慎重 |

12. 在主要依靠内部积累的前提下，积极而_____地运用外资，也是解决我国建设资金不足的一个途径。

13. 他们对于食物是有一种庄严的敬意的，日常最忌浪费食物，如确实某种食物霉坏或污染不能再吃，绝不能顺手一倒完事，而要_____地掩埋起来。

四 根据课文内容判断正误

1. 林怡对自己的处事方式很自信。（   ）
2. 方焕然认为周围的同事很理解她。（   ）
3. 很多男人不愿意妻子在事业上超过自己。（   ）
4. 刘静后来放弃工作，退回到家庭中。（   ）

五 请按正确的语序将下列各个句子组成完整的一段话

1. A. 如同妻子可以在后方支援丈夫一样

   B. 男人们似乎都不肯承认

   C. 他们也可以放下担子支援妻子的事业

   正确的语序是：（   ）（   ）（   ）

2. A. 在她们事业强大的压力下

   B. 开始借各种名义攻击妻子在事业上的进取

   C. 很多成功女性说起这样的烦恼

   D. 丈夫的自我价值感越来越低

   正确的语序是：（   ）（   ）（   ）（   ）

六 根据课文内容选择最合适的答案

1. 本文作者＿＿＿＿＿＿职业女性回避具有挑战性的工作。

   A. 赞同   B. 反对   C. 不理解   D. 欣赏

2. 为避免成为人们眼中的"第三性"，不少女人宁愿远离成功。作者对这种现象是持＿＿＿＿＿＿的态度。

   A. 批评   B. 支持   C. 厌恶   D. 无所谓

3. 王旭放弃一家杂志社的高薪聘请，是因为＿＿＿＿＿＿。

   A. 担心自己的能力不够   B. 丈夫不支持
   C. 更喜欢现有的工作   D. 孩子和健康的缘故

4. 专家陆小娅在处理工作和家庭方面＿＿＿＿＿＿。

   A. 很成功   B. 走向极端   C. 不太合理   D. 很苦恼

七 完形填空

| 其实 | 于是 | 就 | 据说 |

1. ___1___ 不少职业女性有类似的担忧，___2___ 她们回避那些具有挑战性的工作，认为这样 ___3___ 可以和"成就"绝缘。___4___ ，这种心态的形成更多地源于人们的偏见。

| 所以 | 尽管 | 由于 | 但 |

2. 在一家广告公司工作的方焕然就有这样的烦恼：___1___ 上司是个中年男性，对她又有意无意表示过好感，___2___ 她的每一次提升都被诽谤为"与领导关系特殊"。___3___ 她能力也很突出，___4___ 同事的眼光似乎都盯在她漂亮的外表上。

八 请用自己的话或原文中的关键句子概括下面一段话的主要内容

现代社会中，事业型女人正变得越来越多。事业的成就感以及随之而来的压力迫使她们要选择事业，就难以承担好自己的家庭角色。很多人困惑：两者究竟该如何选择？

专家陆小娅建议："女性生活应该是多元的，纯粹的事业和纯粹的家庭都是极端。"她举例，大学里一个要好的朋友，做了一辈子全职太太。女儿大学毕业后不久她就生病去世了。其实她的一辈子有很多自己的东西没有得到满足。"孩子小的时候，可以让自己很忙碌充实，但想要重新回来工作时会很难。"陆小娅强调。

对500名城市已婚并有孩子的女性进行的研究发现，工作一年以上的女性比没有工作的女性身体更健康，其生病的总次数也更少。

研究还表明，母亲外出工作对女儿具有积极的影响。通常女儿会更崇敬在外工作的母亲。

九 请尽量用以下词语进行话题讨论

果断	回避	才干	代价	苦恼	极力
敏感	疲倦	极端	迫使	忙碌	进取

你认为职业女性应如何处理工作与家庭的关系？

快速阅读

阅读一（字数：约1700；阅读与答题的参考时间：8分钟）

职场生存的说话技巧

许多人在离开原单位时心里都有很多感慨，与同事、老板相处的感受，对工作的各种看法……这些话说还是不说？说和不说分别有什么好处和坏处？应该怎么说？什么应该说？什么不该说？

林洁到公司一年后，就产生了离职的想法。因为这个家族企业的人际关系太复杂，每个部门都有老板的亲友，同事们平时很少沟通，好像互相都防着似的。刚到公司的时候，林洁提交了一份财务计划，其中谈到销售部门的费用过高。第二天销售部经理助理就来找她谈话，希望她能"实事求是，不要只盯着费用，应该把效益和费用结合起来考虑问题"。林洁被这次谈话弄得不明所以，后来才搞清楚，原来销售经理是老板的表弟。

自己部门的工作问题就更大了。财务部经理是老板的妹妹，她仗着自己的特殊身份，一揽公司的财务大权，而且还做了许多不符合财务规范的事情。这些，林洁都看在眼里，也非常清楚长此下去会对公司会造成危害。可是，碍于她的特殊背景，林洁不知道该跟谁说，只有自己郁闷的份儿。

直到递交辞职报告的时候，林洁还在为一个问题摇摆不定：说还是不说？公司的管理存在漏洞，尤其是财务方面，老板是因为对外人不放心才用自己妹妹的，可是这样做的结果却适得其反，使员工与老板之间隔了一道天然屏障。如果不说，问题会越积越多，终究要出大麻烦；可是如果说了，老板会相信吗？——她毕竟是个"外人"。再说，如果这些事情传出去，对她再找工作也不一定有好处，因为做财务工作是最忌讳"多说话"的。

最后，林洁还是选择了沉默。职场险恶，多一事不如少一事，再说既然自己已经选择离开，原公司的好坏跟自己也没什么关系了，何必做这种费力不讨好的事呢？但沉默的林洁，并没有因此而平静，内心的挣扎总是撕扯着她，直到一年后，新工作的忙碌才让她渐渐淡忘过去的事。

专家解析

通常辞职的原因可以分为两种：个人原因和外部原因。由于个人原因而辞职，比如另谋高就、深造以及家庭变迁等而主动放弃工作的，大多都会对公司有些许不舍，进而产生些许内疚，所以在跟领导和同事沟通的时候，会本着善意和相对平和的心态；而由于外部原因离职的，比如因为公司环境不好、领导不公正等不得不放弃工作的人，大多心里会有很多负面情绪，会有很多委屈、愤懑、抱怨要倾诉，这时的"说"与"不说"就涉及维护心理健康的问题，所以后者应该是我们重点讨论的话题。像林洁这样因为在单位遇到烦恼不能解决而辞职的人，在离职者中占有很大的比例。总结她的离职原因，主要有以下几种：

公司大环境不好，人际关系复杂，直属领导有私心，使林洁不能秉公做事；鉴于直属领导的特殊背景，林洁不能通过正常渠道解决问题；公司前景危机四伏，林洁的职场发展前景不乐观。

"说"的正面效果——有益于心理健康

对于像林洁这类的离职者而言，"说"，是一种倾诉和发泄。人心里的各种情绪总要有一个发泄的渠道，即使不在工作单位说，也会跟家人、朋友倾诉；即使说的不是事情本身，也会通过一些载体把这些情绪发泄出来。从心理学的角度看，如果不把这些情绪发泄出来，那么它很可能转化为身体的某些病症，比如失眠、焦躁、忧郁、烦闷等等。所以，"说"——把负面情绪发泄出来，是一种对心理健康有益的自我保护过程。

"说"的负面效果——放大负面情绪

有些人在说的过程中情绪激动，越说越生气，越说越想说，把本应该思考的过程以一种不正确的方式表达出来，强化了一些非理性的东西，反复通过这种非理性的方式解决压力，进而使理性思考逐渐减少。但其实这个"说"的过程对解决问题没有丝毫的帮助，反倒放大了负面情绪，使自己更加不开心。这时的"说"，就是一种损伤心理和生理健康的做法。

"不说"的正面效果——有利于理性思维的成熟

如果林洁不说是基于理性的思考，觉得这些问题没有必要说。即使不说，公司的相关领导也了解情况，多说反而会影响他们的判断和决定，那么"不说"的决定就会成为林洁的一次理性反思过程，有利于她理性思维的成熟。

"不说"的负面效果——可能对自己和亲友造成伤害

如果林洁不说是因为害怕，或者不知道跟谁说，那么林洁内心的问题既没有化解，又没有倾诉渠道，这些负面情绪很可能会积累成疾，或者以其他方式发泄出来，对自己和亲友造成伤害。

（节选自中华励志网，略有改动）

回答问题：
1. 林洁为什么产生了辞职的想法？属于专家所说的"个人原因"还是"外部原因"？
2. 按照专家的观点，"说"和"不说"分别有什么正面效果和负面效果？
3. 如果你在工作中遇到像林洁一样的问题，你会选择沉默还是说出来？

阅读二（字数：约1890；阅读与答题的参考时间：9分钟）

职场存"铁律"，生活需"柔性"

有人总结，狼文化就是无止境地去拼搏、探索，困难要毫不留情地把它们克服掉，粗暴地对待一个个难关，以及不要命的拼搏精神。有的企业推崇狼文化，认为这些"狼性"正是提高效益的关键，但由此产生的精神压力却不是每一个员工都能承受的。有的企业则推崇柔性文化，用柔性文化把工作和生活连在一起。因为从本质上来说，工作其实就是为了更好地生活。

"没有任何借口"的执行力

讲述者：林宇庆（某汽车品牌4S店销售经理）

"销售是一门艺术，但做好销售却不能像艺术家那样懒散。"林宇庆要求手下员工每天必须在10点前准时到店，"一开始大家都不理解，心里想着这么早怎么会有客人。但是我们可以利用这个时间分析销售过程中所遇到的问题，提高执行的力度，还可以通过一些活动增加团队的凝聚力。"

林宇庆喜欢给手下推荐激励的书，例如《正能量》《执行力》《没有任何借口》等。"像《没有任何借口》这本书，我反复地推荐员工看，美国著名的西点军校奉行的就是'没有任何借口'这个准则。每个人都应该想尽一切办法去完成任何一项任务，而不是为没有完成的任务去寻找借口。"林宇庆认为，这种"没有任何借口"的执行力正是提高业绩的关键。

当问及这种管理方式是否会使员工产生很大的精神压力时，林宇庆表示："每一样工作都有压力，想没有压力就回家休息去。既然选择了这份以业绩为衡量报酬指标的工作，就要有承受这种压力的能力。压力与回报是成正比的。"

不"狼"不"羊"，推崇"孝文化"

讲述者：夏曼熙（29岁，企业管理顾问公司人力资源主管）

曼熙说她的公司不提倡"狼文化"，也不提倡"羊文化"，而提倡"孝文化"。"我们每年过年的时候，会发放一次'孝顺金'，你必须提供父母的银行账号，公司直接把'孝顺金'发给父母。人们常说工作与家庭是分开的，我们公司提倡的是为家庭的幸福而努力工作，我觉得这种氛围比强调'狼性'会更好地提高员工们的工作效率。"

曼熙的同事很多都是外地人士，离开家乡来广州工作，他们希望公司所提倡的"孝文化"可以让漂泊在外的游子们时刻把家乡的亲人记在心里。曼熙说："如果父母得了重病，我们会发放医疗补贴金，而且还会给员工放带薪的护理假。"

这种"孝文化"正慢慢地从家庭观念变为企业观念。曼熙说："在公司里面，我们同事之间的关系就像兄弟姐妹一样，互相照应、互相学习；领导和资深的员工就像长辈一样，谆谆教诲，整个企业的氛围是轻松和谐的。"

狼性太强的人在团队里并不受欢迎

讲述者：陶子（31岁，民营企业行政秘书）

"我们公司也是鼓励员工要积极主动，敢于担当。但如果有些人表现得太过争强好胜会让人反感。"陶子说公司最近来了个新同事，让每个人都感觉不舒服。"我们的上司希望我们做出成绩后，要勇于分享，把你的成绩和经验都告诉大家。我们之前都很乐意这么做，直到D小姐来了以后，大家都有所改变了。"

陶子口中的D小姐是一个非常喜欢表现自我的人，做了一件事，无论大小都会炫耀邀功，甚至是基于团体的合作也会在上司面前表现为这都是她一个人的功劳。"在我们公司里，每个人如果有些新的想法，都会努力做出成绩让别人认同。但是大家都会以一种友善的分享方式来真心赢取同事的认可。但D小姐的方式则是完全不同的，她的方式往往是攻击性的。"陶子说。

D小姐进入公司一段时间，很受上司的信任，但是也理所当然地使很多同事心里不舒服。陶子说："比较上进的同事会说，我是不是也要这样才能得到上司的器重？而多数同事会觉得，这位新同事的做事方式给整个团队带来了心理压力。至少我不认同这种太具有侵略性的处事方式，如果每个人都是这样，大家的心理压力和竞争压力过大，反而使公司运作的效率更低。"

公司里面没有朋友

讲述者：小杨（24岁，番禺某楼盘房地产中介）

有过租房经历或者买房经历的人都会有这样的感觉，走进一些房地产中介公司，就像小绵羊走进了狼群一样，门还没推开，就有好几个工作人员迫不及待地扑过来，问你"买房还是租房"。

已经从事房地产中介工作近一年的小杨说："干中介这一行，对顾客你是狼，对同行你是狼，甚至同事对你来说也是狼。"房地产中介最重要的就是房源，谁的手上掌握的房源多，谁就有竞争力。小杨说："刚进公司的时候，找到房源都会汇报领导，但干久了发现，很多人都不会和别人分享房源，自己一开始真的很傻很天真。在公司里面几乎没有几个是真心的朋友，大家的竞争太激烈了。"

问起小杨他们公司培训的时候是否特别强调"狼文化"时，他说："培训的时候领导没有特别说要学习狼文化，但是他们一直强调业绩、业绩还是业绩，不管你用什么办法，把业绩搞上去了你就可以上位，这不就是狼文化的精髓吗？"

（节选自《南方都市报》，略有改动）

回答问题:

1. 文章中列举了多少有关"狼文化"的例子?其中"狼文化"的具体表现是什么?
2. 相比之下,夏曼熙的公司有什么不一样的地方?
3. 你赞同不赞同企业的这种"狼文化"?为什么?
4. 在你生活中有没有类似"狼文化"的表现?请说说看。

阅读三(字数:约2020;阅读与答题的参考时间:10分钟)

职场"狼文化",用得好是正能量,否则适得其反

面对竞争激烈的职场,我们只有变成"狼"才会有幸福吗?作家曼德的观点也许是一个提醒:他反对狼文化,认为企业家和员工自己首先要树立起各自对工作的尊重感。在一个利益至上、功利盛行的文化里,所欠缺的恰恰是对不同的人乃至不同的职业的尊重。对于大众而言,"狼文化"究竟是企业高效的良方,还是对个性压抑造成精神压力的缘由?城市生活研究院联同腾讯·大粤网发起了网络调查,以此了解大众对"狼文化"的认同程度。

调查报告:受访者主要是男性企业职员

在本次调查中,年龄在18到55岁的人占了绝大多数,其中30—55岁年龄层的人略多一点,占了51.90%,18—30岁的受访者占到了46.84%。而参与本次调查的人士,以男性为主,有80.25%,女性占19.75%。在职业方面,65.19%的受访者是企业职员,此外有9.49%是企业主,8.86%是事业单位职员,还有16.46%受访者是自由职业者。

近半数企业宣扬"狼文化"

在调查中我们发现,宣扬"狼文化"的企业不在少数。47.44%的受访者认为他们所在的企业宣扬的是"狼文化",而另外的52.56%受访者则不认为自己的企业宣扬"狼文化"。至于"狼文化"对于公司的发展有着怎样的影响?过半的受访者都认为,"狼文化"有效地促进公司的发展,25%的受访者认为不清楚具体有什么影响,22.44%的受访者认为"狼文化"对公司产生负面作用。

多数人赞同"狼文化"中积极的一面

对于"狼文化"所特别强调的团队合作精神,37.58%的受访者表示"十分赞同",31.21%的受访者也表示"赞同",觉得"一般"的有15.92%,还有15.29%的受访者"不赞同"。结果说明了大多数人还是比较认同强调团队合作精神的。

企业"狼文化"中强调面对事情时强硬统一的执行力,50.65%的受访者觉得"过于强硬容易导致相反的结果";42.21%的受访者则持有相反的看法,认为"军事化管理可以提高工作效率";还有7.14%表示"没有感觉"。这显示出,对于"强硬统一的执行力"究竟

是正面的还是负面的,并没有一个压倒性的结论。

对于企业"狼文化"中提倡的"不屈不挠的进取、奋斗精神,不达目标,决不放弃",24.84%的受访者还是表示了"十分赞同",35.67%的受访者也表示"赞同",有24.84%表示"一般",只有14.65%的受访者表示"不赞同"。

讨论:用得其所,"狼文化"是一种正能量

"狼文化"是什么?有人说狼性就是"贪、残、野、暴",一个团队要发展,没有这种"贪、残、野、暴"的精神是不行的。现在是一个竞争的时代,只有在竞争中才能推动社会经济的发展。没有狼性,在残酷的企业竞争中就会被撞得头破血流、败下阵来。赢动力国际教育集团总裁、国际营销专家臧龙松认为,如果以偏概全地以残酷性来理解"狼文化"就是一种曲解。他认为,"狼文化"更应该强调的是纪律性、事业上的追求和团队协作,一种责任背后的力量,而不是残酷性。这样理解的话,其实狼性文化是一种正能量。"狼性文化对于一个企业来说不是管理模式,而是精神价值。"

这些价值包括了对工作和事业孜孜不倦地追求;对事业中的困难,毫不留情地攻克之;突发野劲,在事业的道路上奋力拼搏;在追求事业成功的过程中,对一切难关不心慈手软,努力攻克;在事业确定目标后,锲而不舍,不达目的决不罢休;加强组织纪律性,为事业的成功奠定基础;对困难要勇于克服,对事业要无私奉献;互助合作,配合协调,纵横团结一致,去夺取事业的胜利等等。

错误导入,"狼文化"会适得其反

虽然臧龙松认为狼性是一种正能量,但"狼文化"并不是时时处处都适用的。他表示:"企业中,从事销售或者拓展工作的人更需要'狼文化',但从事后台、客户服务类的,就很难说要求有狼性。适合的人应该放在适合的岗位,并不是每个人都适合放在充满狼性的工作岗位上工作的。"

另外,现在职场上的新人,不像过去50后、60后、70后,经过了辛苦的日子,能够很好地接受这种严格要求的"狼文化"。臧龙松说:"80后、90后人们相对在没那么艰辛的环境下长大,也有自己的想法和主见,如果强硬地在他们身上推行'狼性文化',效果可能适得其反。所以现在企业除了讲狼性以外,还要学习西方的管理经验,把对个人的尊重放在比较重要的位置。"

提倡"狼文化"的企业里面,最有名的算是华为。在创业初期,华为管理的军事化彩色异常突出。据说每个员工的桌子底下都放有一张垫子,就像部队的行军床,供员工午休和晚上加班时睡觉用。这种做法后来被华为人称作"床垫文化"。华为还以严明的纪律著称。有一次华为在深圳体育馆召开一个6000人参加的大会,要求保持会场安静和整洁。历时4个小时,没有响一声呼机或手机。散会后,会场的地上没有留下一片垃圾。

但随着企业的发展,华为既有的文化对海外合作伙伴缺乏有效激励,并与合作伙伴发生了企业文化冲突。比如,在与3COM公司合资后,3COM员工独立、悠闲、自由的IT人文精神和华为的狼性精神形成极大反差。对华为而言,"狼性文化"的替代者无疑是"羊性文化"。

臧龙松表示："像华为、阿里巴巴这些公司,在拓展销售的时候会体现出狼性的文化,但他们也会重视员工的福利、生活条件等,这就是与羊性文化的一种结合。"

(节选自《南方都市报》,略有改动)

判断正误:

1. 受访者中,中年男性所占比例较大。（   ）
2. 超过一半的企业认为"狼文化"对公司的发展有好处。（   ）
3. 我们可以肯定,"狼文化"中强调的"强硬统一的执行力"对企业是有积极的影响的。（   ）
4. 大多数人赞同"狼文化"所提倡的积极进取的奋斗精神。（   ）
5. "狼文化"有两面性。（   ）
6. "狼文化"对一个企业来说,更重要的是它的管理模式。（   ）
7. 华为从创业初期到现在一直推行"狼文化"。（   ）
8. 现在的80后、90后职场新人不太能接受"狼文化"。（   ）

第九课 中国民众给中美关系打高分

背景知识

1972年2月，美国总统尼克松应周恩来总理的邀请访华，中美交往的大门重新打开。尼克松访华期间，中美双方于1972年2月28日在上海发表了"上海公报"。1975年12月，美国总统福特应邀访华。1978年12月16日，中美两国发表了"建交公报"。1979年1月1日，中美两国正式建立大使级外交关系，美国宣布断绝同台湾的所谓"外交关系"，并于年内撤走驻台美军，终止"共同防御条约"（即"断交、废约、撤军"）。1982年8月17日，中美两国政府发表"八·一七公报"。中美三个联合公报（即"上海公报""建交公报""八·一七公报"），成为中美关系发展的指导性文件。

多数观察家认为，中美关系十分复杂。从长期、全局来看，既非敌人又非伙伴；短期、局部来看，敌对与合作并存。但是毫无疑问，中美关系是决定21世纪世界发展方向的主要因素之一。中美关系始终在变化发展着。特别是在苏联解体后，美国最大的敌人消失，中国失去了其制衡的作用，美国成为世界上唯一的超级大国，主导世界的发展。一些美国人对实行社会主义制度的中国不信任，认为中国将会成为东亚的霸权国家，挑战美国在全球的领导地位。同时，也有中国人认为，美国有意削弱、分裂中国，美国通过对台军售、飞弹防御系统等方法来确保中国不会对美国构成威胁，并产生反美情绪。虽然中美两国之间有很多分歧，两国关系还是有许多保持稳定的因素。中美两国是主要的贸易合作伙伴，在反对恐怖主义、防止核扩散等方面有着共同的利益。在21世纪的头几十年内，中国依然无法挑战美国的独霸地位。中国所面临的挑战与困难，更多的来自于内部，而不是美国，所以中国依然希望与美国保持稳定的关系。

词语表

1. 民意　　　mínyì　　　（名）　　public opinion, will of the people, popular will
   人民群众的共同的、普遍的思想或意愿
   世論
   민의，여론

2. 半数　　　bànshù　　（名）　　half (the number)
   某个数目的一半
   半数
   절반

3. 跳跃　　　tiàoyuè　　（动）　　to jump, to leap, to hop (for joy)
   两脚用力离开原地向上或向前跳
   ジャンプする
   도약하다，뛰어오르다

4. 摩擦　　　mócā　　　（名）　　friction, clash (between two parties)
   因不同利益而引起的冲突
   摩擦、軋轢
   마찰，갈등

5. 爆发　　　bàofā　　　（动）　　(of force, emotion, event, etc.) to erupt, to break out
   突然发作；突然发生
   爆発する、勃発する
   돌발하다，갑자기 터져 나오다

6. 春季　　　chūnjì　　　（名）　　spring, spring season
   一年的第一个季节，春天
   春、春季
   봄철

7. 总数　　　zǒngshù　　（名）　　total, sum total
   总计的数目
   総数
   총수

8. 相差　　　xiāngchà　　（动）　　to differ, to discrepancy
   彼此差别
   異なる、違う
   서로 차이가 나다，서로 다르다

9. 猛然　　　měngrán　　（副）　　suddenly, abruptly
   突然，忽然
   突然
   뜻밖에，갑자기，돌연히

10. 现状　　　xiànzhuàng　　（名）　　current situation, present conditions
    当前的状况
    現状
    현상，현재 상황

11. 前后　　　qiánhòu　　（名）　　before and after, front and rear
    某一地点或某一时间的前面和后面
    前後
    전후

12	好坏 好的和坏的	hǎohuài	（名）	good and bad 良し悪し 좋고 나쁨
13	留学 到外国学习或研究	liú xué		to study abroad, to go abroad for further study 留学する 유학하다
14	移民 往他地迁移居民。迁移的人	yímín	（动、名）	to migrate, to emigrate or to immigrate; settler, migrant, emigrant 移民する、移民 이민자 / 이민하다
15	强盛 强大兴盛	qiángshèng	（形）	strong and prosperous 勢いが盛んだ、強大的である 강대하고 번성하다, 강성하다
16	名单 列出人名的册子或单子	míngdān	（名）	name list, roster, roll 名簿 명단
17	理性 通过理智获得的	lǐxìng	（形）	rational, reasonable 理性的である 이성적이다
18	感性 通过感觉获得的	gǎnxìng	（形）	perceptual, emotional 感性的である 감성적이다
19	利弊 好的方面与坏的方面	lìbì	（名）	pros and cons, advantages and disadvantages 利害、有利な面と不利な面 이로움과 폐단
20	放松 由紧变松，松懈	fàngsōng	（动）	to relax, to slacken, to loosen リラックスする、気を抜く 늦추다, 느슨하게 하다
21	悟 理解，明白	wù	（动）	to realize, to awaken 悟る、理解する 이해하다, 각성하다, 깨닫다
22	相处 共同生活；相互交往	xiāngchǔ	（动）	to get along (with one another) 一緒に暮らす、付き合う 함께 살다, 함께 지내다
23	防范 戒备；防备	fángfàn	（动）	to be on guard, to keep a lookout 用心する 방비하다, 경비하다

24	敌	dí	（名）	enemy, foe
	敌人			敵
				적

25	清晰	qīngxī	（形）	clear, distinct, explicit
	清楚			明瞭である、明晰である
				뚜렷하다, 명석하다

26	分明	fēnmíng	（形）	clear, obvious, distinct
	简单明了			はっきりしである、明らかである
				명확하다, 분명하다, 확실하다

27	紧急	jǐnjí	（形）	urgent, exigent, critical
	需要立即行动，不容拖延的			緊急である
				긴급하다, 절박하다, 긴박하다

28	议程	yìchéng	（名）	agenda, program
	会议上讨论的程序；议事日程			議事プログラム、議事日程
				의사 일정

29	恰恰	qiàqià	（副）	coincidentally, exactly, just, precisely
	正好；正			ぴったり、ちょうど
				꼭, 바로, 마침

30	上台	shàng tái		to come (or rise) to power, to assume power
	比喻出任官职或开始掌权（多含贬义）			舞台に出る、政権を握る
				요직에 나가다, 정권을 잡다

31	与其	yǔqí	（连）	rather than, better than
	在比较两件事的利害得失而决定取舍时，表示放弃或不赞成的一件			…よりむしろ
				.. 하기 보다는, .. 하느니

32	看作	kànzuò	（动）	to regard as, to consider, to look upon as
	当做，视为			見なす
				.. 로 간주하다, .. 라고 생각하다

33	局势	júshì	（名）	situation, state (of affairs), political or military situation
	原指棋局的形势，泛指（政治、军事等）一个时期内的发展情况			情勢、局面
				정세, 형세, 상태

34	接二连三	jiē èr lián sān		one after another, in quicksuccession, in a row, repeatedly, continuously
	陆陆续续地			次次、続続
				연이어, 연달아, 잇따라, 연속적으로
35	渐进	jiànjìn	（动）	to advance gradually, to progress step by step
	逐步前进、发展			漸進する、少しずつ発展する
				점진하다, 점차 전진 발전하다
36	气愤	qìfèn	（形）	indignant, furious, angry
	生气；愤恨			怒る、憤慨する
				분개하다, 분노하다, 성내다, 화나다
37	万一	wànyī	（连）	in case, if by any chance, one in ten thousand
	表示可能性极小的假定			万が一
				만일
38	剧烈	jùliè	（形）	violent, fierce, intense, acute
	激烈；猛烈；强烈			激しい
				극렬하다, 격렬하다

课文　中国民众给中美关系打高分

　　最新的民意⁽¹⁾调查显示：约有半数⁽²⁾的中国城市居民乐观地认为中美关系将在未来一段时间内继续改善。这个调查数据比两年前的调查结果跳跃⁽³⁾性地上升了 20 个百分点，大大出乎专家的意料。近两年来，中美之间的经贸摩擦⁽⁴⁾频繁发生，而同一调查表明，台湾问题仍是最多中国民众认为将会影响中美关系的最主要因素。约 70% 的中国民众认为中美之间将可能因台湾问题**爆发**⁽⁵⁾冲突。这是近年来《环球时报》"中美关系民意调查"的结果中最突出的两点。这一调查已经连续做了三年，结果反映出，中国民众对中美关系的基本看法是稳定和乐观的。

对中美关系改善持乐观态度者增长了 20%

　　同样是在春季⁽⁶⁾的某几天，同样是在北京、上海、广州、重庆、武汉这 5 个城市进行调查，3 次民调具有非常强的连续性和可比性。

　　今年，对中美关系"非常满意""满意""一般满意"的人加起来占总数⁽⁷⁾的 74.7%，去年是 79.8%，前年是 70.9%。

认为美国对中国而言是一个竞争对手的人，连续3年都占受调查者的半数左右；认为美国是中国合作对象的人，前年在总数中占1/4，今年上升到占1/3。

对美国人的好感率今年是76.5%，和去年相差[8]无几。

数据变化最大的是对未来几年中美关系发展的看法，持乐观态度的人明显增加。前年、去年的调查结果，对中美关系继续改善持乐观看法的人占30%左右，今年的结果猛然[9]上升了近20个百分点，达到了半数，同时，还有约三成的人认为会保持现状[10]。

美日强化军事关系引起不满

"美日加强军事关系"引起了很多的中国人不满，今年的调查中把这一项列为对美最不满的，占了调查人数的17.1%，比前年提高了10个百分点。

对"美国在经贸问题上对中国施加压力"表示最不满的人占总数的16.1%。但值得注意的是与此相关的另一组调查数据：今年，在回答"发展中美关系对中国起了什么作用"的问题时，选择"加快中国经济发展"的受调查者占总数的44.1%，而前年、去年的数字分别是61.9%、66.6%，前后[11]比较，从超过六成下降到明显少于半数，中国民众还是感觉到了美中经贸摩擦对中国经济的影响。

对美国实力看得很清楚

认为美国文化对中国的影响好坏[12]都有的接近六成。有机会愿意到美国留学[13]或移民[14]美国的人都超过半数，但其中的大多数人表示要看有什么条件。

变化比较大的是对美国未来实力的看法，在大约三成的人表示美国的地位变化难以判断的同时，认为美国会继续强盛[15]，并长期保持唯一超级大国地位的人今年只占总数的16%，而前年的数字是28.2%。中国民众认为美国未来的实力和地位将会下降的人在明显增多。

中国人喜欢哪个美国政治人物？调查的结果相当有意思：今年喜欢现任美国总统奥巴马的人最多，前几年的调查，喜欢时任美国总统克林顿的中国人最多。今年列出的名单[16]中换掉了克林顿，结果奥巴马排到了首位。可以看出，中国民众看美国对外政策等国家行为的时候很理性[17]，而在看美国人，包括美国政治家的时候则很感性[18]，他们似乎更看中他作为一个普通人有没有可爱之处，而不是比较他所做事情的利弊[19]轻重。

期望值低导致乐观

北京大学国际关系学院的学者余万里说，从连续三年的民调结果来看，中国民众对于中美关系的现状和未来是基本满意和相当乐观的，看好的民众占了绝大多数。

现阶段中国在中美关系上追求的目标其实就是稳定，这种目标的追求从现状来看实际上已经达到了。既然如此，民众自然比较满意，心态也比较放松[20]。余万里说，从民众的角度看，只要美国少做或不做伤害中国人自尊和有损中国核心利益的事情，就可以给美国打高分了。

从某种意义上看，中国民众在现实中悟[21]到了当前大国相处[22]之道的基本特点，就是既竞争又合作，既相互需要又存在摩擦和防范[23]，那种敌[24]友清晰[25]分明[26]的国际关系时代已经成为过去，中国人已经开始习惯这种复杂的大国关系了。

    2016年是美国的大选年，但中国问题显然不在美国当前最紧急$^{(27)}$的外交议程$^{(28)}$内，恰恰$^{(29)}$是美国面临的一些亟待解决的问题，还需要中国的帮助，所以无论谁上台$^{(30)}$，都需要稳定的中美关系。

    更为重要的是，中国民众在自己的生活中看到了国家的良好发展，产生了充分的自信，这种自信才是乐观看待中美关系最重要的支撑点。

中国人更关注美国在台海问题上扮演的角色

    那么，为什么中国民众中认为中美可能因为台湾问题发生冲突的人数会大量增加呢？余万里认为，与其$^{(31)}$说这是中国人对中美关系的担心，倒不如看作$^{(32)}$是中国民众对"台独"势力可能把台海局势$^{(33)}$推向危机的强烈担忧。中国社科院美国所专家倪峰说，民调结果通常是民众最近记忆的反映，接二连三$^{(34)}$的"渐进$^{(35)}$台独"对大陆民众的心理冲击也相当大，民间气愤$^{(36)}$的情绪在增长，加上他们认为台海万一$^{(37)}$爆发**剧烈**$^{(38)}$冲突，美国会站在台湾一边，所以才会有现在这样的民调结果。

（全文字数：约1880）

（节选自《环球时报》，略有改动）

注 释

1 约70%的中国民众认为中美之间将可能因台湾问题**爆发**冲突。

[解释] "爆发"与"暴发"：动词。都可表示突然发生。
　　　　爆发：自然现象方面特指火山内部的岩浆突然冲破地壳，向四处迸出；其他方面则偏重于某事件或某事变突然发生。
　　　　暴发：自然现象方面多描述山洪、泥石流、疾病、雪崩等；其他方面则多形容人突然发财或得势，多含有贬义。

[例词] 爆发经济危机 / 爆发起义 / 火山爆发 / 矛盾爆发
　　　　洪水暴发 / 暴发了一场传染病 / 暴发成为百万富翁

[例句] ① 全场顿时爆发起欢呼声。
　　　　② 冷战结束以来，国际关系发生了一些积极变化，同时也爆发了许多地区冲突和错综复杂的矛盾。
　　　　③ 任意砍伐树木，破坏植被，会引起山洪暴发。
　　　　④ 有些暴发户穷得只剩下钱了。

② 从某种意义上看，中国民众在现实中悟到了当前大国相处之道的基本特点，就是既竞争又合作，既相互需要又存在摩擦和防范，那种敌友清晰分明的国际关系时代已经成为过去，中国人已经开始习惯这种复杂的大国关系了。

[解释] "清晰"与"清楚"：形容词。都指清爽不模糊，容易分辨。
　　　清晰：明晰清楚。着重指事物看得清，分辨得清。形式上不可以重叠。
　　　清楚：指事物容易让人了解、辨认，神志感觉有条理，头脑对事物了解很透彻。形式上可以重叠。有时用作动词，有知道、了解的意思。

[例词] 清晰可见 / 清晰可辨 / 语言清晰
　　　清清楚楚 / 清楚明白 / 神志清楚

[例句] ① 模糊性不是含糊，艺术形象总是最具体可感、最鲜明清晰的。
　　　② 一个人的思想有时还可以是混乱的、模糊的、自相矛盾的，而观点总要求是比较清晰、比较一贯的。
　　　③ 这是既有联系又有区别的两个问题，这点必须弄清楚。
　　　④ 事情还没调查清楚，他就下起结论来了。

③ 民调结果通常是民众最近记忆的反映，接二连三的"渐进台独"对大陆民众的心理冲击也相当大，民间气愤的情绪在增长，加上他们认为台海万一爆发剧烈冲突，美国会站在台湾一边，所以才会有现在这样的民调结果。

[解释] "剧烈"与"激烈"：形容词。都含有势猛、厉害的意思。
　　　剧烈：猛烈。可用于人的活动或肉体上、精神上的痛苦，也可用于事物的变化和社会变革。
　　　激烈：词义的侧重点是动作快速紧张；多用来形容激昂热烈的言论、情绪或紧张激化的竞赛、斗争等。

[例词] 剧烈的毒性 / 剧烈的动荡 / 气候变化剧烈
　　　措辞激烈 / 激烈的较量 / 激烈地表示反对

[例句] ① 精神分裂症的发生与剧烈的精神创伤和神经过程强烈矛盾有密切关系。
　　　② 种子贮藏期间的温度要求比较稳定，如经常剧烈变化，也会降低甚至完全丧失发芽能力。
　　　③ 当今世界，新科技革命迅猛发展，世界范围的科技竞争日益激烈。
　　　④ 随着全国经济的发展，劳动工资水平逐渐提高，国际竞争日趋激烈，低工资成本战略必然逐渐由高技术战略所取代。

练习

一 请在课外阅读最新中文报刊文章，将其中你喜欢的一篇剪贴在你的笔记本上，然后写出摘要与看法

二 给下列动词搭配适当的词语

爆发_____ 放松_____

防范_____ 看作_____

三 选词填空

> 接二连三　　猛然　　强盛　　利弊　　分明　　紧急　　万一

1. 西方心理学家将领导者的工作作风分为几种不同的类型，并分析了各种工作作风类型的_____。

2. 一个稳定、发展和_____的中国，不会对任何国家造成威胁，只会对亚太地区和世界的和平与发展作出更大的贡献。

3. 昆明是四季不_____的城市，那里的春天有时也刮秋风。

4. 批评者必须确保自己的批评准确无误，实事求是，_____出了差错，必须如实、及时更正，有时也应作自我批评并且对批评后果采取相应补救措施。

5. 这个科研团队的科研成果_____，荣誉称号随之而来。

6. 特别是在_____关头，任何犹豫不决都会使事业担更大风险。

7. 突然，最近处的一座火山又_____爆发，炽热的熔岩喷泉似地涌出。

> 爆发　　暴发

8. 如今沿村一带正在赶修堤岸，预防那_____的夏雨和山洪。

9. 顿时，整个会场_____出雷鸣般的掌声。

清晰　　　清楚

10. 他改变主意的原因不_____。

11. 这时我们所注意的事物的印象，就_____地出现在我们的脑中了。

剧烈　　　激烈

12. 如果谁不关注自身经营的效益，谁就会在_____的竞争面前站不稳脚跟，就会被淘汰。

13. 患高度近视的人，应少做或不做跳水等_____活动，以免得视网膜脱离症。

四 根据课文内容判断正误

1. 对中美关系持乐观态度的民众的比例与两年前的调查结果相似。（　　）

2. 大多数中国民众认为影响中美关系的最主要因素是台湾问题。（　　）

3. 调查中，将近半数的中国人对美日加强军事关系表示了强烈的不满。（　　）

4. 调查结果显示，大部分中国人对美国人充满好感。（　　）

五 请按正确的语序将下列各个句子组成完整的一段话

1. A. 看好的民众占了绝大多数

   B. 中国民众对于中美关系的现状和未来是基本满意和相当乐观的

   C. 从连续三年的民调结果来看

   正确的语序是：（　　）（　　）（　　）

2. A. 在大约三成的人表示美国的地位变化难以判断的同时

   B. 变化比较大的是对美国未来实力的看法

   C. 而前年的数字是 28.2%

   D. 认为美国会继续强盛，并长期保持唯一超级大国地位的人今年只占总数的 16%

   正确的语序是：（　　）（　　）（　　）（　　）

六 根据课文内容选择最合适的答案

1. 今年，对中美关系感到满意的民众约为_____%。
   A. 65　　　　B. 70　　　　C. 75　　　　D. 80

2. 今年，在回答"发展中美关系对中国起了什么作用"的问题时，选择"加快中国经济发展"的受调查者的比例比去年_____。
   A. 减少了一点　　　　B. 减少了很多
   C. 增长了一点　　　　D. 增长了很多

3. 今年认为美国会继续强盛，并长期保持唯一超级大国地位的调查者的比例比前年_____。
   A. 增长了一点　　　　B. 增长了很多
   C. 降低了一点　　　　D. 降低了不少

4. 大多数中国民众认为中美之间将可能因为_____问题爆发冲突。
   A. 台湾　　　　B. 经济贸易
   C. 文化　　　　D. 观念

七 完形填空

| 来看　　只要　　也　　就　　其实　　既然如此 |

1. 现阶段中国在中美关系上追求的目标__1__就是稳定，这种目标的追求从现状__2__实际上已经达到了。__3__，民众自然比较满意，心态__4__比较放松。余万里说，从民众的角度看，__5__美国少做或不做伤害中国人自尊和有损中国核心利益的事情，__3__可以给美国打高分了。

| 恰恰　　无论　　还　　但　　都 |

2. 2016年是美国的大选年，__1__中国问题显然不在美国当前最紧急的外交议程内，__2__是美国面临的一些亟待解决的问题，__3__需要中国的帮助，所以__4__谁上台，__5__需要稳定的中美关系。

八 请用自己的话或原文中的关键句子概括下面一段话的主要内容

1. 中国人喜欢哪个美国政治人物？调查的结果相当有意思：今年喜欢现任美国总统奥巴马的人最多，前几年的调查，喜欢前任美国总统克林顿的中国人最多。今年列出的名单中换掉了克林顿，结果奥巴马排到了首位。可以看出，中国民众看美国对外政策等国家行为的时候很理性，而在看美国人，包括美国政治家的时候则很感性，他们似乎更看中他作为一个普通人有没有可爱之处，而不是比较他所做事情的利弊轻重。

2. 那么，为什么中国民众中认为中美可能因为台湾问题发生冲突的人数会大量增加呢？余万里认为，与其说这是中国人对中美关系的担心，倒不如看作是中国民众对"台独"势力可能把台海局势推向危机的强烈担忧。中国社科院美国所专家倪峰说，民调结果通常是民众最近记忆的反映，接二连三的"渐进台独"对大陆民众的心理冲击也相当大，民间气愤的情绪在增长，加上他们认为台海万一爆发剧烈冲突，美国会站在台湾一边，所以才会有现在这样的民调结果。

九 请尽量用以下词语进行话题讨论

摩擦	爆发	现状	相差	猛然	利弊
感性	理性	清晰	紧急	强盛	相处

你是如何评价中美两国目前与未来的关系的？

快速阅读

阅读一（字数：约1740；阅读与答题的参考时间：9分钟）

"夫人外交"添暖中美关系

长久以来，国家外交一直都是一个由男性主导的政治舞台。步步为营的谈判，唇枪舌剑的交锋，疾言厉色的谴责，都是外交活动"刚性"的一面。国家之间的磨合，同样需要一股柔性的力量来充当润滑剂。而各国的第一夫人们，无疑就是游走于外交"硝烟"中，不动声色"以柔克刚"的巾帼将军。

这一次展现柔性魅力的是中美两国的第一夫人。3月20日，应中国国家主席习近平夫人彭丽媛的邀请，美国总统奥巴马夫人米歇尔为期一周的访华行程正式展开。分析指出，以"夫人外交"为纽带，中美关系将迎来一次形式创新的"软调节"。伴随米歇尔此次到访的还有一支"娘子军"——女儿玛利亚、萨莎及母亲玛丽安·鲁滨逊。

美国精英母亲

不谈政治，谈教育，聊文化，这符合第一夫人的职务定位。尽管如此，这并不妨碍第一夫人透露出一些深层次的价值导向，比如中美的分歧与利益。

据了解，在为期一周的访问中，米歇尔不会谈及中美之间的分歧，而是主要讨论青年教育等软性问题。白宫方面表示，米歇尔此行将主要聚焦于两国的文化联系，以及教育对中美两国年轻人的影响和重要性。

分析人士指出，米歇尔此次出访的目的，也许是要借由对教育的关注来进一步塑造一个"精英母亲"的形象。早在奥巴马与罗姆尼竞选总统时，"工作生活两不误的职场精英母亲"就已经成为奥巴马公关团队为米歇尔主打的定位。之后，米歇尔便更加注重自己身上的这个标签，在国际媒体面前频频强调自身的家庭教育理念。

无编制外交官

美国第一夫人在同类人中无疑是最活跃的一群。前第一夫人希拉里单独出访了20次，劳拉出访了14次，成为"没有编制的外交官"。在国际外交的舞台上，第一夫人们无疑是一道独特而亮丽的风景线。

米歇尔此次"撇开"奥巴马，独自带女儿、母亲访华，就是典型的"第一夫人外交"。据了解，第一夫人独自进行外交访问的传统是由美国第32任总统富兰克林·罗斯福的夫人埃莉诺·罗斯福开启的。作为国际红十字会的代表，埃莉诺在第二次世界大战期间独自前往英国、爱尔兰和美国位于太平洋的各个基地访问。此后，独自外访逐渐成为美国第一夫人的重要礼仪和职责之一。

中国柔性力量

中国外交从来不乏智慧。两国实力相当，外交就是力量；两国实力悬殊，力量就是外交。"夫人外交"正是在硬性的政治格局变化之中带来的柔性力量。

"夫人外交"并不是西方国家的专利。事实上，早在20世纪60年代初，中国对外交工作中的"夫人"阵线便格外重视。

1961年9月，中共中央批准成立夫人外事活动指导小组，由时任国务院副总理兼外交部长陈毅的夫人张茜任副组长，参与并指导夫人外事工作的开展。资料显示，张茜在新中国成立后共出访21次、到过12个国家，其间还曾先后带领妇女代表团成功访问缅甸和越南；在国内，张茜也接待过许多总统夫人、王后等贵宾，在新中国的"夫人外交"史上写下了浓墨重彩的一笔。

1963年4月13日，时任国家主席的刘少奇携同夫人王光美出访印度尼西亚、缅甸、柬埔寨、越南四国。身着一袭白色旗袍的王光美，端庄华贵、优雅从容，给全世界留下了深刻印象。从此，新中国的"第一夫人"开始走向世界。

2013年3月，中国国家主席习近平携同夫人彭丽媛出访俄罗斯与非洲三国，以崭新的身份向世界展现中国"第一夫人"的独特魅力。彭丽媛言谈举止之间，无不显露出端庄、沉稳的雍容风范，并由于其多年的军旅生活，显得英姿飒爽。在与受访国的媒体和民众接触时，其和蔼亲和的姿态赢得了世界人民的赞叹，成为国内外媒体争相报道的焦点。不言而喻，彭丽媛的出色外交表现将有助于改善中国在复杂多变的国际环境中所处的态势。

紧急融冰之旅

尽管米歇尔与彭丽媛探讨的问题与中美关系的敏感议题毫无关联，但此次到访仍然释放出强烈的外交信号，即重申美方对中美关系的高度重视。

众所周知，中美之间最具划时代意义的一次互动莫过于1972年2月21日，美国时任总统理查德·尼克松的第一次访华，史称"破冰之旅"。它标志着中美在对抗20多年之后，两国关系正常化过程的开始，为以后中美关系的进一步改善和发展打下了基础。

自中美建交以来，双方进行了一系列友好的互动和往来。但是，意识形态的分歧和国家利益冲突都难免使两国产生摩擦，尤其是近年来双方就东海、南海等问题屡生争执。米歇尔的到访对两国元首的会晤来说具有一定的前期铺陈作用，也不妨视之为一次"融冰"之举。

（节选自《国际金融报》，略有改动）

回答问题：
1. 这一次的"夫人外交"指的是什么？
2. 美国的第一夫人米歇尔此次访华主要谈论的是哪些方面的问题？
3. 为什么说美国第一夫人是"无编制外交官"？
4. 中国历史上有哪些"夫人外交"的事例？中国当今的"第一夫人"彭丽媛向世界展现了怎样的魅力？
5. 为什么说米歇尔的到访对中美两国来说是一次"紧急融冰之旅"？

阅读二（字数：约1800；阅读与答题的参考时间：9分钟）

欧洲迎接中国"新闺蜜"摘掉有色眼镜？

"中国国家主席习近平在欧洲展开魅力攻势。"3月26日，法国《世界报》刊登文章这样说道。

备受瞩目的习主席访欧之行从荷兰开始，共经四个国家，历时近两周，向外界展示了欧洲在中国外交上的优先位置。

一些外媒开始比较：中美谁才是欧洲最好的朋友？分析称，今日欧洲需要的是市场、就业和经济增长，而不是演说，"中国无疑是欧洲的'新闺蜜'"。

但那个有着"香格里拉情结"的欧洲大陆，是否在需要中国的同时，也摘掉了看待中国的有色眼镜？

荷兰：商人的务实选择

若用"欧洲之门"来比喻习主席本次欧洲之行的首站荷兰也并不为过。对中国而言，荷兰是对华合作最开放的欧洲国家之一。这里的民众素以当地宽容的社会风气为豪，因此，相比于欧洲其他国家，荷兰人很少公开谈论"中国威胁"。

从另一个角度看，这也展现了荷兰人更愿意用务实眼光看待中荷合作的前景。来自中国驻荷兰使馆经商处的最新统计数据显示，2013年中荷双边贸易额达到701.5亿美元，同比增长3.8%，创历史最高纪录。荷兰由此连续11年成为中国在欧盟的第二大经贸伙伴，经贸合作成为中荷两国关系中的亮点。

与欧洲传统国家相比，荷兰反而愿意开放地迎接"中国经济"。

今年2月，伊利股份在荷兰成立了中国乳业首个海外研发中心。荷兰首相吕特在习主席出访前表示，荷兰是欧洲的门户，有良好的外语能力、良好的灵活性、良好的基础设施等，具备"中国企业来荷兰发展的有利条件"。

由于欧债危机的影响，荷兰对中国的需要溢于言表。中国驻荷大使陈旭表示："中荷两国都是20世纪法西斯侵略战争受害国，都坚定维护战后国际秩序，都面临持续发展的重要课题，都主张贸易自由化，在不少领域有很大的优势互补空间。"

当地一位学者告诉记者，荷兰人被称为"欧洲的中国人"，正是因为荷兰人与中国民众一样勤劳且热爱和平。

法国：重视之余，一丝醋意

在法国，媒体对普通民众的世界观一直发挥着至关重要的影响。于是，法国民众总是在媒体构筑的"镜面"下，被引导着感受和认知中国。

随着中国的快速发展，经济总量跃居世界第二，法国媒体关于中国的报道越来越多。其中，对中国经济领域的报道远多于政治领域，对中国对外关系的报道多于国内问题。在这些报道中，法国媒体基本以事实报道为主，评论较少。当然，即使有评论，一般也不会真诚地赞美中国，更多旨在渲染中国崛起给世界带来的冲击。

对中国经济实力扩张的渲染，尤其是对欧洲的冲击，算得上是法国媒体关于中国报道中最热的一个话题。众所周知，近几年欧洲遭受欧债危机重创，法国经济不景气，失业率屡创新高，民众普遍弥漫着失望情绪，对未来缺乏信心。而中国经济却持续发展，不仅超越日本成为全球第二大经济体，并且慢慢开始由之前的"韬光养晦"开始转向"有所作为"，在法国的投资也大大增加。

向来高傲的法国媒体对待中国崛起的心态十分微妙。一方面充满着疑虑与恐惧，另一方面又不真心佩服这个他们认为的"暴发户"，比如频繁地把中国称为"中央帝国"；不竭余力地将中国的经济发展与处境艰难的廉价劳动力、高效的模仿能力甚至盗版能力联系在一起。

德国：钦佩中国经济和文化

在习主席即将到访德国的前夕，今年2月，一份题为《德国与中国——感知与现实》的联合调查报告引起了广泛关注。这是阐释德国人眼中中国形象的最新民调。结果显示，德国人普遍表达了对中国经济的强烈感触，超过半数的德国人认为，中国对德国经济的影响力大或极大。

但是人们面对"中国制造"时，钦佩与害怕同时存在。本土制造商会受到中国产品排挤吗？中国经济强大会是德国的威胁吗？——大约一半的德国民众回答"是"。

迄今为止，中国经济发展对德国的影响深入普通百姓家。而如同欧洲其他国家的民众一样，德国人对中国最感兴趣的领域是文化。

德国宝马基金会主席、前德国驻华大使施明贤就酷爱中国艺术。他的办公室里存放着几本厚厚的中国艺术家摄影集。"中国的艺术很特别。"施明贤说道。

德国民众对中国文化的关注并不是偶然现象。近年来，汉语教学在德国发展迅速，全德开办汉语课程的中小学超过300家，其中60余所学校将汉语提升至高中毕业会考科目。德国哥廷根大学和蒂宾根大学已开设汉语师范专业，培养本土专业汉语教师。

"我90年代学习汉学时，周围人常常不理解我为何要跟这样一个陌生的国家打交道。"德国杜塞尔多夫孔子学院德方院长培高德深有感触，"而今天，这种情况根本不存在，学习中文更倾向于被赞为明智且重要的决定。"

（节选自《国际先驱导报》，略有改动）

回答问题：
1. 荷兰对中国持怎样的看法和态度？请根据课文做出概括。
2. 为什么相对于传统的欧洲国家来说，荷兰更愿意开放的迎接"中国经济"？
3. 法国媒体对于中国的报道有什么特点？
4. 德国人对中国文化的喜爱表现在哪些方面？

阅读三（字数：约1540；阅读与答题的参考时间：8分钟）

中国与欧洲：10年后再出发

北京时间3月26日，中国国家主席习近平结束了在海牙核安全峰会的行程，来到有着两千多年历史、罗马时期的高卢古都里昂。

里昂是习主席访问法国的第一站。从3月22日至4月1日，在将近两周的时间里，习近平主席将先后访问荷兰、法国、德国、比利时，并访问欧盟总部和联合国教科文组织总部。

这是习近平担任国家主席后首次访问欧盟地区，也是习主席今年继出席索契冬奥会开幕式后的第二次出访，意义重大。

历史的车轮走过10年，中欧关系经历了一些风波和曲折，而今到了一个新的历史转折关头，中欧关系再出发正当其时。习近平主席此次访欧，行程精心安排，活动丰富多彩，必将给中欧关系注入新的活力，谱写中欧关系新的篇章。

欧洲人也想"缩小差距共同富裕"

习近平主席对欧盟总部的访问,将是中欧建交40年来中国国家元首的首次访问。在这里,在布鲁塞尔舒曼广场边那栋硕大的"X"形大楼里,"中国梦"与"欧洲梦"将有着"零距离"的交汇与对接。

缩小地区差距、实现共同富裕是"欧洲梦"与"中国梦"在发展理念上的交汇点,亦是两者最重要的共通交集之处。

欧洲一体化是为了什么?一个重要目的是为了扭转欧盟内部东西之间、南北之间的发展失衡,缩小贫富差距。"中国梦"是什么?缩小贫富差距、建设和谐社会、"每个人都能享有人生中出彩的机会"是其重要内涵之一。

拓展双方的合作领域和空间是"欧洲梦"与"中国梦"最具现实意义的交汇点。从政治上看,中欧之间不存在尖锐的全球性战略矛盾和竞争,双方建立了全面战略伙伴关系,中欧可以一心一意谋发展。

中法合作历经50年风雨波澜

严格来说,当代中欧关系的大门是法国人打开的——1964年1月27日,一份简短的联合公报从北京和巴黎同时发出,寥寥数语却震惊世界。在那东西壁垒分明的冷战时代,中法建交体现了戴高乐将军的勇气、智慧与远见,是法国理性与独立精神的完美体现——不愿唯美国"马首是瞻"。

历史的发展证明中法的远见对中法、中欧乃至世界格局的巨大贡献。半世纪来,中法建交的开创性和战略性早已超越政治,向经济、文化乃至国际合作不断延伸。

今年是中法建交50周年,此次访法,习主席将同奥朗德总统举行会谈,共同出席纪念中法建交50周年相关活动并讲话,还将会见艾罗总理和两院议长。双方将签署核能、航空、城镇化、农业、金融等领域合作协议。

中德关系迈向更高台阶

习主席的历史性访问将把纪念中法建交50周年活动推向最高潮,而中德关系也因为习主席的到来迈向了更高台阶。

这是8年来,中国国家主席首次对德进行的国事访问。

当前的中德关系处于历史最好时期——共识来自于中德政、经、学界。金融危机后,中国与德国这两个制造大国经济分别在东西方"一枝独秀","德国模式"与"中国模式"风行一时,中国与德国真可谓英雄惺惺相惜。

访德期间,习近平主席将与德国总统高克、总理默克尔会见会谈,出席由德外交部和科尔伯基金会共同主办的活动并发表主旨演讲,访问杜塞尔多夫。双方还将签署工业、航天、科技、教育、文化、农业等领域合作协议。

此访将着眼于中德关系未来5至10年的发展,从战略高度和长远角度为中德关系指明方向、描绘蓝图,共同释放中德深化全方位战略合作的积极信号。

中欧合作议题迎来开局之年

因此,展望中欧前路,"一片光明"绝非虚言。

一方面,当前走出欧债危机阴影的欧洲希望吸引更多的中国投资,希望更多中国游客前往观光。有报告称,到2020年前,中国的境外投资可能增至1万亿美元。

另一方面,中国经济的持续繁荣也离不开欧洲。欧盟是一个拥有5亿人口、购买力很强的大市场。欧盟超过美国是世界上第一大经济体,GDP达12.5万亿美元,是中国经济总量的两倍。欧洲的技术、品牌和供应链资源丰富,是中国"走出去"战略的重要目标。

习主席此访,将为中欧关系"定方向""提速度""上水平"谱写新的一页。

(节选自《国际先驱导报》,略有改动)

判断正误:

1. 习近平主席访问欧洲的第一站是法国。　　　　　　　　　　　(　　)
2. 历史上的中欧关系一直很好,现在正处在一个历史转折点。　　(　　)
3. "欧洲梦"和"中国梦"有着很多的共同之处。　　　　　　　　(　　)
4. 欧洲一体化的目标也是为了实现共同富裕。　　　　　　　　　(　　)
5. 中国与法国的合作关系促进了中欧关系的合作。　　　　　　　(　　)
6. 此次访德期间,中德双方签署了包括教育、科技、文化等方面在内的多项合作协议。　　　　　　　　　　　　　　　　　　　　　　　(　　)
7. 美国是世界上第一大经济体。　　　　　　　　　　　　　　　(　　)
8. 中欧关系的前途一片光明。　　　　　　　　　　　　　　　　(　　)

第十课　中日两国是搬不开的邻居

听录音 扫这里

背景知识

　　1972 年 9 月 25 日至 30 日，日本首相田中角荣访问中国。9 月 29 日中日两国在北京签署《中日联合声明》，实现了邦交正常化。1973 年 1 月，两国互设大使馆，中国在大阪、福冈、札幌、长崎，日本在上海、广州、沈阳和香港分别开设总领事馆。1978 年 8 月 12 日，两国缔结《中日和平友好条约》，以法律形式确认了《中日联合声明》的各项原则，为中日关系的全面发展奠定了政治基础。同年 10 月邓小平副总理访日，双方互换《中日和平友好条约》批准书。1998 年 11 月，江泽民主席对日本进行国事访问，这是中国国家元首首次正式访日，中日两国共同发表了《关于建立致力于和平与发展的友好合作伙伴关系的联合宣言》，为两国在新世纪发展友好合作关系确立了行动指南。2006 年 10 月，日本首相安倍晋三对中国进行正式访问。两国发表联合新闻公报，双方同意，努力构筑基于共同战略利益的互惠关系。2007 年 4 月，温家宝总理对日本进行正式访问，双方发表了《中日联合新闻公报》，就构筑"基于共同战略利益的互惠关系"达成了共识。

　　中日关系的理想目标是最大限度地实现共同利益，最低目标是防止相互戒备导致相互对抗。近、中期最有可能的局面是，中日关系将在合作与摩擦中曲折、渐进地向前发展。中日发展友好合作的共同利益是不言而喻的，特别是两国经贸关系和民间交往已有相当深厚的基础。但也应看到，中日经济相互依赖日益加深的同时，政治摩擦和感情冲突时有存在。中日间潜在政治摩擦因素有如下几类：日本否认或美化对华侵略历史的问题，日美同盟威胁中国安全的问题，围绕钓鱼岛及其周边海域权益的争端问题，以及在经贸和经济合作领域的摩擦问题。

　　鉴于中日关系的复杂性，两国在推动相互关系时，宜以经济促政治与安全合作，以民促官，以官带民；应继续发扬"求大同，存小异"的精神，按先易后难、循序渐进的方式逐步加强相互间各项合作。以地区合作促进双边合作，是推动中日关系的又一途径。中日应在亚太、东亚、东北亚三个层次加强合作，在积极参与各类地区合作机制中加强政策协调。其中，近年来启动的东盟与中日韩框架和中日韩三国对话，是中日携手推动地区合作的良好开始。

词语表

1. **邻国** línguó （名） neighboring country
   接壤或领土邻接近国家
   隣国
   이웃 나라

2. **全局** quánjú （名） overall situation, situation as a whole, picture of the whole
   整个的局面
   全体的な状況
   전체의 국면, 대세

3. **入口** rùkǒu （名） entrance, entry
   进入的门或口儿
   入り口
   입구

4. **拖延** tuōyán （动） to delay, to put off, to postpone, to procrastinate
   延长时间，不快速处理
   遅らせる、引き延ばす
   끌다, 연기하다, 지연하다, 늦추다, 연장하다

5. **陷入** xiànrù （动） to sink into, to get caught up in, to land in (apredicament), to fall into
   落在不利的境地
   陥る
   (불리한 상황에) 빠지다

6. **恶性** èxìng （形） malignant, pernicious, vicious
   能产生危险后果的
   悪質である、悪性である
   악성적이다, 악질적이다

7. **高涨** gāozhǎng （动） to rise, to surge up, to run high
   情绪急剧上升
   高まる、高揚する
   뛰어오르다, 급증하다

8. **对立** duìlì （动） to oppose, to set sth. against, to be antagonistic to
   两种事物或一种事物中的两个方面之间的相反作用
   対立する
   대립하다

9. **争夺** zhēngduó （动） to fight or contend, to scramble for, to enter into rivalry with sb. over sth.
   竞争抢夺
   争う、争奪する
   쟁탈하다, 다투다, 싸워 빼앗다

10. **对抗** duìkàng （动） to resist, to oppose
    双方对立相持不下
    対抗する
    대항하다

11	妨碍	fáng'ài	（动）	to hinder, to hamper, to obstruct

事情不能顺利进行，使过程或进展变得缓慢或困难
妨げる、妨害する
지장을 주다, 방해하다, 저해하다

12	高估	gāogū	（动）	to overrate, to overestimate

过高地估计
過大評価する
과대 평가하다

13	贬低	biǎndī	（动）	to belittle, to depreciate, to play down, to debase, to detract

故意降低应有的评价
おとしめる
낮게 평가하다, 얕잡아보다

14	与此同时	yǔcǐ-tóngshí		at the same time, meanwhile

与这同一时间
同時に
이와 동시에, 아울러

15	借鉴	jièjiàn	（动）	to draw lessons from, to draw on the experience of, to use for reference

把别的人或事当镜子，对照自己，以便吸取经验或教训
経験や教訓を得る、参考にする
참고로 하다, 거울로 삼다

16	追赶	zhuīgǎn	（动）	to accelerate one's pace in order to catch up

加快速度赶上（走在前面的人、动物或其他事物）
追いかける
뒤쫓다, 쫓아가다, 따라잡다

17	扩散	kuòsàn	（动）	to spread, to diffuse, to proliferate, to scatter about

向外扩展分散
拡散する
확산하다, 만연하다

18	恐怖	kǒngbù	（形）	terrifying, horrible; terror, horror, dread (caused by threat)

恐惧，害怕
恐怖である、恐ろしい
두렵다, 무섭다

19	节能	jiénéng	（动）	to save energy

节约能源
エネルギーを節約する
에너지를 절약하다

20	攻	gōng	（动）	to assault, to attack

攻打，进攻
攻める
공격하다

21	抛弃	pāoqì	（动）	to desert, to abandon, to cast away

扔掉不要；丢弃
放棄する、見捨てる
버리고 돌보지 않다, 던져 버리다

22	婴儿 初生的幼儿。一周岁内的儿童	yīng'ér	（名）	infant, baby, babyhood 赤ちゃん、赤ん坊 영아，젖먹이，갓난애
23	崛起 兴起	juéqǐ	（动）	to rise abruptly, to suddenly appear on the horizon; to rise (as a political force) 起こる、勃興する 들고 일어나다，궐기하다
24	确立 牢固地建立或树立	quèlì	（动）	to set up, to establish, to fix, to build up 確立する 확립하다
25	信赖 信任，依赖	xìnlài	（动）	to trust, to count on, to have faith in 信頼する 신뢰하다
26	人心 指人的感情、愿望等	rénxīn	（名）	human heart, the will of the people 人心 인심
27	人情 人的感情；人之常情	rénqíng	（名）	human feelings, relationship 人情 인정
28	供奉 祭祀神佛、祖先	gòngfèng	（动）	to present, to offer sacrifices to ancestors, etc. 祭る 바치다，공양하다，모시다
29	军国主义 实行军事独裁，强迫人民接受军事训练，向人民灌输侵略思想，使政治、经济、文化为侵略战争服务的反动政策	jūnguó zhǔyì		militarism 軍国主義 군국주의
30	助长 帮助成长；促使增长	zhùzhǎng	（动）	to encourage, to foster 助長する、増長させる 조장하다
31	邻 住处接近的人家，邻居	lín	（名）	neighbour 隣 이웃
32	伴 同伴	bàn	（名）	companion, partner 仲間、パートナー 동료，동반자，벗

33 诚意　　　　　　　　chéngyì　　　（名）　　sincerity, good faith
诚恳的心意　　　　　　　　　　　　　　　　誠意
　　　　　　　　　　　　　　　　　　　　　성의, 진심

34 公报　　　　　　　　gōngbào　　　（名）　　public service announcement
简明或提炼的公告或通知，其内容多为人们十分关注　　(PSA), bulletin
的问题，并由权威部门所发布　　　　　　　　　　公報
　　　　　　　　　　　　　　　　　　　　　공보, 관보

35 坚信　　　　　　　　jiānxìn　　　（动）　　to firmly believe
坚定信任　　　　　　　　　　　　　　　　　信じ込む
　　　　　　　　　　　　　　　　　　　　　굳게 믿다

课文

中日两国是搬不开的邻居

冯昭奎

在变化的国际形势下，我们如何同邻国[1]日本相处？对此，笔者提出以下六点看法。

一、历史问题不是中日的全部

解决历史问题需要智慧，既要认真解决历史问题，又要积极发展中日关系，而且后者更重要，更带有全局[2]性，不宜将作为一个思想认识问题的历史问题看作是发展两国关系的"前提"或"入口[3]"。历史问题不是中日关系的全部，不能仅仅因为历史认识而影响和耽误了其他更多的、拖延[4]不得的紧急问题的解决，进而影响中日关系的全局。

二、不能听任中日陷入[5]"民族主义刺激民族主义"的恶性[6]循环

"矛盾无处不在"，即使中日关系处于良好状态，中日之间也存在矛盾，不宜采取"肯定一切"的态度；即使中日关系处于不好的状态，中日之间也存在合作，不宜采取"否定一切"的态度。总之，中日关系就是一个不断解决矛盾、又不断产生新的矛盾的过程。

高涨[7]的民族主义情绪的对立[8]，可能导致中日矛盾更加激烈。我们不能听任中日陷入"民族主义刺激民族主义"的恶性循环。

在推进东亚共同体的过程中，中日不应该也不必要争夺[9]什么"主导权"，世界上最成功的经济共同体——欧盟就不是"一国主导"的。在中美不对抗[10]的前提下，日美关系也就不成为中国的对立面；日本同美国紧密合作并不妨碍[11]中日之间也可以存在共同的战略利益。我们需要发展中美关系与发展中日关系并存的局面。

三、不要主观地高估[12]或贬低[13]日本

政治是经济的集中表现。日本成为"经济大国"的现实必然要反映到政治上来，对于日本希望在国际事务中发挥更大作用的要求可以表示理解。当然，我们期待日本不要远离战后以来的和平发展道路，与此同时[14]也需认识到中日关系是中国同一个现实的日本的关系，

而不是同一个我们所期待的、理想的日本的关系。

对日本战后的和平发展不仅应该给予肯定，而且应借鉴[15]其有益经验。日本是追赶[16]欧美、实现工业化的最大成功者，对于仍处于追赶发达国家和工业化的发展道路中的中国来说，战后日本发展的经验与教训仍值得我们重视和借鉴。应坚持客观地、科学地评估日本在经济等方面的实力，不要主观地、带有情绪地高估或贬低日本。

四、中日合作应从国家利益出发

中日经贸关系的发展是经济全球化重要一环。工业化与信息化是中日合作推向新高度的两个重大领域。共同对付日益上升的，比传统威胁更具破坏性、扩散[17]性、危险性的非传统威胁（如恐怖[18]主义、环境破坏），必将成为连接21世纪中日关系的"战略基础"。日本在节能[19]、环保方面的先进技术和管理经验对于正在大力落实"科学发展观"的中国来说具有十分重要的意义。

五、对日外交不是远交近攻[20]

中日两国在外交思维上需要明确选定"近交"，**抛弃**[21]"近攻"（"近交"的榜样看欧洲，"近攻"的坏样看中东）。

在东海海底资源开发问题上，中日双方都应该坚持"搁置争议，共同开发"，如果为了这个问题发生冲突，那就如同两个婴儿[22]争夺桌上的一杯牛奶，其结果只能是把牛奶杯打翻。

我们既要反对所谓"中国威胁论"，也需主动意识到自身的发展和崛起[23]对周围邻国的影响，对此我们应该确立[24]令人**信赖**[25]的、体现"和谐中国"的"国家形象战略"。

应继续推进中日间各个层次的外交，特别是"民间外交"，应大力加强被称之为"人心[26]、人情[27]的交流"的文化和学术交流，并通过各种交流扩大对方国家在本国的存在感和接近感。

六、参拜问题，坚持"区分论"

中国明确反对日本领导人参拜靖国神社，这是因为在过去日本对华及亚洲各国发动侵略战争问题上，我们坚持"区分论"，反对"不加区分论"。

然而，前首相小泉作为一国的代表年年参拜供奉[28]有甲级战犯（军国主义[29]者的代表）的靖国神社，颠覆了"区分论"，助长[30]了"不加区分论"，刺激了民族主义情绪的高涨。中国坚持"与邻[31]为善，以邻为伴[32]"，同样需要日本以善相报，不要误解中方诚意[33]；只有当中日双方都做到"与邻为善，以邻为伴"，中日关系才能真正达到"为善为伴"的境界。值得注意的是，在去年10月安倍首相访华后发表的公报[34]中，中日双方首次在两国关系上使用了"战略"的说法。

中日两国是搬不开的邻居，邻居间和睦相处、相互帮助，避免成天吵架，这显然是两国民众的普遍的、朴素的愿望。我们坚信[35]改善和发展中日关系才真正代表和体现了中国的主流民意。

（全文字数：约1700）

（节选自《环球时报》，略有改动）

注释

① 在中美不对抗的前提下，日美关系也就不成为中国的对立面；日本同美国紧密合作并不妨碍中日之间也可以存在共同的战略利益。

[解释] "妨碍"与"妨害"：动词。贬义词。都指带来不便和害处。
妨碍：使事情不能顺利进行；阻碍。强调带来的不便，对事情的阻碍作用。
妨害：有害于。强调因某件事带来的害处。

[例词] 妨碍交通 / 妨碍工作 / 妨碍学习 / 妨碍事情顺利进行
妨害身体 / 妨害健康 / 妨害治安 / 妨害进步 / 妨害团结

[例句] ① 如果企业没有选择生产要素的权力，不能自行筹集资金并决定资金投向，就会妨碍企业之间开展竞争。
② 谣言是没有事实根据的，让谣言左右自己的言行，不仅会白白浪费我们宝贵的时间和精力，而且会扰乱思想，妨碍社会秩序的安定。
③ 明明知道吸烟妨害健康，但他却下不了戒烟的决心。
④ 民事诉讼法是阐述民事诉讼任务和基本原则、民事案件的管辖、民事审判程序，以及对妨害民事诉讼行为的强制措施等的主要内容。

② 中日两国在外交思维上需要明确选定"近交"，抛弃"近攻"。

[解释] "抛弃"与"遗弃"：动词。都有放弃的意思。
抛弃：适用范围较广，既可用于具体事物，又可用于抽象事物。
遗弃：适用范围较窄，一般指具体事物。此外它还有对本应赡养或抚养的亲属抛开不管的意思。

[例词] 抛弃陋习 / 抛弃陈腐观念 / 抛弃错误想法
敌人遗弃的武器 / 被遗弃的孤儿

[例句] ① 如果抛弃了一切文学遗产，完全从头开始，那就不可能有文学的发展，当然也谈不上什么革新和创造。
② 要使人们相信真理，抛弃偏见，不是一件简单的事，为此甚至还要作出某种牺牲。
③ 一个科学研究小组声称，他们的潜水员在多米尼加共和国附近的浅海岸发现了 17 世纪基德船长遗弃的一艘海盗船的残骸。
④ 遗弃婴儿是一种犯罪行为。

③ 我们既要反对所谓"中国威胁论",也需主动意识到自身的发展和崛起对周围邻国的影响,对此我们应该确立令人信赖的、体现"和谐中国"的"国家形象战略"。

[解释] "信赖"与"相信":动词。都表示不怀疑。
　　　　信赖:除表示不怀疑外,还含有可以依靠、仰仗的意思。语意较"相信"重。适用对象大多是别人或组织及其思想、行为,偶尔是事物,使用范围较窄。带宾谓语时,宾语只能是名词性词语。能作修饰成分,能活用为名词作相应的句子成分。
　　　　相信:其适用对象可以是人或组织及其思想、行为,也可以是事物,可以对自己,也可以对别人,使用范围较广。带宾谓语时,宾语可以是非名词性词语。一般不作修饰成分,也不能活用为名词。

[例词] 十分信赖 / 值得信赖 / 赢得大家的信赖 / 信赖的目光 / 大家的信赖
　　　　相信组织 / 相信群众 / 相信自己 / 不相信

[例句] ① 如果父母给婴儿以爱抚和有规律的照料,婴儿将会产生基本信赖的情感。
　　　② 他用自己的行动赢得了大家的信赖。
　　　③ 科学家们相信,总有一天我们无论用哪一种语言,都能和计算机说话,甚至交谈。
　　　④ 我相信他们实验的价值。

练 习

一 请在课外阅读最新中文报刊文章,将其中你喜欢的一篇剪贴在你的笔记本上,然后写出摘要与看法

二 给下列动词搭配适当的词语

拖延＿＿＿＿＿＿＿＿＿　　　　陷入＿＿＿＿＿＿＿＿＿

争夺＿＿＿＿＿＿＿＿＿　　　　妨碍＿＿＿＿＿＿＿＿＿

借鉴＿＿＿＿＿＿＿＿＿　　　　追赶＿＿＿＿＿＿＿＿＿

抛弃＿＿＿＿＿＿＿＿＿　　　　确立＿＿＿＿＿＿＿＿＿

三 选词填空

| 拖延 | 陷入 | 对抗 | 贬低 | 与此同时 | 崛起 | 坚信 |

1. 耐力有助于_____疲劳，延缓疲劳的出现。

2. 他们无限期地_____着时间。

3. 十多年来，我国农村面貌发生了举世瞩目的变化，特别是乡镇企业的_____和商品经济的发展，使农村经济发生了历史性的进步。

4. 不少人由于赌博而_____贫困或走上偷盗、抢劫等犯罪道路。

5. 儿童通过道德认识产生道德信念，_____会伴随有某种内心体验，这就是道德感。

6. 她_____时间是属于青年人的，未来必将胜过现在。

7. 我们不应回避他的错误和缺点，但也不能_____他的功绩。

| 妨碍 | 妨害 |

8. 暴力干涉不仅_____他人的婚姻自由，而且还直接侵害被干涉者的人身权利，往往造成被害人伤残、自杀等严重后果，其社会危害性比非暴力干涉要大。

9. 对变化场地的不适应，器材的不习惯，气温、风力，甚至观众的多少，都会使运动员心理产生紧张，_____注意力的集中。

| 抛弃 | 遗弃 |

10. 借口情况变化而全盘否定历史、_____传统，是错误的。

11. 许多物种经过水陆的极大变迁、自然界的_____或培养、气候的长期有利或不利影响而变得不同于它们以前的形态。

信赖　　　　相信

12. 我_____这些坏毛病你都抛弃得了。

13. 只有具有_____情感的儿童才敢于希望，因为他们不必为他们的需要能否得到满足而发愁，以致被局限在眼前的事物上。

四 根据课文内容判断正误

1. 如何看待历史问题是发展中日两国关系的前提。（　　）

2. 中日关系，既有合作，也有矛盾。（　　）

3. 日本同美国紧密合作并不影响中日之间发展良好关系。（　　）

4. 中日关系就是中国和一个所期待的日本的关系。（　　）

五 请按正确的语序将下列各个句子组成完整的一段话

1. A. 不能仅仅因为历史认识而影响和耽误了其他更多的、拖延不得的紧急问题的解决

   B. 历史问题不是中日关系的全部

   C. 进而影响中日关系的全局

   正确的语序是：（　　）（　　）（　　）

2. A. 避免成天吵架

   B. 邻居间和睦相处、相互帮助

   C. 中日两国是搬不开的邻居

   D. 这显然是两国民众的普遍的、朴素的愿望

   正确的语序是：（　　）（　　）（　　）（　　）

六 根据课文内容选择最合适的答案

1. 发展中日关系，应_____民族主义的情绪。

   A. 反对　　　B. 利用　　　C. 控制　　　D. 激化

2. 在推进东亚共同体的过程中，中日应_____"一国主导"的局面。

   A. 避免　　　B. 支持　　　C. 形成　　　D. 改变

3. 对日本战后的和平发展应予以_____。

    A. 批评   B. 反对   C. 肯定   D. 抛弃

4. 中国_____日本前首相小泉作为一国的代表年年参拜靖国神社。

    A. 不反对   B. 不支持   C. 赞成   D. 明确反对

七 完形填空

| 更 | 又要 | 不宜 | 既要 | 而且 |

1. 解决历史问题需要智慧，___1___认真解决历史问题，___2___积极发展中日关系，___3___后者更重要，___4___带有全局性，___5___将作为一个思想认识问题的历史问题看作是发展两国关系的"前提"或"入口"。

| 对于 | 不仅 | 值得 | 来说 | 而且 |

2. 对日本战后的和平发展___1___应该给予肯定，___2___应借鉴其有益经验。日本是追赶欧美、实现工业化的最大成功者，___3___仍处于追赶发达国家和工业化的发展道路中的中国___4___，战后日本发展的经验与教训仍___5___我们重视和借鉴。

八 请用自己的话或原文中的关键句子概括下面一段话的主要内容

1. 中日两国在外交思维上需要明确选定"近交"，抛弃"近攻"（"近交"的榜样看欧洲，"近攻"的坏样看中东）。

    在东海海底资源开发问题上，中日双方都应该坚持"搁置争议，共同开发"，如果为了这个问题发生冲突，那就如同两个婴儿争夺桌上的一杯牛奶，其结果只能是把牛奶杯打翻。

    我们既要反对所谓"中国威胁论"，也需主动意识到自身的发展和崛起对周围邻国的影响，对此我们应该确立令人信赖的、体现"和谐中国"的"国家形象战略"。

    应继续推进中日间各个层次的外交，特别是"民间外交"，应大力加强被称之为"人心、人情的交流"的文化和学术交流，并通过各种交流扩大对方国家在本国的存在感和接近感。

2. 中国明确反对日本领导人参拜靖国神社，这是因为在过去日本对华及亚洲各国发动侵略战争问题上，我们坚持"区分论"，反对"不加区分论"。

然而，前首相小泉作为一国的代表年年参拜供奉有甲级战犯（军国主义者的代表）的靖国神社，颠覆了"区分论"，助长了"不加区分论"，刺激了民族主义情绪的高涨。

中国坚持"与邻为善，以邻为伴"，同样需要日本以善相报，不要误解中方诚意；只有当中日双方都做到"与邻为善，以邻为伴"，中日关系才能真正达到"为善为伴"的境界。值得注意的是，在去年10月安倍首相访华后发表的公报中，中日双方首次在两国关系上使用了"战略"的说法。

中日两国是搬不开的邻居，邻居间和睦相处、相互帮助，避免成天吵架，这显然是两国民众的普遍的、朴素的愿望。我们坚信改善和发展中日关系才真正代表和体现了中国的主流民意。

九 请尽量用以下词语进行话题讨论

| 全局 | 陷入 | 恶性 | 对立 | 妨碍 | 借鉴 |
| 抛弃 | 确立 | 信赖 | 诚意 | 坚信 | 与此同时 |

你是如何评价中日两国目前的关系的？你认为中日两国怎样做才能发展良好的关系？

快速阅读

阅读一（字数：约1840；阅读与答题的参考时间：9分钟）

中日民间人士：顶风冒雨搭建中日友好心灵之桥

当今中国，面临数千年未有之大变局。处在这样一个大时代，"中国梦"对于普通中国人来说，并非虚无缥缈的，而是具体而微的。尤其是像我这样的旅日华人，更是感同身受。

在中日关系因日本单方面将钓鱼岛非法"国有化"而骤冷的今天，日本首相安倍晋三参拜靖国神社，更使两国关系雪上加霜。不过，中日交流虽在政治层面遇阻，但在民间却有这么一群人，奔走于两国间，以更大的勇气投身中日友好活动中，希望在中日国民之间搭建友好的心灵之桥。

旅日华人：日本政府搬起石头砸了自己的脚

2012年9月，日本政府宣布将钓鱼岛所谓"国有化"，引发了中方的强烈抗议。中国随之爆发了反日游行，由于影响程度史无前例，连续占据了日本电视新闻的重要时段及报纸的头版头条，影响到中日政治、外交、经济、观光乃至民间交流各个层面。很多在日本的中国人也在紧张状态中静观事态发展。在这个时期，他们到底是什么样的心态？

李灿，现于日本攻读博士学位，在中国国内爆发反日游行期间，他明显感觉到同学间的氛围有些异样：下课后的休息时间，日本同学聚在一起聊天时，见他进来，便停止谈论或者匆忙换话题。李灿表示，他对这种变化的原因很了解，因为他零星听到同学们正在讨论关于中国爆发反日游行的话题，他装作什么也不知道，若无其事地打招呼。李灿告诉环球网记者，其实他时刻都在关注局势的变化，也没有因此放松学习，相反更加努力。此外，李灿在待人接物方面也变得更加谨慎。

在日本一大学任教的卓引教授是当地的名人。日本人都知道他来自中国，但凡有涉及中国的问题都向他求教，卓引则根据情况作出判断，最大限度地帮他们解决问题。关于中日关系持续走冷，卓引教授认为，日本其实也在摸索中国的反应。中国现在正是该采取"以其人之道还治其人之身"的时候，让日方认识到他们是"搬起石头砸了自己的脚"，自感疼痛而有所收敛。

阿部一二：为中日友好奔波的日本人

2007年，我刚到北海道不久，一位身材瘦削的老人前来拜访。他就是北海道日中友好中心副会长、网走市日中友好促进协议会会长阿部一二。这位老人饱经风霜：幼年时，他的父母响应当时日本政府的宣传，来到号称"乐土"的中国东北开垦种植。在中日战争爆发时，他的父母先后病逝，留下他成为孤儿。中国人觉得这个孩子可怜，便将其去世的父母悄悄埋葬。一位经营粮食商店的中国人将小阿部领回家照顾。在这位好心人的帮助下，小阿部渐渐长大，其养父母后来告诉他父母逝世的真相。几年后，阿部一二作为战争遗孤回到了日本。回到日本后的阿部一二始终惦记养父母的恩情，希望有一天能够回报，因此，他选择了终身进行日中友好交流的工作，并以出色的成绩逐渐升任为北海道日中友好中心副会长、网走市日中友好促进会会长及中国黑龙江省"齐齐哈尔友好之旅"事务局局长等职务。

阿部一二特地前来拜访，主要是担心我初来乍到，可能倍感寂寞，便给我介绍他认识的中国人。通过他的帮助，到网走的中国人很快适应了陌生的环境。

热衷强化中日交流的网走市长

我刚到北海道网走市时，曾担任该市《经济传书鸽报》"我看网走"的专栏撰稿人，主要介绍我所见所感的网走市社会人文及自然风情等，同时还向网走市民介绍中国的日常礼俗文化，以利于促进两国民间交流。

有一天，该报首席记者大本博哉忽然告诉我，时任网走市长的大场修先生想约见我。我当时有点儿紧张，不知该如何应对。匆匆做了点儿心理准备，便照约定日期前往拜会。

市长似乎很了解我的情况，先用日语说出了我的名字，然后询问我名字的中文写法。接着，他像是一位邻里长者，询问我在网走市的生活情况，是否适应、遇何困难等等。处在这样轻松的对话环境下，我忘记了来之前的紧张感。

大场修市长说，他曾先后多次访问中国，中国的发展非常快，变化非常大。比如他常去的辽宁省抚顺市，十年前这座产煤城市的环境还很糟糕，但现在却是绿草如茵、空气清新，与之前有天壤之别。大场市长告诉我，他准备去北京、上海推销网走市的"流冰"。如果成功，不仅能让中国游客看到网走市的独特风光，还将带动网走餐饮、旅店及特产销售业的发展。

2010年，大场市长辞去连任12年的网走市长职务，转而担任网走市日中友好促进协议会会长一职，继续从事促进日中友好交流活动。

中国梦，把国家、民族和个人作为一个命运的共同体。中国梦是民族的梦，也是每一个海外游子的梦。实现中国梦，对我们来说，意味着不再受奴役和欺凌，找回作为中国人的尊严。正是每一个中国人的梦汇成了伟大的中国梦，汇成了变革中国、改造中国、富强中国的磅礴力量。

（节选自《环球时报》，略有改动）

回答问题：
1. 中日交流在政治层面和在民间层面有什么不同？
2. 旅日华人李灿和卓引在中日关系上分别表现出什么样的态度？请根据课文内容稍作概括。
3. 日本人阿部一二为什么如此热衷于中日友好交流的工作？
4. 网走市市长大场修先生对中国有怎样的看法？他有着什么样的打算？

阅读二（字数：约1720；阅读与答题的参考时间：8分钟）

日韩民众对中国人的评价：形象正在慢慢转变

随着中国对外开放不断加深，越来越多的中国人走出国门，几乎在世界每个角落都能看到中国人的身影。随着接触的不断增多，越来越多的外国民众有了和中国人直接接触的经验，那么在他们眼中的中国人，究竟是一个什么样的形象？为此，"环球资讯"驻全球各地的记者在全世界范围内开展了一次国人形象大调查。今天首先让我们来了解一下日韩等东亚国家的民众眼中，中国人的形象。

韩国人眼中的中国人

"一般我所接触的中国人大多数为劳务人员，他们都很勤恳、诚实。当然还有一些在韩国的中国人因怀有不满情绪而不好相处。我认为绝大多数人还是很能吃苦，很善良的。"

"中国人在自己的工作岗位上非常刻苦、认真。他们一般都愿意吃韩餐，适应能力也很强，与当地的韩国人也挺合得来。但韩中两国毕竟在文化上有一定差异，相互都需要理解，在这方面还是缺乏一定的耐性。"

这两位韩国民众名叫柳范相和李明根，分别来自首尔和仁川。他们眼中的中国人是勤劳、善良的。他们对中国人的看法代表了绝大多数韩国人的心声。中韩两国是近邻，虽然在历史上，两个国家之间也有过各种矛盾，但大多数韩国人还是对于身边的中国人给予肯定的态度。

"环球资讯"驻韩国记者金敏国认为，因为身边接触到中国人的机会很多，韩国民众对中国人的观感还是十分靠谱的。

"目前居留在韩国的中国人共超过60万人，占全体在韩外国人数的近一半。除了来韩留学的近7万名留学生和少数从事教学、科研和白领工作的人外，大多数人以体力劳动为主，主要在建筑工地、劳动密集型工厂和饭店工作，他们所从事的是韩国一般人不愿干的累、脏、危险的工种。因此，给韩国人的印象中，中国人普遍为勤劳、耐苦和朴实。但由于中韩两国毕竟文化和生活环境不同，人们所受的教育不同，加上韩国人缺乏对当代中国发展的了解等原因，生活中也不可避免地会出现一些小误会和小摩擦。"

日本人眼中的中国人

同样是东亚邻邦，与中国一衣带水的日本民众又是如何评价中国人的呢？

"迄今为止，我只是通过电视报道来了解中国人的，说实话没什么好印象。但最近我身边也来了个中国人，通过在一起工作生活的接触，我感觉到其实从根本上来讲中国人和日本人没什么不同。虽然性格、思维方式上会有不同，但接触多了，也就相互理解了。"

"日本是个岛国，而中国面积很大，所以感觉中国人一般都很豁达。我想中国每天也会有很多新闻，但是在日本很多有关中国的新闻我觉得都是无关紧要的，甚至会在面向全国的新闻节目中刻意播放一些催生日本人的对华厌恶感的节目。于是，一些日本人就会接受不了中国人，认为中国人都会做类似的事情。"

这两位接受采访的是日本民众奥和田和高山浩一，都是公司职员。在他们的话语中，日本媒体上的中国人和生活中的中国人是完全不同的两类人。现实中的中国人与普通日本民众基本并没什么不同，而媒体中的却令人厌恶。那么，为什么会出现这种情况？"第一资讯"观察员朱曼君介绍说："中国人想知道日本人对中国的看法，其实日本人也很关心中国人对日本的看法。"

中国人的形象正在慢慢转变

不过，中国游客在海外的形象也正在慢慢转变。有一次在地铁上，记者看到一对中国夫妇带着一对五六岁的双胞胎女儿。这对女儿手里拿着韩国产的巧克力派，开心地想打开来吃，孩子的父亲说："地铁上不能吃东西，我们下去吃好吗？"孩子们虽然有些不情愿，但还是调皮地吐了吐舌头，小声说："原来这样呀，第一次坐地铁不知道。"

还有一次，一位中国年轻女游客在百货商场的洗手间里拾到了一个里面有大量现金的钱包，她将钱包交到了商场咨询处，这种拾金不昧的精神让韩国人赞叹不已。

韩国人自己也承认，在十几年前，韩国出境旅游的人开始增加，那时候的韩国人给外国人留下的印象也是吵吵嚷嚷，修养不够。但是，随着韩国社会整体生活水准和教育水平的不断提高，韩国游客给外国人留下的印象也越来越好，实际上中国游客也正在经历着这个过程。

记者在韩国生活了近六年，切身感受到近些年赴韩国旅游的国人素质大有提高，特别是一些年轻游客，他们有良好的教育背景，能够讲一口流利的英文，有礼有节，具有国际化思想。这些中国游客不但向人们展现了中国人的崭新形象，也让人们从另一个侧面看到了中国的发展和变化。

（节选自西陆中国军事论坛，略有改动）

回答问题：
1. 通过调查，韩国民众对中国人的看法大概是怎样的？
2. 通过访问日本民众，日本媒体对中国的报道是怎样的？报道中的中国人和生活中的中国人一样吗？
3. 从中国人的哪些表现能够看出中国人的形象正在慢慢转变？

阅读三（字数：约1670；阅读与答题的参考时间：8分钟）

意在东盟　多省争航"海上丝绸之路"

目前包括广西、广东、福建、海南、浙江等八九个沿海省份（自治区）正摩拳擦掌，积极谋划"海上丝绸之路"战略。

广东外语外贸大学国际经济贸易研究中心副主任肖鹞飞告诉《第一财经日报》记者，国家层面的战略规划正由国家发改委和商务部等部门制定中，具体有哪些政策目前尚不清楚。他分析称，不管"海上丝绸之路"规划如何做，最终战略只是在总体布局上提出要求，具体实施还需要各个地区，尤其是沿海省份相互配合。

多省摩拳擦掌

2月，福建省副省长郑晓松曾透露，福建已经做了初步研究和论证，近期将拿出总体规划和行动方案。

福建是"海上丝绸之路"的主要发祥地之一。福建的泉州港、福州港和漳州港在不同时期对"海上丝绸之路"发挥了重要作用。按照计划，福建将推动与东盟政府机构、闽籍华侨华人社团和行业商协会之间常态化的沟通协调机制，推进"中国—东盟海上合作基金"项目建设。加强与东盟海洋经济、旅游、物流等合作，加快构筑海上互联互通网络，促进双向投资与贸易。

厦门市一位官员告诉《第一财经日报》，"海上丝绸之路"主要包括了东南亚、中东、东非等地。南亚、中东、非洲是重要的新型市场，而东南亚又是传统的进出口市场。"东盟历来是福建、厦门很重要的传统市场，在经济合作、劳务输出、进出口等各方面都是我们的重要合作伙伴。借这个机会，我们准备深耕东盟，重点开发新兴市场，鼓励企业走出去投资。"该人士说，目前当地发改委方面正在做"海上丝绸之路"相关规划。

福建的邻省广东，正期待成为"海上丝绸之路"战略的排头兵。广东省委常委、常务副省长徐少华今年初曾表示，广东在我国对东盟贸易总额中占第一位，目前广东配合国家发改委做总体方案，"希望总体方案里有广东的因素"。

据广东海关统计，2013年东盟已取代欧盟（28国）成为广东第三大贸易伙伴，广东对东盟出口增长14.9%，进口增长7.5%，对欧盟进出口则仅增长1.6%。

与东盟接壤的广西，也在积极备战"海上丝绸之路"战略。广西壮族自治区主席陈武年初在《人民日报》撰文指出，广西有条件有能力成为21世纪"海上丝绸之路"的新门户和新枢纽；广西将通过加快构建港口合作网络等六个方面来推进"海上丝绸之路"战略建设。

海南省省长蒋定之在3月全国两会上表示，目前，全国已有八九个兄弟省份都提出要参与21世纪"海上丝绸之路"建设，相比而言，海南的优势是突出的、独特的。海南要找准重振"海上丝绸之路"的海南坐标，在对接与服务中，进一步增强海南经济的开放度。

基础设施先行

统计数据显示，2012年，中国—东盟双边贸易额已达4001亿美元，年均增长22%，是2002年的7.3倍。2013年，中国对东盟进出口额为4436.1亿美元，增速达10.9%，而同期欧美日占我国对外贸易总额的33.5%，同比下滑1.7个百分点。相比之下，东盟对中国外经贸发展地位日益突出。

在肖鹞飞看来，对于沿海省份，目前可以先从基础设施建设入手，在贸易、投资、海洋经济等方面，加大与东南亚各国的合作。

例如，在港口建设方面，广西将加快构建港口合作网络。加大北部湾港建设力度，积极引进国际港航企业等战略投资者，实现投资经营主体多元化。加大港口集疏运体系建设，打造北部湾区域性国际航运中心。鼓励广西企业到东盟国家参股港口建设。构建"海上丝绸之路"客货运"穿梭巴士"，加密货运航线，加强与东盟各国港口城市之间的互联互通。

对企业来说，"海上丝绸之路"战略亦将迎来诸多利好。由于部分东南亚国家对中国企业实行贸易壁垒，致使双边经济摩擦不断，通过与东盟国家在经贸领域的深耕合作，可以使中国企业对东盟的经贸、投资更加便捷。

对"海上丝绸之路"颇有研究的中山市政协主席丘树宏告诉《第一财经日报》，改革开放同时也是海洋文化、海洋经济的拓展过程。通过"海上丝绸之路"的建设，可以发展海洋经济和文化，建设海洋强国。在这个过程中，海洋产业肯定需要走进去，与周边国家进行合作。

在交通和经贸之外，文化合作也是"海上丝绸之路"的一大重点。"中山今年准备评选十大海洋文化地标。"丘树宏告诉记者，由于东南亚与我国文化相近，因此可以建设"海上丝绸之路"文化圈，在经济和文化上促进中国与东南亚的高度融合。

（节选自第一财经网，略有改动）

判断正误：
1. 关于"海上丝绸之路"战略，国家层面的规划已经完成。（   ）
2. 福建的很多港口对历史上"海上丝绸之路"的发展能做出了重要贡献。（   ）
3. "海上丝绸之路"只包括东南亚地区。（   ）
4. 广东省希望成为"海上丝绸之路"战略的带头人。（   ）
5. 2013年，中国对东盟的进出口总额比中国对欧美日的进出口总额多。（   ）
6. "海上丝绸之路"战略能够消除中国与东南亚国家的经济摩擦。（   ）
7. "海上丝绸之路"战略只涉及交通和经济领域。（   ）
8. "海上丝绸之路"战略的具体规划可能会先从基础设施建设开始。（   ）

第六～十课测试题

答题参考时间：100 分钟　　　　　　　　　　　　　　　分数：_____

一 给下列动词搭配适当的词语：（5分）

攻克 _____　　　　　履行 _____

考验 _____　　　　　登记 _____

回避 _____　　　　　诽谤 _____

防范 _____　　　　　爆发 _____

拖延 _____　　　　　借鉴 _____

二 选词填空：（10分）

| 一技之长　　供不应求　　偏偏　　全力以赴　　接二连三　　万一 |

1. 越不想的东西，却_____找上门来要他接受。

2. 公司在客户中信誉很高，产品_____。

3. 苏童的小说_____被影视导演看中，改编成电影电视剧。

4. 初来时他们热情很高，竭力想把自己的_____贡献出来。

5. 幸亏我去得及时，_____迟一个礼拜动身，我将增加另一个遗憾。

6. 为了让广大旅客安全乘车、过好春节，铁路部门_____，及时运送旅客。

| 忽略　　疏忽 |

7. 绝不能因为眼前的微利，而_____了这些有关国家、民族发展的大问题。

美满　　圆满

8. 婚姻法的实施，为广大人民建立_____幸福的婚姻家庭提供了保障。

郑重　　慎重

9. 在化学品充满市场的情况下，专家们建议选购家用化学品要_____。

剧烈　　激烈

10. 饭后_____运动会使胃肠血液供应减少，严重影响消化。

三　请按正确的语序将下列各个句子组成完整的一段话：（7分）

1. A. 而部分没有专长的大学生迟迟找不到工作
   B. 技能型人才很受企业欢迎
   C. 来自就业市场的种种信息表明

   正确的语序是：（　　）（　　）（　　）

2. A. 一部分"毕婚族"是因为感觉彼此之间的感情已经到了可以结婚的程度
   B. 这是一种比较理想的状态
   C. 而且其他现实条件也比较成熟

   正确的语序是：（　　）（　　）（　　）

3. A. 在大约三成的人表示美国的地位变化难以判断的同时
   B. 变化比较大的是对美国未来实力的看法
   C. 而前年的数字是28.2%
   D. 认为美国会继续强盛，长期保持唯一超级大国地位的人今年只占总数的16%

   正确的语序是：（　　）（　　）（　　）（　　）

4. A. 避免成天吵架
   B. 邻居间和睦相处、相互帮助
   C. 中日两国是搬不开的邻居

D. 这显然是两国民众的普遍的、朴素的愿望

正确的语序是：（　　）（　　）（　　）（　　）

四 完形填空：（11分）

（一）

| 来看 | 只要 | 也 | 就 | 其实 | 既然如此 |

现阶段中国在中美关系上追求的目标＿＿1＿＿就是稳定，这种目标的追求从现状＿＿2＿＿实际上已经达到了。＿＿3＿＿，民众自然比较满意，心态＿＿4＿＿比较放松。余万里说，从民众的角度看，＿＿5＿＿美国少做或不做伤害中国人自尊和有损中国核心利益的事情，＿＿6＿＿可以给美国打高分了。

（二）

| 更 | 又要 | 不宜 | 既要 | 或 | 而且 |

解决历史问题需要智慧，＿＿1＿＿认真解决历史问题，＿＿2＿＿积极发展中日关系，＿＿3＿＿后者更重要，＿＿4＿＿带有全局性，＿＿5＿＿将作为一个思想认识问题的历史问题看作是发展两国关系的"前提"＿＿6＿＿"入口"。

五 用自己的话或原文中的关键句子概括下列各段的主要内容，字数不要超过30个：（9分）

1. 随着近几年大学毕业生人数的剧增，"大学生创业"又成为一个常见词汇。据了解，在国外，大学生创业已经成为一种风气，而在中国，还没有形成一个大学生自主创业的良好氛围。

　　厦门大学学生创业指导老师木志荣介绍说，我国大学生创业能力不足与高等教育体制有关，不少学生创新意识不足，普遍缺乏创新精神和冒险精神。加上过于注重学习的过程和形式，而忽略了学习的目的，因而走出校园自主创业的不多。

　　近年来，很多地方政府为大学生创业提供了不少帮助，但大学生创业仍面临一些

现实困难。去年9月,济南市多部门联合推出担保措施,毕业大学生只要持失业证,并从事家政服务、打字复印等19项微利行业,就可以为他们提供信用担保,大学毕业生就可以申请到最多3万元的贷款。这一措施推出以来,领取这项贷款的大学毕业生却很少。

山东一所高校毕业的李栋曾经咨询过创业贷款,最后也选择了放弃申请。他说,申请贷款必须持失业证,还要履行相关的各种手续,才能给予担保。"申请手续太麻烦,而且3万元贷款太少。希望国家推出一些更加切实有效、操作性更强的政策来激励大学生进行自主创业,同时通过创业前指导等措施帮助大学生顺利创业。"

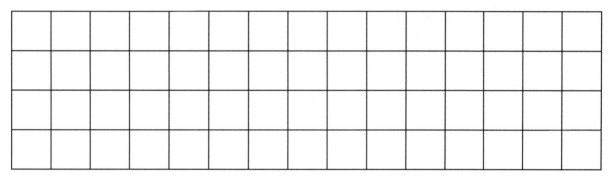

2. 美娜从小就是家里的公主,家务活儿基本就没让她插过手。可这样的公主偏偏早早嫁给了一个同样什么活儿都不干的"王子"张宾。他们的家里除了每星期小时工来的那一两天是整洁的以外,似乎就再没有干净过。原本感情很好的两个人,成天为了谁该干家务活儿而吵架。

据不少"毕婚族"反映,婚后的生活能力问题,往往会直接影响整个家庭的和睦,成为家庭纠纷的根源。

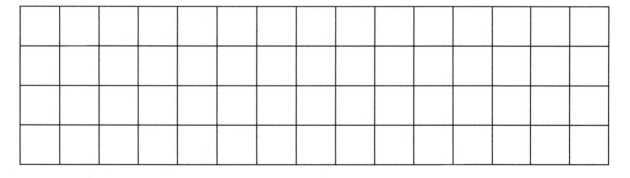

3. 中日两国在外交思维上需要明确选定"近交",抛弃"近攻"("近交"的榜样看欧洲,"近攻"的坏样看中东)。

在东海海底资源开发问题上,中日双方都应该坚持"搁置争议,共同开发",如果为了这个问题发生冲突,那就如同两个婴儿争夺桌上的一杯牛奶,其结果只能是把牛奶杯打翻。

我们既要反对所谓"中国威胁论",也需主动意识到自身的发展和崛起对周围邻国的影响,对此我们应该确立令人信赖的、体现"和谐中国"的"国家形象战略"。

应继续推进中日间各个层次的外交,特别是"民间外交",应大力加强被称之为"人心、人情的交流"的文化和学术交流,并通过各种交流扩大对方国家在本国的存在感和接近感。

六 话题写作:请尽量用所提供的词语围绕下面的话题写段250—300字的短文(10分)

| 格外 | 临近 | 忽略 | 外界 | 不得已 | 现状 | 清晰 |
| 专长 | 灵敏 | 创业 | 忧虑 | 诚意 | 坚信 | 信赖 |

你认为当前大学生怎样做才能更好地就业?

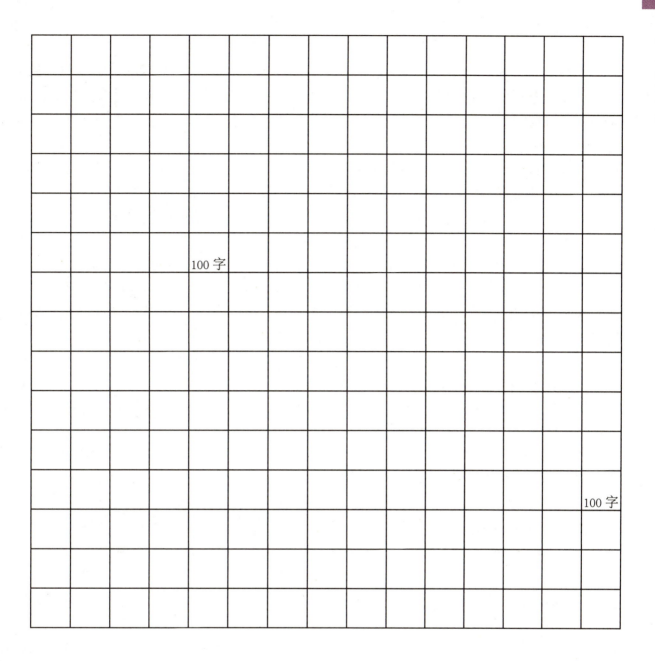

七 阅读（48分）

阅读一（17分）

"前程无忧"发布"三八节"职业女性调查报告

　　七成女性对自己工作现状不满，超过半数女性认为自己两年内工作不会有大的起色。在国际妇女节到来之际，职业女性并不轻松，前程无忧网日前的一项调查显示了这些职业女性的困惑。

25 岁：收入重要，自由更重要

在受访的 200 位不足 25 岁的职业女性中，尽管 73% 的人工作不足三年，但是却有 61% 的人有在三家以上企业服务的经历。对于这些经济条件和教育程度优于父母的 80 后女性，她们不愿再像她们的父母一样"以工作为唯一的奋斗目标和人生乐趣，当企业裁员或者辞退她们时却束手无措"。

"现阶段，你最主要的目标是什么？"前程无忧网此次的调查发现，尽管把职业成就放在首位的人数是最多的，但是也有相当多的人把感情置于事业之先。由于不少职业女性在事业有成后却找不到合适的感情归宿，所以近年来"先结婚，后工作"的观点在职业女性中有一定的市场。另有 34% 的女性更愿意把时间和精力花在自己的兴趣爱好上，或者结交志同道合的朋友和参加社团活动，或者从事捐助、义卖或志愿者等社会活动。

在这个年龄段，超过九成的女性对自己的职业现状不满。76% 的人认为自己的工作"缺乏表现和发挥的机会"，55% 的人觉得现在的工作不符合自己的性格和生活方式，52% 的人抱怨工作压力太大，32% 的人不满工作占用自己的私人时间。

年轻的 80 后职业女性无疑对金钱有强烈的欲望。几乎所有的受访女性都认为理想的工作应该有优厚的薪酬福利，75% 的女性认为理想的工作应该是有意思有趣味的。与此同时，这个年龄段对工作时间和工作场地的自由度十分看重，对融洽的人际关系十分在意，希望工作和生活能够泾渭分明。

"前程无忧"职业顾问分析，25 岁内的职业女性正在处在职业的积累期，她们有很强的学习能力和可塑性，但是她们中大多数没有明确的职业目标，不以工作为重，也没有打算在一家企业长期服务。她们以自己的目标为先，追求工作的愉悦和人际关系的和谐，在工作和生活的关系上，更侧重生活的快乐和享受。有数据显示，80 后的就业人群已经占到总就业人群的 20%，所以如何管理和培养这一人群对企业的长期关注非常关键。

企业的管理者在某种程度要担当"家长"的角色，一步步带她们进入职业状态，同时关怀她们的心理，及时奖励，创造一个愉悦的工作环境对挽留此中的优秀人才成为一个必要条件。

30 岁：多重角色，转型困难

在企业组织中，26—30 岁成为承上启下的关键一代。受访的 200 位 26—30 岁的职业女性中有 68% 的人已婚，45% 的人已育。她们中的大多数以"职业升级"或"职业转型"为首要目标。生活中的多重角色让她们要么为更高的职业目标拼搏，要么打算放慢工作节奏，转变职业方向。

一位受访的制药公司销售经理表示，多年在销售岗位打拼，长期承受工作压力，在获得较高的收入回报后，向公司提出转岗做企业内部管理职位未果，遂辞职，再找工作时除了"销售"职位机会外，没有获得其他的职位青睐。

"前程无忧"的调查显示，43% 的女性期望职业上有大的发展，但是几乎同等数量的女性希望自己有时间照顾家庭。这种截然相反的取向让约三分之一（31%）的女性对自己目前的职业状况感到满意，不打算为升职加薪花更大精力。

但是积累了一定的经验资历，又有良好的身体条件的她们，能管理也能执行，这正是企业所需。所以想放慢工作节奏，由紧转松，由外转内这一愿望并不容易实现。

另一方面，这一年龄段的职业女性想"职业升级"也有自己的瓶颈。有64%的女性认为自己的职业发展在两年内不会有很大的起色。三成左右的女性将此归咎于"对女性的偏见和男女不平等"，32%的人认为"男性在企业中担任了更核心的职责"，19%的人认为"家庭和其他事情分散了自己的工作注意力"，22%的人认为"自己的主观意愿不强"。

"前程无忧"职业顾问认为，女性在26—30岁的职业表现奠定了整个职业生涯的基调。小有成就的职业女性的确不应该轻言放弃或者转型。很难想象，在若干年的平庸表现后，职业女性在30岁后会有特别辉煌的职业成就。由于性别的差异，女性更注重局部和细节，在全局视野和企业策略参与上相对男性有所逊色，这成为这个年龄段女性"职业升级"的最大困难。

"前程无忧"建议，无论侧重职业发展还是照顾家人，26—30岁的职业女性都需要合理安排工作和生活的时间和精力，保证不能"全力以赴"，至少"尽力而为"。企业的管理者也应该关注这一时期女性的特点，允许她们适度调整自己的工作目标，帮助她们适应和胜任多重角色，以让她们能有更大的职业进取心，用好自己的经验和技能，也为年轻人提供好的示范。

35岁：工作是生活的必需，享受工作就是享受生活

受访的200位的31—35岁的职业女性是最愿意把时间和精力花费在工作上的人群。这一代人无疑有着更高的忠诚度和更好的职业习惯，成熟的职业技能和处世态度也让她们在职业表现上更有胜算。

受访的职业女性中有58%的人在企业中担当管理职责，但是有51%的人希望自己的职业有更大的成就。由于企业普遍招聘录用35岁以下的女性，35岁以后女性跳槽求职的选择非常有限，也迫使31—35岁的职业女性为自己的职业未来谋划。所以这个年龄段职业女性最善于在工作中体现自己的才干和价值，希望借此发现机会或者得到猎头青睐。也有36%的女性对自己的职业状况感到满意，职业稳定是这部分人群的首要目标。调查发现，31—35岁职业女性的经济能力增强，对工作和生活的把握度提高，更追求通过职业成就获得物质和精神享受。如果她们现有的工作不能带来享受，创业会是她们的另一个主要方向。

"前程无忧"职业顾问认为，31—35岁的职业女性已逐渐进入职业的收获期，核心的问题是如何延长这一时期。31—35岁的职业女性在技术和知识掌握上不能保持领先，但是在为人处事方面、在管理协调方面、在经验人脉上有自己独特的优势，而这也是管理类职位的基本要求。另一方面，31—35岁的职业女性应该进行必要的培训进修，更新自己的知识和眼界，突出和扩大自己的专长，巩固自己的职业优势。

（节选自《第一财经日报》，有改动）

（一）判断正误：（14分）

1. 半数女性目前对自己的工作现状感到满意。　　　　　　　　　　　（　）
2. 80后女性对工作的态度与她们的父母辈想法完全不同。　　　　　（　）
3. 近年来很少有职业女性赞成"先结婚，后工作"的观点。　　　　　（　）
4. 绝大多数80后职业女性对自己的职业现状不满。　　　　　　　　（　）

5. 26—30岁的职业女性大多数期望职业上有大的发展。　　　　　　（　　）
6. 31—35岁的职业女性不愿意对工作很投入。　　　　　　　　　（　　）
7. 31—35岁的职业女性更具有符合管理类职位要求的优势。　　　（　　）

(二) 回答问题：（3分）

26—30岁女性"职业升级"的最大困难是什么？

阅读二（17分）

大学生求职遭遇困惑

　　新学期开始了，大四毕业生们也到了求职的最后冲刺阶段。记者采访发现，随着政府对基层就业观念的引导和大学生就业观念的不断理性化，不少毕业生将就业目标城市移向中山、惠州等二线城市，但与此同时，他们内心也非常矛盾：虽然二线城市就业机会多，人才容易脱颖而出，但二线城市的软硬件配套措施尚不完善，社会机遇也不同于中心城市，这使得不少大学生犹豫矛盾，担心青春的激情在二线城市的平淡生活中被消磨怠尽。

　　矛盾：求职我该去哪里？

　　据《信息时报》报道，找工作已有一个学期的大学生小欧仍处在矛盾、彷徨之中，历史专业的她从一开始找工作就频频受挫，投了很多简历，却都石沉大海，一点回音都没有。"在大城市我的竞争力比较弱，我一直在考虑是否应该到二线城市去发展。"

　　小欧说自己经常留意惠州、中山、佛山等二线城市的招聘信息，向一些合适的职位投简历，还收到不少单位的面试通知，但她总是犹豫着到底该不该去，推掉了不少面试机会。"很矛盾很痛苦，在大城市我竞争不过身边的强人，但我怕自己的激情在二线城市的平淡中慢慢被磨灭。"

　　记者采访多名毕业生发现，不少毕业生都有这样的烦恼。他们既深知大城市竞争的惨烈，但又不甘于二线城市的平淡，担心自己年轻的激情与闯劲在那里会被磨光。

　　"我从乡下来到城市读大学，父母对我寄托了很大的希望，都希望我将来能在城里找份好工作，出人头地。"来自中山大学的小苏说。他的一个表哥在惠州工作，每天下班后回到宿舍不是上网就是睡觉，一点娱乐活动也没有。那里消息相对闭塞，接触外界信息也不多。

　　"毕业时表哥说先到那里工作两年，等有了一定工作经验再到广州这些大城市找好一点的工作，可如今两年多了，他再也没提过要离开那里，他说自己已不想'动'了，是什么样就什么样了，我怕自己到了那里也变成这样。"小苏说，自己想留在广州工作，想着工作几年就买房将父母接到身边来享福。

　　记者在中大逸仙时空上看到学生发起了关于毕业到基层工作的话题，不少学生纷纷回帖发表了自己的看法：有学生提出回家工作并不意味着落后或没资本，无论在哪里，只要有心就有奋斗的空间；也有学生认为回小城市应该是很久以后的事，小城市的生活环境很休闲，但前提是要有足够资本才能感受到，所以，在大城市奋斗，等有点积蓄后再"告老还乡"也不迟。

二线城市成了家长的"心水"城市

小邓是广东商学院大四的学生，她对自己择业的目标城市非常明确——惠州。从大四上学期小邓就开始关注惠州的企业和事业单位的招聘信息，去年年末她报考了惠州的公务员。小邓说："广州和深圳人才已趋饱和，像惠州、中山那样的城市才是我们这一代人的城市。"

从小就跟父母在广州定居的小邓，大学毕业后为何会选择离开广州到惠州工作呢？原来这其中不仅有她个人的意愿，也有父母的希望。

"在大都市里奔波劳碌却不能带给我物质和精神上的享受，所以我想到生活步伐舒缓的城市去经营自己的生活。"小邓自信到惠州后她能找一份"中意"的工作，"父母退休后，只要他们愿意，我就接他们到惠州安享晚年，那座城市也蛮适合老年人生活的。"

小邓的父母也很赞成她的决定。他们认为惠州这几年发展很快，就像前些年正在发展的广州和深圳，再过几年，惠州这座城市的软硬件配套措施肯定会完善起来的，现在那边物价、房价都较低，小邓先到那里工作，站稳脚跟，再买几套房子，将来也可作投资之用。"我们认为孩子到那边去，会比在广州发展得好。"

高校老师诊脉：要用长远眼光看问题

昨日，记者就此采访了广州多所高校的就业指导中心负责人。广州大学就业指导中心罗福先表示，二线城市生活比较悠闲是客观条件，但并不代表生活平淡，没有发展机遇，信息也不一定比中心城市闭塞。最重要的是学生的个人想法和自己的规划，若学生用这些空余时间来充电提升自己，或是学一门技术，这就是一个绝好的时机。任何问题都有两面性，在学生眼里，现在的缺点或许会变成一个好的条件。

对于不少同学觉得二线城市没什么娱乐生活，城市配套措施尚不完善，罗福先呼吁大学生要用发展的眼光看待问题，学生不应该以其现状去评价一个城市的未来。一些二线城市的发展很快，如东莞，几年前的城市配套措施也不太完善，但经过几年的发展，现已处于产业升级的阶段，正在朝着高科技城市发展；像惠州、中山、佛山等城市现在也都处于快速发展阶段，相信再过几年，一切都会逐渐完善的。

（节选自"广东频道"，有改动）

（一）判断正误：（14分）

1. 很多大学毕业生很乐意去二线城市就业。　　　　　　　　　　　　（　）
2. 历史专业的小欧开始找工作时很不顺利。　　　　　　　　　　　　（　）
3. 中山大学的小苏不太想毕业后在广州工作。　　　　　　　　　　　（　）
4. 关于毕业到基层工作的话题，学生们的看法并不一致。　　　　　　（　）
5. 广东商学院大四的学生小邓很愿意在惠州找工作。　　　　　　　　（　）

6. 罗福先不太鼓励毕业生去二线城市发展。　　　　　　　（　　）
7. 一些二线城市的发展前景不错。　　　　　　　　　　　（　　）

（二）回答问题：（3分）
小邓的父母为什么很赞成她的决定？

阅读三（14分）

独家专访基辛格：中美关系是解决国际事务的关键

35年前，当亨利·基辛格担任美国国务卿时，华盛顿和北京缓和关系的动因看起来很简单——跨越意识形态的障碍以应对共同的威胁。但世界从那之后已经发生了天翻地覆的变化。冷战早就成为历史，如今的两国领导人已是另一代人。但是这位85岁的美国外交政策专家认为，中美合作依然是解决许多国际事务的关键所在。

朝鲜问题进展取决于中美合作

美国前国务卿基辛格博士2月24日在北京接受《中国日报》记者专访时表示，美中两国应当在朝鲜半岛无核化等重要问题上进行协作。"朝鲜问题的进展取决于美中的密切合作，因为我们知道，这关系到美国的安全和福祉……我认为我们必须继续六方会谈，从而拿出解决（朝鲜）核问题的方案。"

对美国纽约爱乐乐团本周首次访问朝鲜的行动，基辛格表示了支持。很多人将其与1973年9月费城管弦乐队访华之旅相提并论，那是西方古典音乐数十年中第一次在中国大陆奏响。相似的是，纽约爱乐乐团也是自朝鲜民主主义人民共和国成立后，第一支访问该国的美国交响乐团。

中美关系不会大起大落

目前美国2008年总统大选预选正在进行，共和、民主两党的竞选人也经常拿中国话题来说事，这些不确定因素是否会影响中美之间未来的合作呢？基辛格认为这种担忧是多虑了。

"在政治竞选中，他们说了许多事情，但最终不会成真。"基辛格说，"自美中关系正常化以来，美国先后有7届总统上任，不管他们在竞选中说了什么，最终都要回归到发展双方关系的主旋律上来。"

基辛格相信，中美关系将继续向前发展，虽然未必总是一帆风顺，但总体态势一定是积极的，有点像股市长期的图形，"不会出现大起大落"。

对避免台海危机有信心

台湾问题事关中国的主权和领土完整,是中方的最大关切,也是中美关系中最敏感、最核心的议题。基辛格表示,他相信中美双方将会围绕这一问题继续合作,以避免出现在台海问题上"摊牌"的局面。"我认为北京和华盛顿将保持合作,对台北切实施加压力……我相信我们将避免台海危机的出现。"基辛格说。

正在北京访问的美国国务卿赖斯26日也重申,美国反对台湾举行"入联公投"。她表示,希望看到台湾问题能够得到和平解决,鼓励有关当事方进行对话,这些都是在美方明确的"一个中国原则"之下。任何一方都不应单方面改变现状,这是美方的一贯立场。

盛赞中国当代领导人

多年来关心和支持中美关系发展的基辛格博士与新中国成立后几代领导人都有过会面,对他们也很熟悉。他相信,当今中国领导人有能力解决各种复杂事务。

"每一代(领导人)都有自己的个性。邓小平以其远见卓识和巨大勇气引领中国走上改革之路,堪称一代伟人。每一代(领导人)也都做出了巨大的贡献。如今这一代人都接受了大学教育,比第一代领导人拥有更丰富的技术知识。他们在驾驭复杂局面方面具有相当高的智慧和技巧。"

基辛格博士访问中国已经有50多次,上周他应中国人民外交学会的邀请再次来华访问。中国社会取得的巨大进步令基辛格印象深刻。"我在中国人民身上看到了巨大的活力,我交谈过的人,他们都干劲十足,忙着学习或干番事业。我相信中国有巨大的发展能力,中国人拥有大量的机会。"

从政生涯最重要的成就

1971年7月,基辛格作为尼克松总统特使访华,为中美关系大门的开启作出了历史性贡献。30多年前,中美之间外交、经贸往来联系几乎为零;如今,中美关系成为世界上最重要的大国关系之一。回想当年,基辛格依然为当初的"破冰之旅"感到骄傲。

"我将其视作我在政府服务期间做的最重要的,同时也是产生了最好的永久性影响的一件事。"基辛格说。

(节选自《中国日报》,有改动)

(一)判断正误:(10分)

1. 亨利·基辛格在担任美国国务卿期间,中美关系出现好转。 ( )
2. 基辛格认为中美合作有助于许多国际事务的解决。 ( )
3. 对美国费城管弦乐队首次访问朝鲜的行动,基辛格表示了赞赏。 ( )
4. 基辛格认为美国的政治竞选对中美关系影响很大。 ( )
5. 基辛格对邓小平的评价很高。 ( )

(二)回答问题:(4分)

基辛格博士是如何看台湾问题的?

第十一课　全球变暖让世界担忧

听录音 扫这里

背景知识

　　全球变暖是指全球气温升高。近100多年来，全球平均气温经历了冷－暖－冷－暖两次波动，总体上是上升趋势。进入20世纪80年代后，全球气温明显上升。全球变暖的后果，是使全球降水量重新分配，冰川和冻土消融，海平面上升等，既危害自然生态系统的平衡，更威胁人类的食物供应和居住环境。全球变暖趋势的具体原因是，人们焚烧化石燃料以生成石油、煤炭等，或砍伐森林并将其焚烧时产生的大量二氧化碳进入了地球的大气层。全球变暖的原因很多，概括起来有以下几点：

　　1. 人口剧增因素。这样多的人口，每年仅自身排放的二氧化碳就将是一个惊人的数字，其结果将直接导致大气中二氧化碳的含量不断增加，这样形成的二氧化碳"温室效应"将直接影响着地球表面的气候变化。

　　2. 大气环境污染因素。目前，环境污染的日趋严重已构成全球性重大问题，同时也是导致全球变暖的主要因素之一。

　　3. 海洋生态环境恶化因素。目前，海平面的变化呈不断上升趋势，根据有关专家的预测，到下个世纪中叶，海平面可能升高50cm。如不采取应对措施，将直接导致淡水资源的破坏和污染等不良后果。

　　4. 土地遭侵蚀、沙化等破坏因素。

　　5. 森林资源锐减因素。在世界范围内，由于受自然或人为因素影响而造成森林面积正在大幅度减少。

　　6. 酸雨危害因素。酸雨给生态环境带来的影响越来越受到全世界的关注。酸雨能毁坏森林，酸化湖泊，危及生物等。目前，世界上酸雨多集中在欧洲和北美洲，多数酸雨发生在发达国家，现在一些发展中国家，也有发生、发展。

　　7. 物种加速绝灭因素。地球上的生物是人类的一项宝贵资源，而生物的多样性是人类赖以生存和发展的基础，但是目前地球上的生物物种正在以前所未有的速度消失。

　　8. 水污染因素。全球环境监测系统水质监测项目表明，全球大约有10%的监测水受到污染，本世纪以来，人类的用水量急剧增加，同时水污染规模也在不断扩大，这就形成了新鲜淡水的供需矛盾。由此可见，水污染的处理将非常迫切和重要。

9. 有毒废料污染因素。不断增长的有毒化学品不仅对人类的生存构成严重的威胁，而且对地球表面的生态环境也将带来危害。

政府间气候变化问题小组根据气候模型预测，到 2100 年为止，全球气温估计将上升大约 1.4—5.8 摄氏度 (2.5—10.4 华氏度)。根据这一预测，全球气温将出现过去 10,000 年中从未有过的巨大变化，从而给全球环境带来潜在的重大影响。为了阻止全球变暖趋势，1992 年联合国专门制订了《联合国气候变化框架公约》，该公约于同年在巴西里约热内卢签署生效。依据该公约，发达国家同意在 2000 年之前将他们释放到大气层的二氧化碳及其他"温室气体"的排放量降至 1990 年时的水平。另外，这些每年的二氧化碳合计排放量占到全球二氧化碳总排放量 60% 的国家还同意将相关技术和信息转让给发展中国家。发达国家转让给发展中国家的这些技术和信息有助于后者积极应对气候变化带来的各种挑战。截至 2004 年 5 月，已有 189 个国家正式批准了上述公约。

词语表

1	平面	píngmiàn	（名）	plane
				平面
				평면

2	前所未有	qián suǒ wèi yǒu		unprecedented, never existed in history
	以前从来没有过			かつてない、今まで無い
				선례가 없다

3	后代	hòudài	（名）	later periods (in history), later ages or generations, descendants, posterity
	以后的时代，也指以后的人			後世
				후대

4	罕见	hǎnjiàn	（形）	seldom seen, rare, rarely seen
	很少发生或出现的；稀少			非常に珍しい
				보기 드물다，희한하다

5	接连	jiēlián	（副）	in a row, in succession, repeatedly
	连续不断地			連続して、続けて
				연이어，잇달아，연속하여

6	作物	zuòwù	（名）	crop
	农作物的简称。指农业上种植的各种植物			作物
				작물

7	传染	chuánrǎn	（动）	to infect, to be contagious, to contaminate
	病原体以一个个体传播到另一个个体			伝染する
				전염하다, 감염하다, 옮다
8	蚊子	wénzǐ	（名）	mosquito
				蚊
				모기
9	数目	shùmù	（名）	number, amount
	事物的个数			量
				수, 숫자, 수량
10	洪水	hóngshuǐ	（名）	flood, floodwater
	造成灾害的大水			洪水
				홍수
11	淹没	yānmò	（动）	to submerge, to flood, to inundate, to drown
	被水覆盖			水没する
				침몰하다, 물에 잠기다
12	干旱	gānhàn	（名）	drought, arid, dry
	没有降水或降水太少，使天气干燥			旱魃、日照り
				가뭄
13	暴雨	bàoyǔ	（名）	torrential rain, cloudburst, rainstorm
	泛指大而急的雨			暴雨
				폭우
14	农作物	nóngzuòwù	（名）	crop, cultivated plants or agricultural produce
	农业种植的各种植物的总称，简称作物			農作物
				농작물
15	海岸	hǎi'àn	（名）	seacoast, coast, beach, shore
	紧接海洋边缘的陆地			海岸
				해안
16	靠近	kàojìn	（动）	to be nearby, to be close to, to draw near, to approach
	相距不远，尤指地点、时间或程度			近づく、接近する
				가까이 다가가다, 접근하다
17	湾	wān	（名）	bend of a river or stream; bay, gulf
	水流弯曲的地方；海湾			湾
				물굽이, 만
18	历年	lìnián	（名）	over the years, in past years
	过去的若干年，以往各年			歴年
				과거 여러 해, 예년, 매년

19	月份 指某一个月	yuèfèn	（名）	month 月 월분
20	号称 以某名著称	hàochēng	（动）	to be known as, to claim to be …として有名である、…として知られている .. 라고 불려지다 , .. 로 유명하다
21	毁 破坏；糟蹋	huǐ	（动）	to damage, to demolish, ruin, to lay waste to 破壊する、壊す 부수다 , 파괴하다 , 훼손하다 , 망가뜨리다
22	发布 宣布，发表	fābù	（动）	to issue (orders, instructions, news, etc.), to release, to announce 宣布する、発表する 선포하다 , 발포하다
23	风暴 成灾的大风，常伴有大雨雪	fēngbào	（名）	windstorm, storm, tempest 暴風、嵐 폭풍 , 폭풍우
24	祈祷 向神祝告求福	qídǎo	（动）	to pray, to say one's prayers 祈祷する、祈る、願う 기도하다 , 빌다
25	领土 一个国家国境以内的范围	lǐngtǔ	（名）	territory, domain, land 領土 영토
26	海拔 超出海平面的高度	hǎibá	（名）	height above sea-level, elevation 海抜 해발
27	出售 卖出去	chūshòu	（动）	to offer for sale, to sell, to vend 売る 팔다
28	沙滩 水边的沙地	shātān	（名）	beach, sandbeach 砂浜、ビーチ 사주 , 모래톱 , 백사장
29	侵蚀 逐渐侵害使受损失	qīnshí	（动）	to corrode, to erode 侵食する 침식하다
30	海滨 海边的陆地	hǎibīn	（名）	seashore, seaside, beach, strand 海浜 해안 , 해변

31	住宅	zhùzhái	（名）	residence, dwelling
	住房，宅院			住宅
				주택
32	温室	wēnshì	（名）	hothouse, greenhouse, conservatory
	有防寒、加温和透光等设施，供冬季培育喜温植物的房子			温室
				온실
33	气体	qìtǐ	（名）	gas
	没有一定形状和体积，可以流动的物质			気体
				기체
34	排放	páifàng	（动）	to discharge, to drain off, to exhaust (gas/ etc.)
	排泄放出			放出する
				배출하다
35	议定书	yìdìngshū	（名）	protocol
	一种国际文件，是缔约国关于个别问题所取得的协议，通常是正式条约的修正或补充；国际会议上经过各方签字的会议记录			議定書
				의정서
36	公约	gōngyuē	（名）	convention, pact (i.e. international agreement)
	三个或三个以上国家结成的某些政治性的或关于某一专门问题的条约			公約
				공약
37	天然气	tiānránqì	（名）	natural gas
	产生于地表之下的一种可燃气体			天然ガス
				천연가스
38	向来	xiànglái	（副）	always, all along
	一直这样			一貫して
				본래부터，종래，여태까지，줄곧
39	国会	guóhuì	（名）	Parliament (UK), Congress (US)
	全国性的议会			国会
				국회
40	取代	qǔdài	（动）	to replace, to substitute, to supersede, to take over, to take the place of, to supplant
	推翻他人或排斥同类，以便自己顶替其位置			取って代わる、入れ替わる
				자리를 빼앗아 대신 들어서다，대치하다
41	参议院	cānyìyuàn	（名）	Senate
	某些国家两院制议会的上议院			参議院
				참의원（상원）

42	众议院	zhòngyìyuàn	（名）	House of Representatives
	某些国家两院制议会的下议会；实行一院制的国家的议会也有叫众议院的			衆議院
				중의원（하원）

43	享有	xiǎngyǒu	（动）	to enjoy (rights, privileges, etc.)
	享受			享有する、持つ
				향유하다

44	夸大	kuādà	（动）	to exaggerate, to overstate, to boast
	言过其实，夸张失实			誇張する、大げさに言う
				과장하다, 허풍치다

45	蔓延	mànyán	（动）	to spread out, to extend, to sprawl
	如杂草滋生，引申为扩展、延伸			蔓延する
				만연하다, 퍼지다, 줄줄이 이어지다

46	预报	yùbào	（动）	to forecast, to predict
	事先报告，预先告知			予報する
				예보하다

47	不容	bùróng	（动）	not to tolerate, not to allow
	不允许；不让			…を許さない
				용납（허용）하지 않다

48	逃避	táobì	（动）	to evade, to escape, to shirk, to run away from, elude
	逃走避开；躲开不愿意或不敢接触的事			逃避する、逃げる
				도피하다, 피하다

课文　全球变暖让世界担忧

联合国报告称，气温升高、海平面(1)上升将持续数百年。世界对全球变暖的关注到了一个前所未有(2)的高峰。近年来，地球升温、海平面上升都是不可否认的事实。联合国秘书长潘基文指出，全球变暖对人类的威胁和战争相当，并可能留给后代(3)沉重的负担。

世界的关注到了历史最高峰

从全球出现罕见(4)的暖冬以来，世界对全球变暖的关注持续升温。这段时间，各种报告和预测接连(5)不断。仅仅几天前，美国一家国家实验室公布了一项最新科学研究报告。报告说，因为全球变暖，世界主要粮食作物(6)的产量自1981年以来逐渐下降，每年造成的损失达50亿美元。

印度气象研究所长期气候预测专家拉吉瓦在接受采访时说："最近几年，印度气候变化日趋极端，我们认为这与全球变暖有关。"如印度最近几年传染(7)疾病的蚊子(8)数目(9)一年比一年多，直接威胁到人们的生命健康。2005年，百年不遇的大洪水(10)几乎把孟买完全淹没(11)；2006年，常年干旱(12)的印度西部拉贾斯坦邦连降暴雨(13)。印度英迪拉·甘地发展研究所的最新报告说，全球变暖首先可能直接导致洪水多发、农作物(14)生长季节变化，从而严重影响印度农业的发展。同时，气候变暖带来的海平面上升将使海岸(15)线很长的印度深受其苦。

在俄罗斯第二大城市、靠近(16)芬兰湾(17)的圣彼得堡市去年12月出现了10.7℃的高温，也创下圣彼得堡市历年(18)12月份(19)的最高温度。人们担心，长期的高温，会不会抬高芬兰湾的水位，进而把这个号称(20)"北方威尼斯"的城市的众多古迹给毁(21)了。

在各种研究报告中，最权威、影响最大的莫过于联合国政府间气候变化专门委员会于今年2月在巴黎发布(22)的报告了。报告指出，在过去的100多年，海平面的上升速度比过去两千年的平均速度快10倍，到本世纪末，海平面会升高18至58厘米。报告还表示，全球变暖的确导致了风暴(23)程度的加强。

"祈祷(24)大海不要把我们淹没"

阿拉丁住在印度西孟加拉邦莫舒尼岛上。这个岛周围的海平面正以每年3.14毫米的速度上升。阿拉丁说："晚上我们只能祈祷，希望大海不要把我们淹没。"而南太平洋的岛屿国家图瓦卢则面临消失的危险。这个仅有1万多人口的国家，领土(25)最高点仅海拔(26)4.5米，一次大规模的潮汐就可能淹没它。英国一位记者甚至预测，到2050年，上海可能被海水淹没。

发达国家同样面临着海平面上升的威胁。美联社3月7日的文章说，现在英国海边的房子很难出售(27)，即使价格很低。在美国，加利福尼亚正做好面对沙滩(28)被**侵蚀**(29)、海滨(30)住宅(31)被淹没的准备。海平面上升加上风暴变强也可能淹没纽约的许多低矮社区。

美国的反应

全球温室(32)气体(33)排放(34)量中，大约有1/5来自美国，美国却没有加入控制温室气体排放的《京都议定书》，理由是议定书(35)给美国经济发展带来过重负担。分析人士指出，布什拒绝批准这个给工业化国家定下温室气体减排目标的国际公约(36)，深层原因是布什与石油等能源公司关系密切，布什上台与天然气(37)等产业的利益集体对他的支持有关。

不过，英国《经济学家》杂志今年1月的文章称，美国已经醒了。文章写道："布什先生可能还在缓慢地移动脚步，但美国已经在迅速地变绿。"向来(38)强调环保的民主党在去年国会(39)选举中获胜后，国会在环境问题上态度出现了戏剧性的转变。一个标志性的事件是，坚决支持缓解气候变暖的参议员巴巴拉·伯克斯取代(40)了把全球变暖说成"对美国人民的最大欺骗"的詹姆斯·因霍夫，成为参议院(41)环境及公共工程委员会的主席。众议院(42)已经通过了一项法律，将取消石油生产享有(43)的优惠政策。

关系到人类未来命运

也有一些科学家认为，全球变暖对人类构成的威胁被夸大(44)了。如英国的气象专家克里斯·科利耶就认为，现在就提出灾难性气候的蔓延(45)还为时过早，人们的很多担心都没有必要。

　　但大多数科学家认为，气候变化已不是一个对某些自然灾害能否准确预报[46]的问题，而是一个关系到人类未来命运的全球性挑战。因气候变化造成的各种问题已不容[47]忽视，人类必须从现在做起，任何国家都没有借口逃避[48]责任。

（全文字数：约1580）

（节选自《环球时报》，略有改动。）

注 释

① 在美国，加利福尼亚正做好面对沙滩被侵蚀、海滨住宅被淹没的准备。

[解释]　"侵蚀"与"侵害"：动词。都有"侵入、破坏"的意思。
　　　　侵蚀：多指思想、意识、病菌和自然力等逐渐腐蚀而变坏。
　　　　侵害：指逐渐侵入而伤害，或者用暴力或非法手段损害。

[例词]　侵蚀土壤 / 侵蚀思想
　　　　侵害植物 / 侵害集体

[例句]　① 缺少森林植被会使土壤侵蚀加剧。
　　　　② 在俭朴成为自觉行动和习惯以后，就能增强抵制不良风气侵蚀的能力。
　　　　③ 联合国宪章禁止在国际关系中使用威胁和武力侵害他国领土完整。
　　　　④ 核桃、桃、李和杏的内核坚如硬石，能保护种子不受侵害。

② 但大多数科学家认为，气候变化已不是一个对某些自然灾害能否准确预报的问题，而是一个关系到人类未来命运的全球性挑战。

[解释]　"预报"与"预告"：动词。预先告诉。
　　　　预报：预先报告。多用于天文、气象方面。
　　　　预告：事先通告。多用于演出、图书出版等。

[例词]　预报节目 / 预报信息 / 预报得很准确
　　　　预告新书 / 预告戏剧演出 / 预告出版近况

[例句]　① 据气象台预报，近期将有一股冷空气南下。
　　　　② 在人类能够控制火山活动之前，加强预报是防止火山灾害的唯一办法。
　　　　③ 看到报纸上刊登的新书预告，我马上到书店预定了这套丛书。

④ 意大利鞋业，十分重视设计新款式、新品种，通常每半年预告一次将要流行的皮鞋款式。

3 因气候变化造成的各种问题已不容忽视，人类必须从现在做起，任何国家都没有借口**逃避**责任。

[解释] "逃避"与"躲避"：动词。都有避开的意思。
　　　　逃避：指躲开不愿意或不敢接触的事物。
　　　　躲避：指故意离开或隐藏起来，使人看不见，或者离开对自己不利的事物。

[例词] 逃避考试 / 逃避检查 / 逃避现实
　　　　躲避危险 / 躲避逼人的目光 / 无法躲避

[例句] ① 不能把解决问题当作是一种负担而逃避，而应该本着挑战性的态度积极面对。
② 如果部属认为是被迫来解决问题，那就是一种负担了，那么人人都会逃避，而不去认真地解决问题。
③ 这几天他好像有意躲避我。
④ 他全家出去旅游，恰好躲避了这场大灾难。

练 习

一 请在课外阅读最新中文报刊文章，将其中你喜欢的一篇剪贴在你的笔记本上，然后写出摘要与看法

二 给下列动词搭配适当的词语

传染＿＿＿＿＿＿＿＿＿＿　　　淹没＿＿＿＿＿＿＿＿＿＿

靠近＿＿＿＿＿＿＿＿＿＿　　　发布＿＿＿＿＿＿＿＿＿＿

祈祷＿＿＿＿＿＿＿＿＿＿　　　出售＿＿＿＿＿＿＿＿＿＿

侵蚀＿＿＿＿＿＿＿＿＿＿　　　排放＿＿＿＿＿＿＿＿＿＿

取代＿＿＿＿＿＿＿＿＿＿　　　享有＿＿＿＿＿＿＿＿＿＿

预报＿＿＿＿＿＿＿＿＿＿　　　逃避＿＿＿＿＿＿＿＿＿＿

三 选词填空

前所未有　接连　号称　向来　蔓延　不容　历年

1. 新西兰和澳大利亚_____"花园之国"。
2. 事实上，由于进口的增加，中国贸易形势_____乐观。
3. 中国人_____把牛作为吃苦耐劳的象征。
4. 公司只有不断创新，研制出_____的电脑设备才能吸引住客户，赢得市场。
5. 结果显示，没有MBA学位的学生，毕业后_____收入增长率只有MBA毕业生的一半。
6. 艾滋病扩展的速度很快，死亡率极高，目前正向世界各地_____，有人把它称为"当代瘟疫"和"超级癌症"。
7. 在短短一个多小时的用餐时间里，我们_____碰到了几件令人恼火的事。

侵蚀　侵害

8. 搞好农田水利基本建设的同时，要推广农田林网化，以降低风沙对土壤的_____。
9. 在日常生活中，对付腐败菌和病菌_____、预防食物中毒的办法，就是要加强食品卫生管理，注意饮食卫生。

预报　预告

10. 这本书一刊登新书_____，读者就纷纷来信、汇款要求购买。
11. 大气变化导致大气压强的变化，所以测量大气压是天气_____的重要依据之一。

逃避　躲避

12. 作为核武器国家，中国从不_____自己在核裁军方面应尽的责任和义务。
13. 如果管理者_____工作，部属的心就会逐渐疏远。

四 根据课文内容判断正误

1. 目前世界高度关注全球变暖的问题。（　　　）
2. 全球变暖对世界主要粮食作物的产量影响很大。（　　　）
3. 全球变暖对印度气候影响不大。（　　　）
4. 长期的高温，导致水位升高，淹没了圣彼得堡市的众多古迹。（　　　）

五 请按正确的语序将下列各个句子组成完整的一段话

1. A. 这段时间，各种报告和预测接连不断
   B. 从去年全球出现罕见的暖冬以来
   C. 世界对全球变暖的关注持续升温

   正确的语序是：（　　）（　　）（　　）

2. A. 海平面的上升速度比过去两千年的平均速度快 10 倍
   B. 到本世纪末
   C. 在过去的 100 多年
   D. 海平面会升高 18 至 58 厘米

   正确的语序是：（　　）（　　）（　　）（　　）

六 根据课文内容选择最合适的答案

1. 气候变暖对海边城市影响_____。
   A. 不大　　　B. 很大　　　C. 很小　　　D. 越来越小

2. 阿拉丁_____海水会淹没他所住的小岛。
   A. 很担心　　　B. 不担心　　　C. 不相信　　　D. 预言

3. 美国参议员巴巴拉·伯克斯与总统布什在控制温室气体排放方面的立场_____。
   A. 完全不同　　　B. 有点不同　　　C. 完全一致　　　D. 基本相同

4. _____认为全球变暖是人类所面对的重大挑战。
   A. 少数科学家　　　B. 一些科学家
   C. 大多数科学家　　　D. 所有的科学家都

七 完形填空

| 导致 | 深受其苦 | 从而 | 首先 | 同时 |

1. 印度英迪拉·甘地发展研究所的最新报告说，全球变暖 __1__ 可能直接 __2__ 洪水多发、农作物生长季节变化， __3__ 严重影响印度农业的发展。 __4__ ，气候变暖带来的海平面上升将使海岸线很长的印度 __5__ 。

| 因 | 必须 | 不是 | 任何 | 而是 |

2. 大多数科学家认为，气候变化已 __1__ 一个对某些自然灾害能否准确预报的问题， __2__ 一个关系到人类未来命运的全球性挑战。 __3__ 气候变化造成的各种问题已不容忽视，人类 __4__ 从现在做起， __5__ 国家都没有借口逃避责任。

八 请用自己的话或原文中的关键句子概括下面一段话的主要内容

1. 印度气象研究所长期气候预测专家拉吉瓦在接受采访时说："最近几年，印度气候变化日趋极端，我们认为这与全球变暖有关。"如印度最近几年传染疾病的蚊子数目一年比一年多，直接威胁到人们的生命健康。2005年，百年不遇的大洪水几乎把孟买完全淹没；2006年，常年干旱的印度西部拉贾斯坦邦连降暴雨。印度英迪拉·甘地发展研究所的最新报告说，全球变暖首先可能直接导致洪水多发、农作物生长季节变化，从而严重影响印度农业的发展。同时，气候变暖带来的海平面上升将使海岸线很长的印度深受其苦。

2. 阿拉丁住在印度西孟加拉邦莫舒尼岛上。这个岛周围的海平面正以每年3.14毫米的速度上升。阿拉丁说："晚上我们只能祈祷，希望大海不要把我们淹没。"而南太平洋的岛屿国家图瓦卢则面临消失的危险。这个仅有1万多人口的国家，领土最高点仅海拔4.5米，一次大规模的潮汐就可能淹没它。英国一位记者甚至预测，到2050年，上海可能被海水淹没。

发达国家同样面临着海平面上升的威胁。美联社3月7日的文章说，现在英国海边的房子很难出售，即使价格很低。在美国，加利福尼亚正做好面对沙滩被侵蚀、海滨住宅被淹没的准备。海平面上升加上风暴变强也可能淹没纽约的许多低矮社区。

九 请尽量用以下词语进行话题讨论

罕见	接连	洪水	干旱	淹没	毁
温室	气体	排放	不容	回避	前所未有

全球变暖有哪些负面影响？你认为人类应怎样做才能控制全球变暖？

快速阅读

阅读一（字数：约1980；阅读与答题的参考时间：8分钟）

全球变暖加剧 未来部分地球或不适合居住

凤凰科技讯 北京时间3月13日消息，《新科学家》报道，几项最新研究表明，气候对二氧化碳高度敏感，这意味着温室气体的释放将导致强烈的变暖效应。这项发现暗示如果我们想要避免危险的气候变化，就必须加快减少温室气体的排放。考虑到过去几十年缓慢的变暖效应导致某些人总结称气候的敏感度非常低，这一结论听上去可能出人意料。

然而最新发现显示，工厂和烟火排放的气溶胶污染的冷却效应被大大低估，这意味着如果亚洲的国家清理了天空的雾霾，变暖效应将卷土重来。这是个复杂的问题，以下将问题分解开来进行阐述。

什么是气候敏感度？

如果你打爆了你的好朋友的牙，他会做出什么反应？他会耸耸肩、大哭一场还是扬长而去策划谋杀你？气候敏感度测量的是地球对我们做出的行为的反应，也就是如果我们在大气层里排放的二氧化碳含量翻倍的话，将产生多强的表面温室效应。

它真如听上去这么简单？

有关气候敏感度一直存在不确定性因素。非常低的值被排除，但距离确定具体值还比较远。政府间气候变化专门委员会（IPCC）的最新报告称，气候敏感度大约介于1.5摄氏度至4.5摄氏度之间。即使敏感度很低，如果我们不尽快遏制排放量，2100年全世界温度将上升3度，这导致我们位于公认的"危险"门槛。另一方面，如果敏感度很高，温室气体排放量仍然很大，那么地球的部分地区将变得不适合居住。

为什么存在这么多不确定性？

科学家们已经很好的理解温室气体的即时变暖效应。但是如果地球变暖，那么各种反馈效应将纷至沓来。随着气候变暖，低层大气层将变得更加潮湿，围困住更多热量。云层、海上浮冰和雪覆盖范围都将发生变化。永久冻土将融化，导致黑暗的植被将在曾经太冷而不适合生长的地区生长，海洋将吸收热量，大片冰原开始融化。

与此同时，人们已经砍伐森林建造城市，排放大量污染物至大气层和海洋里。有些污染物，例如硫磺气溶胶，具有冷却作用。为了确定气候敏感度，我们需要分解这些效应，但这并非易事。

最新消息？

一系列近期报告解决了不同研究之间的很多分歧，它们都一致认为敏感度相对比较高。"所有的证据都指向较高的一面，"美国宇航局位于纽约的戈达德太空研究所的德鲁·辛戴尔（Drew Shindell）这样说道，"它们向我们传达了相同的信息。"2013年好几项研究得出了较低敏感性的估计。这些研究是基于过去几十年间全球变暖的程度。由于21世纪初的变暖速率低于20世纪90年代——有时候也被称为全球变暖的"暂停"——因此这一方法导致了较低的估计值。然而其他的方法，例如观察地球几千年前的气候，都持续指向了较高值。

如果二氧化碳水平比20世纪90年代的指标要低，而地球变暖的速率更慢了，这不是意味着气候敏感度很低吗？

大多数气候模型预测21世纪初更强烈的变暖效应。理论上来说，这意味着这些模型都高估了气候敏感度。然而，还存在好几种其他可能的原因。模型假定火山活动、气溶胶污染的水平和太阳活动将持续保持与20世纪90年代相当的水平。但是太阳活动有所减少，而火山活动和气溶胶含量上升了。这些改变具有冷却作用。

近日辛戴尔和同事加文·施密特（Gavin Schmidt）利用气溶胶含量和太阳活动的最新数据重新运行了这些模型，大多数差异都消失了。模型和观测之间剩下的差异可能是因为海洋摄取的日益增加的热量。

这并不意味着敏感度更高了，不是吗？

这意味着我们不能基于模型结果和现实不匹配而排除具有高敏感值的模型。恰恰相反，最敏感的模型可能是最贴近实际的。例如，澳大利亚悉尼市新南威尔士大学大气科学家史蒂文·舍伍德（Steven Sherwood）和同事调查了为什么不同的模型会产生不同的敏感度估值。研究小组发现这些模型里云的特征解释了超过半数的差异。那些最接近真实云特征的模型往往预测了更高的敏感度。

如果舍伍德是正确的，那么平衡气候敏感度一定高于3摄氏度。这比去年IPCC报告里给出的最小值1.5摄氏度高了很多。

什么是平衡气候敏感度？

这便是棘手的方面。目前存在很多定义气候敏感度的方式。其中之一便是调查二氧化碳水平达到原始值的一倍时产生的变暖效应。这被称为瞬时气候响应，即使二氧化碳水平保持稳定，表面温度也会保持上升长达几十年，海平面也会上升长达几个世纪。平衡气候敏感度则更有前瞻性，它所调查的是二氧化碳含量翻倍时的效应，那时候好几种反馈都已经失去作用。IPCC 描述的介于 1.5—4.5 摄氏度之间，而舍伍德表示至少 3 摄氏度的数值正是指平衡敏感度。

对于二氧化碳含量翻倍还存在一个长期的反应，它有时候被称为地球系统敏感性，包括非常缓慢的反馈，例如格陵兰岛和南极洲冰川和植被的变化。这个数值可能达到平衡敏感度的 2 倍。如果平衡敏感度为 3 摄氏度，那么地球系统敏感度将为 4.5 至 6 摄氏度之间。

这真让人感到困惑。

换个角度这样想，瞬时气候响应是我们需要现在考虑的问题，因为它将决定在我们的一生中将发生多大的温室变暖效应。平衡气候敏感度则对我们的子孙有影响。而地球系统敏感性决定了我们未来遥远后代的命运。

（节选自凤凰科技，略有改动）

回答问题：
1. 如果地球不断变暖，会出现哪些问题？
2. 瞬时气候响应和平衡气候敏感度分别是什么？他们会对人类造成怎样的影响？
3. 为了减少温室气体的排放，我们应该做些什么？

阅读二（字数：约 1920；阅读与答题的参考时间：12 分钟）

从"全球变暖"到"全球变冷"：谁在忽悠地球

一头无助、绝望的北极熊伏在一块即将融化的冰面上，四周水波荡漾、无边无际。这幅广泛传播的公益宣传画旨在警告人类立刻行动起来，减少温室气体排放，阻止气候变暖，遏止北极海冰融化消失的进程，保护北极熊赖以生存的北极海冰家园。

北极海冰融化的趋势似乎仍在不断加快，媒体上不断传来科学家关于海冰消融的最新研究报告。然而，美国国家冰雪数据中心近日发布的监测数据却给出完全出乎人们意料的结果："与 2012 年 8 月相比，今年同期北极冰盖面积已增加了 60%，增加超过 100 万平方英里。"同时，一些科学家发出警告，世界正经历气温急速下降时期，必须为"全球变冷"做好准备。

从预测全球气候变暖导致"北极无冰覆盖"到实际上"北极冰盖面积大幅增加"，人们被警告做好应对"全球变冷"准备，这一颇具戏剧性的反差，着实让人心中产生大大的疑问：地球到底是在变暖还是在变冷？

"气候变暖" 边缘话题几乎变为信条

到目前为止，"气候变暖"无疑是最广为传播的观点。芝加哥全球事务委员会一份针对 10 个国家的民调显示，60% 受访者认为全球暖化是一个"紧急威胁"，需要加紧应对。在南非德班世界气候大会召开前夕，欧盟专门对气候变化做的民调显示，68% 的人认为气候变暖问题"非常严重"。

20世纪80年代末90年代初，一些科学家发现，20世纪后半期，全球温度上升趋势"非常明显"。进一步研究揭示，20世纪全球平均接近地面的大气层温度上升了0.74摄氏度，近50年观察到的气候改变速度是此前百年的两倍，研究将气候改变归结为人类现代生活方式。研究成果影响逐步走出学术领域，进入公众生活，但与"臭氧层损耗问题"相比，全球"气候变暖"在当时只是一个边缘话题。

转折点发生在1988年。该年6月，美国气候科学家詹姆斯·汉森在参议院听证会上声称，有99%把握确信，人类活动排放的温室气体导致了温室效应发生，并敦促采取具体措施。同年12月，联合国大会通过决议，强调气候变化是人类"共同关注的问题"，并促成了政府间气候变化专门委员会（IPCC）的成立，使气候变暖成为一个影响广泛的国际政治话题。联合国围绕温室气体减排、环保技术转让等，召开了气候变化巴厘岛会议、哥本哈根会议、坎昆会议和德班会议等一系列国际会议。在此过程中，气候变暖被科学家、政府和相关国际组织列为事关全球安全的重大问题并为广大民众所熟知。

"气候变冷" 一直如影随形不懈挑战

在一些科学家论证气候为何会变暖及其带来的可怕后果时，在各类媒体热情报道国际社会围绕温室气体减排付诸的努力时，另一种截然相反的研究结论如影随形，那就是全球"气候变冷"论。实际上，这种观点比全球"气候变暖"论历史更悠久。

20世纪70年代初，一些科学家从地球运转轨道周期变化规律出发，提出了盛行一时的"气候变冷"说，认为21世纪地球将进入"小冰河期"。1974年，一批欧美的著名学者在美国布朗大学举办了一个专门研讨会，学者在会上举例证明地球气温已开始下降，表示距15世纪最近一次地球"小冰河期"已有约500年，如果人类不加以干涉，当前的暖期将会较快结束，全球变冷以及相应的环境变迁就会随之来临。

"地球变冷"论得到了冰川学家的支持。据俄罗斯《今日报》报道，一批俄罗斯、法国、美国的冰川学家到南极俄罗斯的"东方"号考察站进行超深钻探，在对钻取的岩芯中氧同位素的含量分析后发现，在过去的42万年中，全球气候变冷和变暖相互交替，有明显周期性。他们认为，地球气温变化的一个完整周期为10万年至12万年，而地球气候变暖最近的一个高峰约在1.7万年前，现在已开始降温。丹麦科学家丹斯加德等人发表的格陵兰冰芯氧同位素谱分析成果表明，地球气候有10万年轨道周期变化，其中9万年为冷期，1万年为暖期。按推算，目前气候的暖期已接近尾声，全球"气候变冷"将是主流。

全球"气候变冷"论者似乎在现实中找到了证据。近几年，全球范围内出现了大面积持续的极寒天气。比如，2012年底，大范围寒流横扫北半球，一些地方的气温甚至创下几十年来最低纪录。被认为地球气候变暖最明显地区之一的阿拉斯加，本世纪十多年间年均气温降低了1.3摄氏度，西部的半岛地区甚至降低了2.5摄氏度。

观点论战 应回归科学理性认知

无论是预测地球"变暖"还是"变冷"，都反映了对气候变化和人类前途命运的关心，也正因为事关人类前途命运，相关预测研究必须建立在坚实的科学基础之上，研究方法、论证逻辑和结论等都必须经得起质疑和挑战。实际上,不仅两者之间互相水火不容,而且它们都广受质疑。

只有做到彻底抛开利益等因素的纷扰,只对真理负责的科学家才是真正的科学家,只有他们做出的科研成果才会使人类最终受益。面对气候变化这样的全球性课题,我们希望科学家能够"不畏浮云遮望眼",拿出挺进真理的气魄。

（节选自《中国科学报》,略有改动）

回答问题:
1. 地球到底是在变暖还是在变冷？对于这个问题,人们的普遍看法是怎样的？
2. 全球"气候变暖"是如何从一个边缘话题上升为一个国际政治热门话题的？
3. "气候变冷"说有怎样的理论和现实依据？
4. 我们应该怎样看待这两种完全相反的观点？

阅读三（字数:约 1630；阅读与答题的参考时间:15 分钟）

外媒：联合国就全球变暖发"最严重警告"

极端天气将不断恶化

【英国《每日电讯报》网站 3 月 31 日报道】根据迄今为止在气候变化影响方面的最权威报告,全球变暖将对人类构成最严重威胁的关键风险包括洪水、风暴潮、干旱和热浪。

报告预测,因为气温不断升高,暴力冲突和粮食短缺在未来几十年内也会增加,同时,越来越多的动物和海洋物种将面临更大的灭绝风险。

这些警告是今天在联合国政府间气候变化专门委员会（IPCC）第二工作组报告中发布的,该报告由来自 70 个国家的 300 多名专家编写,是第一份将不断升高的气温作为一系列全球全面风险进行研究的报告。

不断恶化的极端天气模式循环是报告重点列出的最危险影响之一。报告警告称,更大的洪水风险是温室气体排放日益增加的一个主要后果,欧洲、亚洲和小岛国最容易受到影响,干旱也将更为常见。

根据这份报告,如果全球变暖像预测的那样继续发展,"很大一部分"动物和海洋生物在未来几十年中也面临更大灭绝风险。

损失或达数万亿美元

【法新社日本横滨 3 月 31 日电】联合国专家小组今天在一份有关气候变化影响的具有里程碑意义的报告中称,本世纪激增的碳排放将加大冲突、饥饿、洪水和移民的风险。

该报告称,如果未加阻止,温室气体排放可能带来数万亿美元的财产和生态系统损失以及用于加强气候防御的账单。

报告称,气候变化的影响已为人们所感知,并且会随着气温每额外升高一度而加剧。一份摘要称:"气候变暖不断加剧使得严重的、无处不在的、不可逆转的影响更有可能出现。"

这份新报告是在一次为期五天的会议后在横滨发布的,IPCC在报告中就气候变化的极端影响作出了迄今为止最为严重的警告,并且对地区层面的气候变化影响进行了比以往更详细的研究。

报告预测,全球气温本世纪将升高0.3—4.8摄氏度,在这之前气温自工业革命以来已升高约0.7摄氏度。海平面到2100年将上升26—82厘米。如果气温较工业化之前的时代升高2摄氏度左右,它可能会带来全球年收入减少0.2%—2.0%的代价。

令全球安全雪上加霜

【美联社日本横滨3月31日电】在一份权威报告中,联合国的一个气候专家小组第一次将全球气温升高与全球"脾气见长"联系起来。

最知名的科学家们称,气候变化将使得内战、国家冲突和难民等现存的全球安全问题更加复杂、更加糟糕。

这份由IPCC发布的报告称,争夺水、能源等资源的斗争、饥饿和极端天气将一同致使世界更不稳定。

报告的主要作者、卡内基科学学会的克里斯·菲尔德说,这份报告与七年前该委员会上一次发布的有关气候变暖如何影响地球的报告有很大不同,2007年初政治领袖们读到的摘要并未提到安全问题会增加。

报告的作者们说,在过去七年,社科领域的研究发现了气候与冲突间的更多联系,报告引用了数百项有关气候变化与冲突的研究。

最糟糕状况尚未到来

【美国《纽约时报》网站3月30日报道】科学家报告说,气候变化对世界各大洲和大洋产生了广泛影响,如果温室气体排放得不到控制,这个问题可能急剧恶化。

IPCC发表报告称,冰盖在融化、北极海冰在崩塌,水资源供应紧张,热浪和暴雨在增强,珊瑚礁在死亡,鱼类和其他很多生物向南北两极迁移,有的甚至走向灭绝。

报告指出,海平面升高的速度危及沿海居民,由于吸纳了汽车和发电厂排放的一些二氧化碳,海水酸度升高,这导致某些生物死亡或生长受到妨碍。

科学家说,早在人类文明开始前就存在的北极土壤中的冰冻有机物质现在开始融化,然后腐烂变成温室气体,这将导致全球进一步变暖。

科学家们在报告中说,最糟糕的情况尚未出现。报告特别强调,世界粮食供应面临巨大风险可能对最穷国家产生严重影响。

该报告是IPCC发表的最令人清醒的报告之一。报告试图预测气候变化的影响在今后几十年将如何改变人类社会。报告认为,全球变暖的破坏作用可能是深远的。

科学家们强调,气候变化不只是遥远未来的问题,而是现在就有影响。比如,在美国西部很多地区,山上的积雪在减少,威胁着当地的水资源供应。

然而,专家也发现了亮点。自2007年发表气候变化报告以来,该委员会发现越来越多的证据显示,世界各国政府和企业开始大规模筹划应对气候破坏。

(节选自新华网,略有改动)

判断正误:

1. 全球变暖会对人类和动物的生存造成很大的威胁。　　　　　　　　（　　）
2. 暴力冲突和粮食短缺的问题是由气温不断升高造成的。　　　　　　（　　）
3. 温室气体的排放必然会带来数万亿美元的财产损失。　　　　　　　（　　）
4. 现在人们已经能感觉到气候变化所带来的影响。　　　　　　　　　（　　）
5. 全球变暖有可能让世界变得更加不安定。　　　　　　　　　　　　（　　）
6. 全球气温升高让人们的脾气变坏。　　　　　　　　　　　　　　　（　　）
7. 冰川融化会导致全球进一步变暖。　　　　　　　　　　　　　　　（　　）
8. 科学家报告说,最糟糕的情况还没有出现,所以现在不用担心。　　（　　）

第十二课　心理疾病折磨全球十亿人

听录音 扫这里

背景知识

　　所谓心理疾病，是指一个人由于精神上的紧张干扰，在思想上、情感上和行为上，发生了偏离社会生活规范轨道和现象。心理和行为上偏离社会生活规范程度越厉害，心理疾病也就愈严重。我们必须看到，心理疾病是很普遍的，只不过存在着程度区别而已，而且现代文明的发展使人类愈发脱离其自然属性，污染、生活快节奏、紧张、信息量空前巨大、社会关系复杂、作息方式变化、消费取向差异、在公平的理念下不公平的事实拉大、溺爱等，都使心理疾病逐渐增多并恶化。人在遭受挫折、蒙受屈辱或紧张焦虑的情绪长期不能消除时，就会造成心理障碍和心理疾病。一旦发生心理障碍和心理疾病，应如何正确对待呢？在人们的心目中，对心理疾病存在两种错误认识，一个是对心理疾病过分地害怕和恐惧，另一个是认为心理疾病"可耻"，让人厌恶。正是这两种认识使心理疾病越来越严重。因此，要治愈心理疾病，必须克服这两种错误的认识。

　　（1）要相信心理疾病是可以治好的，不必害怕和恐惧。尽管造成心理疾病的原因比较复杂，治疗疗程比较长，效果比较缓慢，但心理疾病通常不容易危害人们的生命，而且大部分都可以不用吃药、不用打针就能治好。得了心理疾病，只要善于了解自己，增强治愈的信心，懂得一些有关心理健康的基本知识，掌握和运用一些有效的心理治疗方法和技术，那么心理疾病迟早会治好的。

　　（2）要相信心理疾病是可以预防的。心理疾病主要是由于在生活当中，一些不良的适应成了习惯所造成的，先天遗传的心理疾病非常少。因此，当我们掌握了足够的有关心理健康的基础知识和方法后，完全可以预防心理疾病的发生，增进心理健康。

　　（3）要认识到每个人都有可能患心理疾病。任何人在一定的时间和地点等条件下，都可能会有某种程度的失常的表现，可能得心理疾病，只是在某些行为偏差上，有程度不同的分别罢了。况且所谓"失常"，还有健康与不健康的不同。因此，任何人都不必为自己"幸免"心理疾病而庆幸。

　　（4）患有心理疾病并不可耻，不能歧视或鄙视心理疾病患者。心理正常的人，对心理失常的人不应讥笑、讽刺、厌恶、疏远。否则，心理失常的人就会形成自卑，怕人家说他有病的心态，不愿向别人倾诉他们心中的烦恼、苦闷，而且对别人戒备、怀疑、恐惧，这就会使病情加重。每个心理健康的人除了要保持心理健康，防止发生心理疾病以外，还有义务帮助已经心理失常的人，使他们早日恢复健康。

词语表

1	自杀 自己杀死自己	zìshā	（动）	to commit suicide, to take one's own life 自殺する 자살하다
2	失常 进入不正常状态	shīcháng	（形）	abnormal, odd 異常である 비정상적이다
3	先前 以前；此前	xiānqián	（名）	before, previously 以前、前 이전，앞서，종전
4	迹象 指表现出来的不明显的现象	jìxiàng	（名）	sign, indication, mark 兆し、気配 자취，현상，기미，조짐，기색
5	位于 在某个相对地点或位置	wèiyú	（动）	to be located, to be situated, to lie …に位置する ..에 위치하다
6	寂寞 冷清孤单；清静	jìmò	（形）	lonely, lonesome; quiet, still, silent 寂しい 적막하다，적적하다，쓸쓸하다
7	孤独 独自一个人；孤单	gūdú	（形）	lonely, solitary, lonesome 孤独である 고독하다
8	阶层 同一阶级里因社会经济地位不同而分成的层次	jiēcéng	（名）	stratum, hierarchy, social stratum, rank 階層 계층
9	崩溃 彻底破坏或垮台	bēngkuì	（动）	(usu. of a nation's politics, economy, military, etc.) to collapse, to break down, to crumble, to fall apart 崩壊する 붕괴하다
10	困境 困难的处境	kùnjìng	（名）	difficult position, predicament 苦境 곤경

11	应对	yìngduì	（动）	to reply, to answer, to respond
	对答			対応する
				대응하다
12	热线	rèxiàn	（名）	hotline (communications link)
	一种可以随时拨打以得到帮助的电话线路			ホットライン
				핫라인
13	援助	yuánzhù	（动）	to help, to support, to aid, to assist
	支援，帮助			援助する
				원조하다，지원하다
14	宣称	xuānchēng	（动）	to assert, to declare, to profess, to claim
	公开表示			公言する
				발표하다，공언하다
15	困扰	kùnrǎo	（动）	to puzzle, to perplex, to disturb, to vex, to worry, to annoy
	纷扰不安			邪魔をする、苦しめる
				귀찮게 굴다，성가시게 하다，괴롭히다，곤혹케 하다
16	原材料	yuáncáiliào	（名）	raw material, raw and processed material
	未加工和半成品的原料和材料			原材料
				원재료
17	膨胀	péngzhàng	（动）	to expand, to inflate
	扩大增长			拡大する
				확장하다
18	配套	pèi tào		to form a complete set
	把多种相关事物组合在一起成为一个整体			組み合わせる
				（관계가 있는 사물을 조합하여）하나의 세트로 만들다，조립하다，맞추다
19	无关	wúguān	（动）	to have nothing to do with, to be irrelevant
	不牵涉，无牵连，没有关系			関係ない
				관계가 없다，상관없다，무관하다
20	陌生	mòshēng	（形）	strange, unfamiliar, outlandish
	不熟悉，不熟悉的			よく知らない、見慣れない
				생소하다，낯설다
21	失落	shīluò	（动、形）	to lose; to be discontented
	丢失，遗失；精神上空虚或失去寄托			なくす
				잃어버리다，분실하다，소실되다

22	晚年 老年阶段	wǎnnián	（名）	old age, one's later years 晚年 만년, 노년
23	弥补 补偿，赔偿	míbǔ	（动）	to compensate, to recompense, to make up for, to cover a deficit or loss 補う 메우다, 보충하다, 보완하다
24	吸毒 吸食毒品	xī dú		to take drugs 麻薬などを吸う 마약을 빨다 (복용하다, 흡입하다)
25	酗酒 无节制地喝酒	xùjiǔ	（动）	to drink excessively, to be given to heavy drinking 大酒を飲む 주정하다, 취해서 난폭하게 굴다
26	借助 凭借，利用	jièzhù	（动）	to fall back on, to have the aid of, to draw support from 助けを借りる 도움을 빌다, ..의 힘을 빌리다
27	毒品 指作为嗜好品用的鸦片、吗啡、海洛因等	dúpǐn	（名）	narcotics, drugs 麻薬、アヘンなど (모르핀, 코카인, 마약 등의) 독물
28	酒精 酒类所含的能使人沉醉的物质，医药上用来消毒	jiǔjīng	（名）	alcohol, spirit, ethyl alcohol, ethanol アルコール 주정, 에탄올
29	鉴于 考虑到	jiànyú	（介）	considering that, in view of, seeing that …を考えると ..를 감안하여
30	互助 彼此帮助共同合作	hùzhù	（动）	to help each other, to cooperate 助け合う 서로 돕다
31	发愁 为烦恼或焦虑的事所折磨	fā chóu		to be worried about, to worry, to be anxious 愁える、案じる 근심하다, 걱정하다, 우려하다
32	转型 从一种形式转变为另一种形式	zhuǎnxíng	（动）	to transform, to change the style or type, etc. 転換する 변화가 일어나다, 전환하는

33	不惜	bùxī	（动）	not spare, not hesitate (to do sth.)
	不顾惜，舍得			惜しまない
				아끼지 않다
34	驱逐	qūzhú	（动）	to drive out, to expel, to banish, to eject, to deport, to dislodge
	驱赶，强迫离开			駆逐する
				구축하다，몰아내다，쫓아내다
35	保守	bǎoshǒu	（动、形）	to guard, to keep; to conservative
	保持使不失去；维持原状，不想改进；也指思想跟不上形势的发展。			保守である
				보수적이다
36	经受	jīngshòu		to undergo, to experience, to withstand, to stand, to sustain
	承受；受到			持ちこたえる
				(시련 따위를) 겪다，경험하다，견디다
37	层出不穷	céngchū-bùqióng		to come out one after the other, to emerge endlessly, to appear frequently, to be too numerous to be counted
	形容事物接连不断地出现，没有穷尽			数限りなく次々と現れる
				차례차례로 나타나서 끝이 없다，계속 일어나다
38	发病	fā bìng		to get sick, to fall ill; (of a disease) to flare up
	生病，疾病的侵袭			病気になる
				병이 나다
39	极限	jíxiàn	（名）	limit, maximum
	最大的限度			極限
				극한
40	爆炸	bàozhà	（动）	to explode, to blast, to detonate; to sharp increase (of population, information, knowledge, etc.) that breaks through a limit
	物体体积急剧膨大炸裂，使周围气压发生强烈变化并产生巨大声响的现象			爆発する
				폭발하다，급증하다
41	不公	bùgōng	（形）	unjust, unfair
	不公正，不合理			不公正である、不公平である
				공정하지 않다，공평하지 않다

课文

心理疾病折磨全球十亿人

自杀(1)增多破坏社会和谐，竞争加剧造成心态失常(2)，全球有10亿人受到不同程度的心理疾病的折磨——世界卫生组织近日公布的这一数据远远超出了先前(3)的估计。各种迹象(4)表明，经济全球化的同时，人们的心理健康问题也在全球化。

韩国：超过日本的自杀大国

在世界上，很多人都知道日本的自杀问题十分严重，但知道韩国的自杀率已超过日本的恐怕并不多。韩国统计厅公布的报告显示，韩国每10万名死亡人口中，死于自杀的平均人数为26.1名。韩国的自杀率已经超过了位于(5)第二的匈牙利（22.8人）和第三位的日本（20.3人）。最近，韩国就业网站的调查显示，因求职失败产生过自杀念头的人占被调查者的27.8%。

韩国人产生各种心理问题主要同经济发展有关。调查显示，10%的韩国国民曾产生"自杀冲动"。产生自杀想法的原因，回答最多的是经济困难（48.2%），其后依次为家庭不和睦（15.4%）、寂寞(6)孤独(7)（12%）。韩国社会保健研究院研究员徐东宇说，经济长期贫困阶层(8)的人们陷入赌博、家庭崩溃(9)的困境(10)，因而自杀率剧增。

对此，韩国政府及民间组织开始积极应对(11)，内容包括：增加紧急咨询热线(12)工作人员；在中小学扩大实施相关教育等。

加拿大："天堂"中也有困惑

加拿大在人们的印象中无疑是一个轻松的西方国家，有人甚至用"天堂"来形容其居住环境。然而，近来加拿大公民情绪健康研究协会等心理援助(13)组织宣称(14)，全国20%的人受各种心理疾病困扰(15)，需要心理辅导。加拿大近年来经济结构发生很大变化，传统的制造业迅速被能源、原材料(16)等新兴行业取代，就业竞争相当激烈，这就造成了"结构性失业"。传统产业地区的相关人员面临越来越大的就业压力，很容易产生心理问题。另一方面，新兴产业发达的地区迅速膨胀(17)，但配套(18)的各种社会资源远跟不上需求，因此在那里工作的人所面临的心理问题有时更加严重。

移民问题也不可忽视。加拿大是传统移民国家，移民中相当部分为技术移民，因种种原因，其中的很多人在移民后干的工作与自己的专业无关(19)，在新环境生活的陌生(20)感和巨大的生活、精神失落(21)感，极易使他们患上心理疾病。此外，在加拿大，许多老人在晚年(22)独自居住，亲情的缺乏很难弥补(23)，这同样可能导致心理疾病的增加。

众多心理疾病导致了许多社会问题的出现：近年来加拿大各地吸毒(24)、酗酒(25)人数大增，和一些人希望借助(26)毒品(27)、酒精(28)来消除精神压抑有关。鉴于(29)心理问题已成为社会问题，加拿大有关方面也给予越来越多的重视。一些民间组织则采用讲座、辅导、心理培训和情绪健康互助(30)等形式，让更多的人意识到心理疾病的危害。

有人为生存而苦恼，有人生存无忧也发愁 (31)

在心理问题高发的国家中，还有一类是处于社会转型 (32) 期的国家，如格鲁吉亚。其最典型的特点是，政治上以融入西方世界为目标，甚至不惜 (33) 与俄罗斯尖锐对立。这直接导致俄罗斯驱逐 (34) 国内的格鲁吉亚人。格鲁吉亚有近百万人在俄罗斯工作，约占格鲁吉亚人口的 1/5。在格鲁吉亚国内，由于快速实施市场经济，造成失业率过高，很多人整天酗酒。近些年，格鲁吉亚政府大大增加了用于民众心理健康的财政预算。

在转型国家十分羡慕的欧洲富国，国民的心理问题同样存在。心理疾病是欧洲除心脏疾病之外的第一大疾病，高达 27% 的欧洲人在生活中的某一段时间都出现过心理问题。据保守 (35) 统计，心理疾病给欧洲各国造成的损失相当于它们国内生产总值的 3%－4%。

人们在经受 (36) 前所未有的冲击

在全球化的今天，中国人的各种心理问题也层出不穷 (37)。有调查显示，中国精神疾病的发病 (38) 率已经超过了其他疾病，高居首位。著名心理咨询师宋玉梅告诉记者，人们在生活中总是会碰到不开心的事，不良情绪就会产生，一旦超出了承受极限 (39)，心理问题向恶性方向发展，就会患上轻重不同的心理疾病。

一些社会学家认为，现代社会信息爆炸 (40)，把各种社会不平衡、社会不公 (41) 的消息迅速大量地带给民众，造成很多人的心理失常。加上社会竞争加剧、生活节奏加快以及原有的价值观和思维方式受到外来文化的影响，使得人们经受着前所未有的冲击。在这种环境下，心理问题成为"全球病"也就不难理解了。

（全文字数：约 1640）

（节选自《环球时报》，略有改动）

注 释

1 韩国社会保健研究院研究员徐东宇说，经济长期贫困阶层的人们陷入赌博、家庭崩溃的困境，因而自杀率剧增。

[解释] "崩溃"与"瓦解"：动词。都可表示解体、垮台。
　　　　崩溃：着重指像山崩水泄一样完全解体，垮掉。语意较重。
　　　　瓦解：着重指像瓦片一样碎裂，语意较轻。还有使对方的力量分裂的意思。

[例词] 彻底崩溃/全面崩溃/旧世界的崩溃
　　　　纷然瓦解/瓦解敌人的防线

[例句] ① 精神贵族在精神失落之后是会崩溃的。
　　　　② 好景不常，股票市场大崩溃，他们一夜之间变成了穷光蛋。

③ 中国乡村经历了传统社会的瓦解，到人民公社，再到改革，变化非常大。

④ 工业化的中心与非工业化的边缘之间的对比瓦解了，出现了两极化的新的方面。

② 近来加拿大公民情绪健康研究协会等心理**援助**组织宣称，全国20%的人受各种心理疾病困扰，需要心理辅导。

[解释]"援助"与"帮助"：动词。都有给以支持的意思。
援助：是以人力、物力、财力或其他实际行动去支持别人的意思，多用于政治、外交文件或文章中。
帮助：着重于替人出力、出主意或给以物资上、精神上的支援，口语、书面语都常用。

[例词] 援助灾区 / 援助受难者 / 援助物资 / 援助人员 / 经济援助 / 进行援助 / 停止援助 / 有力的援助
帮助同学 / 帮助老人 / 互相帮助 / 好好帮助 / 经常帮助 / 及时帮助 / 热情帮助 / 很大帮助 / 帮助不了

[例句] ① 发达国家尤有责任在债务、资金、贸易、援助、技术转让等方面采取切实行动，帮助发展中国家克服经济困难。
② 要真正解决移民问题，发达国家必须增加对发展中国家的援助，使其经济搞上去，人民生活水平提高。
③ 他对我学外语帮助很大。
④ 人不可能孤独地生活在社会上，总是需要朋友，需要友谊，需要别人帮助。

③ 在心理问题高发的国家中，还有一类是处于社会转型期的国家，如格鲁吉亚。其最典型的特点是，政治上以融入西方世界为目标，甚至不惜与俄罗斯尖锐对立。这直接导致俄罗斯**驱逐**国内的格鲁吉亚人。

[解释]"驱逐"与"驱赶"：动词，都有"赶走"的意思。
驱逐：除有"逐出具体事物"的意思外，还指政府赶走对国家不利的人物。
驱赶：常用于赶走具体事物，还可以指驱使车马行进。

[例词] 驱逐出境 / 驱逐入侵者 / 驱逐害虫
驱赶家禽 / 驱赶蚊虫 / 驱赶苍蝇 / 驱赶马车

[例句] ① 据此间新闻媒介报道，两国互相驱逐对方外交官的行动是由间谍战引发的。

② 几名从事违法活动的外国人被我国政府驱逐出境了。
③ 火可以帮助人类驱赶野兽，保卫自己。
④ 她每天为老人做饭、洗衣、擦身，夏季为老人驱赶蚊虫，冬季用自己的体温温暖老人的被褥。

练 习

一 请在课外阅读最新中文报刊文章，将其中你喜欢的一篇剪贴在你的笔记本上，然后写出摘要与看法

二 给下列动词搭配适当的词语

应对_____　　　援助_____

宣称_____　　　困扰_____

弥补_____　　　借助_____

驱逐_____　　　经受_____

三 选词填空

| 层出不穷　　应对　　宣称　　困扰　　弥补　　互助　　保守 |

1. 麦当劳公司不仅打出中文广告，而且_____向品学兼优的亚裔学生提供奖学金。

2. 京杭大运河的建成，_____了我国东部没有南北水路的缺陷，对南北物资交流发挥了巨大作用。

3. 事物都会有其特殊性，在改革开放的今天，新生事物_____，更需要人们转换脑筋，坚持唯物辩证法，做到具体事物具体分析。

4. 从事母婴保健工作的人员应当严格遵守职业道德，为当事人_____秘密。

5. 在体育活动中，可以培养勇敢、坚强、机智、果断、团结、_____等意志品质。

6. 不良的情绪_____会造成大学生精力分散、记忆力和理解力下降。

7. 我们要努力提高国家战略能力，运用多元化的安全手段，_____传统和非传统安全威胁，谋求国家政治、经济、军事和社会的综合安全。

崩溃　　　瓦解

8. 原来的村、镇、家庭、行业及其他团体构成的社会结构迅速_____，形成以个人、城市、企业、公司和其他社会组织为基础的社会结构。

9. 在那半个多月的时间里，我的精神处于_____的边缘。

援助　　　帮助

10. 他们不断向一些受灾国家提供经济和物质_____。

11. 助人为乐就是以_____别人为快乐。

驱逐　　　驱赶

12. 她顾不得擦汗，顾不得_____叮咬她的蚊虫。

13. 人们应在规定的期限内向当局申请居留权，否则将被视为非法移民而被_____出境。

四 根据课文内容判断正误

1. 目前全球心理健康问题很突出。（　　　）

2. 目前韩国的自杀问题没有日本严重。（　　　）

3. 目前加拿大人的心理问题很少。（　　　）

4. 格鲁吉亚正处于社会转型期。（　　　）

五 请按正确的语序将下列各个句子组成完整的一段话

1. A. 人们的心理健康问题也在全球化

   B. 经济全球化的同时

   C. 各种迹象表明

   正确的语序是：（　　）（　　）（　　）

2. A. 造成很多人的心理失常

　　B. 把各种社会不平衡、社会不公的消息迅速大量地带给民众

　　C. 一些社会学家认为

　　D. 现代社会信息爆炸

正确的语序是：（　　）（　　）（　　）（　　）

六 根据课文内容选择最合适的答案

1. 韩国人产生的各种心理问题主要同＿＿＿＿有关。
   A. 经济发展　　B. 工作压力　　C. 人口压力　　D. 气候变化

2. 加拿大的新移民＿＿＿＿心理问题。
   A. 普遍存在　　B. 不存在　　C. 容易产生　　D. 不易产生

3. 欧洲富国的心理疾病问题＿＿＿＿。
   A. 不明显　　B. 不太严重　　C. 比较严重　　D. 不严重

4. 目前中国的心理疾病问题＿＿＿＿。
   A. 不突出　　B. 很严重　　C. 不严重　　D. 不太严重

七 完形填空

然而　　无疑　　宣称　　甚至

1. 加拿大在人们的印象中＿＿1＿＿是一个轻松的西方国家，有人＿＿2＿＿用"天堂"来形容其居住环境。＿＿3＿＿，近来加拿大公民情绪健康研究协会等心理援助组织＿＿4＿＿，全国20％的人受各种心理疾病困扰，需要心理辅导。

则　　有关　　导致　　给予　　鉴于

2. 众多心理疾病＿＿1＿＿了许多社会问题的出现：近年来加拿大各地吸毒、酗酒人数大增，和一些人希望借助毒品、酒精来消除精神压抑＿＿2＿＿。＿＿3＿＿心理问题已成为社会问题，加拿大有关方面也＿＿4＿＿越来越多的重视。一些民间组织＿＿5＿＿采用讲座、辅导、心理培训和情绪健康互助等形式，让更多的人意识到心理疾病的危害。

八 请用自己的话或原文中的关键句子概括下面一段话的主要内容

1. 加拿大在人们的印象中无疑是一个轻松的西方国家，有人甚至用"天堂"来形容其居住环境。然而，近来加拿大公民情绪健康研究协会等心理援助组织宣称，全国20%的人受各种心理疾病困扰，需要心理辅导。加拿大近年来经济结构发生很大变化，传统的制造业迅速被能源、原材料等新兴行业取代，就业竞争相当激烈，这就造成了"结构性失业"。传统产业地区的相关人员面临越来越大的就业压力，很容易产生心理问题。另一方面，新兴产业发达的地区迅速膨胀，但配套的各种社会资源远跟不上需求，因此在那里工作的人所面临的心理问题有时更加严重。

2. 在心理问题高发的国家中，还有一类是处于社会转型期的国家，如格鲁吉亚。其最典型的特点是，政治上以融入西方世界为目标，甚至不惜与俄罗斯尖锐对立。这直接导致俄罗斯驱逐国内的格鲁吉亚人。格鲁吉亚有近百万人在俄罗斯工作，约占格鲁吉亚人口的1/5。在格鲁吉亚国内，由于快速实施市场经济，造成失业率过高，很多人整天酗酒。近些年，格鲁吉亚政府大大增加了用于民众心理健康的财政预算。

九 请尽量用以下词语进行话题讨论

自杀	失常	寂寞	孤独	困境	应对
弥补	借助	互助	经受	极限	层出不穷

为什么当今社会心理疾病问题比较严重？你认为怎样做才能预防和控制心理疾病？

快速阅读

阅读一（字数：约1730；阅读与答题的参考时间：9分钟）

很多心理问题源于完美主义　过度敏感的人很缺乏安全感

说起心理问题，很多人都会本能地排斥，认为离自己很远。如果有这样的想法，就可以看看《怪癖心理学》这本书，它会告诉你，所有的怪癖都是内心欲望的投射，同样它们也可以发展为心理问题。近日在全国上市的《怪癖心理学》一书，其作者冈田尊司是日本权威心理专家，也是一名精神科医生，他通过多年的临床经验以及调查，发现怪癖人人有，而人类之所以发展出千姿百态的怪癖，是基于生存所必需的基本欲望。该书连续五年都是日本通俗心理学方面的畅销书。昨日，重庆晚报记者采访了重庆师范大学心理学教授周小燕，并听她讲述了涉及书中心理问题的一些案例。

完美主义是很多心理问题的源头

书中内容：完美主义是日常生活中常见的一种心理状态，它有时会被看作一种正常心理，有时会被认定为一种极端的异常心理。当对完美的追求遭遇困难时，完美主义者会产生强烈的病态心理。完美主义因此被看作是一系列精神疾病和精神问题的先兆特质。

周小燕告诉记者，完美主义是人类基本的心理渴望，是日常生活中很常见的心理状态。"但任何性格都有临界点，完美主义者一旦过度地追求完美，便是病态发展了。所以，可以说很多心理问题的源头就是完美主义。"

周小燕举例说，她曾经遇到过一个患厌食症的女孩。"她是北方人，身高1.6米多，就是那种骨架较大的女孩。她觉得自己脸蛋很漂亮，然后给自己定下了很苛责的要求——一定要穿小号衣服，甚至连鞋都要穿小号的。这个要求对她来说不大可能实现，但她一定要这样去做，就开始自我折磨了。"周小燕说，该女孩要么不吃饭，要么吃了以后去呕吐，最后患上了厌食症。对此，周小燕表示，当发现对完美的追求让自己和别人难以忍受的时候，就一定要引起警惕了。

过度敏感可能发展为被害妄想症

书中内容：从偶然当中也能感觉出特殊意义的敏感心理，已经很接近异常心理了。对于过度敏感的人来说，细微的咳嗽声或是身边人起身时发出的声音对他们也是一种痛苦的折磨，甚至觉得自己从这些声音中清楚地听到了别人责骂自己的话语。

周小燕表示，敏感是缺乏安全感的一种表现，"但是如果过度敏感，放大别人的言行，每天都活在痛苦当中，一旦遇到刺激性事件，就容易发展成为被害妄想症"。周小燕强调，被害妄想症已经属于精神类疾病，一定要接受专业治疗。

周小燕还进一步解释道："那种过度敏感的人，遇到职场挫折的时候，就可能认为是同事在使坏，对同事产生敌意，甚至连别人一个眼神都会赋予自己主观的想法。"

完美主义者：三岛由纪夫

曾两度入围诺贝尔文学奖、最后自杀身亡的日本作家三岛由纪夫就是一个完美主义者。他极其看重约定，不管写哪一部作品都会在截止日期前完成。另外，他对时间的要求也非常严格，自己从来没有迟到过，也从来没有等候别人超过十五分钟。冈田尊司在书里写了一件趣事：当三岛由纪夫还是单身的时候，有一次他约女朋友吃饭，对方迟到了，于是他留下一张字条，上面写着"请慢用"便离开了，在离开之前甚至连饭钱都付了。

被害妄想症：夏目漱石

由于小时候寄人篱下的经历，夏目漱石很缺乏安全感。留学伦敦的时候，因为身形的矮小和经济的困窘，敏感的心理更加异常，甚至让他整天蜷缩在阴暗的房间里，不吃饭，天天以泪洗面。公寓的女房东曾经非常关心夏目漱石，可是他深信女房东只是表面做做样子而已。他甚至推测"女房东就像侦探一样，总是不断伺机监视他人的一举一动"。有一次，夏目漱石给了一个乞丐一枚铜钱，回到家看到卫生间的窗台上放了一枚一样的铜钱，他就更加坚定了女房东监视他的推测。最后发展成为，他有了孩子以后，看到女儿拿着这样的铜钱，就会打孩子，因为他认为女儿也把他当傻瓜。

明知运动有益却偷懒也是一种拖延症

近日上市的还有另一本书《战胜拖延症》。原来，这个大家喜欢用来自我调侃的词，已经有了学术定义。该书是由加拿大心理学博士皮切尔所著，他在书中对拖延症作出了学术上的定义：拖延症是一种明知道会影响自己做事的效果或者自身做事的态度，却仍然自愿推迟既定事项的行为。

皮切尔研究了18年的拖延症。他认为，如何处理拖延时的情绪是非常重要的。如果你很骄傲地认为自己没有拖延症，皮切尔会给你当头一棒：亲，明知运动健身、均衡营养这些事情很有益却不去做，这个也是拖延症哦！

（节选自《重庆晚报》，略有改动）

回答问题：
1. 《怪癖心理学》一书中提到的完美主义正常吗？为什么？
2. 过度敏感的人会有什么样的表现？
3. 日本作家三岛由纪夫和夏目漱石分别有着什么样的心理问题？
4. 什么是"拖延症"？你觉得自己有没有这个问题？

阅读二（字数：约1520；阅读与答题的参考时间：8分钟）

"富二代"难教养　压力大易患心理病

近几年，"富二代"这一名词频频出现在众多媒体上，这些有钱又胡作非为的"孩子们"三番五次地挑战大众的道德底线，使得社会对其印象极差。其实，"富二代"心中也同样负担压力，令他们看似难以教育，做出离经叛道的事情。

炫富是"富二代""必备"伎俩

"富二代"，一词首先出现在《鲁豫有约》节目上。该栏目对"富二代"的定义是：70/80年代之后出生、继承数十亿或以上家产的富家子女，他们被称为富二代。而今，"富二代"主要是指，我国改革开放以来，最早一代民营企业家"富一代"们的子女，如今他们靠继承家产，拥有丰厚财富。

"富二代"易患精神、心理方面疾病？

中国有句老话"富不过三代"，因此"富二代"这个词也有贬义的意味。而事实上，有现代科学研究称，这些富人家的孩子们罹患心理疾病的几率较一般孩子高出不少。

相比穷人家小孩，有钱人家小孩看似生活无忧，但事实不一定如此。美国一位科学家的一项新研究显示，父母年收入超过10万英镑的家庭，孩子得忧郁症和焦虑症的概率，几乎是一般值的2倍。

据《每日邮报》的报道，科学家发现，富家子弟罹患精神官能症的严重程度在近十多年大幅攀升。精神官能症会导致药物滥用及犯罪，也可能造成饮食失调。

"富二代"为何易患病？

致力于这项研究的心理学专家路德（Suniya Luthar）表示，家长持续给孩子压力，希望孩子拿出好表现，让许多孩子受不了。她说："富裕人家的孩子要求自己在学校、课外活动，甚至社交场合，都能够表现优异。这是一种持续不断的压力。"

再者，富裕家庭的孩子由于家庭条件较一般家庭好，容易产生优越感，但是在激烈的社会竞争中，优越感很容易被现实残酷地消磨殆尽。这些孩子由于生活环境较为封闭，就如温室中的花朵般，心理承受能力较弱，因此可能会受到严重的打击。

"富二代"惹人嫌

正如老巴菲特所说：他们出生时含着的金汤匙，却变成了背上插着的金匕首。很多"富二代"也牢骚满腹，觉得命运对自己不公平。做"富二代"难，做中国的"富二代"更难！

虽然社会整体越来越富裕，但随着社会财富的积累，"马太效应"（强者愈强、弱者愈弱）也越来越明显。社会仇富情绪越加厉害，从广大媒体近几年来对"富二代"毫不留情的批判就能了解一二。

如此一来，"富二代"需要忍受他人的异样眼光，尤其是当"穷二代"遭遇"富二代"时，"穷二代"总是会占领道德舆论高地的。百年前，西方就有古话：财富是道德的包袱。对此，很多"富二代"觉得不公平。可以说，在舆论中，"富二代"在大多数时候占据弱势地位。

对任何事情都缺乏兴趣

"富二代"屡出荒唐事，说到底是精神空虚。对于一般人来说，当从事自己喜欢的工作时，即使面临的是艰辛、劳苦，但仍能在工作中享受乐趣，甚至产生一种神圣感。而很多"富二代"一开始就被剥夺了这个机会，甚至不知道还有这回事。

一切来得太容易，大量的时间被用到了花钱和支配上，但很快，他们就发现一点都不好玩。

被规划的"完美"人生

尽管在物质上极度富足,但在人生上,"富二代"并没有更多的选择,他们中很多人的人生早已被严密地规划好,最终只能接受关于"富不过三代"的挑剔和审判。

炫富也是一种心理病

近几年来,有关中国"富二代"炫富的新闻层出不穷。根据一项网上调查,超过70%的受访者对"富二代"抱有负面印象;也有相当一部分人对富人印象并不像仇富那么严重。

心理学家分析,"富二代"在宠溺中长大,价值观和上一辈很不一样。而"暴发户"的知识体系、生活阅历跟不上外在物质变化,因此喜欢用极端方式炫富引起注意。但当他们有所经历后,心理会慢慢成熟。炫富是"富二代"宣告自我优越感最直观的一种形式。但其实自我优越感越强,这些孩子们就越容易自卑,炫富只是他们驱走孤独,吸引他人目光的手段而已。

(节选自中奢网评论,略有改动)

回答问题:
1. "富二代"指的是哪一类人?
2. 为什么"富二代"比较容易出现心理方面的疾病?
3. "富二代"们都有哪些普遍的特点?
4. 你周围的同学有没有"富二代",他们是怎么样的?

阅读三(字数:约1800;阅读与答题的参考时间:9分钟)

出国留学:避免学生出现心理问题

缺乏身份认同让留学生们难以融入

缺乏身份认同让一些留学生出现心理问题,我的诊所接待了各种年龄层的留学生。这其中,部分小留学生(中学生)的问题令人揪心。他们年龄幼小,孤身在外,各方面都还很不成熟。由于不善于与美国孩子交流,交不到好朋友,有的甚至被当地孩子排斥在外。他们不去参加学校组织的任何活动,除了上课以外,回到宿舍不是看电视,就是玩游戏。有的孩子将自己局限在一个非常狭小的、具有同样背景的孩子圈里,排斥其他人,觉得自己根本不属于这里。

我也接触过一些大学生,他们对于当地的事情,不是一无所知,就是事不关己,成为边缘人。同时,由于距离遥远,他们对于中国发生的事,也丝毫不感兴趣。究其原因,正是他们在当小留学生时没有建立正确的身份认同。

心理问题多与家庭有关

很多案例证明,孩子的心理问题跟父母有直接或间接的关系。

有个大一的留学生，刚来美国不到一年，严重失眠、头痛，不得不休学半年。她跟我说，出国前3年，家里的情况发生了变化。父亲辞去原来的工作，开了一家自己的公司。为了应酬，父亲回家很晚，经常喝得酩酊大醉，大半夜撒酒疯，拿妈妈撒气。为此，家庭气氛十分紧张。她不敢跟任何人说，常默默流泪。出国以后，她最放心不下的就是妈妈，常做妈妈挨打的噩梦。

这种家庭长大的孩子，往往比较自闭，参加活动也不如在快乐家庭长大的孩子踊跃，好像总是跟不上趟，比别人慢半拍。我想告诉家长们的是，并不是花大钱将孩子送到美国就万事大吉了，在离开中国前，正是对孩子进行教育最关键的时期。英语只是一小关，建立良好的适应能力，与父母顺畅沟通，遇到麻烦能积极想办法克服，其实是留学前更重要的准备。

重视"三沟"的弥合

"代沟、文化沟、时空沟"造成父母监管难。即使亲子关系融洽，也要注意"三沟"的弥合。不言而喻，"代沟"在不出国的青少年与父母间也存在。

青春期就成了"反叛期"或者"危险期"。有些孩子会有意无意地抵制父母的管教，故意做出一些出格的、让父母伤心的事情。他们在这个时期出国留学，让两代人之间同时叠加上了"文化沟"。这个年龄段，正是大量吸收各种知识，形成自己世界观和价值体系的关键时期。他们生活在国外，受到不同价值观的熏陶。有些家长可能对这些影响考虑不足，因此在与子女发生冲突时，感到十分突然或不理解。

同时，留学生独自到国外生活学习，与父母家人之间又隔着一条"时空沟"。以到美国为例，留学生要跨越半个地球，整整12个小时时差的距离。因为时差，日夜颠倒，父母即便每天和孩子用电话或视频通话，也很难了解孩子究竟在干什么，或想什么。据报道，一些学生向父母隐瞒自己在国外的真实情况，不断向家里要钱，实际上花天酒地、游手好闲、不务正业，直到父母准备来参加孩子的"毕业典礼"，才发现自己被蒙在鼓里，孩子一事无成，连一年级的课程都没读完。

"三沟"的弥合比了解学习成绩更重要

首先，保持畅通的沟通渠道十分重要，现在的年轻人很少用写信的方式与家里沟通。今天的网络时代为人们的通信提供了十分便利的条件，视频、微信、微博、QQ、脸书，这些新潮的通信方式深得年轻人的喜爱。父母要想了解孩子的所想、所感、所爱，就要与时共进，放下身段，学习一些现代的通信技术，与孩子共同成长。家里人不要只关心孩子在外面的衣食住行，学习成绩怎么样，钱够不够花，要多关注他们的心理状况，心态变化。

要花时间花心思多问问他们平时都交些什么样的朋友，与室友的关系怎么样，参加哪些课外活动，他们的心情怎么样，是不是遇到了一些麻烦，怎样解决的。

了解孩子的计划和对未来的打算也很重要。它可以帮助父母从另一个侧面了解孩子在做什么，脑子里在考虑些什么问题。如果一个孩子整天无所事事，对未来没有想法，一定是在混日子，要尽快纠正，及时帮助孩子找到自己的人生目标。沟通过程中，如果发现孩子有心理问题，应该鼓励他们及时得到专业人士的帮助。

其次，沟通的技巧也很重要。沟通分两部分，一部分是表达，另一部分是倾听。听又分两个层次，低层次的听和高层次的听。高层次的听，是通过语调来判断对方的心情，边听边与对方分享讲述的内容,分享对方的感受。有些家长不擅于听,孩子话还没讲完,就不时打断,发表自己的意见。这样很不礼貌,不会赢得孩子的尊重。说话也要讲究技巧,说的时候,要避免前后重复,反复强调,惟恐孩子听不明白。现在的年轻人喜欢快节奏,讲一遍,说到点子上就行了。

(节选自搜狐出国,略有改动)

判断正误:

1. 之所以出现各种心理问题,是因为留学生们没有真正融入到当地的文化与环境当中。(　)
2. 家庭问题是导致留学生出现心理问题的原因之一。(　)
3. 出国留学,语言能力最重要,良好的适应能力其次。(　)
4. 青春叛逆期的孩子出国留学很容易受到国外世界观和价值观的冲击。(　)
5. 有些留学生在国外做着与学习无关的事情,令家人很失望。(　)
6. 现在的年轻人常常给家里写信,让家人知道自己的情况。(　)
7. 父母应该提前为孩子制定未来的计划。(　)
8. 家长与孩子沟通要讲究技巧,重要的事情要反复强调。(　)

第十三课　博客世界呼唤新秩序

听录音 扫这里

背景知识

随着信息与网络技术的发展，当今世界出现了众多新事物，博客就是其中之一。博客代表着一种全新的个人网络出版方式，对专业媒体形成了挑战。它代表着个人思想交流的新方式，预示着"思想共享"时代的到来。"博客"的英文是"Blog 或 Weblog"，特指一种特别的网络出版和发表文章的方式，倡导思想的交流和共享。《市场术语》的解释是："一种表达个人思想和网络链接，内容按照时间顺序排列，并且不断更新的出版方式。"《网络翻译家》的解释是："一个 Blog 就是一个网页，它通常是由简短且经常更新的 Post 所构成；这些张贴的文章都按照年份和日期排列。Blog 的内容和目的有很大的不同，从对其他网站的超级链接和评论，有关公司、个人、构想的新闻到日记、照片、诗歌、散文，甚至科幻小说的发表或张贴都有。许多 Blogs 是个人心中所想之事的发表，其他 Blogs 则是一群人基于某个特定主题或共同利益领域的集体创作。Blog 好像是通过网络传达的实时信息。撰写这些 Blog 的人叫做博主，Blogger 或 Blog writer。"博客是网络新生事物，不同的人具有不同的定义，但基本的内涵都是一致的。孙坚华在《博客论》中指出："比较完整的博客概念，一般包括三个方面：一是其内容主要为个性化表达；二是以日记体方式而且频繁更新；三是充分利用链接，拓展文章内容、知识范围以及与其他博客的联系。""事实上，很难给博客下定义，博客本身处在一个成长的过程中。通常它不过是一个个人利用相当便捷的免费维护软件运作的个人网站，网站中包含许多其他网站的链接及其他网站报道的链接，当然，对这些网站及报道富有个性的机智、幽默，有时难免无聊、无赖的简短评注是博客不可或缺的内容。"《华尔街日报》记者佩吉·努南这样解释："博客是每周 7 天，每天 24 时运转的言论网站。这种网站以其率真、野性、无保留、富于思想而奇怪的方式提供无拘无束的言论。"硅谷最著名的 IT 博客专栏作家丹·吉尔默指出："博客代表着'新闻媒体 3.0'。1.0 是指传统媒体或说旧媒体（old media），2.0 就是人们通常所说的新媒体（new media），而 3.0 就是以博客为趋势的自媒体（we media）。"著名的网络思想家戴维·温伯格认为："博客是个人声音在新的公共空间的持久记录。"

词语表

1. **呼唤** hūhuàn （动）
   召唤，分咐派遣；呼喊
   to call out, to shout, to summon, to exclaim, to yell out
   呼びかける
   부르다, 외치다, 부리다

2. **伴随** bànsuí （动）
   随同
   to accompany, to follow
   伴う、連れる
   동행하다, 수반하다, 따라가다

3. **联邦** liánbāng （名）
   一些具有国家性质的行政区域组成的整体，这些行政区域有自己独立的宪法、立法机关和政府，整体有统一的宪法、立法机关和政府
   federation, union, commonwealth
   連邦
   연방

4. **法院** fǎyuàn （名）
   行使审判权的国家机关
   court of law, court
   裁判所
   법원

5. **人群** rénqún （名）
   成群的人
   throng, crowd, multitude
   人の群れ
   군중

6. **反馈** fǎnkuì （动）
   泛指信息、反映等返回
   to feed back (of information, reactions, etc.)
   フィードバックする
   (정보, 반응이) 되돌아오다

7. **盛行** shèngxíng （动）
   大范围地流行
   to prevail, to be very popular, to be in vogue
   広く流行る
   성행하다, 매우 널리 유행하다

8. **见解** jiànjiě （名）
   看法；评价
   view, opinion, understanding
   見解
   견해

9. **言论** yánlùn （名）
   关于政治和一般公共事务的议论
   speech, expression of political views, opinion on political views
   言論
   언론

10. **判处** pànchǔ （动）
    法庭依照法律对触犯刑律者的审理和裁决
    to penalize, to sentence, to condemn
    判決する
    판결을 내리다

11	徒刑	túxíng	（名）	imprisonment
	刑罚名。将罪犯拘禁于一定场所，剥夺其自由，并强制劳动			懲役
				징역
12	群体	qúntǐ	（名）	community, group, colony, integral entity
	同类人或事物组成的整体			群体、グループ
				군체，단체
13	监管	jiānguǎn	（动）	to supervise, to keep watch on
	监视看管			監視および管理する
				감시하고 관리하다
14	名誉	míngyù	（名）	honor, reputation, fame
	个人或集团的荣誉、威信、好名声、处于受公众尊敬或尊重的地位			名誉
				명예
15	议员	yìyuán	（名）	member of legislative body, (in Great Britain) member of parliament (MP), (in U.S.) congressman or congresswoman
	在议会中有正式代表资格，享有表决权的成员			議員
				의원
16	助手	zhùshǒu	（名）	assistant, helper, aide
	协助他人办事的人			助手
				조수
17	宝贝	bǎobèi	（名）	treasured object; endearment for young child, baby
	对亲爱者的昵称。心爱的人，多用于小孩儿			赤ん坊、ベビー
				귀염둥이（애칭）
18	职员	zhíyuán	（名）	office worker, staff member
	担任行政和业务工作的人员			職員
				직원
19	点击	diǎnjī	（动）	to click
	把鼠标指针指向要操作的地方并用手指按动鼠标上的按键			クリックする、押す
				（마우스 단추를）누르다
20	罪	zuì	（名）	crime, offense; sin
	犯法的行为			罪
				죄，범죄
21	军方	jūnfāng	（名）	the military
	军队方面			軍隊、軍部
				군부，군대

22	泄露	xièlòu	（动）	to let out, to disclose, to reveal
	让人知道了不该知道的事			漏れる
				누설하다
23	关闭	guānbì	（动）	to close, to shut; (of an enterprise, a shop, a school, etc.) to close down, to shut down
	关上；停止运转			閉める
				닫다
24	机密	jīmì	（名、形）	sth. to be kept hidden; secret, confidential (information)
	重要而须严守的秘密；重要而秘密的			機密
				기밀
25	军医	jūnyī	（名）	medical officer, military surgeon
	军队中担任卫生医疗工作的医生，一般由受过系统的军医教育或具有军队卫生医疗工作经验的人员充任			軍医
				군의관
26	抢救	qiǎngjiù	（动）	to rescue, to save, to rescue a patient, to give emergency treatment to
	在危急情况下突击救护			緊急措置を取る、応急手当をする
				급히 구조하다，응급 처치하다
27	伤员	shāngyuán	（名）	the wounded, wounded personnel
	在战斗中受损伤的人员			負傷兵
				부상자
28	陆军	lùjūn	（名）	ground force, land force, army
	在陆地上作战的军队。是军种之一。一般包括步兵、炮兵、装甲兵、工程兵、防化学兵等兵种			陸軍
				육군
29	条例	tiáolì	（名）	regulations, rules, ordinances
	由国家制定或批准的规定某些事项的法律文件。也指团体制定的章程			条例
				조례，규정，조항
30	诈骗	zhàpiàn	（动）	to defraud, to cheat, to swindle
	狡诈欺骗			騙し取る、騙る
				편취하다，사취하다
31	场所	chǎngsuǒ	（名）	location, place, locale
	建筑物或地方			場所
				장소
32	奖金	jiǎngjīn	（名）	bonus, prize
	为奖励而给予的金钱			賞金
				상금，장려금，보너스

33	存款 指存入银行里的钱	cúnkuǎn	（名）	deposited money 預金 저금, 예금
34	转入 转移进去	zhuǎnrù	（动）	to shift to, to charge over to 繰(り)越す 전입하다, 이월하다
35	人身 人的身体；也指人的行为、名誉等，是法律意义上的名词	rénshēn	（名）	human body, person (as an entity of life, health, behaviour, reputation, etc.) 人身 인신 / 사람의 생명, 건강, 행동, 명예 따위
36	逮捕 捉拿	dàibǔ	（动）	to arrest, to capture, to make an arrest 逮捕する 체포하다
37	侮辱 欺侮羞辱；使蒙受耻辱	wǔrǔ	（动）	to insult, to humiliate, to affront 侮辱する 모욕하다
38	幸好 幸亏	xìnghǎo	（副）	luckily, fortunately 幸いにも、…のおかげで 다행히, 운 좋게, 요행으로
39	制止 强迫使停止；不允许继续	zhìzhǐ	（动）	to prevent, to stop, to refrain 制止する 제지하다, 저지하다
40	成千上万 形容数量很多	chéngqiān-shàngwàn		by the thousands and tens of thousands, many thousands 幾千万 수천 수만, 대단히 많은 수의 형용
41	亲身 自身；亲自	qīnshēn	（形）	personally, first-hand 自分で 친히, 스스로, 몸소
42	收益 指营业收入	shōuyì	（名）	income, profit, earnings, gains 収益 수익
43	改良 去掉事物的某些缺点，使之更适合要求	gǎiliáng	（动）	to improve, to ameliorate, to make the situation better 改良する 개량하다, 개선하다

44	联络	liánluò	（动）	to contact, to keep in contact, to communicate with, to make liaison with, to link up
	联系			連絡する、接触する
				연락하다

45	限期	xiànqī	（动）	to prescribe (or set) a time limit
	限定日期，不许超过			期限を切る
				기한을 끊는다

46	清除	qīngchú	（动）	to clear away, to remove, to eliminate, to clean out
	扫除净尽，全部去掉			除去する、クリアする
				철저히 제거하다, 완전히 없애다

47	恶劣	èliè	（形）	vile, odious, abominable, bad
	很坏			悪い、最悪である
				아주 나쁘다, 열악하다, 악질이다

48	罚款	fá kuǎn		to impose a fine or forfeit
	处罚违法者或违反合同者以一定数量的钱			罰金を科する
				벌금을 과하다

49	运营	yùnyíng	（动）	to open for service, (of an institution) to operate (or run) in an organized way
	企业运行和营业			法に背く
				(차량, 선박 따위를) 운행하다, 영업하다

50	违法	wéi fǎ		to break the law, to be illegal
	违背法律、法令			違反する
				위법하다, 법을 어기다

课文

博客世界呼唤(1)新秩序

5年前的今天,中国还没有"博客(网络日记)"这个词。5年后,中国的博客作者多达数千万。从博客诞生那一刻起,各种争议就一直伴随(2)着它。

"今年将是博客的流行年"

美国一家市场调查公司不久前发布报告说,2007年是博客发展的流行年,博客在社会上的影响力越来越大。在最近引人注目的副总统切尼办公室前主任路易斯·利比案中,多名美国博主首次获得了联邦(3)法院(4)的采访证。

在英国,写博客的人群(5)一般是在16岁到45岁之间。在2003年伊拉克战争爆发后,英国新闻类的博客数量剧增。

《时代周刊(加拿大版)》一次关于博客问题的调查中,甚至有反馈(6)者认为"没有偏见和问题的博客就没有存在的必要了"。在受调查者看来,博客之所以盛行(7),是因为它具有独特的见解(8)和尖锐的言论(9)。至于文章是否符合事实,读者自己会作出判断。

因博客引起的纠纷越来越多

不久前,22岁的埃及法律系大学生苏莱曼因在博客上攻击政府而被判处(10)4年有期徒刑(11)。在埃及7000多万人口中,写博客的只有5000多人。就是这么小的一个群体(12),最近在埃及引起了一场关于政府监管(13)和博客言论自由的激烈争论。

近年来,在美国,与博客有关的法律纠纷也越来越多,主要集中在名誉(14)权、国家安全等领域。2004年,当时在美国国会当议员(15)助手(16)的杰西卡·卡特勒在她的博客"华盛顿宝贝(17)"中,写了她和国会中的六名男职员(18)交往的许多生动细节。这些内容后来被美国一家网站从博客中挖掘出来,吸引了无数点击(19)。博客中提到其中的一位男职员罗伯特·施泰因布赫以侵犯名誉和隐私罪(20)将杰西卡告上法庭,并要赔偿2000万美元。这起事件在美国造成很大影响,杰西卡因此丢了工作,施泰因布赫也被迫离开华盛顿。

"博客风"还曾经在驻伊美军中非常流行。他们开了上千个博客,详细地记录在伊拉克的战斗和生活。但军方(21)不欢迎这些可能泄露(22)军事秘密的博客,许多博客以"国家安全"的名义被要求关闭(23)。有些博客和军事**机密**(24)并没有太大关系,也被迫关闭。军医(25)科恩在他的博客里写了自己如何抢救(26)伤员(27)。他抱怨说:"我不觉得自己有什么错,但是他们说我违背了陆军(28)的条例(29)。我只好关闭博客。"

博客的出现还为商业诈骗(30)提供了一个新场所(31)。前段时间,一个英国人的博客上写着,从他提供的网址上找到英国汇丰银行并注册,会得到一笔奖金(32)。许多人就按照指示,点击开了这个所谓的"汇丰银行"新网站,甚至将自己的银行存款(33)转入(34)。结果数月后,英国警方宣布这是一个诈骗网站,而这些存款多数难以追回。日本的博客中则出现了不少对他人进行人身(35)攻击的文章。据3月6日的《每日新闻》报道,东京都的3名女中学生因对另两名女中学生施加暴力而被逮捕(36),3名女生打人、骂人,还在自己的博客上侮辱(37)被害者,被骂的女生受到侮辱,欲自杀,幸好(38)被家人发现**制止**(39)。

写博客成为赚钱新途径

30岁的美国职业女性科琳在自己的博客上似乎什么都写。在最近几天的博客中，她描述一部新电影充满着魅力。不过，有一点科琳没有说到：这部影片的推广方曾经付给她12美元，让她在博客中宣传。通过这种方式，科琳已经赚到了7700多美元。在美国有成千上万⁽⁴⁰⁾人像科琳一样出售自己的博客"声音"。

在日本，博客广告正在成为销售的一股新势力。在这种新型的网络销售模式中，博主在自己的网页中介绍自己使用产品的亲身⁽⁴¹⁾体验。博主可以根据其与商家签订的合同，从广告点击率或产品销售额中获取收益⁽⁴²⁾。可口可乐（日本）公司销售其**改良**⁽⁴³⁾后的一种茶饮料时，邀请了博客日点击量超过千次的100位女性博客写手做广告。

博客监管，各国都在想办法

专家表示，作为一个新事物，博客的出现与快速发展在改变人类生活方式的同时，难免会带来一些负面影响。如何减少负面影响是一个挑战。韩国对博客的管理大概是世界上最严格的，申请博客者必须填写真实的姓名和联络⁽⁴⁴⁾方式，各种不当言论不但会被限期⁽⁴⁵⁾清除⁽⁴⁶⁾，如果影响恶劣⁽⁴⁷⁾，博主甚至会被判处罚款⁽⁴⁸⁾。

在美国、英国、加拿大等发达国家，虽然没有法律规定博客实名要求，但博客用实名却比较盛行。加拿大对博客的管理完全交由运营⁽⁴⁹⁾商。文章内容只要不违法⁽⁵⁰⁾，政府是不会干涉的。

（全文字数：约1650）

（节选自《环球时报》，略有改动）

注 释

1 有些博客和军事**机密**并没有太大关系，也被迫关闭。

[解释] "机密"与"秘密"：可作形容词与名词。都含有有所隐蔽，不让人知道的意思。
机密：指重要的秘密。运用范围较窄，词义重。
秘密：指一般的不愿公开的事，也可指重要的不宜公开的事，运用范围广。词义比"机密"要轻。

[例词] 机密文件 / 国家机密 / 军事机密 / 泄漏机密
秘密出访 / 心中的秘密 / 唯一的秘密 / 说出一个秘密

[例句] ① 他看着秘书把机密文件放进保险柜。
② 教师对于阅卷中接触到的国家机密和个人隐私，应当严格保守秘密。
③ 她把心中的秘密告诉给妈妈。
④ 他们决定秘密地离开这个城镇。

2 据3月6日的《每日新闻》报道，东京都的3名女中学生因对另两名女中学生施加暴力而被逮捕，3名女生打人、骂人，还在自己的博客上侮辱被害者，被骂的女生受到侮辱，欲自杀，幸好被家人发现**制止**。

[解释] "制止"与"禁止"：动词。都有不许可的意思。
制止：强迫使停止，不允许继续（行动）。词义侧重在使停下来，对象一般是已经发生或正在发生的。多用于人的行为。
禁止：词义侧重点在不允许发生，对象常常是未发生的。在使用对象上，可以用于事物或人的行为。

[例词] 制止悲剧重演 / 制止战争 / 制止非法行为
禁止吸烟 / 禁止核武器 / 禁止非法活动

[例句] ① 以目前的科学技术水平，人类还不能有效地制止台风的暴虐，只能采取避灾的办法。
② 各级人民政府应当采取措施，制止不正当竞争行为，为公平竞争创造良好的环境和条件。
③ 此处施工，禁止通行。
④ 按我国婚姻法规定，近亲禁止结婚。

3 可口可乐（日本）公司销售其**改良**后的一种茶饮料时，邀请了博客日点击量超过千次的100位女性博客写手做广告。

[解释] "改良"与"改进"：动词。在原有的基础上把事物改得更好一些，更符合人们的愿望。对象可以是工具、设备等。
改良：着重指改得更良好一些（去掉个别缺点），对象常是具体的东西，如品种、产品、作物等，有时也指技术、生活等。
改进：着重指改得更进步一些。对象常是工作、方法、作风等。

[例词] 改良生活 / 改良品种 / 改良产品
改进工作 / 改进方法 / 改进作风 / 改进策略

[例句] ① 我国劳动人民对桑树也进行了改良，培育了许多产量高、质量好的桑树品种。
② 蚯蚓对土壤混合和通气状况的改良起了很大作用。
③ 激烈的竞争和对利润的无限追求，驱使资本家不断改进生产技术，扩大生产规模。
④ 这家饭店的装修不错，菜品丰富，消费价格适中，不过服务员的态度还需要改进。

练习

一 请在课外阅读最新中文报刊文章，将其中你喜欢的一篇剪贴在你的笔记本上，然后写出摘要与看法

二 给下列动词搭配适当的词语

制止_____　　改良_____

呼唤_____　　泄漏_____

关闭_____　　抢救_____

侮辱_____　　清除_____

三 选词填空

| 伴随　反馈　盛行　诈骗　逮捕　限期　成千上万 |

1. 在海外_____的家庭律师，如今也在上海悄然而起。

2. 公司要积极培训服务人员，建立服务网点，定期召开用户座谈会，重视信息_____，搞好售后服务。

3. 担保服务还可以有效地抑制不法分子的_____活动。

4. 任何一种运动形式的消失都必然_____着另外一种运动形式的产生，运动既不能自己产生也不能自己消灭。

5. 凡含氟废气超标的工矿企业，应采取防治措施，_____达到排放标准。

6. 像大海汇集了无数条江河溪流一样，图书馆里收藏着_____种古今中外的图书资料。

7. 铁路公安机关共破获各类刑事案件993起，依法收审、拘留、_____各类刑事犯罪分子1702人，摧毁犯罪团伙26个。

机密　　秘密

8. 辞职和被辞退人员不得泄露国家_____，不得私自带走原单位的科研成果、内部资料和设备器材等。

9. 这是_____消息，宣布不得。

制止　　禁止

10. 许多国家已_____使用DDT、狄氏剂、氯制剂等农药，并积极研制和生产低毒高效农药。

11. 面对违法行为，他俩毫不犹豫地上前_____。

改良　　改进

12. 我们一方面要把MBA联考工作坚持下去，另一方面要不断地加以_____和完善。

13. 发展农业科学技术应该放宽视野，拓宽思路，多从_____品种、肥料、饲料以及发展生态农业等方面进行努力。

四 根据课文内容判断正误

1. 对博客的争议主要是在目前出现的。（　　　）
2. 受调查者认为，博客应追求符合事实。（　　　）
3. 大学生苏莱曼因写博客被判刑在埃及引起激烈的争论。（　　　）
4. 在美国像科琳那样通过写博客来赚钱的并不多。（　　　）

五 请按正确的语序将下列各个句子组成完整的一段话

1. A. 在最近几天的博客中

   B. 她描述一部新电影充满着魅力

   C. 30岁的美国职业女性科琳在自己的博客上似乎什么都写

   正确的语序是：（　　）（　　）（　　）

2. A. 5年后

   B. 5年前的今天

   C. 中国还没有"博客（网络日记）"这个词

   D. 中国的博客作者多达数千万

   正确的语序是：（　　）（　　）（　　）（　　）

六 根据课文内容选择最合适的答案

1. 博客之所以盛行，是因为_____。

   A. 发布信息灵敏　　　　　　B. 见解独特、言辞尖锐

   C. 写作方便　　　　　　　　D. 充满商机

2. 美国军医科恩_____关闭自己的博客。

   A. 没有　　B. 很希望　　C. 不愿意　　D. 自愿

3. 在美国、日本，写博客成了一种_____的新办法。

   A. 打发时间　　　　　　　　B. 娱乐

   C. 结交网络朋友　　　　　　D. 赚钱

4. 本文认为博客_____。

   A. 有利有弊　　　　　　　　B. 没有弊端

   C. 没有益处　　　　　　　　D. 应加强监管

七 完形填空

| 同时 | 如果 | 如何 | 甚至 | 作为 | 不但 | 难免 |

1. 专家表示，____1____一个新事物，博客的出现与快速发展在改变人类生活方式

的___2___，___3___会带来一些负面影响。___4___减少负面影响是一个挑战。韩国对博客的管理大概是世界上最严格的，申请博客者必须填写真实的姓名和联络方式，各种不当言论___5___会被限期清除，___6___影响恶劣，博主___7___会被判处罚款。

| 之所以 | 甚至 | 是因为 | 至于 | 看来 | 关于 |

2.《时代周刊（加拿大版）》一次___1___博客问题的调查中，___2___有反馈者认为"没有偏见和问题的博客就没有存在的必要了"。在受调查者___3___，博客___4___盛行，___5___它具有独特的见解和尖锐的言论。___6___文章是否符合事实，读者自己会作出判断。

八 请用自己的话或原文中的关键句子概括下面一段话的主要内容

1. 近年来，在美国，与博客有关的法律纠纷也越来越多，主要集中在名誉权、国家安全等领域。2004年，当时在美国国会当议员助手的杰西卡·卡特勒在她的博客"华盛顿宝贝"中，写了她和国会中的六名男职员交往的许多生动细节。这些内容后来被美国一家网站从博客中挖掘出来，吸引了无数点击。博客中提到其中的一位男职员罗伯特·施泰因布赫以侵犯名誉和隐私罪将杰西卡告上法庭，并要赔偿2000万美元。这起事件在美国造成很大影响，杰西卡因此丢了工作，施泰因布赫也被迫离开华盛顿。

2. 博客的出现还为商业诈骗提供了一个新场所。前段时间，一个英国人的博客上写着，从他提供的网址上找到英国汇丰银行并注册，会得到一笔奖金。许多人就按照指示，点击开了这个所谓的"汇丰银行"新网站，甚至将自己的银行存款转入。结果数月后，英国警方宣布这是一个诈骗网站，而这些存款多数难以追回。日本的博客中则出现了不少对他人进行人身攻击的文章。据3月6日的《每日新闻》报道，东京都的3名女中学生因对另两名女中学生施加暴力而被逮捕，3名女生打人、骂人，还在自己的博客上侮辱被害者，被骂的女生受到侮辱，欲自杀，幸好被家人发现制止。

九 请尽量用以下词语进行话题讨论

| 监管 | 自律 | 呼唤 | 见解 | 言论 | 亲身 |
| 收益 | 改良 | 联络 | 运营 | 违法 | 成千上万 |

为什么博客现在非常流行？你认为博客世界存在哪些利弊？

快速阅读

阅读一（字数：约 1830；阅读与答题的参考时间：9 分钟）

无网购　不生活

"互联网、电子商务已经改变了我们的生活习惯和消费习惯，这是一个大势。"商务部电子商务和信息化司副司长聂林海的这个表述，概括了已有近 20 年历史的电子商务发展的现状和趋势。

网购是什么？　一种生活方式

山东潍坊的林学，最近装修了他的新房子。在整个过程中，他从淘宝上找人设计，从淘宝上买材料，唯一要在线下完成的就是请人前来施工，他觉得自己在"享受装修家的过程"。据统计，和他一样借助淘宝来装修的人，仅 2003 年至 2013 年间，就有 2065 万。

自 1995 年起步至今，中国电子商务在经济生活中占据了越来越重要位置。在业内人士看来，电子商务，尤其是网购已大幅度改变了人们的消费习惯。

最重要的习惯改变是，人们的购物选择从线下逐渐转向了网上。据分析，目前我国已成为世界上最大的网络零售市场。商务部在《促进电子商务应用的实施意见》中表示，到 2015 年，要使电子商务交易额超过 18 万亿元，使得网络零售交易额相当于社会消费品零售总额的 10% 以上。

人们还逐渐地习惯在移动设备上购物。据艾瑞咨询发布的报告显示，2013 年中国移动网络购物交易额达 1696.3 亿元，增长 168.6%，这一速度远超过网购的整体增速。

除了是在网上挑东西外，许多人还早已养成了网上买东西前看评价、看卖家信用的习惯。而这也让卖家把信用值看得格外重要。

在山东青岛经营一家网店的鲁盛告诉记者，他的店如今有着"双皇冠"信誉，这是大家愿意来买东西的重要原因，而高于同行平均打分的商品描述、服务态度和发货速度，也让许多人愿意在他的店里下单。"以前卖东西靠卖家一张嘴，现在人家直接看你信誉就行了。"

"以前买东西，信息是不对称的，价格也经常虚高，但是互联网解决了这个问题。"互联网实验室创始人方兴东出生于浙江义乌，他告诉记者，从义乌批发到全国各地市场的日用品，到消费者手里基本就涨价5到10倍，而电商则既方便又物美价廉，自然吸引了消费者。

随着电商的发展，人们对于物流的要求也越来越挑剔。在聂林海看来，"物流智慧化"正成为大势所趋，买家、卖家都可以监控物流处在什么状态，并降低了物流成本。

没有消费需求？ 电商"无中生有"

在业内人士看来，中国消费者习惯的改变，除了网购大潮本身带来的影响外，还打下了诸多电商企业的烙印。这些企业或以创新的方式，或以竞争的方式，强势改变着消费者的习惯。

"双11"就是很好的例子，这个网友定义的"光棍节"，在电商的强势发力中，变成了购物狂欢节。经过短短5年发展，在去年的11月11日，支付宝交易额达到350.19亿元，远超过美国最火爆的购物日之一"网络星期一"。

许多人的移动支付习惯是从马年春节后开始的。微信推出"抢红包"活动，在短短8天内，超过800万用户参与，借此吸引的新用户数量庞大，被网友调侃为"一夜之间干了支付宝8年的活儿"。而手机淘宝则在今年"三八"妇女节时，联手全国八大城市的37家大型百货商场、1500个品牌专柜、230家歌厅、288家影院、800家餐厅，以低价"请"消费者过节。

李川告诉记者，他最近用"快的打车"叫来一辆出租车去中关村，并用手机支付宝付款。随后，在中关村的"上品折扣"购物时，他又发现，这里可以用微信扫描二维码付款。"对我来说，直到一年前，用网银付款还是专门在电脑上干的事呢！"

数据显示，电商的确在让消费者们形成新习惯。以"双11"为例，来自中国互联网络信息中心的数据显示，参加2013年"双11"购物节的网友中，有65.3%表示会参加2014年的"双11"，且只有2.3%的用户明确表示不再参加。

你有啥偏好？ 商家比你还清楚

"随着网民的大规模增加，网购群体已经分为许多层面，分众化的消费倾向已经比较明显。"方兴东告诉记者，消费者的分众化习惯，也为商家提供了机会。

分众化的消费习惯体现在诸多方面。雾霾影响下，去年全国的淘宝用户花了8.7亿元用在抗霾用品上；去年3000万男性用户消费181亿元在淘宝上购买母婴用品，已占母婴用品用户总数的44%，有人表示，"父婴时代"正在来临；南方寒冷的初春，让去年1至3月购买取暖设备的南方人，数量上远远超过了北方人……

在方兴东看来，分众化还体现为购物成为社交的重要组成部分。朋友间分享购物体验，带动并刺激了相应的消费习惯，这一点也已为商家所察觉。事实上，在腾讯与阿里巴巴的竞争中，前者正是利用社交优势与电商结合，而后者则在努力开拓"来往"等新社交手段，补强电商优势。

"了解消费者的习惯、偏好和行为特征后，可以更有针对性，为他们提供更好的服务。"方兴东表示，"电商企业应该明白，互联网最大的优势和最终改变的，都是改变信息不对称的现状。"

（节选自《人民日报·海外版》，略有改动）

回答问题:
1. 随着电子商务的发展,人们的消费习惯发生了哪些变化?请根据课文内容做出概括。
2. 哪些例子说明了电商"无中生有",用创新的方式改变着消费者们的消费习惯?
3. 什么是分众化的消费习惯?为什么说购物成为社交的重要组成部分?
4. 你喜欢网购吗?你觉得网购有什么优点和缺点?

阅读二(字数:约1670;阅读与答题的参考时间:9分钟)

"七天后悔权"让团购更便捷

3月15日,新的《消费者权益保护法》正式实施,其中第25条规定:"经营者采用网络、电视、电话、邮购等方式销售商品,消费者有权自收到商品之日起七日内退货,且无需说明理由。"换句话说,除特殊情况外,广大的消费者网购有了"七天后悔权"。这也为我们的网络团购纠纷提供了法律依据。

3月13日,百度糯米团最先推出了"随时退"服务。美团网自3月15日零时起也对其"随时退"和"过期退"两项退款服务进行了升级。美团网在线售卖的团购单均享受"随时退"和"过期退"服务,但是物流单、电影选座和酒店在线订这三项业务除外。另外已停售的团购单享受其原有的售后服务,若原来不支持退款则依然不支持。

那么台州地区各商家和顾客对此的反应如何呢?

团购深受年轻人喜爱,"七天后悔权"是"尚方宝剑"

昨日,记者来到台州高教园区进行采访。

台州学院大三学生小王说,自己刚上大学的第一个学期,父母从绍兴来看他,但是父母晚上的住宿却成了问题。"高级酒店价格贵,普通的宾馆又嫌条件差。"小王说,在同学的建议下,他第一次尝试在网上团购住宿。"我当时为父母预订了一家快捷酒店的大床房,原价要328元,团购价才128元,而且相关配套设施一应俱全。"小王说,现在他只要涉及住宿、娱乐方面的消费都会事先去各大团购网站上看看,"特别是KTV消费,团购价比原价要便宜好多。现在又有了'七天后悔权',也解决了我的'选择恐惧症'"。

网友"杨柳依依"在晚报QQ留言说,她很喜欢在网上团购美食。交际开支一直以来是她的"心头之患",而团购就成了最佳的解决方式。"今年春节期间,有4个同学来看我,我就直接带他们去吃自助火锅,团购价才109元,而且吃火锅大家有说有笑,气氛也不错。"

"杨柳依依"还总结了团购的两大优势:一来可以降低个人开支;二来团购很方便,不会为了吃饭的事情伤透脑筋,网上一点即可付款,一个电话就能完成座位预订。现在团购可以在规定时间内随时退款,这相当于拿到了"尚方宝剑",这种优势是别的销售方式目前无法企及的。

商家:"随时退"让经营变得更加方便

椒江一家烤肉店的负责人徐先生告诉记者,团购其实是一种促销手段。"现在老旧的促销方式已经完全不奏效了,只有转变才能吸引顾客。"徐先生说,团购订单多的时候,店里生意简直忙不过来,下午4点左右就已经预订不到座位了。

林女士是市府大道上一家火锅店的负责人,她也表达了自己对于团购的看法。"团购从某种意义上也是一种广告宣传。"林女士说,团购的营销方式是,用低成本让更多的人知道商家、了解商家,特别是一些地理位置相对不好的店面,可以凭借团购吸引更多的顾客。"现在包括团购在内的网购又有了'七天后悔权',这能更加方便消费者的灵活选择,同时我们也能及时获取实时数据,便利了经营管理。"

开发区新崇和影城负责人周桂萍告诉记者,现在影城大部分的观影者都是团购客户。周桂萍说,团购其实类似于薄利多销,以较低廉的价格让更多的顾客享受服务。现在手机和电脑都可以团购,只要手指一点就可以实现,团购的优越性还是比较明显的。现在的"七天后悔权"对消费者来说是一种保障,对商家自身来说也是一种便利。"以前顾客在网上团购后想要退款的话是要经过相关协商的,退款程序比较繁琐,既浪费顾客的时间,也给我们的经营带来了不必要的麻烦。现在顾客只要鼠标一点就能退款,这种操作方式对大家都很有好处。"周桂萍说。

2013年1月至今,12315共接到有关团购投诉25起

记者就团购的有关问题咨询了台州市工商局的相关负责人。该负责人告诉记者,从12315消费者投诉举报中心查到的数据显示,从2013年1月至今,共接到市民有关团购问题的投诉25起。虽然该类事件的投诉数量不是很多,但消费者仍要引起重视。他建议消费者在团购的过程中,做到以下几点:尽量在信誉好、相关保障措施到位的团购网站进行团购;团购时,应仔细阅读相关条款,还要特别注意对自己银行账户的保护;在团购过程中出现纠纷应第一时间找消费者权益保护委员会、工商等有关部门进行解决,维护好自身的权益;碰到一些假借团购之名的"钓鱼网站",应及时向公安等职能部门举报。

(节选自中国台州网,略有改动)

回答问题:
1. 年轻人对待"团购"以及"七天后悔权"的态度是怎样的?
2. 经营商家对"团购"和"七天后悔权"的看法如何?
3. 为了保护消费者自身的利益,团购时应该注意哪些问题?
4. 你曾经参加过团购吗?你觉得团购的好处或不足是什么?

阅读三（字数：约 1670；阅读与答题的参考时间：8 分钟）

微信"朋友圈"，为啥不带长辈玩

近日，中国地质大学江城学院做了这样一项问卷调查：大学生愿意和自己的父母成为微信好友吗？结果显示：7 成大学生拒绝父母"加为好友"的请求。

其实，不止是大学生，很多已经走上工作岗位的年轻人，也都不太接受和长辈微信联系。这究竟是为什么呢？

近日，在一个大学 BBS 论坛上，一位署名"玖零吼"的女大学生发了一个帖子，诉说在父母加了自己微信"朋友圈"后所引起的种种不便。帖子里这样写道：

"大家帮我评评理，看我是不是应该果断把父母拉黑？

不久前，我买了条漂亮的裙子，于是自拍并发上照片，还配上'美呆了！哈哈哈……'这样的文字。没想到，老妈很快就回复：'女儿啊，一个人在外地别总穿那么短的裙子，不安全。'老爸的回复则是：'都二十好几的人了，该学会存钱了，别总乱买衣服。'

和朋友去 KTV 玩儿，有位女友带了她的弟弟一起去。小伙子实在是又帅又萌，我拉过她弟弟不停地合照，发到'朋友圈'给一众姐妹养养眼。结果，羡慕嫉妒恨的回复没来，老爸的评论先到了：'交男朋友了？这就对了！小伙子做什么工作的？什么时候带回来给我和你妈看看？'女友的弟弟看到回复，从此躲我八丈远。

我半夜和朋友去吃宵夜，重庆辣火锅，实在没忍住，又拍了几张美食图片发到了'朋友圈'。结果第二天一大早，果不其然又看到父母大人的留言：'告诉你要早点睡，晚睡伤身，就是不听！而且半夜怎么能吃辣火锅呢？容易长痘，还会拉肚子！这么大的人了，还是不会好好照顾自己……'

我实在忍无可忍了！微信'朋友圈'是我的隐私圈，我该不该拉黑他们呀？"

后面的跟帖有长长好几页。

一位同学留言："我也有同感，加了妈妈为微信好友，'噩梦'从此开始。"

另一位同学说："看到微信中有爸爸妈妈请求添加好友的消息，真觉得害怕，然后假装没看到。"

大学生拒绝父母"加为好友"的请求，除了不愿意被父母"网络监控"外，83% 的大学生不愿意将自己的心事透露给父母。因为一旦在微信"朋友圈"中发牢骚，便会被敏感的父母发现，并不分时间地打电话非要孩子解释发生了什么事情。此外，大学生们还"讨厌父母老是发一些励志和养生之类的长文章"。

网上"潜伏"的父母们

家长关注孩子的微信，到底是为了什么？多数家长表示，只是想知道孩子在做些什么。

张女士的女儿读大三。今年过年时，她看到女儿在家天天与同学用微信聊天，于是出于好奇，也让女儿教会了自己用微信，并加了女儿为好友。

"除了与女儿在微信上聊天外，我有时也会看看她在'朋友圈'中的动态。"张女士说，"加女儿微信的目的主要还是对在外求学的孩子不放心，想了解她的学习和生活近况。原来我也经常给她发短信，问问她的学习情况；但她回复起来总是非常简单。现在有了微信，我就能随时知道她在做些什么。"

笔者随机采访了身边的10位中老年父母，其中开通微信的有7人。他们都表示，开通微信主要是为了方便和儿女交流。他们中有5人与孩子互相加为"好友"，也有父母说，自己有被孩子屏蔽过的情况。 52岁的林先生，儿子今年读大二，他说："我虽然加了儿子的微信，但我知道他对我们的关注很反感，所以我只'潜水'，一般不给儿子留言，只要能知道他的情况就好。"

微信加"好友"，长辈不要太主动

长辈一方热情高涨，要努力与年轻人一起互动；小辈一方却并不买账，处处设防。这到底是为什么呢？

心理专家表示，父母与子女之间存在代际差异，人际交往的方式也不大相同。年轻人更喜欢与同龄人分享，而不愿意在成熟的父母面前暴露自己的不成熟。现在的年轻人已经把微博、微信当做他们人际交往中一个重要的独立空间，家长贸然介入，甚至干涉管教，只会引起孩子的逃避、抵触和反感。父母想通过微信关心孩子，却又不注意提高自身的沟通能力，改进教育方式，这样做只会压缩孩子的成长空间，容易引起亲子关系的对立。

专家建议，长辈最好不要轻易介入年轻人的网络社交生活。如果已经介入的话，那么对于年轻人在微信里发表的话题，长辈不要轻易参与；在评论照片或状态时，也尽量少些说教。此外，长辈和年轻人之间平时应该多保持交流，这样线下沟通顺畅了，也就不需要到线上去了解年轻人的动向了。

（节选自《解放日报》，略有改动）

判断正误：
1. 大多数的大学生不愿意加父母为微信好友。（　）
2. 把父母加进朋友圈，有时会出现很尴尬的情况。（　）
3. 这位署名"玖零吼"的女大学生之所以想把父母"拉黑"是因为父母总是在微信里批评自己。（　）
4. 年轻人们不愿与长辈通过微信联系是因为不想让长辈们知道自己的隐私。（　）
5. 大多数大学生不愿加父母为微信好友是因为不想让父母知道自己的生活情况。（　）
6. 父母长辈使用微信主要是为了监视孩子们的生活。（　）
7. "潜水"的意思就是只加对方关注而不会加以评论。（　）
8. 父母与子女之间存在代沟，所以不能通过网络与孩子进行交流。（　）
9. 父母如果不恰当地使用社交工具与孩子交流，就很有可能引起亲子间的对立。（　）

第十四课 世界经济走近"新平庸"与"新势头"分岔口

听录音 扫这里

背景知识

　　自2008年国际金融危机爆发已经五年。现在呈现在人们面前的世界经济总体情况是，全球经济维持低速增长，而推动增长的力量格局在改变。2013年世界经济继续向下滑行，为金融危机后的最低水平。目前，世界经济前景有喜有忧，整体经济复苏有望加快，发达国家和发展中国家之间的增速差距将进一步缩小，但风险因素仍然存在，不排除经济形势可能出现反复。

词语表

1	平庸 庸碌、普通、寻常而不突出	píngyōng	（形）	mediocre 凡庸である、平凡である 평범하다，보통이다
2	势头 形势，事物发展的状况	shìtóu	（名）	momentum 形勢、勢い 정세，형세
3	分岔口 道路分开的地方	fēnchàkǒu	（名）	fork on the road 分岐点 분기점，갈림길
4	展望 向远处看；向将来看	zhǎnwàng	（动）	to look into the distance, to look to the future 見通す、展望する 먼곳을 보다，앞을 내다보다
5	下调 向低水准调整	xiàtiáo	（动）	to lower or reduce (standard) （価格・税金などを）下の方へ調整する、値下げする （가격 이율 등을）하향 조정하다

6	加剧 使程度变得更为严重	jiājù	（动）	to exacerbate (problem or bad situation) 激化する、激しくする 격화되다, 악화되다.
7	经济体 对某个区域的经济组成的统称	jīngjìtǐ	（名）	economic entity 経済実体 경제실체
8	拐点 事物的发展趋势开始改变的地方	guǎidiǎn	（名）	turning point 転換点、変曲点 전환점
9	大刀阔斧 办事果断而有魄力	dàdāo-kuòfǔ		bold and resolute （仕事・問題）てきぱきと処理する 큰 칼이나 큰도끼를 휘두르다 (과감하고 패기가 있다.)
10	放缓 放慢速度	fànghuǎn	（动）	to slow down (speed) 遅らせる 침체되다
11	叠加 同样的事物加在一起	diéjiā	（动）	to overlay 重ねあう 거듭하여 보태다
12	跛足 腿或脚有残疾，走起路来身体左右摇晃	bǒzú	（动）	crippled 〔足を〕不自由にする、不具にする 불구이다、장애가 있다
13	地缘政治 根据各种地理要素和政治格局的地域形式，分析和预测世界或地区范围的战略形势和有关国家的政治行为	dìyuán zhèngzhì		geopolitics 地縁政治 지연 정치
14	动荡 情况或局势不安定	dòngdàng	（形）	turbulent (situation) 揺れ動く、波立つ (정세・정황 등이) 불안하다
15	潜在 存在于事物内部尚未显露出来的	qiánzài	（形）	potential 潜在的である 잠재적이다
16	停滞 停下，受到阻碍	tíngzhì	（动）	to stagnate (the progress of business or society) 停滞する 정체되다

17	负债 欠别人钱财	fùzhài	（动）	in debt 借金を背負う 빚을 지다
18	后续 后面接续而来的	hòuxù	（形）	follow-up 後に続く 다음으로 계속되다
19	严寒 极其寒冷	yánhán	（形）	severe cold 寒さが厳しい、厳しいさむさである 추위가 심하다, 아주 춥다
20	反弹 比喻价格、行情回升	fǎntán	（动）	to rebound (price or market) 跳ね返る、上昇に転じる (가격 이나 시세 등이) 내렸다가 다시 오르다
21	力度 力量的强度	lìdù	（名）	strength (of power) 〔力を加える〕程度 역도
22	强劲 强大有力	qiángjìng	（形）	powerful 力強い 세다, 강력하다
23	态势 状态和形势	tàishì	（名）	state (of situation) 態勢、状況 태세, 형세
24	常态 平常的、正常的状态	chángtài	（名）	normal behavior or conditions 平常な状態、常態 정상적인 상태, 평소의 상태
25	宽松 少控制、较自由的	kuānsōng	（形）	loose (standard) 緩やかである 넉넉하다, 여유가 있다.
26	万全之策 绝对安全、不会出差错的计谋、办法	wànquán zhī cè		surefire (plan or method) 万全の対策 만전지책 (조금도 빈틈이 없는 계책)
27	保障 保护（权利、生命、财产等），使不受侵害	bǎozhàng	（动）	to guarantee (right, life, properties etc.) 保障する (생명 재산 권리) 보장하다, 보증하다.
28	信贷 金融机构存款、贷款、结算的总称	xìndài	（名）	credit and loan 銀行の預金と貸付 은행의 예금과 대출

29	影子银行	yǐngzi yínháng		shadow banking

在银行监管体系之外、可能引发系统性风险的信用中介体系　シャドーバンク　섀도 뱅크

30	产能	chǎnnéng	（名）	capacity (of corporation)

企业的生产能力　生産能力　생산능력

31	过剩	guòshèng	（形）	surplus

数量超过标准、限度或惯常界限；供给超过需要或市场　過剰である　과잉되다

32	产出	chǎnchū	（动）	output

生产过程中创造的各种有用的物品或劳务　生み出す　산출하다，생산해 내다

33	顺差	shùnchā	（名）	favorable balance

一国在一定时期内（通常为一年）对外经济往来的收入总额大于支出总额的差额　（輸出超過による）黒字　흑자

34	让位	ràng wèi		to abdicate (position)

让出官位或职位　地位を譲る、席を譲る　직위에서 물러나다

35	着陆	zhuó lù		to settle (significant problem)

比喻采取措施使某些重大问题得到解决　着陸する　해결하다，착륙하다

36	抵消	dǐxiāo	（动）	to offset

由于作用相反而互相消除　相殺する、帳消しにする　상쇄하다，서로 비기다

课文

世界经济走近"新平庸(1)"与"新势头(2)"分岔口(3)

新华网华盛顿10月7日电　国际货币基金组织（IMF）7日在其公布的《世界经济展望(4)报告》中下调(5)了今明两年全球经济增长预期，并警告经济下行风险加剧(6)，大多数经济体(7)仍需将"保增长"作为首要任务。IMF总裁拉加德近日表示，世界经济正面临拐点(8)：要么一直维持低增长现状进入"新平庸"时代；要么制定大刀阔斧(9)的改革政策，加快增长，获得"新势头"。IMF和世界银行均认为，中国经济放缓(10)是经济体制更加强健的表现。

世界经济在新旧矛盾叠加(11)中"跛足(12)前行"

IMF在《世界经济展望报告》中预测，全球经济今年将增长3.3%，比7月份的预测值下调了0.1个百分点，这也是IMF今年以来第三次下调全球经济增长预期。

报告指出，世界经济面临的短期风险包括地缘政治⁽¹³⁾局势恶化、低利率环境下金融市场动荡⁽¹⁴⁾加剧。中期风险则包括发达经济体和新兴经济体同时面临潜在⁽¹⁵⁾增速下降的局面，欧元区和日本还可能出现长期停滞⁽¹⁶⁾。该组织还将2015年全球经济增长预测下调至3.8%。

IMF首席经济学家奥利维耶·布朗夏尔表示，一些国家仍然在消化包括高负债⁽¹⁷⁾、高失业率在内的金融危机后续⁽¹⁸⁾影响。同时，由于劳动力人口老龄化、劳动生产率增长缓慢导致世界经济潜在增速下降，大多数经济体仍需将"保增长"作为首要任务。

IMF预计，发达经济体今明两年经济增速降至1.8%和2.3%，欧元区经济今明两年增速降至0.8%和1.3%，日本今明两年经济增速降为0.9%和0.8%。新兴市场和发展中国家今明两年增速分别降至4.4%和5.0%。

美国是IMF唯一上调经济增长预期的主要发达经济体。由于第一季度严寒⁽¹⁹⁾天气给经济造成的影响比之前预期要小，加上此后经济反弹⁽²⁰⁾力度⁽²¹⁾超出预期，IMF将美国今年经济增长预期从此前的1.7%上调到2.2%，维持明年增长3.1%的预期不变。

IMF表示，尽管发达经济体实施了持续低利率货币政策，但并没有带来强劲⁽²²⁾**需求**。据IMF统计，2003年至2008年间，全球平均潜在增长率接近4.5%，2010年至2013年间降至约3%到3.5%，而2014年至2018年间可能会更低。

IMF秘书长林建海对新华社记者表示，在没有重大技术和生产率突破的情况下，潜在增长率会降低。而劳动参与率常常在危机中大幅降低，危机过后也很难恢复到之前的水平。华盛顿智库彼得森国际经济研究所高级研究员戴维·斯托克顿认为，世界经济自2008年金融危机以来一直"跛足前行"，预计弱复苏态势⁽²³⁾将成为世界经济今后几年内的新常态⁽²⁴⁾。

布朗夏尔告诉新华社记者，虽然宽松⁽²⁵⁾货币政策不是刺激经济复苏的万全之策⁽²⁶⁾，但发达经济体应避免过早退出宽松货币政策，并加大基础设施投资支持经济复苏。新兴经济体需根据各自不同情况推动结构性改革。

中国经济实现"健增长"

IMF在《世界经济展望报告》中预测，中国今明两年的增速分别为7.4%和7.1%，和此前预测不变。布朗夏尔说，从全世界来看中国经济仍是高速增长，即使未来出现减速也是健康的增长。中国经济保持高增长得益于政府对基础设施高投资、对中小企业和保障⁽²⁷⁾房建设支持以及出口好转，而信贷⁽²⁸⁾放缓导致投资减速，以及房地产市场降温将使中国经济在明年进一步放缓。

世界银行在6日发布的《东亚经济半年报》中将中国2014年经济增长预期由之前的7.6%调低至7.4%，并将中国明后两年经济增长预期从7.5%下调至7.2%和7.1%。报告指出，中国政府控制地方债、抑制影子银行⁽²⁹⁾、应对产能⁽³⁰⁾过剩⁽³¹⁾、治理污染等举措将导致投资及制造业产出⁽³²⁾增速下降，但是推动这些措施将使经济走上更可持续的发展轨道。

世行首席经济学家兼高级副行长考希克·巴苏告诉新华社记者，中国经济转型正在发生可喜变化。随着服务业在经济中所占分量越来越大，中国经济不用维持过高增速就可以保证就业增长和社会稳定。IMF研究显示，中国在2013年已将最大贸易顺差⁽³³⁾国让位⁽³⁴⁾给德国，贸易顺差占国内生产总值的比重从多年前的10%以上下降到2%，说明中国经济对出口的依赖下降。

尽管如此，IMF和世行仍担忧中国进行的房地产调控会给市场造成大幅波动，从而影响金融市场稳定和地方政府收入，避免楼市"硬着陆[35]"仍具有挑战性。IMF指出，虽然中国可以通过加大基础设施投资部分抵消[36]房地产市场降温带来的后果，但这又会使中国经济由投资向消费转型变得更加复杂。

林建海认为，中国产业转型的任务依然艰巨。发达经济体服务业占国内生产总值的比重在80%左右，在中国这一比例还不到40%，说明还有很大提高空间。

（全文字数：约1740）

（节选自新华网，略有改动）

注 释

1. 国际货币基金组织（IMF）7日在其公布的《世界经济**展望**报告》中下调了今明两年全球经济增长预期。

   [解释]"展望"与"期望"：动词。向未来看。
   　　　　"展望"：向远处看，向将来看；对发展前途的观察与预测。
   　　　　"期望"：对人或事物的未来有所等待，希望。

   [例词] 展望未来 / 展望经济前景 / 展望世界经济 / 展望两国关系
   　　　　期望值 / 达到父母的期望 / 对产品的期望

   [例句] ① 展望未来的五年，世界经济的发展还是很乐观的。
   　　　　② 这篇文章以对未来的展望为结尾。
   　　　　③ 目前我们的软件还不能完全满足用户的期望。
   　　　　④ 人们都期望生活水平可以进一步提高。

2. 世界经济正面临拐点：要么一直**维持**低增长现状进入"新平庸"时代；要么制定大刀阔斧地改革政策，加快增长获得"新势头"。

   [解释]"维持"与"保持"：动词。使继续存在下去，使不消失或减弱。
   　　　　维持：对象是秩序、治安、现状、生命、生活等抽象名词。
   　　　　保持：对象是水土、水平、传统、作风、联系等具体名词和抽象名词。

   [例词] 维持健康 / 维持感情 / 维持课堂纪律 / 维持五年
   　　　　保持冷静 / 保持物价稳定

[例句] ① 我不知道这种互相不信任的感情还能维持多久。
② 上个月他丢了工作,连生活都很难维持。
③ 对于这个问题,我保持沉默。
④ 人喝了酒以后很难保持清醒。

3 IMF 表示,尽管发达经济体实施了持续低利率货币政策,但并没有带来强劲**需求**。

[解释] 需求:名词。由需要而产生的要求。只能做宾语。
要求:动词,指提出具体愿望或条件,希望得到满足或实现。也可作名词,指提出的具体愿望或条件。可以带宾语,也可以做宾语。

[例词] 满足需求 / 对文化生活的需求
要求过高 / 要求赔偿 / 严格要求自己

[例句] ① 现在很多白领有在网上学习英语的需求。
② 这种进口的奶粉在国内有着巨大的需求。
③ 你不能总是要求别人不犯错误,那是不可能的。
④ 对于生活环境我没有太高的要求。

练 习

一 请在课外阅读最新中文报刊文章,将其中你喜欢的一篇剪贴在你的笔记本上,然后写出摘要与看法

二 给下列动词搭配适当的词语

保障_____　　加剧_____

抵消_____　　下调_____

三 选词填空

| 强劲　　动荡　　潜在　　后续　　反弹 |

1. 政府出台的新政策让许多人觉得不合理,社会也因此有一些_____。

2. 他把这本书看完了,但他觉得这个故事还没讲完,他很期待这个作者_____的作品。

3. ＿＿＿＿＿＿＿的北风吹到他的脸上，让他感到冬天真的到了。

4. 一边开车一边戴着耳机打电话，这看起来没问题，但这么做却存在＿＿＿＿＿＿＿的危险，因为司机不能集中注意力。

5. 前一段时间汽油的价格已经下降了很多，但最近又开始＿＿＿＿＿＿＿，所以很多司机又开始抱怨。

展望　　　期望

---

6. 父母＿＿＿＿＿＿＿自己的孩子早日在国外读完书回到祖国。

7. 政府对国民经济做出了新的＿＿＿＿＿＿＿。

维持　　　保持

---

8. 水是＿＿＿＿＿＿＿生命所必需的物质之一。

9. 他家的小狗很爱叫，总是不能长时间＿＿＿＿＿＿＿安静。

需求　　　要求

---

10. 我总是觉得我的父母对我的＿＿＿＿＿＿＿有点儿太高了。

11. 不同专业的学生有不同的学习＿＿＿＿＿＿＿。

四 根据课文内容判断正误

1. 今明两年，大多数经济体应该努力保证经济增长。（　　　）
2. 发达经济体和新兴经济体的经济增长速度已经开始下降。（　　　）
3. 世界经济自2008年金融危机以来已经完全复苏了。（　　　）
4. 2013年的最大贸易顺差国是德国。（　　　）

五 请按正确的语序将下列各个句子组成完整的一段话

1. A. 也是健康的增长

　　B. 从全世界来看

C. 即使未来出现减速

D. 中国经济仍是高速增长

正确的语序是：（　　）（　　）（　　）（　　）

2. A. 由于第一季度严寒天气给经济造成的影响比之前预期要小

B. 维持明年增长3.1%的预期不变

C. 加上此后经济反弹力度超出预期

D. IMF将美国今年经济增长预期从此前的1.7%上调到2.2%

正确的语序是：（　　）（　　）（　　）（　　）

六 根据课文内容选择最合适的答案

1. 世界经济面临的短期风险不包括：

   A. 低利率环境下金融市场动荡加剧

   B. 济体面临潜在增速下降的局面

   C. 地缘政治局势恶化

   D. 全球经济增长预测下调

2. 为什么大多数经济体仍需将"保增长"作为首要任务？

   A. 劳动力人口老龄化

   B. 世界经济潜在增速下降

   C. 劳动生产率增长缓慢

   D. 失业率高

3. 哪一项不是布朗夏尔认为现在的经济体应该采取的措施？

   A. 发达经济体应加大基础设施投资

   B. 发达经济体应持续低利率货币政策

   C. 发达经济体应维持宽松货币政策

   D. 新兴经济体应推动结构性改革

4. 中国经济转型正在发生什么变化？

   A. 服务业在经济中所占分量越来越大

   B. 经济不用维持过高增速就可以保证就业增长和社会稳定

   C. 中国经济对出口的依赖下降

   D. 以上都对

七 完形填空

| 至 | 随着 | 将 | 从 | 已 |

1. ___1___ 美联储收紧宽松贷币政策后，全球资本 ___2___ 重新布局，全球资本回流美欧，将引发新兴市场股汇市持续震荡、通胀走高、增长放缓，国内发展风险凸显。2013年中期此类风险 ___3___ 上演。国际金融协会估计，流入新兴市场的私人资本将 ___4___ 2012年的1.2万亿美元降 ___5___ 2014年的1万亿美元。

| 几乎 | 到 | 该 | 近 | 或者 | 更加 | 而且 |

2. 日本的情况 ___1___ 糟糕， ___2___ 国是世界上老龄化速度最快的社会， ___3___ 每四个日本人当中就有一个是六十五岁 ___4___ 以上年纪。《经济学人》杂志最近援引了一份日本本国的研究报告，指出 ___5___ 2060年，日本人口将减少 ___6___ 三分之一，从1亿2700万缩水至8700万， ___7___ 其中近40%是六十五岁或者以上的老人。

八 请用自己的话或原文中的关键句子概括下面一段话的主要内容

尽管如此，IMF和世行仍担忧中国进行的房地产调控会给市场造成大幅波动，从而影响金融市场稳定和地方政府收入，避免楼市"硬着陆"仍具有挑战性。IMF指出，虽然中国可以通过加大基础设施投资部分抵消房地产市场降温带来的后果，但这又会使中国经济由投资向消费转型变得更加复杂。

九 请尽量用以下词语进行话题讨论

| 下调 | 加剧 | 拐点 | 势头 | 放缓 |
| 动荡 | 潜在 | 停滞 | 反弹 | 保障 |

1. 你认为世界经济会怎样发展？为什么？
2. 你们国家目前的经济情况是怎么样的？

快速阅读

阅读一（字数：约2510；阅读与答题的参考时间：12分钟）

当今世界经济走势分析

2014年，世界经济有望温和回升，全球经济增长点或拓宽，但发展格局生变。美联储退出量化宽松进而收紧宽松货币政策后，将使世界经济进入一个新的"再调整"不稳定期。美国主导的超大"优惠贸易协议"安排，正打乱现行国际经贸格局，全球博弈重心开始由市场转向规则。

世界经济将温和增长

首先，世界经济筑底缓慢回升。2014年应是全球经济"筑底企稳"回升年，多数经济体将好于前两年。据国际货币基金组织（IMF）估计，2014年世界经济将增长3.6%，好于2013年。这与经合组织（OECD）和联合国的预测值一致。其中，新兴市场与发展中国家和发达国家经济将分别增长5.1%和2%，分别高于2013年的4.5%和1.2%。

发达经济体增势明显上升：欧元区经济止跌回升，2014年可望增长1%；美国经济增速将由2013年的1.6%升到2.6%；日本受消费税提高影响及"安倍经济学"边际效应下降影响，2014年经济增速将由2013年2%回落到1.2%。

新兴市场与发展中国家经济发展依然温和。中国经济增速换挡到中速，据联合国预测，2014—2015年中国经济将分别增长7.5%和7.3%。IMF则认为，2015—2018年间中国经济年均增速将放缓到7%。

其次，全球经济发展分化。后危机时期，各国经济增长动力普遍不足，全球发展环境异常复杂，金融市场乱象纷呈，贸易保护主义盛行，全球发展明显分化。

作为一个整体，新兴市场与发展中国家经济增长依然高于发达国家，但是其各自发展又有不同：非洲经济增势相对强劲，亚洲发展中经济体仍居世界最快，"金砖国家"成色差异凸显，中国经济依然最亮丽。

发达经济体复苏势头整体趋稳：欧洲经济止跌回升，但只是由"重症监护"转到"普通病房"；日本短期复苏似显强劲，但结构改革难有进展，中长期或昙花一现；美国复苏势头趋稳且强劲，但结构性债务与失业问题并未解决。

再次，发达国家与新兴市场将共同牵引。据IMF统计，过去5年新兴市场对世界经济增长的贡献率年均超过70%，即使2013年新兴市场与发展中国家经济增速降到4.5%，对全球经济增长的贡献率仍达69%（购买力平价），如按美元汇率计算则达85%。

2014年，全球经济发展格局将变化，发达国家对世界经济增长的贡献率将增到54%（美元汇率）。这是自金融危机以来第一次世界经济增长一半以上来自发达国家。但是，如按购买力平价计算，发达国家的贡献率降为35%，新兴市场的贡献率依然达65%。

无疑，未来发达国家经济发展企稳，在推动世界经济方面发挥更大作用，但依然面临严重的政府债务与高失业问题，私人消费不足，产业需要调整，政府严重缺钱，发展后劲不足。新兴市场由于前期透支式高发展，沉积诸多结构性问题，方式必须转变，增速需要放缓，但仍具备后发优势。

世界经济本是一个整体，理应由发达和新兴经济体共同牵引，两个支点支撑，才能使全球经济"强劲、可持续和均衡"发展。

发展面临诸多不确定性

首先，美联储量化宽松政策退出或打乱新兴市场发展秩序。酝酿数月后，美联储终于从2014年1月起将量化宽松额度从850亿美元缩减到750亿美元。美联储主席伯南克坦言，尽管调整政策，但不是撤出刺激，货币政策宽松程度与之前相比将"大体相当"。可见，美联储对退出量化宽松依然持谨慎态度。如果不发生意外，美联储上半年或收窄量化宽松幅度，下半年或全面退出，货币政策或于2015年收紧。

这将是世界经济史上前所未有的大规模金融逆向操作（美联储的资产负债表已从危机前不足1万亿美元增到目前近4万亿美元），技术性操作难度大，将引发一系列难以预料的风险。2014年仅是第一阶段，未来较长时期内国际金融经济格局将处于"再调整"进程中。

随着美联储退出量化宽松，全球资本将重新布局，全球资本回流美欧，将引发新兴市场股汇市持续震荡、通胀走高、增长放缓，国内发展风险凸显。2013年中期此类风险已上演。国际金融协会估计，流入新兴市场的私人资本将从2012年的1.2万亿美元降至2014年的1万亿美元。

西方央行收紧宽松货币政策之日，将是新兴市场真正面临风险考验之时。尤其是随着美联储量化宽松政策退出，美元指数将逐渐走强。加上美国"能源独立"与中国经济加速转型，全球初级产品行情下行将加速。严重依赖资源出口的新兴市场国家，将同时面临资本外流和出口资源品价格下跌的双重冲击，发展环境将持续恶化。

20世纪70年代"尼克松冲击"引发西方货币竞争性贬值和发展中国家债务融资高潮，80年代初美联储紧缩货币政策，引爆席卷拉美和前苏东的债务危机，使拉美经济陷入"失去的十年"，加剧前苏东经济崩溃。面临世界经济中新的不稳定因素，新兴市场应该为2015年美联储转变货币政策做好准备。从更长远来看，要加快结构调整，转变增长方式，加强南南合作，降低可能的风险。

当然，2014年新兴市场面临的冲击或可控。一是自伯南克宣布退出量化宽松以来，全球市场已经做出自我调整，新兴市场经历了第一波资本外流冲击，美长期债券利率上升，房地产市场降温。二是受到政府债务、财政赤字和失业率问题等结构性问题和国内政治极化影响，美国货币政策难以剧烈调整。三是美联储主席一职由鸽派耶伦接替，可预见性增强，市场恐慌情绪降低。

其次，超大型自贸区安排或打乱现行国际经贸格局，加剧全球市场尤其是规则博弈。危机之后，全球化趋势明显减缓，保护主义盛行恶化了国际贸易环境。据统计，从2008年11月到2013年5月，全球共实施贸易保护措施3334项。

与此同时，区域一体化如火如荼，尤其是2014年美国经营数年的经贸"两洋战略"——

跨太平洋战略经济伙伴协定（TPP）和跨大西洋贸易与投资伙伴关系（TTIP）即将成型，美国有意借此重掌国际规则制订权。TPP 将该地区辛苦经营数十年的区域合作架构全面打乱，各国不得不重新选边，区域合作版图将重组。TTIP 则将跨大西洋的美欧重新黏合在一起，加之加拿大与日本的参与，一个扩大版新的"七国集团"开始成型。美国将 TPP 与 TTIP 视作"面向 21 世纪的协议"，其标准与规则超越 WTO 框架，并将自贸谈判重心置于边境内宏观政策，如放松监管与竞争政策而非关税。一旦两项协议达成，美欲将其标准与规则纳入 WTO 谈判，这将使非参与方遭遇巨大压力，有一种被规范逼迫而需重新"入世"之感。

总之，世界经济正处在刺激政策退出的消化期、结构调整与转变方式加速的阵痛期，以及由危机前非理性繁荣转向后危机常态发展的温和增长期。全球发展分化则使世界经济仍能保持温和增长，但三重因素叠加将使国际环境异常复杂。

（节选自半月谈网，略有改动）

回答问题：
1. 当今世界经济形势如何？是否稳定？
2. 为什么说世界经济的温和增长是能够实现的？
3. 世界经济的发展面临着哪些不确定性？

阅读二（字数：约 1400；阅读与答题的参考时间：7 分钟）

世界经济与四强分立

第二次世界大战结束以后，美国与苏联对立，冷战延续多年。后来苏联解体了，俄罗斯也不愿意与美国斗争。不久以后，美国靠它的强大军力，又攻打了阿富汗和伊拉克，这是美国最强大的时期。但打完这三次战争以后，美国的挑战与经济能力都衰退了。同时中国经济的地位升高了，可以与美国对比。世界的国家分为四强对立，包括美国、中国、欧洲与俄罗斯。本文先讨论中国经济的提升与美国的对比，再讨论今后四强对立的状况与世界经济可能发展的趋向。

关于中国经济的力量能够与美国对比，可以用国内生产总值 GDP 来比较。有人会提议需要用人均 GDP 来衡量。人均 GDP 是用来比较一个国家人民平均的生活水平，而 GDP 的总量是用来比较一个国家的经济力量。一个国家的 GDP 越高，不论人口有多少，国家的经济力量越大。关于中美 GDP 的比较，我在 2002 年出版的《China's Economic Transformation》一书中预测了在 2020 年中国的 GDP 将会超过美国。根据今年 5 月 14 日美国《华盛顿邮报》报道，按照国际货币基金组织（IMF）对中美 GDP 从 2011 到 2018 年的预测，以同等购买力的百万美元计算：中国在 2011 年的 GDP 是 11189111；在 2018 年 GDP 的预测是 20730037。美国在 2018 年 GDP 的预测是 21556047。到 2018 年中国的 GDP 已经与美国的十分接近。因为中国 GDP 增加速度比美国快，根据上面的预测，约在 2019 年中国的 GDP 将会与美国的相等。我们可以说，到 2020 年中美的经济力量将会相等。

中美的 GDP 相等以后，世界的经济发展将会由美国、中国、欧洲与俄罗斯分别控制。正如上面说的，中国的经济力量与美国对比已经增加了，那么中俄的经济力量与欧美对比而言也在增加。例如最近报载中国、俄罗斯、印度和巴西将要建立由它们供应资本的类似国际货币基金与世界银行的机构,以和现在由美欧供应的组织对立。四强对立以后,世界经济发展的趋向有以下四点值得我们思考。

第一可能的发展是比较乐观的。四强和平地对立,每个强国只用经济的力量来增加它对世界其他国家的影响,而不用武力占领其他国家的土地。自从核武器发明以后,世界强国不愿意用武力与其他国家发生战争以免受到极大的损害。这样下去世界的经济会继续进步。同时四强会在其经济力量的范围内从事经济发展,还会试图扩大自己的经济范围,供给财力与人力资源给一些经济比较落后的国家,帮助它们的经济发展。比如中国现在已经在非洲投资。这是对中国有利的,也会促进非洲国家的经济发展。四强和平对立这样继续下去,三四十年以后,世界会继续进步。

第二是四强以外其他国家的经济也会进步,如印度、南美的一些国家和伊斯兰国家。这些国家经济发展成功了,不一定会有能力与四强相比,但也会和四强共同促进世界经济的发展。

第三是整个世界经济发展的素质。因为技术进步,人们的生活会改变,像近五十年来电脑与智能手机影响了人们的生活。好的方面是提高了人们的工作与生活的效率。人们寻找有关工作和娱乐的资料方便了很多,传递信息快了很多。将来技术会继续进步,人们的生活方式会改变。经济的环境也有变坏的可能,例如环境污染比现在更严重,在某些国家不一定有办法改善。

第四是关于大的战争发生的可能性。小规模的战争现在已经发生了,像俄罗斯和乌克兰的战争。这种小规模的战争对整个世界的经济发展没有大的影响。问题是大的战争会不会发生,这会影响整个世界经济的发展。我觉得这个可能性不大,因为有了核武器以后大的战争对四个大国或联盟没有好处。但是我们不能肯定没有大战发生的可能。回顾历史,战争的发生有时候是预料不到的。

(节选自《金融时报》中文网,略有改动)

回答问题:
1. 文章题目中所提到的"四强分立"指的是哪四强?它们是从什么时候开始分立的?
2. 从哪里可以看出来中国的经济力量能够和美国对比?如果中美经济力量不分上下,会出现什么样的局面?
3. 四强对立以后,世界经济的发展趋势有哪些方面值得我们思考?

阅读三(字数:约 2120;阅读与答题的参考时间:11 分钟)

全球经济人口的困境

导读:Market Watch 专栏作家亚萨埃尔(AMOTZ ASA-EL)撰文指出,目前,人口减少和老龄化已经成为了全球经济,尤其是发达国家经济的重大威胁,各国政府必须采取更多刺激政策,尽快扭转这一局面。

亚里士多德如果泉下有知，一定很不开心。

在他的时代，亚里士多德就曾经对"钱生钱"的债务非常反感，可是眼下，根据本周的《日内瓦报告》，全球债务产品相对于国内生产总值的比例已经从2011年的160%增长到去年的215%了。

亚里士多德，乃至于三大神教的愤怒并不是针对无息贷款，后者在他们眼中是一种善行。他们所憎恨的，是有息贷款，直到法国大革命时期，这种放债还被与高利贷等量齐观——在当时的法国，放款收利息还是犯法的行为。

可是，从那之后，大家的看法就越来越不同了，最终，当初的邪恶毒药变成了包治百病的妙方。

正如经济历史学家布劳代尔（Fernand Braudel）所指出的，古代的人们之所以对有息贷款充满敌意，是因为在农业时代，货币在日常生活当中的作用是有限的，农夫之所以会需要举债，往往都是因为遭遇了灾难，比如饥荒、瘟疫和战争等。

眼下则完全不同了，在现代经济体系当中，信贷被授予了增长引擎的合法地位。无论对于国家、企业还是家庭，债务都已经是生活的一部分，哪怕学生也不例外。

可即便如此，《日内瓦报告》的发现依然令人难以安枕，因为这意味着全球借贷已经逐渐失去控制，就像药物过度使用而产生依赖一样，近些年为了应对经济停滞威胁而产生的债务并没有能够起到预期的作用，而其自身反而成为了巨大的麻烦。

报告警告人们，不断膨胀的债务正变得越来越"有害"，报告还预言世界要经历"一段漫长的极低增长时期"，因此它建议各国政府"允许增长速度放缓"，并且"向国民解释这是不可避免的"。不然的话，利率就会上涨到使得偿债变为不可能的水平。

对于财政部长或者央行行长等从金融，而非社会角度出发去思考问题的人们而言，这种预测确实是符合逻辑的。可是，我们必须看到，当前这场过剩债务危机的根基所在，其实并不是金融流动性，而是人们的生产能力，而想让债务相对于国内生产总值的比例降低下来只是治标，关键还是生育更多的人口。

近些年来信贷的戏剧性扩张之所以未能推动增长，是因为世界上一些最重要的经济体都遭遇到了老龄化和人口减少等问题。

报告本身也引述了世界银行的数据，指出欧元区的生产人口——即总人口当中年纪在十五岁至六十四岁之间的部分——已经从世纪之交的超过2.2亿减少到现在的1.9亿，而且这部分人口相对于总人口的比例，也从三代人之前的70%降低到了现在的只有50%多一点。

日本的情况更加糟糕，该国是世界上老龄化速度最快的社会，几乎每四个日本人当中就有一个是六十五岁或者以上年纪。《经济学人》杂志最近援引了一份日本本国的研究报告，指出，到2060年，日本人口将减少近三分之一，从1.27亿缩水至8700万，而且其中近40%是六十五岁或者以上的老人。

这一切所造成的宏观经济学影响是显而易见的。人口老龄化意味着劳动力的减少，生产率的降低，消费需求的缩减，以及社会成本的增加。日本的债务已经在全球最高之列，而国家的税基人口迅速缩减，预期寿命不断延长，出生率持续降低……我们会很容易想到，日本这个社会正在逐渐丧失其赡养老人的能力。

将要步日本后尘的，还有德国、俄罗斯、波兰和匈牙利等，这些国家的人口今年都有所减少。此外，韩国、奥地利和意大利也好不到哪里去，这些国家的出生率已经不足1%，只是略好于日本的 0.83% 而已。

曾经的适龄劳动力队伍庞大的局面,对于日本而言已经是一段太遥远的记忆。东京大学经济学家西村清彦就强调,日本战后的经济迅速增长很大程度上是得到了"人口红利"的帮助,和劳动力的充足与活跃是分不开的。

接下来,在近乎宿命论的表述当中,西村补充说,"政策不应该再去徒劳尝试扭转这一趋势",相反,应该"致力于缓和这种不可避免的调整造成的痛苦"。他尤其强调应该放弃货币刺激的做法,因为后者"只能是一种止痛药,充其量是延缓调整的到来而已"。

西村对于货币政策的判断是准确的,但是对于人口变化趋势的看法则是荒唐的。孩子不是红利,红利应该是指那些并非自己所创造,只是从别人那里消极接受来的东西。和红利不同,孩子是抚养者的选择,也唯有这个选择才能解决眼下的人口危机。

开始于发达国家的人口下滑趋势现在已经广泛延伸到了世界的众多角落。比如,在伊朗,20 世纪 50 年代,平均每位女性要生近七个孩子,但现在已经不到两个,摩洛哥也是从七个以上减少到两个略多一点。

原因是显而易见的。自从避孕药在 20 世纪 50 年代出现并普及以来,家庭在孩子方面的规划已经成了一种普遍现象。只是,当初这确实解决了生得出孩子而养不起的困扰,现在却造成了没有孩子老人无法得到赡养的困扰。

马尔萨斯 1798 年警告说,人口的无限制增长将压低工资,造成短缺,散布贫困,从那时到现在,我们可谓兜了一个奇妙的圈子。现在,威胁着全球经济的恰恰不是人口爆炸,而是人口下滑。

有人说,那些老龄社会可以通过吸纳移民来恢复自己的元气。逻辑上这也说得通——只要你相信日本会愿意向中国人敞开大门,或者是德国人会高兴把自己的未来外包给土耳其人就好。

一个更靠谱的预测应该是,发达国家最终会采取一致方针,提供更积极的财务和教育支持,说服自己的年轻人更多生养,来重建自己社会的活力。这才是个好计划。

(节选自新浪财经,略有改动)

判断正误:
1. 人口减少和老龄化的现象只发生在发达国家。　　　　　　　　　　　　　　(　　)
2. 在亚里士多德时代,人们非常反感"有息贷款",认为这是犯法的行为。　　(　　)
3. 在现在的经济体系下,有息贷款已经成为人们生活中的一部分。　　　　　(　　)
4. 《日内瓦报告》的发现让人们开始紧张和担心。　　　　　　　　　　　　(　　)
5. 当前这场过剩债务危机的根源是人口问题。　　　　　　　　　　　　　　(　　)
6. 日本学者西村认为日本的人口老龄化趋势是可以得到扭转的。　　　　　　(　　)
7. 人口减少的趋势始见于发展中国家。　　　　　　　　　　　　　　　　　(　　)
8. 人口减少和老龄化问题成为威胁全球经济的重要因素。　　　　　　　　　(　　)
9. 老龄化社会可以通过接受移民来恢复自己的经济形势,所以它们不必过于担心。(　　)

第十五课　中国制造如何突围

听录音 扫这里

背景知识

　　各种各样的"中国制造",几乎遍布了全球的每一个角落。"中国制造"在全球的影响力与份额在稳步扩大,已经成为全球经济稳健成长的重要推动力。李宁服装、汇源果汁、徐工机械、奇瑞汽车等一系列中国的知名品牌,以物美价廉的方式给全球范围内的消费者带来了生活的便利与舒适。随着市场份额的扩大,"中国制造"虽然出现在全球各个市场,却大而不强。中国制造业面临整体利润下降、品牌的知名度不高等问题。中国缺乏大规模的制造企业,进入世界500强的制造企业还不多;中国制造业总体的品牌竞争力不强,往往贴牌生产,闻名世界的品牌少;中国制造业高附加值产品少,劳动生产率低;缺乏核心技术,创新能力不强;能源消耗大,环境污染严重。这些虽然是发展中国家在工业化进程中不可避免的烦恼,但中国的政界和商界已不再等闲视之,通过提高创新能力来改变这样的状况,日渐成为上下一致的呼声。一个国家只有一批民族领袖品牌真正在全球崛起,这个国家的经济形象才会有本质提升。从这个意义上来说,尽快让"中国制造"在全世界范围内彻底摆脱廉价、低端的品牌形象,需要民族领袖品牌意识到自己的历史使命并有所行动。

词语表

	1	突围	tūwéi	（动）	to break out of an encirclement, to break a siege, to break through

突破包围

包囲を突破する

포위망을 뚫다

	2	嘉宾	jiābīn	（名）	honorable guest

尊贵的客人。特指邀请参加活动的客人

ゲスト

귀한 손님, 내빈

	3	大都	dàdōu	（副）	universally, mostly

几乎全部或大多数

ほとんど

대부분, 대다수

4	浓厚 强烈	nónghòu	（形）	strong, thick 濃厚である、深い 농후하다, 강하다
5	引擎 发动机	yǐnqíng	（名）	engine エンジン 엔진
6	牵引 拉、拖	qiānyǐn	（动）	to draw, to tow, to pull and drag 引く 끌다, 견인하다
7	超越 超过，胜过	chāoyuè	（动）	to surpass, to exceed, to surmount, to overstep 超える 넘다
8	粗放 指粗耕粗种，不追求单位面积产量，而依靠扩大耕地面积来提高产品总量。类似这样的经营方式叫粗放经营	cūfàng	（形）	extensive 粗放的である 조방적이다
9	当务之急 指当前最急需要办的事	dāngwùzhījí		urgent matter, pressing demand of the moment, task of top priority 当面の急務 급선무, 당장 급한 일
10	法规 泛称法律、条例、规章等	fǎguī	（名）	laws and regulations, ordinance 法規 법규
11	条文 法令、条例、章程等的分条说明的文字	tiáowén	（名）	article, clause 条文 조문
12	升级 升到比原来高的等级	shēng jí		to promote 昇級する 승급하다, 격상하다, 승진하다
13	燃料 用来产生能量的物质	ránliào	（名）	fuel 燃料 연료
14	尖端 指发展水平最高的（科学技术等）	jiānduān	（形）	peak, the most advanced, sophisticated 尖端である 첨단적이다
15	研发 研制开发	yánfā	（动）	to research and develop 研究開発する 연구개발하다

16	勇于 有勇气做某事，敢于	yǒngyú	（动）	to have the courage to, to be brave in …に勇敢である 에 용감하다
17	承担 负担或担当	chéngdān	（动）	to undertake, to assume, to endure 引き受ける 담당하다，맡다
18	提升 提高职位、等级等	tíshēng	（动）	to promote, to advance 引き上げる 끌어올리다
19	优化 使变得优秀	yōuhuà	（动）	to optimize もっとも効果的にする、最適化する 최적화하다
20	民营 群众集体经营的；私人经营的	mínyíng	（形）	nongovernmental business, private business 民営である 민영적이다，사영적이다
21	股份 公司资产中任何一份由股东提供的资本，每份的资金数额相等，它与公司的经营、利润和股东的权利或利益紧密相关	gǔfèn	（名）	share, stock 株式 주식
22	长远 指将来很长时间	chángyuǎn	（形）	in the long run, long-range, long-term 長期的である 장기적이다
23	动力 比喻推动事业前进的力量	dònglì	（名）	motive force, impetus, drive 動力 원동력
24	良策 好策略	liángcè	（名）	sound strategy 良策、良い案 좋은 계책
25	物美价廉 物品质量好，价格便宜	wùměi-jiàlián		inexpensive in price while excellent in quality, be affordable but of very high quality 品質も良く、値段も安い 물건도 좋고，값도 싸다
26	曝光 事物被揭露或暴露	bào guāng		to expose 感光させる 폭로되다，(대중 앞에) 나타나다
27	美誉 好声誉	měiyù	（名）	good fame 美名 좋은 명예

28	利润	lìrùn	（名）	profit, profit return
	生产、交易等的赢利			利潤
				이윤

29	天经地义	tiānjīng-dìyì		unalterable principle, natural law
	天地间本当如此、不可更改的道理			絶対に正しい道理
				불변의 진리

30	监督	jiāndū	（动）	to supervise, to overlook, to oversee, to watch
	察看并加以管理			監督する
				감독하다

31	协会	xiéhuì	（名）	association, society
	有共同事业或爱好的人组成的群众团体			協会
				협회

32	同盟	tóngméng	（名）	alliance, league, union
	为实现共同政治目标而结成的组织			同盟
				동맹

33	抵制	dǐzhì	（动）	to resist, to boycott
	阻止，抗拒，排斥			拒む
				배척하다

34	伪劣	wěiliè	（形）	fake and inferior (merchandise)
	伪造的或质量低劣的（商品）			偽造した品質の悪い（商品）
				위조 또는 저질의 (상품)

35	生存	shēngcún	（动）	to survive, to subsist, to exist, to live
	保存生命，活在世上			生存する
				생존하다

36	原始	yuánshǐ	（形）	original, primitive, firsthand
	开始的			原始的である
				최초적이다 , 원시적이다

37	税收	shuìshōu	（名）	tax revenue
	征税所得的收入			税収
				세수 , 세수입

38	废气	fèiqì	（名）	waste gas or steam
	从机器中排出的无用气体			排気ガス
				폐기 , 배기

39	消除	xiāochú	（动）	to eliminate, to dispel, to remove, to clear up
	使不存在，除去			取り除く
				제거하다 , 없애 버리다 , 퇴치하다

40	召回 把人叫回来，调回来	zhàohuí	（动）	to recall 呼び戻す 소환하다 , 불러서 돌아오게 하다
41	规格 泛指规定的标准、要求或条件	guīgé	（名）	specifications, standards, norms 規格 규격
42	检验 检查并验证	jiǎnyàn	（动）	to test, to examine, to inspect 検査する、検証する 검증하다 , 검사하다
43	革新 除去旧的，创造新的	géxīn	（动）	to change for the better, to innovate 革新する 혁신하다
44	平衡 对立的各方面在数量或质量上相等或相抵	pínghéng	（形）	balanced 平衡である 평형하다 , 균형이 맞다
45	视野 看到的范围，比喻观察或认识的领域	shìyě	（名）	horizon, field of vision 視野 시야

课文　中国制造如何突围(1)

中国制造如何变成中国创造？面对这样一个话题，出席夏季达沃斯论坛的嘉宾(2)大都(3)表现出了浓厚(4)的兴趣。9月6日到8日，当APEC在南半球的悉尼为世界经济找寻未来之路时，达沃斯论坛正在北半球的大连紧盯着"中国制造"这个世界经济的巨大引擎(5)。

创新：技术与体制双轮牵引(6)

"近30年来，中国每年要新增1300多万人。这意味着，政府有责任每年多创造800万个就业机会，而这也是中国接受世界制造业转移的重要原因之一。"科技部部长万钢谈道，"但由于能源、资源和环境承受能力等各种条件的限制，通过科技进步**超越**(7)中国制造的粗放(8)阶段，已成当务之急(9)。"

万钢表示，国家科技部已经通过了《科技进步法》等相关明确法规(10)或条文(11)，来促进中国制造向中国创造的转变。科技部在应用科学技术推动产业结构升级(12)中的作用，不仅表现在纳米、生物医药、太阳能燃料(13)电池等尖端(14)高新技术的研发(15)应用上，还体现在改造传统工艺的创新上。

"勇于(16)承担(17)改造责任，改进现有制造工艺，提升(18)技术水平，更有效地使用原材料，确立循环经济模式，优化(19)工业结构，是中国制造必须经历的成长阶段。"万钢表示。

对此，西安市市长陈宝根补充道，技术创新固然重要，但最重要的还是体制创新。民营[20]经济是当前国民经济中最有生命力的活跃力量，而要想民营企业不断发展壮大，就必须通过机制创新，将企业家创造财富和实现其人生价值的目标联系起来。

早在上世纪80年代初，陈宝根曾作为陕西省宝鸡市某工厂厂长试行了企业内部的股份[21]制改造探索。在他看来，工人觉悟对于促进生产、保证质量的作用是有限度的，而定任务、定指标、定奖罚等利益激励措施才是调动职工积极性的有效途径。同理，通过体制创新，兼顾民营企业的短期和长远[22]利益目标，无疑是中国制造实现产业升级、激发企业家创业动力[23]的良策[24]。

质量：法制与道德的双重约束

高盛亚太区董事、总经理胡祖六对中国制造外部环境的不足更为关注。他认为，尽管绝大多数的中国产品物美价廉[25]，但不时曝光[26]的产品质量和安全问题，往往制约了中国制造在全球的美誉[27]度。"在企业追求利润[28]天经地义[29]的前提下，政府如何从立法、监管和消费者、媒体**监督**[30]的制度层面上加以完善，是超越中国制造粗放阶段的重要外部环境准备。"

"在美国，消费者协会[31]具有非常强大的力量。与国内不同，美国消协不仅可以建立消费者同盟[32]，抵制[33]伪劣[34]产品，更重要的是，它具有强大的活动能力，可以督促国会通过立法，从制度层面上消除假冒伪劣企业的生存[35]条件。"胡祖六认为，这就迫使企业经营者从个人和企业的内部自我约束上，更加注重经营道德。而中国制造在经历了过去15年的快速增长和原始[36]积累后，不仅是产业升级，企业家们的经营道德更应大幅度提高。

至于中国制造企业转型期间成本上升、产品竞争力下降，甚至可能带来的产业转移的担忧，胡祖六并不觉得是难题。"产业转移是正常的。经过30年的快速发展，中国制造的国际分工地位理当有所改变。而制造业与环境、资源等的矛盾也并非完全对立，通过价格补贴或税收[37]等经济政策，中国制造和环保完全可以兼顾。"胡祖六举例长沙远大空调的事例说，通过对节能、废气[38]排放的不断研发和改进，远大空调的质量没的说，自然也就拥有全球市场同类产品的最高价格。

形象：以充分沟通消除[39]误解

在中国制造面临的质量问题和产品召回[40]困境上，各方专家发表了自己的看法。

胡祖六觉得这是一个中国制造**消除**误解、化危机为机会的好时机。"中国和美国、欧盟不是简单的贸易冲突，更不是炒作，如果就此时机，政府能够高度重视，建立健全高规格[41]、安全可靠的质量检验[42]体系，这反会成为中国制造和中国消费者的一大好事。"

"只要重视，这些问题肯定都能解决。"联合国经济与社会事务部副秘书长沙祖康指出，"虽然越南、印度等国的制造业发展都很迅速，但中国的生产工厂基础好，通过技术革新[43]，中国制造更有条件尽早成熟起来。"

沙祖康分析称，国内相关法律、平时监管、对企业和消费者的教育都很重要，但中国制造业的整体不平衡[44]现象和对外沟通技巧同样急需改进。"有的中国企业做得很好，有的还不够,这完全可以通过内部交流彼此学习;而在国际贸易中,中国企业知己足、知彼少,因此西方媒体的不实报道大量都因误解而产生,这对中国制造企业的国际化视野[45]和外语沟通能力无疑提出了更高要求。"

(全文字数:约1830)

(节选自《中国经营报》,略有改动)

注 释

1. 由于能源、资源和环境承受能力等各种条件的限制,通过科技进步**超越**中国制造的粗放阶段,已成当务之急。

    [解释] "超越"与"超过":动词。都可表示越过的意思。
    超越:侧重表示超出、跨越某界限、范围。
    超过:侧重表示到了某事物的前面或外面。

    [例词] 超越时空 / 超越国境线 / 超越权限 / 超越计划 / 禁止超越 / 希望超越
    超过的数量 / 超过不了 / 希望超过 / 打算超过 / 允许超过 / 准许超过

    [例句] ① 我们不能超越历史条件苛求古人,也不能离开历史条件盲目崇拜古人。
    ② 人在时空中的不自由和人们企图超越时空的限制获得自由的愿望时时发生冲突,形成困扰人生的一大痛苦。
    ③ 科学家发现,海底岩石的年龄一般不超过2亿年,而陆地上最古老的岩石年龄已有40多亿年。
    ④ 龙卷风的风速达每秒100多米,甚至超过每秒200米,比台风的速度还要大得多。

2. 在企业追求利润天经地义的前提下,政府如何从立法、监管和消费者、媒体**监督**的制度层面上加以完善,是超越中国制造粗放阶段的重要外部环境准备。

    [解释] "监督"与"监视":动词。都有监察的意思。
    监督:词义着重指察看督促,为的是把事情办好,一般是公开的。中性词。监督的对象一般不是敌对方面的人或活动,不能带处所宾语。另外有名词用法,指做监督工作的人。
    监视:着重于从旁密切注视,以便于及时发现不利于自己方面的情况,一般是秘密的。多用于贬义。其宾语多是不利于自己方面活动的人物,也可以由表示处所的名词充当。
    "监视"常受"受到"的支配;"监督"常受"接受"的支配。

[**例词**] 监督他完成作业 / 监督作用 / 舞台监督
监视敌人 / 监视病人 / 受到监视

[**例句**] ① 各级工商行政管理部门应当通过商标管理监督商品质量，保护消费者的利益。
② 国家通过行政管理指导、帮助和监督个体经济。
③ 海底电视摄像机可监视海底情况，一旦发生意外，传感器会自动关闭安全阀，并采取果断措施。
④ 汽车司机在开车时，既要注意来往行人和车辆，又要注意操作方向盘和监视各种仪表。

③ 胡祖六觉得这是一个中国制造**消除**误解、化危机为机会的好时机。

[**解释**] "消除"与"解除"：动词。都有除去的意思。
消除：除去，使不存在。词义侧重表示不好、不利的事物逐渐减少以至没有，它可以是自己除去，也可以由别人除去。常与"病痛""误会""祸患"等名词搭配。
解除：去掉，消除。词义的侧重点在于把有压力的东西解脱、去掉，一般是由他人除去。常与"职务""警报""约束"等名词搭配。

[**例词**] 消除顾虑 / 消除误会 / 消除危险 / 消除威胁 / 消除臭味
解除职务 / 解除警报 / 解除禁令 / 解除武装 / 解除领养关系

[**例句**] ① 当今世界，资源日趋减少，发展无废技术，成了许多国家消除环境污染、节约资源、保护和改善环境的一项重要任务。
② 运动员饮用的是由葡萄糖、矿物质等营养物质做成的运动饮料，能很快消除疲劳，恢复体力。
③ 按规定，在董事任期届满前，股东大会不得无故解除其职务。
④ 公司对一些长期不能按质量要求生产的协作厂家，坚决解除协作关系。

练 习

一 请在课外阅读最新中文报刊文章,将其中你喜欢的一篇剪贴在你的笔记本上,然后写出摘要与看法

二 给下列动词搭配适当的词语

超越_____ 研发_____

提升_____ 承担_____

勇于_____ 优化_____

监督_____ 抵制_____

消除_____ 检验_____

三 选词填空

> 勇于　　优化　　提升　　革新　　物美价廉　　天经地义　　当务之急

1. 商业的竞争,除了_____、服务周到以外,购物环境也是不可小视的。

2. 要想赢得激烈的市场竞争,企业必须不断_____自己的实力。

3. 要想经受住世界汽车工业强手的冲击,_____是使民族汽车工业尽快迈上一个新台阶。

4. 她们积极参与竞争,_____迎接挑战,在企业的生存与发展中发挥了关键性的作用。

5. 办企业谋求利润,这是_____的,农产品加工企业也不例外。

6. 要想保持优势,处于有利地位,企业家就必须不断地进行创新,不断地_____技术、提高产品质量,推出性能更加优良、适合消费者需要的新产品。

7. 保持人格完整,_____个性品质是改进人际交往的很重要的方面。

> 超越　　超过

8. 按照"谁决策、谁负责"的原则,对_____权限、违反程序决策造成重大损失的,要严肃追究决策者的责任。

9. 有些鸟对一些有毒气体十分敏感，可从鸟的不适症状上来判断这些气体是否_____正常浓度。

监督　　监视

10. 在机场，雷达能_____飞机的起飞与降落，若发现飞机将要发生碰撞，能及时发出警报。

11. 有时，企业会邀请消费者代表座谈，收集改进产品质量的意见，组织消费者参观生产过程，_____产品质量等等。

消除　　解除

12. 保险人收到通知后，可以_____合同，也可以要求修改承保条件、增加保险费。

13. 优美动听的乐曲，舒展流畅的旋律，能使人摆脱烦恼，开阔心胸，_____疲劳。

四 根据课文内容判断正误

1. APEC 和达沃斯论坛都在讨论中国的经济问题。（　　）
2. 中国政府每年必须创造大量的就业机会。（　　）
3. 中国已经超越了中国制造的粗放阶段。（　　）
4. 高盛亚太区董事总经理胡祖六强调要进一步改善中国制造的外部环境。（　　）

五 请按正确的语序将下列各个句子组成完整的一段话

1. A. 中国制造更有条件尽早成熟起来

   B. 通过技术革新

   C. 虽然越南、印度等国的制造业发展都很迅速

   D. 但中国的生产工厂基础好

   正确的语序是：（　　）（　　）（　　）（　　）

2. A. 通过科技进步超越中国制造的粗放阶段

   B. 由于能源、资源和环境承受能力等各种条件的限制

C. 已成当务之急

正确的语序是：（   ）（   ）（   ）

六 根据课文内容选择最合适的答案

1. 在促进中国制造向中国创造的转变中，万钢强调_____的重要性。

   A. 体制创新　　　　　　　B. 科技进步

   C. 产品质量　　　　　　　D. 企业家经营道德

2. 西安市市长陈宝根认为，发展民营经济，应注重_____。

   A. 技术革新　　　　　　　B. 企业发展的外部环境

   C. 体制创新　　　　　　　D. 产品的信誉

3. 美国消协在国内的影响力，与中国消协相比，显得_____。

   A. 大得多　　　　　　　　B. 差不多

   C. 小得多　　　　　　　　D. 不重要

4. 在中国制造面临的质量问题和产品召回困境上，胡祖六显得_____。

   A. 很困惑　　　　　　　　B. 缺乏信心

   C. 信心不足　　　　　　　D. 信心很足

七 完形填空

使用　　勇于　　确立　　提升　　优化　　改进

1. "___1___承担改造责任，___2___现有制造工艺，___3___技术水平，更有效地___4___原材料，___5___循环经济模式，___6___工业结构，是中国制造必须经历的成长阶段。"万钢表示。

对于　　通过　　看来　　无疑　　兼顾　　而

2. "在他___1___，工人觉悟___2___促进生产、保证质量的作用是有限度的，___3___定任务、定指标、定奖罚等利益激励措施才是调动职工积极性的有效途径。同

理，___4___ 体制创新，___5___ 民营企业的短期和长远利益目标，___6___ 是中国制造实现产业升级、激发企业家创业动力的良策。

八 请用自己的话或原文中的关键句子概括下面一段话的主要内容

1. 至于中国制造企业转型期间成本上升、产品竞争力下降，甚至可能带来的产业转移的担忧，胡祖六并不觉得是难题。"产业转移是正常的。经过30年的快速发展，中国制造的国际分工地位理当有所改变。而制造业与环境、资源等的矛盾也并非完全对立，通过价格补贴或税收等经济政策，中国制造和环保完全可以兼顾。"胡举长沙远大空调的事例说，通过对节能、废气排放的不断研发和改进，远大空调的质量没得说，自然也就拥有全球市场同类产品的最高价格。

2. 沙祖康分析称，国内相关法律、平时监管、对企业和消费者的教育都很重要，但中国制造业的整体不平衡现象和对外沟通技巧同样急需改进。"有的中国企业做得很好，有的还不够，这完全可以通过内部交流彼此学习；而在国际贸易中，中国企业知己足、知彼少，因此西方媒体的不实报道大量都因误解而产生，这对中国制造企业的国际化视野和外语沟通能力无疑提出了更高要求。"

九 请尽量用以下词语进行话题讨论

| 超越 | 粗放 | 法规 | 升级 | 尖端 | 研发 |
| 勇于 | 优化 | 长远 | 监督 | 革新 | 当务之急 |

你认为当前的中国制造发展为中国创造要解决哪些问题？

快速阅读

阅读一（字数：约1550；阅读与答题的参考时间：7分钟）

中国制造脱颖而出　物超所值成国际新宠

2014年台北国际安防展刚落下尾声，小编在展会现场采访的几位来自土耳其、尼日利亚、中东等地区的经销商、集成商们普遍反映出了对亚洲安防产品的喜好，越来越多来自世界各地的经销商、采购商热衷于关注亚洲安防产品。在竞争非常激烈的安防行业，参观者有兴趣采购产品的首选国家和地区缩减至中国大陆、中国台湾和韩国。大多数参观者一致认为，由于台湾地区悠久和精湛的IT背景历史，其科技智慧占据着主导地位，而中国大陆能够提供更好的价格，韩国则能够制造最美观的产品。

虽然购买者往往主要从台湾地区采购监控设备，但该市场已经从根本上将其重点转移至中国大陆。中国大陆巨大的生产力进一步巩固了其制造中心的地位，不仅是在亚洲，而且是在整个世界。随着产品质量和竞争价格的显著改善，中国大陆的产品正在吸引世界各地购买者的注意力以及他们的消费。尽管中国大陆产品快速改善和提高，有助于消除之前对其技术开发能力的怀疑，但中国大陆的制造商并不是那么关心产品的外观。虽然台湾地区的制造商可能会稍微注重产品的外观，但在所制造产品的外观一致性方面，他们无法与韩国的制造商相抗衡。"如果你购买iPhone、iPad或者Mac电脑，可以明确的是，它是由同一家公司生产的，其设计精美，所以你对该产品的第一印象是非常好的。这往往是中国大陆的制造商所缺乏的，而这些实际上是不太难做到的事。这在较小的程度上与台湾地区相似。"澳大利亚Ness公司的国家产品工程师Neil Morgan表示。Morgan的观察是对缺陷率和质量控制问题的一种建设性批评，中国大陆地区和台湾地区的制造商需要认识到并解决这些缺陷率和质量控制问题，以实现进一步的发展。

产品质量提高

购买者一致认为，中国的技术发展迅速，因而愿意从中国的制造商处采购更多的产品。"中国产品的质量正在改善，但他们的价格仍然很具竞争力。这使其他国家的参与者很难在市场上进行竞争。反过来，很多企业认为他们需要与中国的企业进行合作，因为这是一种需求。三四年前，我们的产品中有50%是从韩国采购，30%从台湾地区采购，而20%是从中国大陆地区采购。现在，10%的产品是从韩国采购，30%从台湾地区采购，而其余的则是从中国大陆地区采购。换句话说，中国大陆地区产品所占的份额已经取代韩国产品之前所占的份额，这主要是因为更好的价格，再加上不断提高的质量。"哈萨克斯坦Intant公司的销售部主管Nikita Panfilov表示，"他们产品的性价比提高非常快。"突尼斯Waycon公司的首席执行官Karim Elleuch表示赞同，他强调中国制造商已经进行了极大的改善，他们具有竞争力的价格，再加上他们的技术进步，增加了他们与世界各地购买者的合作机会。

除了技术和质量的改善，中国大陆地区的制造商已在过去的几年中逐步开始提供良好的售后支持。据巴西的一家大型制造商称，通过尝试了解经常发生的不同问题，中国的企业如今为他们的客户提供了更好的技术支持。有些企业甚至派遣他们的工程师前往不同的国家，体验和测试其产品使用的不同环境，并了解每个国家需要处理的环境类型，以便进一步改进产品，从而满足他们不同的要求。

从"正确"的原始制造商处进行采购

不管是中国大陆、韩国还是中国台湾，在购买者看来，值得相信的制造商是最重要的。很多时候，购买者发现他们合作的中国"制造商"实际上是拥有自己品牌的大型经销商。"在中国，存在着有自己品牌的经销商，但实际上，他们从制造商处购买摄像机。他们有如此巨大的营销力量,即使在与他们谈判摄像机的价格时,你也不会注意到这一点,除非你来自中国。"Smart IP Solutions 公司的 IP 部门经理 Yossi Yaron 说。虽然这种情况已有所改善,但在选择合作的国家里寻找一个熟悉该国企业的盟友是很重要的。"当你开始与一个企业打交道时,你需要应对采购和技术支持层面的问题。这涉及多个层面。当其中任何一个环节开始让你失望时,这就会成为一个问题。"Morgan 说道。

（节选自安防知识网,略有改动）

回答问题:
1. 相比中国台湾地区和韩国来说,中国大陆地区生产制造出来的产品有哪些优点和不足?
2. 为什么越来越多的购买者倾向于购买中国大陆地区生产的产品?
3. 购买者采购商品,最看重的是什么?

阅读二（字数:约1590;阅读与答题的参考时间:8分钟）

中国创新的崛起:谁说我们只会"中国制造"

在外国人的眼中,长久以来中国市场给人带来的印象就像是一座为全球公司生产和加工产品的"大工厂",各种贴着"中国制造"标签的产品从这里走向海外市场,却几乎没有什么东西带有自主创意和领先优势。

但在今天,这种情况正开始发生改变。普华永道合伙人科林·莱特（Colin Light）说道:"传统上来说,中国公司经常都会是速度很快的'跟风者'。然而,现在我们正开始看到真正的创新。"

华为、联想、腾讯,这些中国自己的科技公司正日益开始挑战全球市场上的领导者,在电信设备、移动设备和在线服务等领域中各领风骚,为各自所在的行业指明方向。

无论国内国外,许多公司高管都认为,中国科技行业即将达到一个"临界点"。专业知识的积累,人才队伍的不断壮大,再加上财务实力的日益扩张,这些因素逐渐汇聚到一起,令全球科技行业面临着巨大的冲击。再过几年以后,或许科技行业的整体布局和面貌就会发生很大的变化。

华为:电信市场后来争先

在电信设备市场上,诺基亚和阿尔卡特朗讯都可谓"老牌劲旅"。但在过去十年时间里,这些来自西方国家的电信设备公司已被来自中国的华为所超越。

按营收计算,华为现已成为全球第二大电信设备厂商,仅次于瑞典公司爱立信。而正如前文所述,研发对于华为的后来居上起到了至关重要的作用。过去十年间,华为的研发支出已从2003年的3.89亿美元暴增14倍,达到了54.6亿美元。现在的华为在上海拥有一座研发中心,聘用着1万多名工程师,其中很多人都拥有计算机科学学位。

创新者的脚步总是快人一筹,这也正是创新之为创新的意义所在。在今天,全球电信市场正面临着一波4G热潮，整个移动行业都在部署速度更快的4G网络。但对华为来说，4G网络已经不是这家公司的目标，它已开始致力于5G网络技术的开发，预计这种网络将在2020年前后问世。

联想：全球智能手机探花郎

就消费者产品领域而言，很少有中国品牌能成功地在全球市场上变成家喻户晓的名字，但已于去年超越惠普成为全球最大个人电脑厂商的联想则正在创造一个新的奇迹。

在全球消费者日益从功能手机转向智能手机的环境下，智能手机市场就像是一朵艳光四射的鲜花，等待着"探花郎"的到来，而联想就是其中之一，已经推出了锐意进取的全球智能手机市场拓展计划。从2012年开始，联想已在多个海外市场上发布了智能手机产品，如印度尼西亚、印度和俄罗斯等。在印尼市场上，这家公司的占有率现已超过10%。

大胆的"探花"之举已经让联想成为了这个市场上真正的探花：据市场研究公司Gartner公布的报告显示，在去年第三季度中，联想智能手机的全球销售量排名第三，仅次于三星和苹果。

跟华为一样，研发投资也同样是联想的坚强后盾。去年12月底，联想在武汉开设了新的智能手机和平板电脑研发及生产中心，并为此投入了8亿美元的资金，建起了这座占地20万平方米的研发生产设施。

"我们当然希望成为智能手机市场上的龙头，但未来之路还很漫长。"联想首席执行官杨元庆如是说。

腾讯：软件扩张我做先锋

在硬件领域中，中国公司已经取得了长足的进步。但是，许多中国硬件公司都还面临着一个挑战，那就是开发能够吸引全球受众的软件和用户界面。

这种局面正在发生改变，而令其发生改变的则是腾讯。2010年底，腾讯在中国市场上推出了移动通信服务微信；两年多以后的今天，微信已在中国移动通信市场上占据了主导地位。微信的月度活跃用户人数已达2.72亿人，多半来自中国市场。

但腾讯的志向并未止步于此。去年，腾讯投入2亿美元巨资，在海外市场上展开了广告营销活动，从而将微信推向了印度、南非、西班牙和意大利等许多海外市场。腾讯表示，微信应用的海外下载量现已超过1亿次。

去年，腾讯的股价上涨了将近一倍，其市值达到了1230亿美元，与美国社交网络巨头Facebook的1390亿美元相去不远。

腾讯并不孤单。据香港瑞东金融市场公司（Reorient Financial Markets）称，过去六个月时间里中国科技类股整体上扬42%，同期，标普北美科技行业指数的涨幅仅为18%。

（节选自腾讯科技微博，略有改动）

回答问题:

1. 长期以来,中国制造给外界的印象是什么?现在有没有改变?
2. 让华为与联想取得如此巨大成功的最重要的因素是什么?
3. 腾讯公司推出的聊天软件——微信的应用情况如何?
4. 你对中国制造怎么看?

阅读三(字数:约 1670;阅读与答题的参考时间:8 分钟)

反思文化创造力 实现从"中国制造"到"中国创造"

文化产业是文化、知识和技术高度关联,也高度依赖创新和创造的产业。在文化产业迅速发展壮大的当下,如何保护创造力、激活创造力,如何把创造力转化成生产力,实现从"中国制造"到"中国创造",已经成为我们必须面对的一道难题。

近来,文化领域的两个事件发人深思:

其一,72 岁的宫崎骏在东京召开发布会,宣布退休,"动画界的黑泽明"从此隐退。这一消息在令众多中国动漫迷难过的同时,也引发了中国文化产业界的追问:中国动漫产业的"宫崎骏"何时出现?2012 年全年我国生产动画片 22 万分钟,位居世界第一,为何还是没有出现走向世界的动画形象?

其二,《中国好声音》第二季结束,收视率和关注度都非常高。然而,节目火爆的背后也存在值得思考的问题:国内很多娱乐节目都是重模仿轻创造,什么时候我们本土的原创节目才能产生并得到观众的认可。

这两个文化现象所引发的讨论,背后有一个共同的指向——文化创造力的缺失。近年来,中国文化产业迅速发展壮大,但文化产品缺乏创造力仍然是一个较为普遍的现象。如何保护创造力,如何激活创造力,如何把创造力转化成生产力,已经成为文化发展道路上的一道难题。

解放思想,革新观念 认识和反思"创造力"

首先我们需要端正对"创造力"的认识。创造力是一种价值重塑,更是一种思想解放,是选择以新的发展观发展经济的气度。

没有思想的解放、观念的革新,难以打开创造力的大门。必须看到,现实生活中"求同"的思想使我们变得保守,害怕出新,"中庸"的观念让我们安于现状,麻木懈怠,"内敛"的性格让我们习惯于"拿来主义",这使我们的思维更加闭塞,缺少强烈的创新冲动。

由此出现了这样的尴尬和矛盾:一方面我们对文化发展与文明进步侃侃而谈,另一方面对文化转型的道路又一筹莫展。在我们的文化产业发展过程中,有利于发挥创造力的体制机制还有诸多不完善的地方,创新及其成果的保护、转化和应用还不健全,全社会投入创新的环境和气候还未形成,创意人才的活力还没有得到有效地发挥,能够贴近群众需求、市场认可度高的优秀文化产品仍然缺乏。此外,以一味"立异"的方式取代"创意""创造力",这样的认识误区也需要我们反思。

深化改革，优化环境　打开全民创新的闸门

激发文化创造力，需要以深层次改革为动力。从国家发展规律和市场运行规律来看，一旦文化产业发展到一定程度，原有的经济发展方式就难以继续，必须改革，从创新中找出路。

激发文化创造力，需要优化文化创新的社会环境。人才是文化不断创新与持续发展的"永动机"，要不断完善市场机制，将文化内容研发与制作、生产，以及传播联系在一起，形成尊重知识、尊重人才、尊重劳动、尊重创造的社会氛围和文化发展环境，才能涌现出更多的创新人才。保护知识产权是激发创造力的基础，只有当创造力真的成为一种财产，并像其他财产一样受到法律保护时，创造力才能成为生产力，因而，培育良好的知识产权保护环境是目前最重要的事情。

激发文化创造力，需要打开全民创新的大门。全民文化创造力的充分发挥是文化繁荣的基础。突破自身发展的问题、解决深层次矛盾的关键是依靠人民群众的力量。只有把全社会的智慧和力量凝聚到创新发展上来，才能使创造力不断迸发，成为文化产业发展持续不断的动力。

面向世界，瞄准市场　提升文化产品竞争力

在经济全球化、经济一体化加快发展的今天，创造力是一种生产力，创造力水平的高低是评判一个国家、一个民族综合实力的重要标志之一。当代中国进入了全面建成小康社会的关键时期，文化越来越成为民族凝聚力和创造力的重要源泉，越来越成为综合国力竞争的重要因素，越来越成为经济社会发展的重要支撑。丰富精神文化生活，也越来越成为人民群众的热切期望。

这意味着我们今天要想保护创造力，不仅需要具备坚定的人本精神，还要具备开阔的国际视野。未来文化产业的竞争将是国与国之间的竞争，这就意味着只有那些能够赢得文化认同的产品才具有国际竞争力。因此只有把握人类文化的需求，才能融入全球文化产业发展的行进行列。

在激烈的国际竞争中，惟创新者进，惟创新者强，惟创新者胜。

（节选自《人民日报》，有改动）

判断正误：
1. 本文讨论的话题主要是文化领域的"中国制造"与"中国创造"。　　　　（　　）
2. "中国制造"仍然缺乏创造力，这是摆在我们面前的一道难题。　　　　（　　）
3. 要想创新必须先解放思想，改变旧观念。　　　　　　　　　　　　　（　　）
4. 创新等同于与众不同。　　　　　　　　　　　　　　　　　　　　　（　　）
5. 增强文化创造力，需要重视人才的作用。　　　　　　　　　　　　　（　　）
6. 发展文化创造力需要依靠全体人民群众的智慧和力量。　　　　　　　（　　）
7. 在当今世界，创造力的水平已经成为衡量一个国家综合国力的唯一标志。（　　）
8. 在未来的国际竞争中，文化方面的竞争会越来越重要。　　　　　　　（　　）

第十一～十五课测试题

答题参考时间：100 分钟　　　　　　　　　　　　　　　分数：_____

一　给下列动词搭配适当的词语：（5分）

淹没 _____　　　　出售 _____

弥补 _____　　　　应对 _____

制止 _____　　　　抢救 _____

输送 _____　　　　携带 _____

遏制 _____　　　　谴责 _____

二　选词填空：（10分）

| 前所未有　　层出不穷　　成千上万　　格格不入　　当务之急　　予以 |

1. 迄今为止已进行过的_____次关于人体特异功能的实验，没有一个是真正成功的有效实验。

2. 回首二十世纪，人类创造了_____的巨大物质和精神财富，同时也经历了两次世界大战和数百起局部战争。

3. 现在有的地方复活旧习，不仅违反国家有关法规，而且也与现代文明_____。

4. 很多旧问题需要继续解决，新问题更是_____。

5. 有了环境法，就可以对那些破坏环境的集体或个人_____制裁，使环境保护顺利进行。

6. 加快立法、加强执法，加快经济工作法制化的进程，既是_____，又是长远大计，一定要切切实实抓紧抓好。

| 逃避　　躲避 |

7. 违反进出境动植物检疫法的规定，_____动植物检疫，引起重大动植物疫情的，处三年以下有期徒刑或者拘役。

| 援助　　帮助 |

8. 妇联等非政府组织正多方争取国际资金及物资_____，积极实施扶贫项目，帮助贫困地区妇女发展。

| 制止　　禁止 |

9. 交通信号灯以红色标志_____通行，以绿色标志允许通行；警车总是用旋转的红灯提醒前方车辆让路。

| 恐慌　　恐惧 |

10. 许多传染病都是由细菌引起的，所以人们对它总有一种厌恶和_____的感觉。

三 请按正确的语序将下列各个句子组成完整的一段话：（7分）

1. A. 这段时间，各种报告和预测接连不断

   B. 从去年全球出现罕见的暖冬以来

   C. 世界对全球变暖的关注持续升温

正确的语序是：（　　）（　　）（　　）

2. A. 人们的心理健康问题也在全球化

   B. 经济全球化的同时

   C. 各种迹象表明

正确的语序是：（　　）（　　）（　　）

3. A. 5年后

　　B. 5年前的今天

　　C. 中国还没有"博客（网络日记）"这个词

　　D. 中国的博客作者多达数千万

正确的语序是：（　　）（　　）（　　）（　　）

4. A. 如果就此时机，政府能够高度重视

　　B. 这反会成为中国制造和中国消费者的一大好事

　　C. 中国和美国、欧盟不是简单的贸易冲突

　　D. 建立健全高规格，安全可靠的质量检验体系

正确的语序是：（　　）（　　）（　　）（　　）

四　完形填空：（12分）

（一）

| 因 | 必须 | 不是 | 任何 | 而是 |

大多数科学家认为，气候变化已＿＿1＿＿一个对某些自然灾害能否准确预报的问题，＿＿2＿＿一个关系到人类未来命运的全球性挑战。＿＿3＿＿气候变化造成的各种问题已不容忽视，人类＿＿4＿＿从现在做起，＿＿5＿＿国家都没有借口逃避责任。

（二）

| 同时 | 如果 | 如何 | 甚至 | 作为 | 不但 | 难免 |

专家表示，＿＿1＿＿一个新事物，博客的出现与快速发展在改变人类生活方式的＿＿2＿＿，＿＿3＿＿会带来一些负面影响。＿＿4＿＿减少负面影响是一个挑战。韩国对博客的管理大概是世界上最严厉的，申请博客者必须填写真实的姓名和联络方式，各种不当言论＿＿5＿＿会被限期清除，＿＿6＿＿影响恶劣，＿＿7＿＿会被判处罚款。

五 用自己的话或原文中的关键句子概括下列各段的主要内容，字数不要超过30个：（9分）

1. 加拿大在人们的印象中无疑是一个轻松的西方国家，有人甚至用"天堂"来形容其居住环境。然而，近来加拿大公民情绪健康研究协会等心理援助组织宣称，全国20％的人受各种心理疾病困扰，需要心理辅导。加拿大近年来经济结构发生很大变化，传统的制造业迅速被能源、原材料等新兴行业取代，就业竞争相当激烈，这就造成了"结构性失业"。传统产业地区的相关人员面临越来越大的就业压力，很容易产生心理问题。另一方面，新兴产业发达的地区迅速膨胀，但配套的各种社会资源远跟不上需求，因此在那里工作的人所面临的心理问题有时更加严重。

2. 西安市市长陈宝根补充道，技术创新固然重要，但最重要的还是体制创新。民营经济是当前国民经济中最有生命力的活跃力量，而要想民营企业不断发展壮大，就必须通过机制创新，将企业家创造财富和实现其人生价值的目标联系起来。

　　早在20世纪80年代初，陈宝根曾作为陕西省宝鸡市某工厂厂长试行了企业内部的股份制改造探索。在他看来，工人觉悟对于促进生产、保证质量的作用是有限度的，而定任务、定指标、定奖罚等利益激励措施才是调动职工积极性的有效途径。同理，通过体制创新，兼顾民营企业的短期和长远利益目标，无疑是中国制造实现产业升级、激发企业家创业动力的良策。

3. "博客风"曾经在驻伊美军中非常流行。他们开了上千个博客，详细地记录在伊拉克的战斗和生活。但军方不欢迎这些可能泄露军事秘密的博客，许多博客以"国家安全"的名义被要求关闭。有些博客和军事机密并没有太大关系，也被迫关闭。军医科恩在他的博客里写了自己如何抢救伤员。他抱怨说："我不觉得自己有什么错。但是他们说我违背了陆军的条例。我只好关闭博客。"

　　博客的出现还为商业诈骗提供了一个新场所。前段时间，一个英国人的博客上写着，从他提供的网址上找到英国汇丰银行并注册，会得到一笔奖金。许多人就按照指示，点击开了这个所谓的"汇丰银行"新网站，甚至将自己的银行存款转入。结果数月后，英国警方宣布这是一个诈骗网站，而这些存款多数难以追回。日本的博客中则出现了不少对他人进行人身攻击的文章。据3月6日的《每日新闻》报道，东京都的3名女中学生因对另两名女中学生施加暴力而被逮捕，3名女生打人、骂人，还在自己的博客上侮辱被害者，被骂的女生受到侮辱，欲自杀，幸好被家人发现制止。

六　话题写作：请尽量用所提供的词语围绕下面的话题写段250—300字的短文（10分）

| 借助 | 自律 | 呼唤 | 见解 | 活力 | 亲身 | 人间 |
| 收益 | 改良 | 联络 | 运营 | 违法 | 不容 | 回避 |

为什么博客现在非常流行？你认为博客世界存在哪些利弊？

[100字作文格子]

七 阅读（48分）

阅读一（17分）

代表委员谈大学生就业

新华网北京3月10日电（记者王圣志、姚润丰、李钧德） 从1977年恢复高考到2007年的30年间，全国高等学校招生人数增长了逾20倍。2007年，全国普通高校大学生和研究生招生规模分别达到570万人和42.4万人，中国高等教育规模已超过俄罗斯、印度和美国，高居世界第一。但是，2005年至2007年，分别为307万、377万、495万的全国大学毕业生平均就业率仅70%，新的失业群体正在形成。

就业是民生之本，人才是巨大的资源。温家宝总理在政府工作报告中强调，要加强高校毕业生就业指导和服务工作。如何让走出象牙塔的莘莘学子就好业，也成为两会代表委员们关注的热点话题。

"过剩"背后的另一种"短缺"

一方面，大学生的就业犹如镜花水月；另一方面，每年全国劳动力供求缺口仍在1300万至1400万人。市场对毕业生的有效需求增长，就业却存在相对滞后现象，这种不正常的"短缺"表明高校毕业生结构性矛盾更加突出。

全国政协委员、中国科技大学校长朱清时说，现在在校学生人数跟1998年比，已经增加了4倍还多，但现在高等教育的专业设置跟1998年几乎差不多。从岗位来说，这就意味着现在有4个同样专业的毕业生要去竞争同一个工作岗位。要解决就业率的问题，关键是要按照社会需求去设置专业。

"受商业化和利益驱使，不少高校更愿意设置培养成本相对较低的专业，如数学、会计等专业，而那些培养成本较高的专业，不少高校却不愿设置。"全国人大代表、淮北煤炭师范学院教授余敏辉说，"学生动手能力差，也是高校毕业生就业难的原因。一些高校实训设备缺乏，学生在黑板上学习开机器，很难适应实际工作的需要。"

他介绍，目前全国开设新闻传播专业的院校有661所，一年内增加了约200所。据保守统计，目前新闻学类专业点的在校生约13万人，而全国领有记者证的新闻工作者人数约为15万人。就发展速度和数量来看，新闻传播教育发展超常规，专业点过多过滥，就业难成了普遍问题。"当然，不仅仅是新闻专业，其他专业也有类似情况。"

全国政协委员，苏宁电器董事长张近东指出，随着企业的发展，对于招聘院校和学生的标准越来越高，对于人才综合能力要求也在不断加大，然而目前大学生的综合能力却与企业的需求不能匹配。

全国人大代表、河南省周口市海燕职专校长李海燕说："无论是在高校还是职业学校，教学重理论，轻实践都普遍存在。在德国，有的学校和工厂就是在一起的。上午听课，下午就可以去工厂学习实际操作，针对性和适用性都非常强。"

"无业可就"还是"有业不就"

"目前，大学生就业结构性矛盾突出地体现为区域不均衡，大量毕业生过分集中在东部地区和城市，竞争数量有限的就业岗位。毕业生都把目光盯在城市、党政机关、国有企业等，而对于非公有制企业、尤其是农牧区基层，却鲜有兴趣。中西部地区、广大的基层面临着人才匮乏又难以吸引毕业生的窘境，从而存在着'无业可就'和'有业不就'的矛盾。"全国人大代表、安徽安庆市委书记朱读稳忧虑地说。

他认为，从政府层面来看，毕业生到基层就业的体制性障碍依然存在，政府调控缺乏力度，与高校毕业生就业相关的劳动人事制度的改革、社会保障体系的建立也相对滞后，地区间的就业不平衡不断扩大。

"我们学生的就业观念要改变，其实很多基层是急需人才的，尤其是西部一些地区。应该鼓励广大的大学毕业生到基层去，从基层干起能够得到充分的锻炼，可以说是一种无形的财富。"全国人大代表,兰州大学校长周绪红说,现在大学生的就业预期普遍比较高,他们没有看到在基层干起也可以大有作为。

"只有采取看得见实惠的经济杠杆和政策手段,才能真正把人才吸引到匮乏地区去。"余敏辉代表说,政府要鼓励毕业生下基层和私营企业就业,关键是要有好的政策。建议政府能出台"上岗退费""就业退税"等措施,促进大学生就业。所谓的"上岗退费",就是国家对于到农村或者民营企业工作的毕业生,有关部门按照其工作的年限,不同程度地退还其在大学时缴纳的学费。"就业退税"就是企业录用高校毕业生,在一定年限内按当地政府最低工资标准(或最低生活保障费标准)退税。

据了解,近年来,广东推出了许多配套保障措施吸引大学生下基层,如户口可以不跟去、回来后考研加分等。今年还将对大学生到农村中小学任教采取"上岗退费"政策,这几年选择到欠发达地区就业的大学生比例在逐渐增加。

创业促就业＝成就事业

温家宝总理在政府工作报告中提出,要"落实以创业带动就业的方针,加强就业和创业培训,鼓励自谋职业和自主创业"。鼓励大学生创业,既可以增加经济总量,也可以以创业促进就业。

26岁的何咏仪,是西安柒彩虹餐饮有限公司的开创者,也是大学生创业成功者。2000年,何咏仪西安交通大学通信专业毕业后,求职受挫,于是做起了快餐中介,现在年利润突破百万元,她立志打造"中国第一快餐中介"。

"美国大学毕业生自主创业的占15％左右,我国仅0.3％。这表明我国大学生创业有很大的发展空间。大学生创业有倍增效应,不仅能解决自身的就业问题,而且能创造新的岗位,帮助其他社会群体就业。大学生创业还有利于在实践中培养创新创业型人才和促进科技成果转化为生产力。"全国人大代表、中南大学党委书记李健说。

近年来,一些大学生通过自主创业,实现了就业并成就了事业。"但是,值得注意的是,不少大学生创业所从事的技术含量不高,有的因为缺乏抗风险能力半途而废。最近,温州瓯海工商分局南白象工商所公布的大学生个体工商户登记显示:2005年至今,八成创业不到一年就偃旗息鼓。项目少、资金少,涉及的行业绝大部分是技术含量偏低的文具、家教信息服务等,造成企业生命力不强,缺乏市场竞争力。"全国人大代表、郑州大学党委书记郑永扣说。

他说:"改变这一现状,必须加强对毕业生创业的指导。高等院校要切实在创新能力、创新精神、创新素质的培养上下功夫,使学生学会如何通过创业给自己做饭碗,而不是到人才市场与下岗工人抢饭碗。充分调动高校师生投身大学生科技创业的积极性,推进人才培养、科学研究、技术创新与产业化三位一体的办学方法。同时,政府要营造适合创业的土壤和环境,安排大学生创业专项基金或提供小额贷款担保,解决启动资金,构建大学生创业孵化器,建立大学生创业项目推荐库,扶持大学生创业。"

"促进大学生就业,还必须进一步完善养老、失业等社会保障制度,这样才能解决大学生创业的后顾之忧。"朱读稳代表说。

(来源 http://www.cyol.net,有改动)

(一) 判断正误：（14分）
1. 近30年来，中国高等教育规模发展很快。（   ）
2. 2005年到2007年的大学毕业生都能成功就业。（   ）
3. 朱清时对目前中国大学的专业设置感到不满意。（   ）
4. 余敏辉批评目前中国高校设置过多的培养成本较高的专业。（   ）
5. 目前中国很多大学毕业生不愿意去东部地区和城市工作。（   ）
6. 周绪红希望大学生愿意到基层工作。（   ）
7. 目前中国大学生自主创业的比例过低。（   ）

(二) 回答问题：（3分）
近年来，广东出台了哪些措施吸引大学生到基层工作？

阅读二（17分）

大学生求职拿什么打动名企

时下正值毕业生求职的高峰期。近年来高校毕业生就业形势一直严峻，今年全国普通高校的毕业生又达到了创纪录的559万人，比去年增加60多万人。就业形势虽然严峻，但也有很多毕业生如愿进入了知名企业就业。他们有着怎样的求职感悟？大学生究竟应具备怎样的素质，才能受到名企的青睐？为此，笔者采访了一些在名企工作的毕业生，希望他们的经验对正奔波在求职路上的学弟学妹们有所启发。

海投简历不可取，目标要明确

现在，应届毕业生到处散发简历已经成了风气，这种现象被称为"海投"。对这种做法，这些过来人有不同的看法。

"我本科的专业是应用地球物理，读研时专业是油藏描述。求职时，我先对石油行业的单位进行了解，锁定了重点目标后，就通过各种渠道搜集信息。"周国文从西安一所高校毕业后，顺利地进入中国石油中油国际海外研究中心。周国文说，从一开始找工作，他就清晰地认识到一定要有明确的定位，要有自己的目标，"千万不能随大溜"。

汪洋也有同样的看法。他毕业于北京的一所高校，现就职于中国移动通信集团。"研二那年，毕业后从事什么工作的问题一直困扰着我。机关、高校、外企、国企，看上去都不错，该如何取舍呢？经过对自己实力的分析，结合兴趣爱好，我决定放弃高校和外企，主攻机关和国企。一是因为我在学校已经生活了近20年，想换个新的环境；二是进外企，心里总觉得不是很情愿。"

北京外国语大学毕业，现就职于某知名外企的张弛对此也深有感触。她说："现在，很多大学生只要看到有单位来要人就去报名，也不管那份工作适合不适合，喜欢不喜欢，他们觉得这样能得到更多的机会，其实这样做很不科学。求职是件很耗神耗力的事情，一个人的精力是有限的，要把有限的精力用在最重要的机会上。求职过程中的心态也很重要，一个人如果接二连三地被拒绝，心态肯定受影响，容易形成恶性循环。普遍撒网的人，能对每次考试都尽心尽力吗？能都进行充分的准备吗？我想答案是否定的。竞争如此激烈，尽心尽力才能赢。所以，要明确目标，充分准备。"

经历是能力的重要体现

"面试时，面试官往往会问一些与具体课程相关的内容，比如我们专业就会问数据结构等，主要看专业基础扎实不扎实；当然，接着重点会问曾经参加过的一些项目，要求非常清晰地介绍其中的细节，经历其实是能力的重要体现。"就职于斯伦贝谢公司的焦阳谈到自己的求职经历时说，"要先把自己武装起来，出校前最好先实习一段时间，锻炼自己，积累经验。"

"经历很重要。"周国文说，"本科阶段一方面要学好专业课，学好英语和计算机，另一方面要多参加各种活动，在实践中锻炼自己的表达能力和沟通能力。研究生阶段则要更注重实践和实习经历，我从大四开始跟着导师做项目一直到研三，不断地将专业知识应用于实践。经历多了，经验自然也就多了，等我毕业时已相当于有了近4年的工作经验。"

研一时院里组织的一次求职交流会让汪洋印象深刻，会上一位师兄强调说："优秀的简历不是写出来的，而是做出来的。"汪洋说："这句话对我影响很大。从一入校就应该明白自己毕业后要做什么，有哪些不足，要在这3年时间里尽力弥补。"

实践要做精，不只是混个经历

企业招聘时，学生的实习经验、项目经验、兼职经验等是很受重视的。国内知名的人力资源服务机构智联招聘曾经针对企业做了一项"对于应聘者你们最先看的是什么"的调查，结果显示，57.8%的雇主都选择了"社会实践和实习兼职情况"。智联招聘副总裁赵鹏分析说，企业对于应聘者社会实践和实习兼职情况的看重，从另一个角度说明了企业对应聘者动手能力以及操作能力的看重。

某石油服务业全球知名企业中国地区的招聘经理王娜说，参加社团活动以及在社会上实习的经历都是很有意义的。但她同时也强调："越来越多的学生在向'极端'发展，错误地认为大学期间，本专业的学习没有什么意义，只有到社会上去实习，拥有令人眼花缭乱的社会活动经历才能找到一份称心如意的工作。其实，对于一名学生来说，学习仍然是主要任务之一。任何企业在招人的时候，恐怕都会看重'学习能力'这个至关重要的素质。所以，对于大学生来说，理应是学习能力和实践能力并重。不要什么实践活动都参加，应当有重点地选择那些对个人发展有利的、与专业相契合的、有利于实现求职目标的实践机会，做就要做精，做出成绩，而不只是混个经历。"

做好大学生涯规划

"职业生涯规划应落脚于大学生涯规划。"清华大学就业指导中心副主任欧阳沁说，"每个学生都会有不同的特点和兴趣爱好，也会有不同的发展需要，对于大学生来说，非常关键的是要结合学校的育人目标，制订适合自己的大学生涯规划。不要虚度光阴，要把宝贵的时间用在对自己发展有利的事情上。而且，从一入大学开始就要有意识地拓宽自己的视野。同学们虽然生活在学校的圈子里，但视野不能局限于此，要经常搜集信息，比如各行业、各地区的发展情况，国家的政策方针等，然后勇敢地"走出去"，多实践、多了解职场和社会的变化，这就为未来的职业规划奠定了良好的基础。"

北京大学就业指导中心副主任王欣涛认为，求职一定要始终保持热情，求职的过程是一个不断被拒绝、不断坚持、直到找到适合自己的位置的过程。一般来说，找到一个愿意录用自己的单位至少需要5次以上，所以即使暂时失败也不要放弃，应该总结经验，继续努力。

（节选自《中国青年报》，有改动）

（一）判断正误：（14分）
1. 目前能成功进入知名企业就业的大学毕业生很少。　　　（　　）
2. 周国文找工作时很有针对性。　　　　　　　　　　　　（　　）
3. 汪洋现在在一家外企工作。　　　　　　　　　　　　　（　　）
4. 张弛主张找工作时要多投简历。　　　　　　　　　　　（　　）
5. 周国文在读书期间很注重实践能力的培养。　　　　　　（　　）
6. 很多企业在招聘时很看重毕业生的实践能力。　　　　　（　　）
7. 王娜认为大学生的实践能力比学习能力更重要。　　　　（　　）

（二）回答问题：（3分）
欧阳沁和王欣涛对大学生求职提出什么建议？请简要概括一下。

阅读三（14分）

博客成为上班族情绪宣泄地　读者中出现骂客群体

国内行里人早就告诉我，博客的访问量，是上班时间多，休息时间少。对此我一直将信将疑。这倒不是怀疑对方的权威，而是觉得荒唐：博客是闲暇的佐料，上班忙得四脚朝天，谁有工夫看博客？但是，这次通过对五一长假和前后的几个周末的观察发现：不管怎么荒唐，这是千真万确的事实。上班日博客火得爆棚，一过节或者周末就那么几个人来，闹得我也懒得贴文章了。

细想这个发现，实在兴味无穷。过去计划经济时代，坐办公室的人是"一杯茶，一支烟，一张报纸看半天"，大家无所事事，当一天和尚撞一天钟，生产力低下。如今，中国眼看就成了世界第三经济大国，这一成就，还不是大家拼死拼活干出来的？刚刚看了报道，说白领们尤其辛苦，有70%每天工作超过10个小时，基本没有休息日，比过去的"劳模"有过之而无不及。这样的"过劳模"，好不容易赶上个休息日，大概要赶紧补觉，他们不看博客并不奇怪。问题是，什么人在上班时间来看博客呢？当然不是民工及体力劳动者。因为能在工作时间上网的至少是那些坐办公室的人,当然还必须是老板看得不紧的人。

不管是谁,反正博客属于上班文化。不用说,个人博客的访问者,一大部分是"粉丝",这些人非常固定,而且常常说些好听话;另有一些是关心我所谈论的问题,大家不时辩论一下,"过招儿";还有相当一部分骂客,你讲什么他们都要骂你。有几位,是常任骂客,大概是看不惯你,盯着你骂,而且给你起了固定的外号(当然是最难听的那种);还有一部分则属于骂骂咧咧的"流动人口",来无影去无踪,不过火气不减常任骂客。

固定的骂客,是针对我个人的,不过这种人毕竟很少,最多的则是谩骂的"流动人口"。他们骂起来没头没脑,有时甚至连文章也没有看清楚。显然,他们不是针对我个人,只是有口气想出,然后拿我这里当出气筒。比如,不久前我写了篇《税表上的国际竞争》,主要讲美国的纳税业正在向印度等国外包,这是笔好生意,油水比制造业大,建议中国设法参与竞争。于是一群骂客没头没脑地冲上来,说我崇洋媚外,看不起中国,更有的声言印度比我们穷多了,有什么好学的等等。过几天我又贴出一篇文章,建议中国不要匆忙加入大飞机制造业的竞争,因为技术优势不足,结果又出来一帮人,骂我是卖国求荣,存心要把市场让给别人。

如果你设想一下,这些留言是从表面上安安静静的办公室发出的,你就会庆幸自己没有坐在这样的办公室里。我过去曾反复声明:怨气宜宣不宜堵。网络语言不够文明固然不好,但不能因为要文明就侵犯了人们的言论自由。让大家把怒气发泄出来,心理重新获得平衡,日常生活反而文明些。我倒希望我的博客里骂声连天,但办公室里大家彼此相当文明。不过,这种骂声总还是体现了我们社会的一个侧面。用我的话来说,这可能就是"中产阶级的愤怒"。他们是坐办公室的优越阶层,但是总觉得自己在老板手下忍气吞声,压力太大,工作负担太重,心里充满怨恨。于是,老板一不在,就冲到网上宣泄一番。

柏拉图说,闲暇培养美德。文化在某种意义上,也是闲暇的产物。但我们的博客文化却有所不同。对许多人而言,博客成了上班族的宣泄,离培养美德的文化,似乎还差得远。

(节选自《中国青年报》,有改动)

(一)判断正误:(10分)

1. 作者一开始就相信这种说法:博客的访问量,是上班时间多,休息时间少。
(　　)
2. 过去计划经济时代,大家的工作效率很高。(　　)
3. 作者认为民工及体力劳动者不可能在上班时间看博客。(　　)
4. 个人博客的访问者有好几个种,态度各不相同。(　　)
5. 作者对个人博客读者中的骂客群体持赞赏的态度。(　　)

(二)回答问题:(4分)

作者是怎样理解个人博客读者中所出现的骂客群体的?

第一~十五课总测试题

答题参考时间：100分钟　　　　　　　　　　　　　　　　　分数：_____

一 给下列动词搭配适当的词语：（5分）

颠覆 _____　　　　　　诽谤 _____

忍受 _____　　　　　　争夺 _____

考验 _____　　　　　　援助 _____

选拔 _____　　　　　　清除 _____

履行 _____　　　　　　袭击 _____

二 选词填空：（10分）

讨价还价　　坚持不懈　　供不应求　　接二连三　　格格不入　　当务之急

1. 一个天生体质虚弱的人，通过长期_____的体育锻炼，可以改变自我的体质状况。

2. 近些年来，各种火灾事故_____，损失巨大。

3. 走近夜市，只见人来人往，菜贩子和菜农_____，一手交钱，一手交货。

4. 等到进入了少女时代，她仍与别人_____，仍被大家所孤立。

5. 减少重复出版，刻意求新，已成为少儿出版界的_____。

6. 由于铁路具有自然垄断性，缺乏充分竞争，特别是在运输产品严重_____的情况下，需要国家干预来控制运价不合理的过高上涨。

高超　　　高明

7. 要成为一名优秀的航空模型运动员，既要有_____的航空模型飞行技术，又必须是一名能工巧匠。

深远　　　长远

8. 李白是中国文学史上伟大的诗人之一，与杜甫并称"李杜"，对后代的诗歌创作产生过_____的影响。

改革　　　改造

9. 经过多年的_____和发展，我国市场的开放度已大大提高，许多领域的国际竞争力也明显增强。

严峻　　　严格

10. 事实上，国务院学位办对MBA教学以及中外合作办学都有_____规定。

三 请按正确的语序将下列各个句子组成完整的一段话：（7分）

1. A. 自从在北京品过一次绿茶

   B. 法国人皮埃尔虽是喝着咖啡长大的

   C. 便对茶叶情有独钟了

   正确的语序是：（　　）（　　）（　　）

2. A. 美国正向巴基斯坦增派情报人员

   B. 专门对付拉登可能制造的袭击

   C. 拉登的生日引起了美国恐慌

   正确的语序是：（　　）（　　）（　　）

3. A. 5年后

   B. 5年前的今天

   C. 中国还没有"博客（网络日记）"这个词

   D. 中国的博客作者多达数千万

   正确的语序是：（　　）（　　）（　　）（　　）

4. A. 高校培养的学生不是社会迫切需求的复合型、实用型人才

   B. 不少用人单位反映

   C. 是造成这种现象的一个原因

   D. 高校教学内容和专业设置不符合社会的实际需求

正确的语序是：（　　）（　　）（　　）（　　）

四　完形填空：（11分）

（一）

| 或许 | 这时 | 例如 | 以此 | 将 | 而 |

语言编程取决于人的价值观，价值观取决于信念。信念在人的语言编程中有着根本性的作用。___1___，在某些人看来你有着高超的能力，___2___你却并不这么认为。___3___，这是你聚集了周围对你的负面信息，不断地___4___跟自己对话的结果。___5___，就需要将新的语言输入大脑，新的语言___6___会为你重组故事。

（二）

| 但 | 在某种意义上 | 都 | 还是 | 此后 | 尽管 |

1998年在5省市试行了保送生综合能力测试。___1___综合能力测试与特殊才能学生的保送___2___有相违背的地方，___3___结果分析___4___得到了包括测量专家等多方面的认可。1999年教育部规定，全国所有保送生___5___必须参加综合能力测试。___6___教育部又下发文件从程序上完善保送工作。

五　用自己的话或原文中的关键句子概括下列各段的主要内容，字数不要超过30个：（9分）

1. 中国青年政治学院的李庚副研究员指出，不管社会怎么发达，人的情感还应该是最纯洁的。希望当代大学生以认真负责的态度对待婚姻，不仅如此，还要去经营自己的婚姻。

   中国青年政治学院院长陆士桢教授也谈了同样的观点："两个人之间更多的是去

理解对方，彼此尊重对方，世界上美满的婚姻都是以这个为基础的。"个性谁都会有，和谐就是不同的音一起奏，生活其实也一样，既要体现出个性，又不要伤害别人。"

2. 现代社会中，事业型女人正变得越来越多。事业的成就感以及随之而来的压力迫使她们要选择事业，就难以承担好自己的家庭角色。很多人困惑：两者究竟该如何选择？

专家陆小娅建议："女性生活应该是多元的，纯粹的事业和纯粹的家庭都是极端。"她举例，大学里一个要好的朋友，做了一辈子全职太太。女儿大学毕业后不久她就生病去世了。其实她的一辈子有很多自己的东西没有得到满足。"孩子小的时候，可以让自己很忙碌充实，但想要重新回来工作时会很难。"陆小娅强调。

对500名城市已婚，并有孩子的女性进行的研究发现，工作一年以上的女性比没有工作的女性身体更健康，其生病的总次数也更少。研究还表明，母亲外出工作对女儿具有积极的影响。通常女儿会更崇敬在外工作的母亲。

3. 高盛亚太区董事总经理胡祖六对中国制造外部环境的不足更为关注。他认为，尽管绝大多数的中国产品物美价廉，但不时曝光的产品质量和安全问题，往往制约了中国制造在全球的美誉度。"在企业追求利润天经地义的前提下，政府如何从立法、监管和消费者、媒体监督的制度层面上加以完善，是超越中国制造粗放阶段的重要外部环境准备。"

六 话题写作：请尽量用所提供的词语围绕下面的话题写段 250—300 字的短文（10 分）

| 罕见 | 接连 | 洪水 | 干旱 | 淹没 | 呼唤 | 改良 |
| 温室 | 气体 | 排放 | 不容 | 回避 | 借助 | 前所未有 |

全球变暖有哪些负面影响？你认为人类应怎样做才能控制全球变暖？

									|100字

七 阅读（47分）

阅读一（17分）

京沪高铁6年运送旅客6.3亿人次　相当于美国人口2倍

　　6年，6.3亿！截至2017年6月29日，京沪高铁6年运送旅客总人数突破6.3亿人次，相当于所有美国人坐了两趟京沪高铁。6年来，京沪高铁累计开行58万余趟列车，累计行程超过76955万公里，相当于绕着赤道跑了将近两圈。京沪高铁运营6年来，改变的不仅仅是京沪两地。

京沪沿线当日返　京沪高铁吸引众多国人

　　地处环渤海和长三角两大经济圈中心，北京与上海两地间的交通效率对推动全国社会经济发展有着举足轻重的影响。

　　2011年6月30日，历经3年建设的京沪高铁正式开通运营，拉近了京沪间的时空距离，上海到北京最快运行时间由原既有线最快9小时54分，一下子缩短到5小时内，1300多公里一日内可轻松打来回。"坐上高铁，你能真切地感受到'中国速度'。"韩联社如此说。

　　2013年2月28日，在通车运营1年8个月之际，京沪高铁运送旅客突破1亿人次；2014年4月14日突破2亿人次，通车运营4年累计运送旅客3.3亿人次、5年4.67亿人次，单日最高运送量为2017年5月1日的66.6万人次。京沪高铁庞大的"输血"能力，有效缓解了京沪铁路通道运力紧张的矛盾。

　　速度是交通运输之魂，以速度取胜的京沪高铁改变了中国东部的交通版图，形成以北京、上海为中心的"0.5至4小时"高铁都市圈。当人们从上海出发，1小时内可到苏州、无锡、常州，2小时内可到镇江、南京，3小时内可到蚌埠、徐州……

　　上海虹桥站是京沪高铁线上最大的高铁车站，高峰期日均有41趟高铁开往北京方向，每日运营时间内平均20分钟就会有一趟列车驶向北京，基本实现了"公交化"运营。随着高铁"飞入寻常百姓家"，上海虹桥站旅客发送量同步实现了"蛙跳式"增长，2011年，该站日均旅客发送量在 6.88 万人次左右,到 2017 年上半年,日均旅客发送量近 16.98 万人次,较 2011 年增长 146.86%,高铁已成为越来越多旅客的不二之选。

穿梭于京沪间的高铁,颠覆了人们时间和距离的观念,彻底改变了生存空间、生活方式,带来了愉悦的高速度体验和旅行的快乐,"高铁同城效应"优势凸显,"双城生活""候鸟群体"逐渐成为老百姓生活中的一道风景线。

工作在北京、上海,生活在临近的廊坊、天津、苏州、常州等城市已成为现实。周一坐高铁来上海上班,周末回蚌埠、宿州、徐州过周末,成为许多在沪务工者的生活轨迹。各地丰富的人力资源通过高铁这一便捷的交通工具,快速地流向需要的城市,为促进人力资源最佳配置提供了可能。

昆山南站是京沪高铁线上与沪宁城际铁路并线建设的车站,每天运行时间内有 210 余趟动车组列车在这里停靠,列车开行密度如此之大,给周边居民带来了生活、工作上的便利。

"从昆山南坐高铁到上海虹桥最快只需 16 分钟,再换乘地铁去静安寺,到公司不到 1 小时,这几乎与居住在上海嘉定、闵行区较远的同事上班时间差不多。准时、准点、不堵车,犹如'城市间的轨道交通车'。"家住昆山的张先生每天打"高的"上下班已经 2 年,并乐于这种工作生活方式。

相对于上海、苏州市区动辄每平米几万元的房价,作为县级市的昆山房价相当于"白菜价",许多人的置业理念发生了变化,选择在上海、苏州上班,把家安置在昆山。高铁带来的便捷,让原本并不遥远的两座城市变成了同一个"社区"。

串起京沪"高铁经济走廊" 激发沿线城市发展潜力

贯穿京、津、冀、鲁、皖、苏、沪"三市四省",连接"环渤海"和"长三角"两大经济区,沿线人口占全国人口总数的 26.7%,百万人口以上的城市有 14 个。京沪高铁途经的地理区域特点赋予了其特殊的使命和期盼。沿线许多城市以高铁为依托,建设了"高铁经济带""高铁新城""高铁新区",重构了各自的"经济版图",激发了城市发展的潜力,也带动了沿线经济协调发展。

无锡东站是京沪高铁在无锡的唯一停靠站。无锡市依托高铁车站规划了总面积 125 平方公里的全国首个高铁概念新城区——锡东新城,引得众多"产业大腕"竞相入驻,成为提升综合竞争力的新高地、城市拓展的新空间和产业发展的新增长极,也带来了大量旅游资源。自开通以来,无锡东站日均发送旅客从刚开始的 2000 人次增长到现在的 1 万余人次,累计发送旅客已突破 1300 万人次,相当于无锡常住人口的 2 倍多。

京沪高铁苏州北站坐落在苏州市相城区,高铁拉来的人流、物流、资金流源源不断地流进了苏州,日均发送旅客由最初的 3000 人次增长到 13500 人次。

"苏州北站还未建成时,相城区的这片土地一片荒芜,朦胧的天空、飞扬的尘土、营养不良的植被……荒凉的景象并不为人看好。今天,高铁新城以'高铁枢纽、创智枢纽'为产业引擎,快速发展的景象日新月异,成为推进'苏州新门户、城市新家园、产业新高地、生态新空间'建设的重要引擎。"苏州市高铁新城管委会相关负责人介绍说。

昆山紧傍上海,"强邻"在侧,会不会引发"虹吸效应",把昆山的优势资源都"吸"走了?事实让昆山人明白,"通过高铁接轨上海是共赢问题,不存在谁吃掉谁的问题。"作为台胞集聚区，昆山工作生活着近 10 万台胞，每天都有台胞选择从昆山乘坐高铁动车往返于其他城市。凭借着高铁的"速度效应"，高铁为昆山企业加快发展提供了前所未有的机遇，越来越多的台企在昆山设立地区总部、采购中心、培训中心。2016 年，昆山新批台资企业 105 家，增资项目 57 个，同比增长 26.67%；增资总额 5.39 亿美元，同比增长 11.44%。

不仅如此，沿京沪高铁这条经济"大动脉"，南京、常州、蚌埠、枣庄、泰安、沧州、德州等城市也纷纷"搭"上经济发展的高铁快车，因地制宜地规划、实施沿"京沪高铁经济带"一体化建设，城市功能更趋合理完善，城市经济发展迸发出新的活力。

京沪高铁在促进沿线城市群之间资源流动和优化配置的同时，便捷的交通也使劳动资源流动在市场的调配下更趋合理。随着高铁开通的延伸效应，上海、南京等区域中心城市的引领能力不断提升，产业结构不断优化，越来越多的企业将生产基地外迁，采用将总部或研发中心设于中心城市，将制造工厂挪至周边城市的发展模式，借助高铁搭建总部与分厂、研发中心与制造中心的通道，帮助企业降成本增效率。

与此同时，苏州、无锡、常州、镇江等城市纷纷以各自特点打出全新的产业承接牌，协同区域中心城市发展，在承接产业转移中寻找到自己的全新定位。一个以"上海知识型服务业体系""苏州、无锡等区域特色新型制造业产业体系"为核心的区域联动发展新模式已经形成。

（节选自中青在线，有改动）

（一）判断正误：（14 分）
1．京沪高铁的开通运行，对长三角与珠三角这两个经济中心影响很大。（   ）
2．京沪高铁运送的旅客数量在整体上呈现出不断增长的趋势。（   ）
3．北京南站是京沪高铁线上最大的高铁车站。（   ）
4．昆山的房价比上海、苏州便宜得多。（   ）
5．工作在上海，生活在廊坊、天津等城市，已成为不少人的现实选择。（   ）
6．苏州市相城区在苏州北站建成前后，发展变化不大。（   ）
7．京沪高铁开通后，越来越多的台资企业愿意到昆山发展。（   ）

（二）回答问题：（3 分）
京沪高铁的开通如何促进沿线城市群之间的分工与发展？

阅读二（17 分）

全国政协委员呼吁：全社会关心帮助大学生就业

中国经济网 3 月 17 日讯　大学生就业到底难不难？如何尽力帮助大学生解决好就业问题？连日来，大学生就业成为委员们讨论就业问题时的热点话题。记者邀请复旦大学副校长蔡达峰委员，长沙民政职业技术学院院长刘晓委员，南开大学经济学院副院长、劳动产业关系研究中心主任邱立成委员共同解读当前的大学生就业问题。

改变大学生就业观

记者：一份针对10万名大学毕业生的问卷调查显示，70%的毕业生希望在北京等直辖市和沿海开放地区工作，接近60%的毕业生希望到国家机关和三资企业工作，其中36%左右的毕业生希望从事公务员的职业。怎么看待这一现象？

邱立成：这充分说明，目前我国的大学生就业困难的现象实际上是一种相对过剩。一方面，大城市过于饱和，造成高级人力资源的严重浪费；另一方面，对中西部中小城市和农村来讲，大学生严重短缺。国家应当通过政策倾斜给予优惠条件，鼓励、引导大学生到不发达地区就业、发展。

刘晓：在我看来，大学生就业并不难。长沙民政职业技术学院是首批国家示范性高等职业技术院校，我们贯彻"工学结合"的宗旨，如社区服务专业的学生从大二就开始3天在学校学习，2天深入社区实践，大三有半年上岗实习，毕业时已经充分熟悉工作领域，充分掌握了工作技能。2007年我们有6300名毕业生，基本上能顺利就业。

记者：这样看来，大学生的学习方式和就业观是影响他们就业的重要因素。

邱立成：对。大学毕业生初次就业往往就考虑能拿到什么待遇，而企业等用人单位往往考虑大学生来了能创造什么价值，这其中往往存在落差。事实上，大学生必须先考虑自己能创造的价值，其次再考虑从中拿到多少回报。我建议大学生在就业之初，就要对当前劳动市场，对自身的能力价值有正确认识，树立正确的就业理念。

完善人才培养结构

记者：如何从根本上解决当前出现的大学生就业困难问题？

邱立成：首先要看到当前出现的大学生就业困难是结构性失衡导致的。大学生的人才培养的结构、大学生的技能结构如何与市场需求相吻合是关键。我建议大力发展职业教育，在职业教育环节，提倡订单式人才培养模式；而一般高校培养人才时，应该以就业为导向，专业设置要与社会需求相吻合。

刘晓：就职业教育本身来说，我们培养的不是创新型和研究型人才，而是技能型人才，我认为全国的职业院校都应该走上"工学结合"这条道路，让学生学习最符合市场需求的技能。另外，需要转变的观念是，并不是职业院校才发展职业教育，地方一般普通本科、非研究型大学本科，也应当把就业当作教育的重要导向，"为就业而教"，注重以岗位培养人才。目前的地方一般本科院校，不少就是从专科院校升级而来的，我建议他们努力向为地方经济服务的职业教育转型。目前，很多本科院校已经开始行动，走到"工学结合"的道路上来。

记者：这其中涉及当前高等教育的转型问题。

邱立成：是的。高校教育要从精英教育转向不同层次的立体化教育，不同高校要培养不同层次的人才，以应对市场的需求。此外，学生还有一个终身学习的问题，不少大学生起点可能一样，但后来在社会中不断学习不同技能，提高了就业能力。目前，不少高校开展创新竞赛活动，鼓励高校学生创业，培养其创新意识和创新精神，这是非常好的尝试。

蔡达峰：就大学毕业生个人来说，就业困难确实与自身的择业观念、能力水平等密切相关，但换个角度来看，当前首先需要进一步创造就业机会，鼓励发展能创造更多就业机会的产业，这是人口大国的必由之路。地区经济与产业结构调整中，政府要综合考虑经济增长、人才资源配置、大学生就业三者的关系，形成相互支持的机制。其次，需要加快改进当前的用人制度和机制，建议对机关、事业单位进行人力资源质量评估，将有关统计信息作为单位竞争力的重要指标，给予大学生更多的机会。

关心帮助这一特殊人群

记者：如何看待未能就业的大学生群体？

蔡达峰：一方面要关注新一届大学生如何就业，另一方面要特别关照多年来积累下来的未就业大学生，这是一个特殊的群体。当前舆论谈论这一群体时往往充满责备地说这个能力不够、那个观念不对，但是否应该给他们一些积极建议来解决当前的问题，是否应该通过各种渠道给他们更多机会呢？我呼吁全社会都来关心帮助这一群体，不能止于探讨大学生就业困难的原因。

记者：具体地说，应当采取什么政策和措施来帮助这一群体？

邱立成：未就业大学生群体从数量上很难统计，这一群体，无法纳入失业保险范畴，目前还没有建立完善的救助体系，需要建立专门针对这一群体的劳动和社会保障机制。

蔡达峰：我更担心的是未就业大学生的心理状态。他们的就业问题关系到全社会对教育的认识，关系着社会的健康发展。必须对他们形成社会关照，全社会要体现人文关怀，表达出真挚情感关心帮助他们度过难关，不要再增加他们的心理压力，而是尽量激发他们进入社会的积极性。他们可能存在种种问题，但同样需要得到尊重，最终要让他们在社会中保持奋发的精神，保持理性的生活态度，不远离社会、不封闭自己。

首先，政府有关部门要高度重视，形成专门机制统筹制定帮助政策，不能简单地纳入社会失业率控制标准内衡量；其次，建议筹集专门经费、开设帮助专项，给予他们自主创业的启动资金，尽量设立岗位为他们创造临时就业机会；再次，建议对没有经济积累的未就业大学生给予基本生活补贴，纳入社会保障体系中。

（节选自《中国教育报》，有改动）

（一）判断正误：（14分）

1. 目前中国中西部中小城市和农村很需要大学生。　　　　　　　　　　（　　）
2. 刘晓认为大学生很难就业。　　　　　　　　　　　　　　　　　　　（　　）
3. 长沙民政职业技术学院的毕业生就业比较顺利。　　　　　　　　　　（　　）

4. 大学生与企业考虑问题的侧重点很不同。（　　）
5. 邱立成认为目前的职业教育发展得不够。（　　）
6. 刘晓认为所有的大学都应该注重培养技能型人才。（　　）
7. 目前中国的高等教育还处于精英教育阶段。（　　）

（二）回答问题：（3分）
　如何关注未就业大学生的心理状态？

阅读三（13分）

失眠——心理治疗不容忽视

　　失眠是睡眠障碍中最常见的症状。治疗失眠，心理治疗不容忽视。"多数的失眠是由心理因素引起的。我把失眠治疗看成一棵大树，如果患者说失眠了，医生就机械地开安眠药，那就只是剪去大树的叶子。用物理疗法、行为疗法、认知疗法等方法治疗，那也只是砍掉了大树的一些树枝，最根本的就是要找出失眠的病因，对症下药，那就是把大树连根拔起，失眠才可能治愈。"广州市脑科医院失眠障碍科副主任江帆如是说。

失眠不仅影响患者本身

　　有一对中年夫妇，丈夫多年来一直自觉睡不着，白天精神很不好，工作也难以做好，同时也经常向妻子抱怨，而妻子觉得自己明明看到丈夫入睡了，为什么要小题大做呢。两人的关系也因此受到影响，有时两个人还剑拔弩张。医生了解情况后，通过进一步的检查，发现这个丈夫患有比较严重的失眠，每天晚上大概只能睡3个小时，他是睡眠感缺乏，才自觉整个晚上都没有入睡。医生对他进行心理辅导，对症下药，他的病情缓解了很多，他的妻子通过医生的解释也知道自己误解了丈夫，两人关系也好转了。

　　一个中学生每次临近考试就睡不着觉，影响了发挥，这可急坏了他的父母。父母带着孩子来到医院咨询，孩子虽然觉得失眠影响考试，但是也不是非常着急，反而他的父母焦虑万分，影响了日常的工作和生活。

　　江帆医生说，正如上面举的两个例子，失眠不仅影响患者本身，如果处理不好，也会影响家庭关系。失眠还可能给社会造成不安宁的因素，比如司机睡眠不足是车祸发生的祸首。"失眠会给患者带来痛苦，如果处理不当很有可能会影响他的人际关系、家庭关系，社会的和谐离不开人际关系、家庭关系。而从这个角度看，和谐健康睡眠与和谐社会是有密切关系的。"江帆说。

大多数失眠由心理因素引发

江帆医生说,失眠有不同的分类标准。从失眠时间上看可以分为:暂时性失眠,只维持几天。可能由于情绪兴奋、暂时性精神紧张或时差所引起,大多数人可自发地调整过来。短期性失眠,持续数天到三周的时间,在人患有严重疾病或个人遭受巨大压力时常会发生。长期性失眠,可维持数年之久。有些人面对压力就会失眠,形成了一种应对压力的习惯性模式。

江医生介绍,失眠是许多原因引起的症状,可以是躯体疾病伴发的症状,也可能因为不良生活习惯、环境因素引起,也可能是心理因素。从临床来看,由生理因素、疾病因素、药物因素及饮食因素所致者的病例数远远少于由心理因素所致病的病例数。

在很多情况下,失眠的始发与维持往往与心理因素有关。比如生活事件带来心理冲突,心理冲突引起情绪压力,情绪压力导致生理警醒水平升高,从而发生失眠。如果刺激因素持久存在,或者当事人不能从心理上有效地作出适应,则失眠会迁延下去。

"许多失眠患者都是因为有怕失眠心理,晚上上床就担心睡不着,或是尽力去让自己快入睡,结果适得其反。本意是想睡,越怕失眠,越想入睡,脑细胞就越兴奋,故而就更加失眠。"江医生说,正是这种担心失眠的焦虑加剧了睡觉质量的恶化。

有一个中年男性病人来医院跟医生说自己有严重的失眠,但是从来没有去看过医生或者吃过安眠药,每天晚上一躺在床上就开始想:"我今天晚上能不能睡着?如果睡不着,那明天的工作怎么办……"结果真是越来越难以入睡。医生跟他说,你不用担心,我们先给你做个测试吧。晚上,在医院安静的房间里,他躺在床上,医生给他套上一些检测睡眠情况的设备,结果那天晚上他睡得很好。"这些检测的设备本身没有任何的治疗作用,只是记录他的睡眠情况。这个病人睡得那么好,原因就是他自己心里放松了,他想来接受医生的治疗了,他相信医生会治好他的失眠,他心情轻松,不再去担心今晚能否睡着,结果真的就睡着了。"江帆医生说。

失眠是最常见的睡眠障碍

江帆医生介绍,睡眠疾病包括两个方面:一是指睡眠本身发生问题,如失眠、白天过度困倦、发作性睡病;二是指在睡眠时诱发或发生的疾病,如睡眠呼吸暂停综合征及睡眠期出现的各种异常行为,如梦魇、梦游、夜惊等。

失眠是指人非常想睡,但上床后睡不着或夜里容易惊醒,醒来以后难于再入睡以及醒得太早,这与天生短睡者或有意压缩睡眠时间者不同。患者感到睡眠浅,睡眠中不安,梦境内容记得清楚,对睡眠时间和睡眠质量都不满意,睡眠后不解乏,头脑不清新,还有许多白天不适症状。

失眠是睡眠障碍中最常见的症状,由于现代社会的紧张压力,睡眠时间的人为剥夺,使失眠发生率呈急剧上升趋势,其危害性日益突出,故失眠成了睡眠障碍中的重点问题。

治疗失眠需追根溯源对症下药

江帆医生说,治疗失眠最重要的是要找出患者失眠的病因,这样才能追根溯源,对症下药。

临床实践证明,很多失眠患者是因为工作上的不顺心、学习上的压力、家庭关系的紧张、经济上的重负、爱情受挫、人际矛盾、退休后生活单调、精神空虚等原因所致。而对由心理因素引起的失眠来说，药物及其他疗法只是一种症状治疗，一种辅助措施，唯有心理治疗才能更好地解决问题。

江医生说她首先会开导病人，给他们关心与安慰，向他们解释失眠的性质，说明失眠并不可怕，是可以治愈的，并向失眠者宣讲睡眠卫生知识，让他们获得睡眠和失眠的正确知识。"然后我会跟他们聊天，从中找出失眠的心理因素。有些病人开始会觉得不解，自己是来看病的，医生怎么对自己的日常生活这么感兴趣。我就会跟他们解释，只有找出失眠的病因，才能更有效地治疗。"江医生说。

江医生介绍，很多病人在医生的帮助指导下，找出问题所在，并加以正确处理，采用心理疗法，进行自我调节，失眠也就痊愈了。即使是程度较重的慢性失眠者，心理治疗也可起到消除顾虑、安定情绪作用，为下一步治疗打好基础。

很多引起失眠的心理冲突与人际关系紧张有关，医生就可以教导失眠者掌握人际交往技能，学会正确应付人际关系。在这种情况下，医生常同时做交际双方的工作，通过治疗，可使夫妻关系、家庭关系及其他人际关系得到改善，对失眠起釜底抽薪的治疗作用。

江医生说，一个人一生之中或多或少都会受到失眠的困扰，短暂性的失眠就要自己学会调整，如果觉得自己调整不过来，就需要尽早寻求医生的帮助。医生们和相关的机构要努力在公众中普及健康睡眠知识，教导公众正确认识失眠，让更多的人拥有健康的睡眠。

（节选自《广州日报》，略有改动）

（一）判断正误：（10分）
1. 广州市脑科医院失眠障碍科副主任江帆认为开安眠药是治理失眠的好方法。（   ）
2. 失眠只影响患者本身，对其他人没有太大影响。（   ）
3. 失眠主要是由生理因素引起的。（   ）
4. 有些人怕失眠结果使睡眠质量更糟糕。（   ）
5. 失眠与紧张的现代生活有关。（   ）

（二）回答问题：（3分）
临床实践证明，很多失眠患者是因什么原因造成的？如何治疗由心理因素引起的失眠？

词语总表

序号	词	拼音	词性	等级	索引	出现次数
A						
1	暗示	ànshì	（动）	二	第三课	43
B						
2	霸道	bàdào	（形）	超	第八课	3
3	班组长	bānzǔzhǎng	（名）	超	第六课	1
4	半数	bànshù	（名）	三	第九课	11
5	伴	bàn	（名）	三	第十课	46
6	伴随	bànsuí	（动）	三	第十三课	6
7	绑	bǎng	（动）	三	第七课	6
8	饱和	bǎohé	（动）	三	第六课	6
9	宝贝	bǎobèi	（名）	二	第十三课	3
10	保守	bǎoshǒu	（动、形）	二	第十二课	14
11	保障	bǎozhàng	（动）	三	第十四课	35
12	报社	bàoshè	（名）	三	第八课	2
13	暴雨	bàoyǔ	（名）	二	第十一课	4
14	爆发	bàofā	（动）	二	第九课	24
15	爆炸	bàozhà	（动）	二	第十二课	29
16	曝光	bào guāng		超	第十五课	4
17	崩溃	bēngkuì	（动）	三	第十二课	12
18	贬低	biǎndī	（动）	超	第十课	5
19	变革	biàngé	（动）	三	第五课	6
20	博览会	bólǎnhuì	（名）	二	第四课	3
21	跛足	bǒzú	（动）	超	第十四课	3
22	不得已	bùdéyǐ	（形）	三	第六课	5
23	不公	bùgōng	（形）	超	第十二课	7
24	不容	bùróng	（动）	三	第十一课	28
25	不时	bùshí	（副）	二	第四课	5
26	不停	bù tíng		二	第八课	4
27	不惜	bùxī	（动）	三	第十二课	6
28	不宜	bùyí	（动）	三	第八课	13

序号	词	拼音	词性	等级	索引	出现次数
C						
29	才干	cáigàn	（名）	超	第八课	6
30	财会	cáikuài	（名）	超	第六课	3
31	参议院	cānyìyuàn	（名）	超	第十一课	4
32	层出不穷	céngchū-bùqióng		附	第十二课	6
33	产出	chǎnchū	（动）	超	第十四课	2
34	产能	chǎnnéng	（名）	超	第十四课	3
35	长远	chángyuǎn	（形）	二	第十五课	29
36	常见	chángjiàn	（形）	一	第六课	8
37	常态	chángtài	（名）	附	第十四课	4
38	场所	chǎngsuǒ	（名）	一	第十三课	11
39	超级	chāojí	（形）	一	第四课	14
40	超越	chāoyuè	（动）	二	第十五课	30
41	吵架	chǎo jià		二	第七课	11
42	成千上万	chéngqiān-shàngwàn		附	第十三课	6
43	成天	chéngtiān	（副）	三	第七课	8
44	呈	chéng	（动）	超	第六课	14
45	诚意	chéngyì	（名）	三	第十课	5
46	承担	chéngdān	（动）	二	第十五课	25
47	吃苦	chī kǔ		三	第七课	5
48	崇敬	chóngjìng	（动）	超	第八课	6
49	抽奖	chōu jiǎng		二	第四课	3
50	出售	chūshòu	（动）	二	第十一课	6
51	处处	chùchù	（副）	二	第八课	2
52	传染	chuánrǎn	（动）	三	第十一课	7
53	创业	chuàngyè	（动）	一	第六课	84
54	春季	chūnjì	（名）	二	第九课	7
55	纯洁	chúnjié	（形）	三	第七课	9
56	词汇	cíhuì	（名）	二	第三课	6
57	辞职	cí zhí		二	第八课	6
58	慈爱	cí'ài	（形）	超	第八课	2
59	次数	cìshù	（名）	二	第八课	6
60	粗放	cūfàng	（形）	超	第十五课	12
61	存款	cúnkuǎn	（名）	一	第十三课	7

序号	词	拼音	词性	等级	索引	出现次数
D						
62	大刀阔斧	dàdāo-kuòfǔ		超	第十四课	2
63	大都	dàdōu	（副）	二	第十五课	8
64	大多	dàduō	（副）	二	第六课	52
65	大于	dàyú	（动）	二	第六课	7
66	逮捕	dàibǔ	（动）	超	第十三课	16
67	代价	dàijià	（名）	二	第八课	6
68	怠慢	dàimàn	（动）	三	第五课	3
69	担保	dānbǎo	（动）	二	第六课	14
70	担子	dànzi	（名）	三	第八课	3
71	当场	dāngchǎng	（副）	二	第二课	3
72	当代	dāngdài	（名）	二	第七课	7
73	当家	dāng jiā		超	第七课	5
74	当务之急	dāngwùzhījí		附	第十五课	11
75	导师	dǎoshī	（名）	三	第二课	3
76	导游	dǎoyóu	（名）	二	第一课	4
77	倒逼	dàobī	（动）	超	第五课	3
78	得益于	déyìyú	（动）	三	第五课	4
79	敌	dí	（动）	超	第九课	16
80	抵抗	dǐkàng	（动）	二	第八课	5
81	抵消	dǐxiāo	（动）	附	第十四课	6
82	抵制	dǐzhì	（动）	三	第十五课	6
83	地缘政治	dìyuán zhèngzhì		超	第十四课	3
84	颠覆	diānfù	（动）	三	第二课	6
85	点击	diǎnjī	（动）	超	第十三课	7
86	店主	diànzhǔ	（名）	超	第三课	2
87	叠加	diéjiā	（动）	超	第十四课	3
88	东亚	dōngyà	（名）	超	第十课	9
89	动荡	dòngdàng	（形）	三	第十四课	5
90	动力	dònglì	（名）	一	第十五课	21
91	栋	dòng	（量）	三	第四课	9
92	毒品	dúpǐn	（名）	二	第十二课	4
93	独具	dújù	（动）	超	第五课	5
94	独特	dútè	（形）	二	第三课	11

序号	词	拼音	词性	等级	索引	出现次数
95	独自	dúzì	（副）	二	第四课	6
96	赌	dǔ	（动）	二	第七课	10
97	端	duān	（名）	超	第五课	56
98	对抗	duìkàng	（动）	二	第十课	13
99	对立	duìlì	（动）	二	第十课	13
100	多向	duōxiàng	（形）	超	第五课	2
101	多元	duōyuán	（形）	三	第五课	22

E

序号	词	拼音	词性	等级	索引	出现次数
102	恶劣	èliè	（形）	三	第十三课	5
103	恶性	èxìng	（形）	三	第十课	7

F

序号	词	拼音	词性	等级	索引	出现次数
104	发病	fā bìng		二	第十二课	4
105	发布	fābù	（动）	二	第十一课	23
106	发愁	fā chóu		三	第十二课	6
107	罚款	fá kuǎn		二	第十三课	4
108	法规	fǎguī	（名）	二	第十五课	9
109	法院	fǎyuàn	（名）	一	第十三课	7
110	凡是	fánshì	（副）	二	第四课	7
111	反弹	fǎntán	（动）	三	第十四课	3
112	反馈	fǎnkuì	（动）	三	第十三课	5
113	方位	fāngwèi	（名）		第五课	5
114	防范	fángfàn	（动）	二	第九课	12
115	防御	fángyù	（动）	三	第二课	6
116	妨碍	fáng'ài	（动）	三	第十课	15
117	放缓	fànghuǎn	（动）	超	第十四课	13
118	放松	fàngsōng	（动）	二	第九课	8
119	放学	fàng xué		超	第四课	5
120	诽谤	fěibàng	（动）	附	第八课	9
121	废气	fèiqì	（名）	超	第十五课	4
122	分岔口	fēnchàkǒu	（名）	超	第十四课	3
123	分离	fēnlí	（动）	二	第一课	3
124	分明	fēnmíng	（形）	三	第九课	7
125	分歧	fēnqí	（名）	三	第七课	11
126	坟墓	fénmù	（名）	三	第七课	2

序号	词	拼音	词性	等级	索引	出现次数
127	风暴	fēngbào	(名)	二	第十一课	5
128	佛教	fójiào	(名)	二	第一课	3
129	辅导	fǔdǎo	(动)	超	第五课	16
130	负债	fùzhài	(动)	超	第十四课	4
131	附属	fùshǔ	(形)	三	第五课	5
132	复合	fùhé	(动)	三	第六课	5

G

序号	词	拼音	词性	等级	索引	出现次数
133	改良	gǎiliáng	(动)	三	第十三课	16
134	感性	gǎnxìng	(形)	附	第九课	4
135	干旱	gānhàn	(名)	三	第十一课	10
136	高超	gāochāo	(形)	三	第三课	17
137	高涨	gāozhǎng	(动)	三	第十课	6
138	歌星	gēxīng	(名)	二	第二课	3
139	革新	géxīn	(动)	二	第十五课	11
140	格外	géwài	(副)	二	第七课	18
141	根基	gēnjī	(名)	附	第二课	4
142	公报	gōngbào	(名)	超	第十课	27
143	公然	gōngrán	(副)	三	第八课	3
144	公益	gōngyì	(名)	二	第一课	3
145	公约	gōngyuē	(名)	三	第十一课	22
146	功课	gōngkè	(名)	一	第四课	6
147	功利	gōnglì	(名)	超	第七课	4
148	功效	gōngxiào	(名)	三	第三课	16
149	攻	gōng	(动)	三	第十课	51
150	攻克	gōngkè	(动)	超	第六课	7
151	共青团	gòngqīngtuán	(名)	超	第四课	2
152	供不应求	gòng bú yìng qiú		附	第六课	9
153	供奉	gòngfèng	(动)	超	第十课	3
154	估	gū	(动)	超	第十课	36
155	孤独	gūdú	(形)	二	第十二课	8
156	孤僻	gūpì	(形)	超	第四课	7
157	古典	gǔdiǎn	(形)	二	第一课	3
158	股份	gǔfèn	(名)	三	第十五课	6
159	顾虑	gùlǜ	(名)	三	第一课	11

序号	词	拼音	词性	等级	索引	出现次数
160	拐点	guǎidiǎn	（名）	超	第十四课	2
161	关闭	guānbì	（动）	二	第十三课	10
162	关怀	guānhuái	（动）	二	第一课	16
163	归结	guījié	（动）	三	第二课	5
164	规格	guīgé	（名）	三	第十五课	2
165	国会	guóhuì	（名）	二	第十一课	21
166	果断	guǒduàn	（形）	三	第八课	13
167	过后	guòhòu	（名）	二	第六课	2
168	过剩	guòshèng	（形）	三	第十四课	6
169	过于	guòyú	（副）	二	第六课	13

H

序号	词	拼音	词性	等级	索引	出现次数
170	海岸	hǎi'àn	（名）	三	第十一课	8
171	海拔	hǎibá	（名）	三	第十一课	3
172	海滨	hǎibīn	（名）	三	第十一课	5
173	含糊	hánhu	（形）	附	第一课	17
174	含量	hánliàng	（名）	二	第四课	8
175	含有	hányǒu	（动）	二	第三课	13
176	罕见	hǎnjiàn	（形）	三	第十一课	6
177	好多	hǎoduō	（数）	一	第一课	4
178	好坏	hǎohuài	（名）	三	第九课	4
179	号称	hàochēng	（动）	三	第十一课	3
180	和睦	hémù	（形）	附	第七课	12
181	和谐	héxié	（形）	二	第七课	27
182	洪水	hóngshuǐ	（名）	二	第十一课	11
183	后代	hòudài	（名）	三	第十一课	3
184	后方	hòufāng	（名）	超	第八课	4
185	后续	hòuxù	（形）	三	第十四课	2
186	呼唤	hūhuàn	（动）	三	第十三课	6
187	忽略	hūlüè	（动）	二	第六课	18
188	互补	hùbǔ	（动）	三	第五课	6
189	互助	hùzhù	（动）	三	第十二课	5
190	回避	huíbì	（动）	二	第八课	16
191	毁	huǐ	（动）	二	第十一课	10
192	绘画	huìhuà	（动）	二	第四课	2

序号	词	拼音	词性	等级	索引	出现次数
J						
193	机密	jīmì	（名、形）	三	第十三课	14
194	积淀	jīdiàn	（名）	附	第五课	2
195	激发	jīfā	（动）	三	第三课	11
196	级别	jíbié	（名）	三	第五课	2
197	极端	jíduān	（名）	二	第八课	41
198	极力	jílì	（副）	三	第八课	6
199	极限	jíxiàn	（名）	三	第十二课	5
200	急于	jíyú	（动）	三	第七课	4
201	纪念品	jìniànpǐn	（名）	超	第一课	2
202	技工	jìgōng	（名）	二	第六课	5
203	技校	jìxiào		超	第六课	8
204	迹象	jīxiàng	（名）	超	第十二课	9
205	寂寞	jìmò	（形）	三	第十二课	4
206	加剧	jiājù	（动）	超	第十四课	19
207	家长	jiāzhǎng	（名）	二	第二课	41
208	嘉宾	jiābīn	（名）	二	第十五课	2
209	尖端	jiānduān	（形）	三	第十五课	5
210	坚持不懈	jiānchí-búxiè		附	第二课	9
211	坚固	jiāngù	（形）	二	第七课	13
212	坚信	jiānxìn	（动）	三	第十课	6
213	肩膀	jiānbǎng	（名）	三	第四课	2
214	监督	jiāndū	（动）	二	第十五课	20
215	监管	jiānguǎn	（动）	三	第十三课	9
216	兼顾	jiāngù	（动）	三	第二课	6
217	检验	jiǎnyàn	（动）	二	第十五课	6
218	见解	jiànjiě	（名）	三	第十三课	10
219	渐进	jiànjìn	（动）	超	第九课	9
220	鉴于	jiànyú	（介）	三	第十二课	5
221	将近	jiāngjìn	（副）	一	第六课	6
222	讲述	jiǎngshù	（动）	三	第三课	9
223	奖金	jiǎngjīn	（名）	二	第十三课	3
224	脚踏实地	jiǎo tà shí dì		超	第一课	8
225	阶层	jiēcéng	（名）	三	第十二课	5

序号	词	拼音	词性	等级	索引	出现次数
226	接二连三	jiē èr lián sān		附	第九课	9
227	接连	jiēlián	（副）	二	第十一课	8
228	节能	jiénéng	（动）	二	第十课	17
229	借鉴	jièjiàn	（动）	二	第十课	12
230	借助	jièzhù	（动）	三	第十二课	8
231	紧急	jǐnjí	（形）	一	第九课	9
232	尽早	jǐnzǎo	（副）	二	第七课	6
233	进取	jìnqǔ	（动）	超	第八课	7
234	近期	jìnqī	（名）	一	第六课	7
235	近视	jìnshì	（名）	附	第四课	4
236	晋升	jìnshēng	（动）	三	第八课	2
237	经济体	jīngjìtǐ	（名）	超	第十四课	37
238	经受	jīngshòu	（动）	三	第十二课	7
239	惊喜	jīngxǐ	（形）	二	第一课	6
240	境地	jìngdì	（名）	三	第三课	11
241	境界	jìngjiè	（名）	三	第四课	7
242	纠纷	jiūfēn	（名）	二	第七课	15
243	酒精	jiǔjīng	（名）	三	第十二课	3
244	局势	júshì	（名）	三	第九课	17
245	剧烈	jùliè	（形）	三	第九课	16
246	聚集	jùjí	（动）	三	第一课	7
247	聚焦	jùjiāo	（动）	超	第三课	8
248	绝缘	juéyuán	（动）	附	第八课	5
249	崛起	juéqǐ	（动）	三	第十课	14
250	军方	jūnfāng	（名）	超	第十三课	7
251	军国主义	jūnguó zhǔyì		超	第十课	4
252	军医	jūnyī	（名）	超	第十三课	4
253	均衡	jūnhéng	（形）	三	第五课	5

K

序号	词	拼音	词性	等级	索引	出现次数
254	开心	kāixīn	（形）	一	第四课	7
255	看作	kànzuò	（动）	超	第九课	9
256	抗拒	kàngjù	（动）	三	第二课	6
257	考查	kǎochá	（动）	超	第五课	8
258	考验	kǎoyàn	（动）	一	第七课	11

序号	词	拼音	词性	等级	索引	出现次数
259	靠近	kàojìn	（动）	二	第十一课	4
260	科目	kēmù	（名）	三	第五课	31
261	可笑	kěxiào	（形）	三	第一课	4
262	刻板	kèbǎn	（形）	超	第二课	2
263	课余	kèyú	（名）	超	第五课	3
264	坑	kēng	（名）	三	第八课	4
265	恐怖	kǒngbù	（形）	三	第十课	167
266	苦恼	kǔnǎo	（形）	三	第八课	5
267	夸	kuā	（动）	三	第十一课	7
268	快餐	kuàicān	（名）	一	第三课	10
269	宽松	kuānsōng	（形）	三	第十四课	16
270	困境	kùnjìng	（名）	三	第十二课	11
271	困扰	kùnrǎo	（动）	二	第十二课	17
272	扩散	kuòsàn	（动）	三	第十课	7
273	扩张	kuòzhāng	（动）	三	第三课	13
274	扩招	kuòzhāo		超	第六课	20
L						
275	老婆	lǎopo	（名）	二	第七课	3
276	乐于	lèyú	（动）	超	第二课	10
277	理事	lǐshì	（名）	三	第四课	4
278	理性	lǐxìng	（形）	三	第九课	14
279	力度	lìdù	（名）	三	第十四课	7
280	历年	lìnián	（名）	超	第十一课	3
281	历时	lìshí	（动）	三	第五课	6
282	利弊	lìbì	（名）	超	第九课	7
283	利润	lìrùn	（名）	二	第十五课	10
284	联邦	liánbāng	（名）	三	第十三课	3
285	联络	liánluò	（动）	二	第十三课	6
286	良策	liángcè	（名）	超	第十五课	5
287	裂缝	lièfèng	（名）	三	第六课	4
288	邻	lín	（名）	超	第十课	42
289	邻国	línguó	（名）	三	第十课	7
290	临近	línjìn	（动）	三	第六课	18
291	灵敏	língmǐn	（形）	三	第六课	5

序号	词	拼音	词性	等级	索引	出现次数
292	领土	lǐngtǔ	（名）	三	第十一课	10
293	留学	liú xué		一	第九课	13
294	陆军	lùjūn	（名）	二	第十三课	3
295	落地	luòdì	（动）	三	第五课	2
296	履行	lǚxíng	（动）	三	第六课	9

M

序号	词	拼音	词性	等级	索引	出现次数
297	蔓延	mànyán	（动）	超	第十一课	7
298	忙碌	mánglù	（形）	三	第八课	8
299	眉头	méitou	（名）	超	第七课	2
300	美满	měimǎn	（形）	三	第七课	19
301	美誉	měiyù	（名）	超	第十五课	4
302	猛然	měngrán	（副）	三	第九课	4
303	弥补	míbǔ	（动）	三	第十二课	8
304	秘诀	mìjué	（名）	三	第二课	2
305	民意	mínyì	（名）	二	第九课	5
306	民营	mínyíng	（形）	超	第十五课	21
307	民族主义	mínzú zhǔyì		超	第十课	8
308	敏感	mǐngǎn	（形）	二	第八课	12
309	名单	míngdān	（名）	一	第九课	4
310	名人	míngrén	（名）	二	第三课	6
311	名誉	míngyù	（名）	二	第十三课	12
312	命题	mìngtí	（动）	三	第五课	22
313	模范	mófàn	（名）	二	第八课	13
314	摩擦	mócā	（名）	二	第九课	12
315	陌生	mòshēng	（形）	三	第十二课	4

N

序号	词	拼音	词性	等级	索引	出现次数
316	男性	nánxìng	（名）	二	第八课	14
317	难关	nánguān	（名）	三	第六课	5
318	能否	néngfǒu		二	第二课	21
319	农作物	nóngzuòwù	（名）	三	第十一课	5
320	浓厚	nónghòu	（形）	三	第十五课	6

O

序号	词	拼音	词性	等级	索引	出现次数
321	欧美	ōuměi	（名）	超	第十课	10

序号	词	拼音	词性	等级	索引	出现次数
P						
322	排放	páifàng	（动）	三	第十一课	26
323	徘徊	páihuái	（动）	附	第七课	2
324	判处	pànchǔ	（动）	三	第十三课	6
325	抛弃	pāoqì	（动）	三	第十课	20
326	配套	pèi tào		二	第十二课	11
327	膨胀	péngzhàng	（动）	三	第十二课	8
328	疲倦	píjuàn	（形）	三	第八课	13
329	譬如	pìrú	（动）	三	第四课	8
330	偏偏	piānpiān	（副）	三	第七课	8
331	平衡	pínghéng	（形）	二	第十五课	24
332	平面	píngmiàn	（名）	三	第十一课	26
333	平庸	píngyōng	（形）	超	第十四课	5
334	迫使	pòshǐ	（动）	三	第八课	16
Q						
335	期望	qīwàng	（动）	二	第二课	16
336	奇妙	qímiào	（形）	二	第三课	3
337	祈祷	qídǎo	（动）	三	第十一课	6
338	启示	qǐshì	（名、动）	三	第二课	12
339	气愤	qìfèn	（形）	三	第九课	4
340	气功	qìgōng	（名）	超	第一课	3
341	气体	qìtǐ	（名）	二	第十一课	26
342	恰恰	qiàqià	（副）	二	第九课	8
343	牵引	qiānyǐn	（动）	超	第十五课	3
344	谦虚	qiānxū	（形）	二	第一课	6
345	前后	qiánhòu	（副）	一	第九课	7
346	前所未有	qián suǒ wèi yǒu		附	第十一课	13
347	潜能	qiánnéng	（名）	附	第三课	8
348	潜在	qiánzài	（形）	三	第十四课	13
349	强劲	qiángjìng	（形）	三	第十四课	6
350	强求	qiǎngqiú	（动）	超	第二课	5
351	强盛	qiángshèng	（形）	超	第九课	7
352	抢救	qiǎngjiù	（动）	二	第十三课	4
353	侵蚀	qīnshí	（动）	超	第十一课	12

序号	词	拼音	词性	等级	索引	出现次数
354	亲身	qīnshēn	（形）	三	第十三课	7
355	清除	qīngchú	（动）	三	第十三课	7
356	清晰	qīngxī	（形）	三	第九课	19
357	区分	qūfēn	（动）	三	第五课	17
358	驱逐	qūzhú	（动）	三	第十二课	15
359	曲子	qǔzi	（名）	超	第三课	2
360	取代	qǔdài	（动）	三	第十一课	9
361	去世	qùshì	（动）	一	第八课	4
362	趣味	qùwèi	（名）	三	第四课	10
363	全局	quánjú	（名）	三	第十课	11
364	全力以赴	quánlìyǐfù		附	第八课	6
365	劝说	quànshuō	（动）	三	第八课	3
366	确立	quèlì	（动）	二	第十课	11
367	群体	qúntǐ	（名）	二	第十三课	24
R						
368	燃料	ránliào	（名）	二	第十五课	5
369	让位	ràng wèi		超	第十四课	2
370	热线	rèxiàn	（名）	二	第十二课	2
371	人际	rénjì	（形）	超	第三课	17
372	人情	rénqíng	（名）	三	第十课	5
373	人群	rénqún	（名）	二	第十三课	20
374	人身	rénshēn	（名）	三	第十三课	9
375	人心	rénxīn	（名）	超	第十课	15
376	忍受	rěnshòu	（动）	二	第三课	20
377	任教	rènjiào	（动）	超	第五课	4
378	任选	rènxuǎn	（动）	超	第五课	2
379	入口	rùkǒu	（名）	一	第十课	7
S						
380	沙滩	shātān	（名）	三	第十一课	4
381	擅长	shàncháng	（动）	三	第一课	20
382	伤员	shāngyuán	（名）	二	第十三课	2
383	上台	shàng tái		二	第九课	5
384	伸手	shēn shǒu		三	第七课	2
385	深化	shēnhuà	（动）	二	第二课	8

序号	词	拼音	词性	等级	索引	出现次数
386	深远	shēnyuǎn	（形）	三	第四课	16
387	升级	shēng jí		二	第十五课	26
388	升学	shēng xué		三	第四课	11
389	生病	shēng bìng		一	第一课	10
390	生存	shēngcún	（动）	一	第十五课	26
391	生机	shēngjī	（名）	三	第三课	4
392	盛行	shèngxíng	（动）	二	第十三课	6
393	失常	shīcháng	（形）	超	第十二课	10
394	失落	shīluò	（动、形）	三	第十二课	3
395	势头	shìtóu	（名）	三	第十四课	9
396	视野	shìyě	（名）	三	第十五课	10
397	收益	shōuyì	（名）	二	第十三课	5
398	首相	shǒuxiàng	（名）	二	第十课	35
399	数目	shùmù	（名）	二	第十一课	7
400	税收	shuìshōu	（名）	三	第十五课	6
401	顺差	shùnchā	（名）	三	第十四课	5
402	四处	sìchù	（名）	二	第四课	3
403	岁月	suìyuè	（名）	二	第七课	3
404	损	sǔn	（动）	三	第九课	32

T

序号	词	拼音	词性	等级	索引	出现次数
405	踏实	tāshi	（形）	二	第四课	13
406	台阶	táijiē	（名）	二	第八课	4
407	态势	tàishì	（名）	超	第十四课	6
408	谈到	tándào	（动）	三	第三课	15
409	坦言	tǎnyán	（动）	超	第五课	5
410	逃避	táobì	（动）	三	第十一课	23
411	讨价还价	tǎo jià huán jià		三	第一课	12
412	特意	tèyì	（副）	二	第八课	3
413	特质	tèzhì	（名）	三	第三课	5
414	提升	tíshēng	（动）	二	第十五课	21
415	提问	tíwèn	（动）	一	第三课	9
416	体质	tǐzhì	（名）	三	第四课	8
417	替代	tìdài	（动）	二	第三课	10
418	天经地义	tiānjīng-dìyì		附	第十五课	7

序号	词	拼音	词性	等级	索引	出现次数
419	天然	tiānrán	（形）	二	第八课	5
420	天然气	tiānránqì	（名）	二	第十一课	2
421	天堂	tiāntáng	（名）	二	第四课	7
422	填补	tiánbǔ	（动）	三	第六课	7
423	填写	tiánxiě	（动）	三	第四课	11
424	条例	tiáolì	（名）	超	第十三课	4
425	条目	tiáomù	（名）	超	第五课	2
426	条文	tiáowén	（名）	超	第十五课	3
427	跳跃	tiàoyuè	（动）	三	第九课	2
428	停留	tíngliú	（动）	二	第二课	6
429	停滞	tíngzhì	（动）	超	第十四课	3
430	同盟	tóngméng	（名）	三	第十五课	4
431	突围	tūwéi	（动）	超	第十五课	4
432	徒刑	túxíng	（名）	超	第十三课	3
433	拖延	tuōyán	（动）	三	第十课	7
434	妥当	tuǒdang	（形）	三	第八课	3

W

序号	词	拼音	词性	等级	索引	出现次数
435	挖掘	wājué	（动）	三	第五课	13
436	外表	wàibiǎo	（名）	三	第八课	4
437	外出	wàichū	（动）	二	第八课	5
438	外界	wàijiè	（名）	二	第七课	9
439	湾	wān	（动）	超	第十一课	12
440	完美	wánměi	（形）	一	第二课	17
441	玩乐	wánlè		超	第四课	4
442	晚年	wǎnnián	（名）	三	第十二课	3
443	万能	wànnéng	（形）	附	第二课	7
444	万全之策	wànquán zhī cè		超	第十四课	2
445	万一	wànyī	（连）	一	第九课	6
446	往年	wǎngnián	（名）	二	第六课	5
447	忘却	wàngquè	（动）	超	第一课	6
448	违法	wéi fǎ		二	第十三课	4
449	围棋	wéiqí	（名）	超	第四课	3
450	维生素	wéishēngsù	（名）	二	第四课	3
451	伪劣	wěiliè	（形）	超	第十五课	4

序号	词	拼音	词性	等级	索引	出现次数
452	委员会	wěiyuánhuì	（名）	三	第五课	10
453	位于	wèiyú	（动）	二	第十二课	19
454	温室	wēnshì	（名）	三	第十一课	26
455	蚊子	wénzǐ	（名）	三	第十一课	3
456	无从	wúcóng	（副）	超	第三课	3
457	无妨	wúfáng	（动）	超	第二课	4
458	无关	wúguān	（动）	二	第十二课	9
459	无意	wúyì	（动）	三	第八课	12
460	无知	wúzhī	（形）	三	第三课	10
461	侮辱	wǔrǔ	（动）	超	第十三课	8
462	舞蹈	wǔdǎo	（名）	二	第一课	5
463	物美价廉	wùměi-jiàlián		超	第十五课	9
464	悟	wù	（动）	超	第九课	11

X

序号	词	拼音	词性	等级	索引	出现次数
465	吸毒	xī dú		三	第十二课	3
466	下调	xiàtiáo	（动）	附	第十四课	8
467	先锋	xiānfēng	（名）	二	第八课	2
468	先前	xiānqián	（名）	二	第十二课	2
469	现状	xiànzhuàng	（名）	二	第九课	17
470	限期	xiànqī	（动）	超	第十三课	6
471	陷入	xiànrù	（动）	二	第十课	12
472	相差	xiāngchà	（动）	三	第九课	3
473	享有	xiǎngyǒu	（动）	三	第十一课	6
474	向来	xiànglái	（副）	三	第十一课	3
475	消除	xiāochú	（动）	二	第十五课	35
476	小家伙	xiǎojiāhuo	（名）	三	第四课	1
477	协会	xiéhuì	（名）	二	第十五课	17
478	泄露	xièlòu	（动）	三	第十三课	3
479	心爱	xīn'ài	（形）	三	第七课	4
480	新兴	xīnxīng	（形）	二	第七课	14
481	薪水	xīnshuǐ	（名）	二	第八课	3
482	信贷	xìndài	（名）	三	第十四课	5
483	信赖	xìnlài	（动）	三	第十课	17
484	信念	xìnniàn	（名）	二	第二课	12

序号	词	拼音	词性	等级	索引	出现次数
485	幸好	xìnghǎo	（副）	三	第十三课	4
486	酗酒	xùjiǔ	（动）	附	第十二课	5
487	宣称	xuānchēng	（动）	三	第十二课	13

Y

序号	词	拼音	词性	等级	索引	出现次数
488	压制	yāzhì	（动）	附	第四课	7
489	淹没	yānmò	（动）	超	第十一课	20
490	严寒	yánhán	（形）	超	第十四课	3
491	严峻	yánjùn	（形）	三	第六课	25
492	言论	yánlùn	（名）	二	第十三课	21
493	研发	yánfā	（动）	二	第十五课	15
494	演艺	yǎnyì	（名）	超	第一课	4
495	邀	yāo	（动）	三	第一课	22
496	要好	yàohǎo	（形）	二	第八课	4
497	要领	yàolǐng	（名）	附	第一课	3
498	冶金	yějīn	（名）	超	第六课	4
499	一技之长	yī jì zhī cháng		超	第六课	4
500	一头	yìtóu	（副）	三	第四课	4
501	一心	yìxīn	（副）	丙	第七课	3
502	衣裳	yīshang	（名）	超	第七课	2
503	移民	yímín	（动、名）	二	第九课	12
504	议程	yìchéng	（名）	三	第九课	3
505	议定书	yìdìngshū	（名）	超	第十一课	4
506	议员	yìyuán	（名）	三	第十三课	19
507	意料	yìliào	（动）	三	第一课	4
508	意向	yìxiàng	（名）	三	第三课	5
509	因材施教	yīncái-shījiào		超	第五课	2
510	引擎	yǐnqíng	（名）	超	第十五课	3
511	婴儿	yīng'ér	（名）	三	第十课	8
512	影子银行	yǐngzi yínháng			第十四课	2
513	应对	yìngduì	（动）	二	第十二课	19
514	应试教育	yīngshì jiàoyù			第四课	4
515	硬件	yìngjiàn	（名）	二	第六课	10
516	永久	yǒngjiǔ	（形）	三	第七课	6
517	勇于	yǒngyú	（动）	三	第十五课	9

序号	词	拼音	词性	等级	索引	出现次数
518	优化	yōuhuà	(动)	三	第十五课	10
519	忧虑	yōulǜ	(动)	三	第六课	11
520	幼稚	yòuzhì	(形)	三	第七课	4
521	与此同时	yǔcǐ-tóngshí		三	第十课	9
522	与其	yǔqí	(连)	三	第九课	9
523	预报	yùbào	(动)	一	第十一课	15
524	原材料	yuáncáiliào	(名)	三	第十二课	5
525	原始	yuánshǐ	(形)	二	第十五课	5
526	援助	yuánzhù	(动)	二	第十二课	28
527	源头	yuántóu	(名)	三	第三课	2
528	月份	yuèfèn	(名)	一	第十一课	4
529	运营	yùnyíng	(动)	三	第十三课	5

Z

序号	词	拼音	词性	等级	索引	出现次数
530	再者	zàizhě	(连)	超	第四课	4
531	赞赏	zànshǎng	(动)	二	第一课	15
532	早点	zǎodiǎn	(名)	超	第七课	2
533	诈骗	zhàpiàn	(动)	三	第十三课	6
534	展望	zhǎnwàng	(动)	三	第十四课	6
535	召回	zhàohuí	(动)	超	第十五课	4
536	折腾	zhēteng	(动)	超	第一课	2
537	争夺	zhēngduó	(动)	二	第十课	7
538	整洁	zhěngjié	(形)	三	第七课	4
539	整天	zhěngtiān	(副)	一	第七课	5
540	郑重	zhèngzhòng	(形)	三	第八课	19
541	之类	zhīlèi	(后缀)	二	第四课	2
542	之所以	zhīsuǒyǐ	(连)	三	第三课	13
543	直至	zhízhì	(动)	三	第三课	6
544	职员	zhíyuán	(名)	三	第十三课	5
545	制止	zhìzhǐ	(动)	三	第十三课	17
546	中年	zhōngnián	(名)	一	第八课	7
547	中途	zhōngtú	(名)	三	第七课	3
548	终止	zhōngzhǐ	(动)	二	第三课	13
549	众议院	zhòngyìyuàn	(名)	超	第十一课	3
550	周刊	zhōukān	(名)	超	第十三课	10

序号	词	拼音	词性	等级	索引	出现次数
551	周密	zhōumì	(形)	三	第二课	16
552	皱	zhòu	(动)	三	第七课	4
553	逐年	zhúnián	(副)	三	第六课	6
554	主旨	zhǔzhǐ	(名)	超	第五课	2
555	助手	zhùshǒu	(名)	二	第十三课	6
556	助长	zhùzhǎng	(动)	超	第十课	6
557	住宅	zhùzhái	(名)	二	第十一课	4
558	专长	zhuāncháng	(名)	附	第六课	13
559	转入	zhuǎnrù	(动)	超	第十三课	5
560	转型	zhuǎnxíng	(动)	三	第十二课	32
561	壮	zhuàng	(形)	三	第四课	9
562	着陆	zhuó lù		超	第十四课	3
563	着重	zhuózhòng	(动)	三	第二课	31
564	追赶	zhuīgǎn	(动)	三	第十课	7
565	咨询	zīxún	(动)	二	第四课	35
566	自豪	zìháo	(形)	二	第一课	17
567	自杀	zìshā	(动)	二	第十二课	23
568	自私	zìsī	(形)	三	第四课	6
569	字幕	zìmù	(名)	三	第一课	4
570	字眼	zìyǎn	(名)	三	第五课	2
571	总数	zǒngshù	(名)	二	第九课	10
572	总之	zǒngzhī	(连)	二	第十课	3
573	走俏	zǒuqiào	(形)	超	第六课	4
574	奏	zòu	(动)	二	第七课	18
575	租	zū	(动)	一	第七课	8
576	罪	zuì	(名)	二	第十三课	31
577	作物	zuòwù	(名)	三	第十一课	15

参考答案

第一课

三、1. 讨价还价　　2. 惊喜　　3. 关怀　　4. 脚踏实地　　5. 顾虑　　6. 忘却
　　7. 赞赏　　8. 骄傲　　9. 自豪　　10. 含糊　　11. 模糊　　12. 善于　　13. 擅长

四、1. ×　　2. ×　　3. ×　　4. ✓

五、1. CAB　　2. BAC

六、1. B　　2. D　　3. A　　4. A

七、1. ① 和　　② 来自　　③ 竟然　　④ 可
　　2. ① 越来越　　② 甚至　　③ 因为　　④ 就此　　⑤ 又或者　　⑥ 却

快速阅读

阅读一

1. 两个。

   韩国人金辉彬：中国的春节跟韩国有相同的地方也有不同的地方。

   美国人安迪：超爱。中国的春节就是圣诞节＋感恩节＋美国独立日，很热闹，很温暖，很疯狂！

2. 中国人喜欢在过年的时候放鞭炮；韩国人过年习惯吃年糕和团糕；韩国人祭祀程序很严格；韩国春节没有特别的装饰。

3. 每年春节，安迪都跟妻子和岳父岳母一起过，还要去亲戚家串门。为了更好的"入乡随俗"，他甚至还学会了喝白酒。

4. 略。

阅读二

1. 从语言到历史、到文化，汤姆都特别喜欢北京。他喜欢北京的历史古迹、博物馆，还有胡同和四合院。他也喜欢在北京多元化的朋友圈。

2. B

3. 有音乐表演的方式，也有走进国外学校的课堂，用中国汉字传递中国文化的方式。

4. 略。

阅读三

1. ×　　2. ×　　3. ✓　　4. ×　　5. ×　　6. ×　　7. ×　　8. ✓

第二课

三、1. 能否　　2. 乐于　　3. 抗拒　　4. 坚持不懈　　5. 关怀　　6. 兼顾
　　7. 严密　　8. 周密　　9. 完美　　10. 完善　　11. 启发　　12. 启示

四、1. ✓　　2. ×　　3. ×　　4. ✓

五、1. CADB　　2. BAC
六、1. D　　2. B　　3. C　　4. C
七、1. ①不仅　　②而且　　③就是　　④则
　　2. ①即便　　②依然　　③也不可能　　④因此　　⑤应当

快速阅读

阅读一

1. 王涛的研究生生活不太顺利，他在研究课题的选择上出现了问题，感情上也出现过问题。

2. 博士生延期毕业不一定是一件坏事。博士生找工作是一个精挑细选的长期的过程，延期毕业可以让他们把论文做得更好，把实验做得更充分，让自己变得更优秀，更有准备。

3. 保持微笑，不浮躁，不急功近利，珍惜现在，踏实走好每一步，永远不要让悲伤冲淡幸福的味道。很多时候，笑一笑，一切都会过去，幸福就在前方。

阅读二

1. 十个。幸福、快乐、身体健康、更加美好、一切顺利、梦想成真、好的开始、新的生活、家庭温暖、工作顺利。

2. 把能够表现自己幸福生活的照片发布到网络上向大家展示。

3. 略。

阅读三

1. √　　2. ×　　3. √　　4. ×　　5. √　　6. ×　　7. √　　8. ×

第三课

三、1. 讲述　　2. 含有　　3. 暗示　　4. 替代　　5. 终止　　6. 激发　　7. 扩张
　　8. 忍耐　　9. 忍受　　10. 功能　　11. 功效　　12. 高超　　13. 高明
四、1. ×　　2. √　　3. √　　4. ×
五、1. BADC　　2. CBA
六、1. A　　2. C　　3. D　　4. B
七、1. ①再如　　②却　　③因　　④进而
　　2. ①例如　　②而　　③或许　　④以此　　⑤这时　　⑥将

快速阅读

阅读一

1. 中国留学生初到国外，"扎堆"现象比较常见。由于共同的生活习惯和交流方便等原因，中国留学生更愿意待在中国人的圈子里。如何融入国外的环境成为他们面临的很大的问题。

2. 朱超认为造成这种问题的原因有：从小学到大学，对学生的人际关系及交流技巧的培养较少，导致很多学生不善于交际；许多学生都是"80后"独生子女，在家里习惯了以自我为中心；语言障碍问题。

3. "中式"交际圈有好处也有坏处。一方面，它能够是刚到外国的中国学生很快交到朋友，不那么孤单，但是另一个方面，这也是他们的交流范围受到了很大限制。
4. 中国人和外国人在表达方式上存在很多差异，有语言上的，也有文化上的。一般来说，外国人的表达方式更为直接，怎么想就怎么说，他们会常常看到别人的优点并鼓励别人。而中国人之间的交流会很注意用词，不那么直接。
5. 中国留学生应该多与当地人交流，多交一些外国朋友；多参加社交活动，勇敢地与人交流；遇到好的机会，要大胆地表现自己。

阅读二
1. 赞美能使人感到快乐；赞美创造了更大的人生价值；赞美能给人带去活力；赞美对别人是一种特别的奖励。
2. 贝克曼喜欢旅行，他每到一个地方都会在那里学一点儿当地的语言，然后对别人说一些赞美的话。这些小小的赞美使他赢得了遍布世界各地的朋友。
3. 赞美可以创造更大的人生价值。不断受到表扬的学生会更加自信，会做得更好。
4. 诚实的、自发的、客观的赞美。
5. 略。

阅读三
1. ×   2. ✓   3. ✓   4. ×   5. ✓   6. ✓   7. ×   8. ✓

第四课

三、1. 填写   2. 孤僻   3. 趣味   4. 咨询   5. 超级   6. 譬如   7. 压制
    8. 长远   9. 深远   10. 担心   11. 担忧   12. 责任   13. 义务

四、1. ×   2. ✓   3. ×   4. ✓

五、1. BAC   2. CDAB

六、1. B   2. C   3. D   4. B

七、1.1 凡是   2 都   3 可能   4 但   5 不如
    2.1 固然   2 但   3 在于   4 即

快速阅读
阅读一
1. 现在的孩子越来越"不会玩儿"，他们很难找到健康的娱乐方式和减压方式，害怕独处，不爱运动、沉迷网络的情况常常发生。
2. 家长可以从孩子的兴趣出发，多带孩子参观博物馆、海洋馆，假期的时候带孩子出去运动，亲近自然，教孩子种花种草，培养动手能力和观察能力；
孩子不应当长时间独处，家长有时间要多陪孩子，鼓励孩子寻找"玩儿伴"，认识新朋友，培养孩子的交际能力；
如果家长跟孩子约定了运动计划或者限制孩子玩电脑的时间，家长就要先遵守规则，给孩子树立良好的榜样；
读书是健全能力，培养兴趣的最好的方法，家长可以每天陪孩子读一点儿书，聊一点儿读书的心得体会，激发孩子的阅读兴趣。

3. 略。

阅读二

1. iPad可以作为孩子的早教工具，认字、下棋、拼图、弹钢琴都可以；但是如果孩子们过度的使用iPad，很多问题就会出现，比如说孩子的视力急剧下降、越来越沉迷于游戏、不愿出门与他人玩儿、亲子之间的交流也减少了，等等。

2. 小松有了iPad以后，生活就发生了改变。除了在学校，放学的时间都是在玩儿iPad，吃饭的时候都不愿放下，一边吃饭也一边玩儿，有时候一玩儿好几个小时都不休息，就是一个典型的"iPad控"。

3. 视力问题、社交问题、心理问题、家庭问题。

4. "宅男/宅女"喜欢一直待在家里，很少与外界交往或者参加户外活动。

阅读三

1. √ 2. × 3. √ 4. √ 5. × 6. √ 7. × 8. ×

第五课

三、1. 附属 2. 任教 3. 区分 4. 主旨 5. 积淀 6. 改造 7. 改革 8. 均衡 9. 平衡 10. 考察 11. 考查

四、1. √ 2. √ 3. × 4. √

五、1. CDAB 2. DCBAE

六、1. A 2. D 3. B 4. D

七、1. 但 2. 更 3. 按照 4. 肯定 5. 如果

1. 也 2. 可能 3. 但 4. 对

快速阅读

阅读一

1. 春季高考和夏季高考并不是同一类型的考试。春季高考的前身是面向中职学生的对口高职考试，是一种技能型高考，比较侧重于考察专业课。而夏季高考就是传统意义上的高考。

2. 有些学生很想尝试，可是家长比较担心。春季高考虽然给一部分成绩不很理想的考生带来了希望，可是如果失败，那么就连夏季高考的机会也一起丢失了。因为两次高考的侧重点不同，很难兼顾。

3. 春季高考侧重专业课考试，只要学生考前接受专业培训，做好充分准备，就有可能获得不错的成绩。所以说相对于传统高考来说，春季高考给学生提供了更多的上大学的机会，确实是一条捷径。可是随着春季高考吸引力的增加，报考的学生也越来越多，这样可能把这条"捷径"挤成"独木桥"。

4. 市教育局主张增加专业课难度，体现中职生优势。因为和普通高中生相比，专业课是中职生的优势，但是如果降低专业课难度，会吸引大量的普通高中生报考春季高考，这样会对中等职业教育造成冲击。

阅读二

1. 高考前的准备时间异常辛苦，学生每天过着两点一线的生活，在题海中奋斗挣扎，

把全部精力都用在了学习上，几乎没有任何课外活动，生活单调乏味。但是虽然很苦，但是每天都过得非常充实，心里装着梦想，为了梦想而奋斗，也是一种幸福。

2. 经历过高考的大学生，对大学生活和那段高考岁月的看法不尽相同。有些同学觉得刚经历高考进入大学的时候很兴奋，有一种美好生活得来不易的感觉，但经过一段时间的轻松自由的生活之后，内心就会产生空虚感，不知道应该做些什么。然而高考那段时间虽然紧张痛苦，但是每天都为了理想和目标坚持奋斗，却也过得充实而幸福。但是也有同学认为，高考使人成长。高考教会他们怎么面对现实，如何实现理想。是高考让他们知道理想的重要和坚持的宝贵。

3. 高考给了每个考生公平竞争的机会，对于那些能够善用这个机会的考生来说，高考是一条捷径，他们可以通过考试进入一所不错的大学，从而有机会接受高等教育，提高自身素质。

可是，这种一次性的选拔考试终究不能反映一个人综合素质，而且对于那些平常很有实力但因为一些意外原因没考好的学生来说也是不公平的，可能会在一定程度上对他们的成长和个人发展产生负面影响。

4. 作者对于高考的态度是倾向于改革的。但是高考制度的改革，不是一件很容易的事情。作者期待高考制度会越来越完善，越来越合理。

阅读三

1. ×　　2. ×　　3. √　　4. ×　　5. √　　6. √　　7. ×　　8. ×

第一～五课测试题

二、1. 此后　　2. 讨价还价　　3. 各式各样　　4. 脚踏实地　　5. 譬如
　　6. 坚持不懈　　7. 含糊　　8. 忍耐　　9. 改革　　10. 义务

三、1. BAC　　2. CBA　　3. CADB　　4. ADCB

四、1. ①即便　②依然　③也不可能　④因此　⑤应当
　　2. ①越来越　②甚至　③因为　④就此　⑤又或者　⑥看来　⑦却

五、1. 让脑体编程使我们感到更有力量的办法是定位于结果，要做三点。
　　2. 退休教师和家长感叹以前的孩子太会玩儿了，而现在的孩子不会玩儿。
　　3. 举例说明目前中国高等学校自主招生制度的改革探索。

七、阅读一
（一）1. √　　2. ×　　3. ×　　4. √　　5. √　　6. ×　　7. ×
（二）在实施"五常法"的过程中，父母必须首先了解五常法，并以身作则。父母必须在教导上有共识。如果小朋友做错事，父母必须要有共同处事的原则。父母必须按小朋友的能力去制定标准，而非按成人的要求，过高过低都不宜。

阅读二
（一）1. ×　　2. √　　3. ×　　4. √　　5. ×　　6. ×　　7. √
（二）打孩子除了可能造成孩子身体上的伤害外，还有其他危害：
伤害孩子的自尊心；迫使孩子说谎；报复父母；容易使孩子形成暴躁的性格；父母丧失在孩子心目中的威信。

阅读三

（一）1. √　　2. ×　　3. √　　4. ×　　5. √

（二）自信是创造奇迹的灵丹妙药。可一些应届生在求职时，往往因为自己缺乏实际操作经验就无法在所应聘的工作岗位前表现十足的信心，导致企业不得不拒之门外。但有一点想告诉涉世不深的求职朋友，企业一旦确定招聘没有社会经验的应届生，就已在其培训计划与资源配置方面做了相应的安排。

第六课

三、1. 履行　　2. 一技之长　　3. 攻克　　4. 填补　　5. 供不应求　　6. 担保
　　7. 不得已　　8. 邻近　　9. 临近　　10. 严峻　　11. 严格　　12. 疏忽
　　13. 忽略

四、1. ×　　2. √　　3. √　　4. ×

五、1. CBA　　2. BADC

六、1. A　　2. B　　3. C　　4. B

七、1. ①而且　　②因为　　③而　　④也
　　2. ①原因　　②但是　　③如果　　④乃至

快速阅读

阅读一

1. 一般来说，学历越高，找工作的机会就越多，但是现在却出现了相反的情况：从全国范围内来看，研究生的初次就业率低于本科生，本科生又低于高职大专毕业生，呈现出"倒三角"的态势。

2. 王浩打算毕业以后再到中专学两年建筑。原因是：一方面，爸爸想让王浩跟他一样从事建筑行业；另一方面，王浩上大学的时候没有很努力地学习，也没有参加很多的课外活动，找工作比较困难，所以毕业以后还是靠父母，听父母的安排。

3. 市民刘先生觉得从家长角度，当然希望孩子能够读一个好的大学，以后找一个好的工作。但是当念好大学也不一定能找到好工作的时候，还是有一门技术更靠谱一些。吉林大学的学生于靖认为，读大学值不值，关键看你想成为一个什么样的人。如果你在大学学到了你想学的东西，那么你的大学就是值的；但是如果你希望通过上大学找到一个好工作，可以毕业以后却没有达到目标，那么或许就不值。

网友"金燕mjy"说，她本人并没有后悔过读大学，大学的作用不是短期内就能体现出来的。读大学或许不能带来好的工作，但是对个人修养和素质的提高有很大影响。

4. 把高考分成学术型高考和技能型高考，让学生自己选择适合自己的发展模式。

阅读二

1. 一方面是因为与所学专业不对口。很多大学生觉得自己的专业跟销售没有关系，而且干这些工作会让他们很没面子。另一方面是销售类工作的薪资待遇不那么好，难以满足大学生们的胃口。

2. 很多大学生希望毕业之后进一步提高自身的专业素质或学历水平，帮助自己在未来过的更好的发展机会，所以他们选择继续深造。

对此，专家给出的建议是：在继续深造之前，一定要为自己做好职业规划；不要等到毕业之后才想到"找工作"，要充分利用好机会积累人脉和经验，为自己以后求职做准备；

不是人人都适合创业，目前中国的创业环境并不健全，要想创业，还需要一定的基础条件。

3. 大学生择业依旧很迷茫，专家表示，不管将来要做什么，大学生都应该对自己的职业生涯有一个长远的规划：首先要认清自己，知道自己适合做什么，能做什么；其次要明确自己的职业价值观，明白自己最看重的是什么，才会有一个明确的求职方向和目标。

阅读三

1. ×   2. √   3. √   4. ×   5. ×   6. √   7. √   8. √

第七课

三、1. 幼稚 2. 功利 3. 急于 4. 和谐 5. 考验 6. 偏偏 7. 分歧
　　8. 格外 9. 分外 10. 坚固 11. 坚实 12. 圆满 13. 美满

四、1. ×   2. √   3. √   4. ×

五、1. ACB   2. DACB

六、1. B   2. C   3. A   4. D

七、1.①因为　②但是　③还是　④能否
　　2.①宁愿　②如果　③都　④也

快速阅读

阅读一

1. "毕婚族"指的是毕业之后就结婚的人群。他们希望在这个生存发展压力巨大的社会里尽快地步入婚姻殿堂，有一个稳定地生活归宿。

2. "毕婚"的支持者认为：如果两个人真的喜欢对方，那么毕业就结婚也没什么问题；如果经济基础不好，两人也可以一起奋斗。

　　"毕婚"的反对者认为：刚刚毕业，大家都是刚刚走入社会，没车没房，甚至连工作都不稳定，在这种情况下结婚很不现实。

3. 很多女大学生不同意"裸婚"，她们认为结婚是人生最重要的一件事情，绝对不能马虎；"裸婚"第一表明对方不重视自己，第二表明对方的家庭条件太差，所以从经济上和感情上来说，双方都不合格。

4. 多数女生还是会选择"高富帅"。"潜力股"虽然也好，但是会有风险，谁也不能保证他的潜力能不能发挥出来。相比之下，"高富帅"的起点更高，风险更小。

5. 专业婚姻师冯玉华认为，"毕婚"反映了独生子女的心理需求，也是他们缺乏爱的表现。针对"毕婚"，冯玉华表示并不提倡，他说，大学生们在校期间，没有经济来源，心理也不成熟，他们的婚姻观和家庭观都不完善，这时候的恋爱关系比较不稳定，结婚以后可能会出现不适应的问题，从而产生矛盾甚至导致婚姻破裂。因此，过早结婚是不提倡的。

阅读二

1. 李开元在一个动漫展上对苏慧莹一见钟情，并且主动要到了苏慧莹的联系方式。
2. 李开元对苏慧莹一见钟情，主动索要电话号码；李开元拿到女孩的联系方式以后，展开了为期三个月的疯狂追求；为女生做了很多很令人感动的事情；在众人面前浪漫求婚，感动女生等等。
3. 李开元的母亲对儿子的婚姻表示了支持和祝福。
4. 略。

阅读三

1. √　　2. √　　3. ×　　4. ×　　5. ×　　6. √　　7. √　　8. ×

第八课

三、1. 敏感　　2. 疲倦　　3. 回避　　4. 妥当　　5. 无意　　6. 全力以赴
　　7. 公然　　8. 武断　　9. 果断　　10. 模范　　11. 榜样　　12. 慎重　　13. 郑重

四、1. ×　　2. ×　　3. √　　4. √

五、1. BAC　　2. CADB

六、1. B　　2. A　　3. D　　4. A

七、1.　1 据说　　2 于是　　3 就　　4 其实
　　2.　1 由于　　2 所以　　3 尽管　　4 但

快速阅读

阅读一

1. 因为林洁所在的公司是一个家族企业，人际关系太复杂，同事们平时很少沟通，而且每个部门都有老板的亲友，他们常常仗着自己的特殊身份，做一些不符合公司规范的事情。这样下去很可能对公司造成危害，但是林洁很郁闷，不知道向谁诉说，也不知道该不该说，于是就产生了离职的想法。

   林洁离职的原因主要属于专家所说的"外部原因"，即公司的大环境不好，人际关系复杂，领导有私心，林洁不能把工作中的问题通过正常的渠道告知领导，她的职场前景很不乐观。

2. "说出来"有益于身心健康，是一种发泄；如果在"说"的过程中情绪激动，越说越生气，也会放大自己的负面情绪，使自己更加不开心。

   "不说"一方面有利于理性思维的成熟，是一次理性反思的过程；另一方面也可能让负面情绪积累成疾，或者以其他方式发泄出来，对自己和亲友造成伤害。

3. 略。

阅读二

1. 林宇庆（销售经理）：要求手下员工每天十点前准时到店；推行"没有任何借口"的准则；认为有压力才有回报，压力越大，回报越高。

   陶子（行政秘书）：公司有些人表现得太过争强好胜，非常喜欢表现自我，做事无论大小都会炫耀领功。

小杨（房地产中介）：走进一些房地产中介公司，常常会有一群工作人员"扑"过来，问你"买房还是租房"；不仅对顾客是狼，对同行、同事来说也是狼，公司里面没有朋友，大家的竞争关系非常激烈；不管用什么方法，能提高业绩才是最重要的。

2. 相比之下，夏曼熙的公司提倡的是不"狼"不"羊"的文化，推崇的是"孝文化"。公司提倡为家庭的幸福而努力工作，能够很好地提高员工们的工作效率。
这种"孝文化"正在慢慢从家庭观念转变为企业观念。在公司里面，同事之间相互关心，领导关心员工，整个企业的工作氛围是轻松和谐的。

3. 略。
4. 略。

阅读三
1. √   2. √   3. ×   4. √   5. √   6. ×   7. ×   8. √

第九课

三、1. 利弊   2. 强盛   3. 分明   4. 万一   5. 接二连三   6. 紧急
　　7. 猛然   8. 暴发   9. 爆发   10. 清楚   11. 清晰   12. 激烈   13. 剧烈

四、1. ×   2. √   3. ×   4. √

五、1. CBA   2. BADC

六、1. C   2. B   3. D   4. A

七、1. ①其实   ②来看   ③既然如此   ④也   ⑤只要   ⑥就
　　2. ①但   ②恰恰   ③还   ④无论   ⑤都

快速阅读
阅读一
1. 这一次的"夫人外交"指的是中美两国夫人的会面。3月20日，应中国国家主席习近平夫人彭丽媛的邀请，美国总统夫人米歇尔来到中国进行为期一周的正式访华。

2. 在此次访问中，米歇尔不会谈及中美之间的分歧，而是主要讨论青年教育问题，以及中美两国的文化联系。

3. 美国"第一夫人"常常独自进行外交访问，这逐渐成为她们的重要礼仪和职责之一。"夫人外交"越来越成为首脑外交的一种重要补充，因此她们被称为"无编制的外交官"。

4. 1961年9月，时任国务院副总理兼外交部长陈毅的夫人张茜，参与并指导夫人外事工作的开展。新中国成立后她多次出访，也曾接待过许多总统夫人、王后等贵宾。
1963年4月13日，时任国家主席的刘少奇携带夫人王光美出访东南亚四个国家。身着一袭白色旗袍的"第一夫人"王光美，端庄优雅，给世界留下了深刻的印象。
2013年3月，中国国家主席习近平携夫人彭丽媛出访俄罗斯与非洲三国，以崭新的身份向世界展现"第一夫人"的独特魅力。

5. 1972年，美国总统尼克松访华，史称"破冰之旅"，它标志着中美对抗20多年之后两国关系正常化的开始。
自中美建交以来，双方进行了一系列友好的互动和往来。但是，意识形态的不同和国家利益的冲突还是难免会使两国产生摩擦，比如近年来双方在东海、南海等问题上不

断发生争执。米歇尔的到访对两国元首的会晤有一定的前期铺陈作用，可以被称作是一次"融冰之旅"。

阅读二

1. 荷兰民众以当地宽容的社会风气为豪，很少公开谈论"中国威胁"；荷兰人更愿意用务实的眼光看待中荷合作的前景，愿意更加开放地迎接"中国经济"。
2. 荷兰人更愿意用务实的眼光看待中荷合作；未来的发展，离不开与中国的合作；由于欧债危机的影响，荷兰对中国的需要溢于言表。
3. 法国媒体对中国经济领域的报道更多，以事实报道为主，评论较少。即使有评论，一般也不会是真诚的赞美，更多的是渲染中国崛起给世界带来的冲击和威胁，一方面充满疑惑和恐惧，另一方面又在报道中含着隐晦的鄙夷。
4. 前德国驻华大使施明贤酷爱中国艺术，办公室里存放着几本厚厚的中国艺术家摄影集；近年来，汉语教学在德国发展迅速，甚至有些大学已经开设汉语师范专业，培养本土专业汉语教师。

阅读三

1. ×　　2. ×　　3. √　　4. √　　5. √　　6. ×　　7. ×　　8. √

第十课

三、1. 对抗　　2. 拖延　　3. 崛起　　4. 陷入　　5. 与此同时　　6. 坚信
　　7. 贬低　　8. 妨害　　9. 妨碍　　10. 抛弃　　11. 遗弃　　12. 相信　　13. 信赖

四、1. ×　　2. √　　3. √　　4. ×

五、1. BAC　　2. CBAD

六、1. A　　2. A　　3. C　　4. D

七、1.①既要　　②又要　　③而且　　④更　　⑤不宜
　　2.①不仅　　②而且　　③对于　　④来说　　⑤值得

快速阅读

阅读一

1. 中日两国交流在政治层面遇到阻碍，但是在民间却有很多人奔走于两国之间，为构建中日友好关系的桥梁而努力。
2. 在中国爆发反日游行期间，李灿明显感觉到同学间的气氛有些不同，他也听到了一些同学们之间的讨论，但是李灿却表面上装作不知道，自然地跟同学们打招呼。其实他时刻都在关注着局势的变化，与人交往变得更加谨慎，同时也更加努力地学习。
卓引教授在日本的大学里当教授，是当地的名人。很多人都喜欢向他请教有关中国的问题，卓引教授也会尽量帮助他们解答。关于中日关系持续走冷，卓引教授认为中国要让日方认识到他们是"搬起石头砸了自己的脚"，自感疼痛而有所收敛。
3. 阿部一二幼年的时候,全家搬到中国东北,中日战争爆发时父母先后病死,他成了孤儿,被好心的中国人收养,等他长大后才被告知真相。后来，阿部一二回到日本，但是他始终记着养父母对他的恩情，希望有一天能够回报，因此，他选择了终身从事日中友好交流的工作。

4. 大场修市长先后多次访问中国，他觉得中国的发展非常快。他准备去北京、上海推销网走市的"流冰"。如果成功，不仅能让中国游客看到网走市的独特风光，还将带动其他相关行业的发展。

阅读二

1. 在韩国工作的劳务人员，大部分都勤恳、诚实，工作刻苦、认真；对韩国的饮食很适应；与当地的韩国人也很合得来。

   当然还有一些在韩国的中国人由于各种原因，不太容易相处，但毕竟两国在文化上还是存在一些差异，相互需要更多的理解。

2. 日本媒体报道中的中国大都无关紧要，甚至会可以播放一些负面新闻，催生日本人的对华厌恶感。

   但是两位接受采访的日本民众表示，通过在工作中与中国人接触，感觉从根本上来讲，中国人和日本人没有什么不同，日本媒体中所报道的中国人跟现实生活中的中国人完全不同。

3. 中国游客在海外的形象正在慢慢转变，比如爱护公共设施、拾金不昧等等。近些年来，赴韩国旅游的中国人素质大有提高，特别是一些年轻游客，有着良好的教育背景，能讲一口流利的英文，有礼有节，更加国际化。

阅读三

1. ×   2. √   3. ×   4. √   5. ×   6. ×   7. ×   8. √

第六～十课测试题

二、1. 偏偏   2. 供不应求   3. 接二连三   4. 一技之长   5. 万一
　　6. 全力以赴   7. 忽略   8. 美满   9. 慎重   10. 剧烈

三、1. CBA   2. ACB   3. BADC   4. CBAD

四、1. ①其实   ②来看   ③既然如此   ④也   ⑤只要   ⑥就
　　2. ①既要   ②又要   ③而且   ④更   ⑤不宜   ⑥或

五、1. 目前在中国，还没有形成一个大学生自主创业的良好氛围。
　　2. 举例说明婚后的生活能力问题往往成为不少"毕婚族"家庭纠纷的根源。
　　3. 中日两国在外交思维上需要明确选定"近交"抛弃"近攻"。

七、阅读一

（一）1. ×   2. √   3. ×   4. √   5. ×   6. ×   7. √

（二）由于性别的差异，女性更注重局部和细节，在全局视野和企业策略参与上相对男性有所逊色，这成为这个年龄段女性"职业升级"的最大困难。

阅读二

（一）1. ×   2. √   3. ×   4. √   5. √   6. ×   7. √

（二）他们认为惠州这几年发展很快，就像前些年正在发展的广州和深圳，再过几年，惠州这座城市的软硬件配套措施肯定会完善起来的，现在那边物价、房价都较低，小邓先到那里工作，站稳脚跟，再买几套房子，将来也可作投资之用。总之，他们觉得孩子到那边去，会比在广州发展得好。

阅读三

（一）1. √　　2. √　　3. ×　　4. ×　　5. √

（二）台湾问题事关中国的主权和领土完整，是中方的最大关切，也是中美关系中最敏感、最核心的议题。基辛格表示，他相信中美双方将会围绕这一问题继续合作，以避免出现在台海问题上"摊牌"的局面。"我认为北京和华盛顿将保持合作，对台北切实施加压力……我相信我们将避免台海危机的出现。"基辛格说。

第十一课

三、1. 号称　　2. 不容　　3. 向来　　4. 前所未有　　5. 历年　　6. 蔓延
　　7. 接连　　8. 侵蚀　　9. 侵害　　10. 预告　　11. 预报　　12. 躲避　　13. 逃避

四、1. √　　2. √　　3. ×　　4. ×

五、1. BCA　　2. CABD

六、1. B　　2. A　　3. A　　4. C

七、1. ①首先　　②导致　　③从而　　④同时　　⑤深受其苦
　　2. ①不是　　②而是　　③因　　④必须　　⑤任何

快速阅读

阅读一

1. 如果全球持续变暖，低层大气层江边的更加潮湿，围困住更多热量；云层、海上浮冰和雪覆盖范围都将发生变化；永久冻土将融化，导致黑暗的植被将在曾经太冷而不适合生长的地区生长；海洋将吸收热量，大片冰原开始融化。

2. 二氧化碳水平达到原始值的一倍时产生的变暖效应，这被称为瞬时气候响应；而平衡气候敏感度所调查的是二氧化碳含量翻倍时的效应。
瞬时气候响应是我们需要现在考虑的问题，它将决定在我们的一生中将发生多大的温室变暖效应；平衡气候敏感度则对我们的子孙有影响，其长期反应，即地球系统敏感性决定了我们未来遥远后代的命运。

3. 略。

阅读二

1. 到目前为止，"气候变暖"仍然是最广为传播的观点。调查显示，大多数的受访者认为全球变暖是一个"紧急威胁"，问题非常严重，需要加紧应对。

2. 20世纪80年代末90年代初，全球"气候变暖"在当时只是一个边缘话题，但到了1988年6月，美国气候学家声称确认温室效应的发生，并敦促采取具体措施。同年12月，联合国大会强调气候变化是人类"共同关注的问题"，并成立了IPCC，使气候变暖成为一个影响广泛的国际政治话题，接着联合国又召开了一系列国际会议，在此过程中，气候变暖问题作为事关全球安全的重大问题为广大民众所熟知。

3. 理论依据：20世纪70年代初，一些科学家们从地球运转轨道周期变化规律出发，提出了"气候变冷"说，认为21世纪地球将进入"小冰河期"。
现实依据：近几年，全球范围内出现了大面积持续的极寒天气。

4. 无论是预测地球"变暖"还是"变冷",都反映了人们对于气候变化和人类命运的关心。但是相关的研究预测必须建立在坚实的科学基础上,要经得起质疑和挑战。因此,我们希望科学家们能够对真理负责,带我们回归科学理性的认知。

阅读三

1. √　　2. ×　　3. ×　　4. √　　5. √　　6. ×　　7. ×　　8. ×

第十二课

三、1. 宣称　　2. 弥补　　3. 层出不穷　　4. 保守　　5. 互助　　6. 困扰
　　7. 应对　　8. 瓦解　　9. 崩溃　　10. 援助　　11. 帮助　　12. 驱赶　　13. 驱逐

四、1. √　　2. ×　　3. ×　　4. √

五、1. CBA　　2. CDBA

六、1. A　　2. C　　3. C　　4. B

七、1.① 无疑　　② 甚至　　③ 然而　　④ 宣称
　　2.① 导致　　② 有关　　③ 鉴于　　④ 给予　　⑤ 则

快速阅读

阅读一

1. 完美主义是人类基本的心理渴望,是日常生活中很常见的心理状态。"但是完美主义者一旦过度地追求完美,便是病态发展了。所以,可以说很多心理问题的源头就是完美主义。"

2. 过度敏感的心理是一种不正常的心理表现。过度敏感的人极度缺乏安全感,往往会放大别人的言行,每天都活在痛苦当中,很容易发展成被害妄想症;
对于过度敏感的人来说,身边的人的细微的咳嗽声或其他细小的声音都会对他们造成折磨,甚至会觉得自己从这些声音中听到了别人责骂自己的话语;
在职场上也一样,很多过度敏感的人一旦遇到挫折,就会认为是同事陷害,因而对同时产生敌意。

3. 作家三岛由纪夫是一个典型的完美主义者,他极其看中约定,对时间的要求也非常严格,对他人、对自己的要求都非常高。
作家夏目漱石很缺乏安全感,自卑,敏感,整天活在痛苦当中,有时还觉得别人是在监视自己的一举一动,有被害妄想症的表现。

4. 拖延症是一种明知道会影响自己的做事效果和做事态度,却还是一再推迟某件事情的完成。

阅读二

1. "富二代"一词,指的是家境优越,一出生就会继承数十亿或以上家产的富家子女。

2. 相比穷人家的孩子,有钱人家的小孩看似生活无忧,但事实不一定如此。富裕家庭的家长们也会持续给孩子压力,希望孩子拿出好的表现,让许多孩子受不了;
富人家的孩子要求自己在学校、课外活动,甚至社交场合,都能够表现优异。这也是一种持续不断的压力;

再者，富裕家庭的孩子由于家庭条件比一般家庭要好，容易产生优越感，但是在激烈的社会竞争中很容易受到打击，心理上难以承受。
3. "富二代"们常常受到社会的批判和质疑；他们觉得一切都来得太容易，对任何事情都缺乏兴趣；他们的人生并没有更多的选择，大都已经被父母安排好了；喜欢炫富。
4. 略。

阅读三

1. √   2. √   3. ×   4. √   5. √   6. ×   7. ×   8. ×

第十三课

三、1. 盛行   2. 反馈   3. 诈骗   4. 伴随   5. 限期   6. 成千上万
    7. 逮捕   8. 机密   9. 秘密   10. 禁止   11. 制止   12. 改进   13. 改良

四、1. ×   2. ×   3. √   4. ×

五、1. CAB   2. BCAD

六、1. B   2. C   3. D   4. A

七、1. 1 作为   2 同时   3 难免   4 如何   5 不但   6 如果   7 甚至
      2. 1 关于   2 甚至   3 看来   4 之所以   5 是因为   6 至于

快速阅读

阅读一

1. 人们的购物选择从线下逐渐转到了网上；人们还逐渐习惯在移动设备上购物。许多人养成了在网上买东西前先看评价，看卖家信用的习惯。人们对于物流的要求也越来越高。

2. "双11"本来被网友定义为"光棍节"，现在却在电商的迅速发展过程中，变成了购物狂欢节；马年春节，微信推出"抢红包"活动；手机淘宝在"三八"妇女节时，以低价"请"消费者过节；手机支付宝可以支付出租车费；购物时还可以用微信扫描二维码来付款。

3. 随着网民的大规模增加，网上购物的群体已经分成很多层面，形成了分众化的消费倾向。
   朋友之间可以分享购物体验，带动他人消费，影响他人的消费习惯，因此可以说，分众化的消费倾向使购物成为社交的重要组成部分。

4. 略。

阅读二

1. 年轻人很喜欢团购，因为团购不仅便宜，而且方便，可以在网上直接付款。"七天后悔权"让团购更加安全，更加有保障。

2. 商家认为团购其实是一种促销手段，也是一种广告宣传。团购的经营方式是用低成本让更多的人知道商家、了解商家，特别是一些位置不太好的商家，可以凭借团购吸引更多的顾客。"七天后悔权"对于商家来说也是一种便利，商家能够更加及时的获取信息，方便经营管理。

3. 尽量在信誉好的网站进行团购；团购时，应该仔细阅读相关条款；特别注意保护自己的银行帐户；在团购过程中出现问题应该第一时间找有关部门进行解决；碰到一些虚假网站，应该及时向公安等职能部门举报。

4. 略。

阅读三

1. √　2. √　3. ×　4. √　5. ×　6. ×　7. √　8. ×　9. √

第十四课

三、1. 动荡　2. 后续　3. 强劲　4. 潜在　5. 反弹　6. 期望　7. 展望
　　8. 维持　9. 保持　10. 要求　11. 需求

四、1. √　2. ×　3. ×　4. √

五、1. BDCA　2. ACDB

六、1. D　2. B　3. B　4. D

七、1. 1 随着　2 将　3 已　4 从　5 至
　　2. 1 更加　2 该　3 几乎　4 或者　5 到　6 近　7 而且

快速阅读

阅读一

1. 当今世界经济有望温和回升，但发展格局产生变化，世界经济形势将进入一个新的"再调整"不稳定期。

2. 首先，世界经济筑底缓慢回升。发达经济体增势明显上升，新兴市场与发展中国家经济发展依然温和；

其次，全球经济发展分化。新兴市场与发展中国家经济增长依然高于发达国家，而发达经济体复苏势头整体趋稳；

再次，发达国家与新兴市场将共同牵引。世界经济本是一个整体，理应由发达和新兴经济体共同牵引，两个支点支撑，才能使全球经济"强劲、可持续和均衡"发展。

3. 首先，美联储量化宽松政策推出可能打乱新型市场发展秩序；

其次，超大型自贸区安排可能打乱现行国际经贸格局，加剧全球市场尤其是规则博弈。

同时，区域一体化如火如荼，跨太平洋战略经济伙伴协定（TPP）和跨大西洋贸易与投资伙伴关系（TTIP）即将成型，美国有意借此重掌国际规则制订权。

总之，世界经济正处在刺激政策退出的消化期、结构调整与转变方式加速的阵痛期，以及由危机前非理性繁荣转向后危机常态发展的温和增长期。

阅读二

1. 四强对立，包括美国、中国、欧洲和俄国。第二次世界大战以后，苏联解体，势力遭到削弱，而美国进入强盛时期，但经历三次比较大的战争以后，美国的挑战和经济能力也开始衰退了，同时中国的经济地位提高了，可以与美国对比。

2. 中国的经济力量能够和美国相比，可以通过比较两国的国内生产总值 GDP。一个国家的经济力量可以通过 GDP 总量反映出来。中美的 GDP 相等以后，世界的经济发展将会由美国、中国、欧洲与俄国分别控制。

3. 第一是如果四强和平对立，那么世界的发展会是比较乐观的；第二是四强以外的其他国家也会进步，也会和四强一起共同促进世界经济的发展；第三是整个世界经济发展的素质，可能会给人类的生活带来积极的改变，可是也有可能造成严重的环境问题；第四是大的战争的发生的可能性也是存在的。

阅读三

1. ✕　2. ✕　3. ✓　4. ✓　5. ✓　6. ✕　7. ✕　8. ✓　9. ✕

第十五课

三、1. 物美价廉　2. 提升　3. 当务之急　4. 勇于　5. 天经地义　6. 革新
　　7. 优化　8. 超越　9. 超过　10. 监视　11. 监督　12. 解除　13. 消除

四、1. ✕　2. ✓　3. ✕　4. ✓

五、1. CDBA　2. BAC

六、1. B　2. C　3. A　4. D

七、1. 1勇于　2改进　3提升　4使用　5确立　6优化
　　2. 1看来　2对于　3而　4通过　5兼顾　6无疑

快速阅读

阅读一

1. 相比于中国台湾地区和韩国，中国大陆地区生产出来的产品价格比较低，制造商们不是那么关心产品的外观。
2. 这主要是因为中国大陆地区生产的产品不仅有更好的价格，而且产品的质量也在不断提高。另外，中国大陆地区的制造商们也在不断地提供良好的售后支持。
3. 在购买者看来，诚信是最重要的。

阅读二

1. 长期以来，中国市场给人带来的印象就是一座只会"中国制造"的大工厂，缺乏创新能力。但是在今天，这种情况正开始发生变化，真正的创新正在出现。
2. 科技的投资、研发与创新起了非常重要的作用。
3. 2010年底，腾讯在中国市场上推出了微信，两年多以后的今天，微信已经在中国移动通信市场上占据了主要地位。微信的使用人数已经过亿，多半来自中国市场。微信的海外下载量也已超过1亿次。
4. 略。

阅读三

1. ✓　2. ✓　3. ✓　4. ✕　5. ✓　6. ✓　7. ✕　8. ✓

第十一～十五课测试题

二、1. 成千上万　2. 前所未有　3. 格格不入　4. 层出不穷　5. 予以
　　6. 当务之急　7. 逃避　8. 援助　9. 禁止　10. 恐惧

三、1. BCA   2. CBA   3. BCAD   4. CADB

四、1. ①不是   ②而是   ③因   ④必须   ⑤任何
　　2. ①作为   ②同时   ③难免   ④如何   ⑤不但   ⑥如果   ⑦甚至

五、1. 加拿大全国20％的人受各种心理疾病困扰，需要心理辅导。
　　2. 陈宝根认为体制创新对中国制造实现产业升级、非常重要。
　　3. 因博客引起的纠纷越来越多。

七、阅读一
　　（一）1. √   2. ×   3. √   4. ×   5. ×   6. √   7. √
　　（二）近年来，广东推出了许多配套保障措施吸引大学生下基层，如户口可以不跟去、回来后考研加分等。今年还将对大学生到农村中小学任教采取"上岗退费"政策，这几年选择到欠发达地区就业的大学生比例在逐渐增加。

阅读二
　　（一）1. ×   2. √   3. ×   4. ×   5. √   6. √   7. ×
　　（二）清华大学就业指导中心副主任欧阳沁认为职业生涯规划应落脚于大学生涯规划。北京大学就业指导中心副主任王欣涛认为，求职一定要始终保持热情，求职的过程是一个不断被拒绝、不断坚持、直到找到适合自己的位置的过程。

阅读三
　　（一）1. ×   2. ×   3. √   4. √   5. ×
　　（二）作者认为这种骂声总还是体现了社会的一个侧面，可能就是"中产阶级的愤怒"。他们是坐办公室的优越阶层，但是总觉得自己在老板手下忍气吞声，压力太大，工作负担太重，心里充满怨恨。于是，老板一不在，就冲到网上宣泄一番。

第一～十五课总测试题

二、1. 坚持不懈   2. 接二连三   3. 讨价还价   4. 格格不入   5. 当务之急
　　6. 供不应求   7. 高超   8. 深远   9. 改革   10. 严格

三、1. BAC   2. CAB   3. BCAD   4. BADC

四、1. ①例如   ②而   ③或许   ④以此   ⑤这时   ⑥将
　　2. ①尽管   ②在某种意义上   ③但   ④还是   ⑤都   ⑥此后

五、1. 当代大学生应以认真负责的态度对待婚姻。
　　2. 专家建议，女性生活应该是多元的，不应只局限于事业或家庭。
　　3. 胡祖六对中国制造外部环境的不足更为关注。

七、阅读一
　　（一）1. ×   2. √   3. ×   4. √   5. ×   6. ×   7. √
　　（二）京沪高铁的开通促进了沿线城市群之间的分工与发展：
　　　　京沪高铁在促进沿线城市群之间资源流动和优化配置的同时，便捷的交通也使劳动资源流动在市场的调配下更趋合理。随着高铁开通的延伸效应，上海、南京等区域中心城市的引领能力不断提升，产业结构不断优化，越来越多的企业将生产

基地外迁，采用将总部或研发中心设于中心城市，将制造工厂挪至周边城市的发展模式，借助高铁搭建总部与分厂、研发中心与制造中心的通道，帮助企业降成本增效率。

阅读二

（一）1. √　　2. ×　　3. √　　4. √　　5. √　　6. ×　　7. ×

（二）未就业大学生的就业问题关系到全社会对教育的认识，关系着社会的健康发展。必须对他们形成社会关照，全社会要体现人文关怀，表达出真挚情感关心帮助他们度过难关，不要再增加他们的心理压力，而是尽量激发他们进入社会的积极性。他们可能存在种种问题，但同样需要得到尊重，最终要让他们在社会中保持奋发的精神，保持理性的生活态度，不远离社会、不封闭自己。

阅读三

（一）1. ×　　2. ×　　3. ×　　4. √　　5. √

（二）临床实践证明，很多失眠患者是因为工作上的不顺心、学习上的压力、家庭关系的紧张、经济上的重负、爱情受挫、人际矛盾、退休后生活单调、精神空虚等原因所致。而对由心理因素引起的失眠来说，药物及其他疗法只是一种症状治疗，一种辅助措施，唯有心理治疗才能更好地解决问题。